요양보호사

2023

핵심요약정리노트

필기·실기

김창현, 김맹룡 공저

예듬에듀
EDU

PROFILE
저자 약력

김창현

- 사회복지사 1급
- 서울특별시 광진구의회 7대 후반기 의장
- 한국생활풍수연구원 연구위원 전승조교
- 건국대학교 행정대학원 도시계획학 석사
〈前〉 열린재가노인지원서비스센터 센터장

김맹룡

- 육군사관학교(제31기 학사, 러시아어과)
- 동국대경영대학원(경영학석사)
- 숭실대 대학원(경영학 박사)
〈現〉 (사)한국안전돌봄서비스협회 감사 / 아름다운 돌봄 대표 / 월간 돌봄 발행인·편집인 / 법무법인 린 고문
　　(주)케어닥 고문 / (사)한국인간과학연구소 고문 / (사)환경안전보건협회 고문 / 대한안전보건지도사협의회 회장
〈前〉 대전지방노동청장/ 숭실대·숭실대대학원, 서울디지털대 겸임·외래교수 / 안전신문사 논설고문·사장
　　한국안전관리자협회 고문 / 한국요양신문사 사장 / 한국요양보호사중앙회 자문위원
　　(주)열린복지·열린요양보호사교육원 자문위원

머리말

인구의 고령화, 가족관계의 변화 등과 더불어 사회복지의 수요도 기하급수적으로 늘어나고 있습니다. 이러한 추세에 대비하여 정부는 사회복지업무를 수행할 전문 인력을 확보하기 위한 다양한 시책을 추진하고 있습니다. 그중 최일선에서 업무를 수행하고 있는 사람들이 바로 요양보호사입니다.

요양보호사가 되기 위해서는 일정 기간 동안 요양보호사교육원에서 교육을 받은 후(현장실습 포함) 국가자격시험인 요양보호사 시험에 합격하여야 합니다. 이 시험을 앞두고 시중에 판매 중인 기출문제집을 활용하는 경우가 많은데, 그간의 문제집들은 단순한 문제 나열식으로 구성되어 있는 경우가 많아 시험을 앞둔 수험생 입장에는 비슷한 문제를 순서만 다르게 하여 구성하였을 뿐 내용은 비슷한 경우가 대부분으로, 효과 면에서는 그다지 성과가 좋다는 평가는 못 받아 온 것이 현실입니다.

이러한 어려움을 해결하고자 집필된 '요양보호사 핵심요약정리노트 필기ㆍ실기'의 특징은 다음과 같습니다.

우선 본서는 한 눈에 들어오는 짜임새 있는 도서 구성으로 기출문제와의 연관성을 살려 누구든 쉽게 이해할 수 있도록 요약ㆍ정리하였습니다. 그간 출간된 수험서와 차별화된 형식으로 집필하여, 그냥 눈으로만 보아도 머릿속에 기억이 될 수 있도록 하였고, 기출 개념에 대해서는 별색으로 표시하여 이해를 돕도록 하였습니다.

또한 본서는 풍부한 경험을 가진 사람들이 집필하였습니다. 현업에 종사하고 있거나 경력이 있는 전문가들이 집필진으로 참여하여, 수험생들이 어떤 점에서 어려움을 겪고 있는지를 누구보다도 잘 알고 있으며, 이러한 점을 집필 과정에 적극 반영하였습니다.

본서는 요양보호사가 되고자 하는 수험생들이 알기 쉽고, 이해하기 쉽고, 한 권으로 모든 시험 준비를 끝낼 수 있도록 구성ㆍ편집한 수험서라고 감히 자부합니다. 이 한 권의 수험서가 요양보호사 시험 합격을 바라는 모든 수험생들에게 합격을 보장하는 유일한 책이 될 것임을 확신합니다.

2023년
저자 일동

2023년 요양보호사 시험가이드

1 시험 시간표

구분	시험 과목(문제수)	시험 형식	입장 시작 시간	입장 완료 시간	중도 퇴실 가능 시간	시험 시간
오전	1. 요양보호론(필기시험)(35) • 요양보호개론 • 요양보호 관련 기초 지식 • 기본요양보호각론 및 특수요양보호각론 2. 실기시험(45)	객관식	• 컴퓨터시험 : 09 : 20~ • 지필시험 : 08 : 20~	• 컴퓨터시험 : ~09 : 40 • 지필시험 : ~09 : 30	11 : 00	10 : 00~11 : 30 (90분)
오후	1. 요양보호론(필기시험)(35) • 요양보호개론 • 요양보호 관련 기초 지식 • 기본요양보호각론 및 특수요양보호각론 2. 실기시험(45)	객관식	• 컴퓨터시험 : 12 : 50~ • 지필시험 : 12 : 30~	• 컴퓨터시험 : ~13 : 10 • 지필시험 : ~13 : 00	14 : 30	13 : 30~15 : 00 (90분)

2 2023년 시험 일정

1) 컴퓨터시험

시험 구간	시험 일정	시험 일정 공개일	응시원서 접수 기간 (시험 일정 공개일 ~ 시험일 7일 전까지)
1	2023. 2. 13.(월)~2023. 3. 24.(금)	2023. 1. 17.(화)	2023. 1. 17.(화)~2023. 3. 17.(금)
2	2023. 4. 3.(월)~2023. 4. 28.(금)	2023. 2. 13.(월)	2023. 2. 13.(월)~2023. 4. 21.(금)
3	2023. 5. 2.(화)~2023. 5. 24.(수)	2023. 4. 3.(월)	2023. 4. 3.(월)~2023. 5. 17.(수)
4	2023. 6. 1.(목)~2023. 6. 30.(금)	2023. 5. 2.(화)	2023. 5. 2.(화)~2023. 6. 23.(금)
5	2023. 7. 3.(월)~2023. 7. 21.(금) [토요일 시험 시행일] 2023. 7. 15.(토)	2023. 6. 1.(목)	2023. 6. 1.(목)~2023. 7. 14.(금)
6	2023. 8. 1.(화)~2023. 8. 31.(목) [토요일 시험 시행일] 2023. 8. 19.(토)	2023. 7. 3.(월)	2023. 7. 3.(월)~2023. 8. 24.(목)
7	2023. 9. 1.(금)~2023. 9. 23.(토) [토요일 시험 시행일] 2023. 9. 23.(토)	2023. 8. 1.(화)	2023. 8. 1.(화)~2023. 9. 16.(토)
8	2023. 10. 4.(수)~2023. 10. 24.(화) [토요일 시험 시행일] 2023. 10. 21.(토)	2023. 9. 1.(금)	2023. 9. 1.(금)~2023. 10. 17.(화)
9	2023. 11. 1.(수)~2023. 11. 30.(목)	2023. 10. 4.(수)	2023. 10. 4.(수)~2023. 11. 23.(목)
10	2023. 12. 1.(금)~2023. 12. 20.(수)	2023. 11. 1.(수)	2023. 11. 1.(수)~2023. 12. 13.(수)

• 응시원서 접수는 선착순이며, 시험센터 잔여 좌석수가 마감된 경우 접수 기간 내라도 접수가 불가합니다.

• 시험 구간은 10개이며, 구간별 확정 시험일은 '시험 일정 공개일'에 공개됩니다.

  - 구간별 시험 일정이 공개되면 해당 구간의 응시원서 접수가 가능합니다.

  - 제2시험구간부터 제10시험구간까지 시험 장소(시험 센터)별 응시원서 접수 일정을 분리하였으니, 시험 장소에 따른 시험 일정 공개 일시를 확인하신 후 접수하시기 바랍니다.

  - 각 구간별 시험 일정 공개 일시 등을 사전 안내할 예정이오니 참고하시기 바랍니다.

− 시험 장소(시험 센터)별 시험 일정 공개 일시

시험 일정 공개 일시		시험 장소 (시험 센터)	비고
시험 일정 공개일 1일차	10 : 00	대전충청	※ 제2시험구간부터 제10시험구간까지 시험 일정 공개 일시는 다음과 같습니다. • 시험 일정 공개일 1일차 　−10시 : 대전충청, 전북전주, 제주 시험 센터 접수 　−14시 : 강원원주, 대구경북 시험 센터 접수 • 시험 일정 공개일 2일차 　−10시 : 부산경남 시험 센터 접수 　−14시 : 경기성남 시험 센터 접수 • 시험 일정 공개일 3일차 　−10시 : 광주전남 시험 센터 접수 　−14시 : 서울구로 시험 센터 접수 **예** 제2시험구간에 접수하고자 할 경우, 대전충청 시험 센터는 2023. 2. 13.(월) 10시에 시험 일정이 공개되며, 경기성남 시험센터는 2023. 2. 14.(화) 14시에 시험 일정이 공개됩니다.
		전북전주	
		제주	
	14 : 00	강원원주	
		대구경북	
시험 일정 공개일 2일차	10 : 00	부산경남	
	14 : 00	경기성남	
시험 일정 공개일 3일차	10 : 00	광주전남	
	14 : 00	서울구로	

• 시험은 주 5일(월요일~금요일), 하루 2번(오전, 오후) 시행됩니다.

※ 단, 2023년 하반기 중 7~10월에는 월 1회에 한하여 토요일 오전에도 시행합니다.

• 본인이 응시하고자 하는 시험일 7일 전까지 시험 센터와 시험일, 시험 시간(오전/오후)을 선택하여 접수를 완료해야 합니다.

2) 지필시험

시험 회차	시험 일정		시험일	응시원서 접수 기간 (인터넷 접수만 가능)	합격자 발표 예정 일시
1	상반기 (월 2~3회)	2023. 2.	2023. 2. 18.(토)	2023. 1. 19.(목)~2023. 2. 11.(토)	2023. 3. 2.(목) 10 : 00
2			2023. 2. 25.(토)	2023. 1. 19.(목)~2023. 2. 18.(토)	2023. 3. 9.(목) 10 : 00
3		2023. 3.	2023. 3. 4.(토)	2023. 1. 17.(화)~2023. 2. 25.(토)	2023. 3. 16.(목) 10 : 00
4			2023. 3. 18.(토)	2023. 1. 17.(화)~2023. 3. 11.(토)	2023. 3. 30.(목) 10 : 00
5			2023. 3. 25.(토)	2023. 1. 19.(목)~2023. 3. 18.(토)	2023. 4. 6.(목) 10 : 00
6		2023. 4.	2023. 4. 8.(토)	2023. 2. 13.(월)~2023. 4. 1.(토)	2023. 4. 20.(목) 10 : 00
7			2023. 4. 22.(토)	2023. 2. 13.(월)~2023. 4. 15.(토)	2023. 5. 4.(목) 10 : 00
8		2023. 5.	2023. 5. 13.(토)	2023. 4. 3.(월)~2023. 5. 6.(토)	2023. 5. 25.(목) 10 : 00
9			2023. 5. 20.(토)	2023. 4. 3.(월)~2023. 5. 13.(토)	2023. 6. 1.(목) 10 : 00
10		2023. 6.	2023. 6. 10.(토)	2023. 5. 2.(월)~2023. 6. 3.(토)	2023. 6. 22.(목) 10 : 00
11			2023. 6. 24.(토)	2023. 5. 2.(월)~2023. 6. 17.(토)	2023. 7. 6.(목) 10 : 00
12	하반기 (월 1회)	2023. 7.	2023. 7. 8.(토)	2023. 6. 1.(목)~2023. 7. 1.(토)	2023. 7. 20.(목) 10 : 00
13		2023. 8.	2023. 8. 12.(토)	2023. 7. 3.(월)~2023. 8. 5.(토)	2023. 8. 24.(목) 10 : 00
14		2023. 9.	2023. 9. 16.(토)	2023. 8. 1.(화)~2023. 9. 9.(토)	2023. 9. 27.(수) 10 : 00
15		2023. 10.	2023. 10. 14.(토)	2023. 9. 1.(금)~2023. 10. 7.(토)	2023. 10. 26.(목) 10 : 00

- 응시원서 접수는 선착순이며, 시험 센터 잔여 좌석수가 마감된 경우 접수 기간 내라도 접수가 불가합니다.
- 시험은 총 15회 시행하며, 상반기(2~6월)에는 월 2~3회, 하반기(7~10월)에는 월 1회, 하루 2번(오전/오후) 시행합니다(합격자는 시험별 합격자 발표 예정일에 발표).
  ※ 단, 2023. 2. 18.(토) 제주 시험 센터에서 시행하는 지필시험은 오전 시험만 시행합니다.
- 본인이 응시하고자 하는 시험일에 따른 응시원서 접수 기간 내에 시험 센터와 시험일, 시험 시간(오전/오후)을 선택하여 접수를 완료해야 합니다.
  ※ 시험 일정 등은 변경될 수 있으므로 반드시 시행처 홈페이지 등을 확인하시기 바랍니다.

③ 합격자 결정방법(「노인복지법 시행규칙」 제29조의8 참고)

> 필기시험과 실기시험에서 각각 만점의 60% 이상을 득점한 자를 합격자로 합니다.

※ 필기시험 35문제 중 60%인 21문제 이상(35문제 중 14문제를 틀려도 합격), 실기시험 45문제 중 60%인 27문제 이상(45문제 중 18문제를 틀려도 합격) 맞으면 합격

④ 합격자 발표 및 자격증 발급 신청

1) 합격자 발표

- 컴퓨터시험
  컴퓨터시험의 합격자 발표는 오전/오후 시험 시간에 관계없이 응시자 본인의 시험 다음 날 10:00 이후에 발표 예정(발표일이 주말 혹은 휴일인 경우 다음 날 발표 예정)
  ※ 단, 신분증 미지참 및 부정행위 등에 해당하는 사람의 경우 합격자 발표가 지연됨
  – 국시원 홈페이지(www.kuksiwon.or.kr)
  – 휴대폰 문자메세지(SMS) 통보(응시원서 접수 시 휴대폰 연락처를 입력한 경우)
- 지필 시험
  지필시험의 합격자 발표는 응시자 본인의 시험 시행 후 합격자 발표 예정일 10:00 이후에 발표
  ※ 단, 부정행위 등에 해당하는 사람의 경우 합격자 발표가 지연됨
  – 국시원 홈페이지(www.kuksiwon.or.kr)
  – 휴대폰 문자메세지(SMS) 통보(응시원서 접수 시 휴대폰 연락처를 입력한 경우)

2) 자격증 발급

자격증 발급 신청은 합격자 본인이 직접 하거나 교육을 이수한 교육기관에 위임 가능
- 신청 절차 : 국시원 홈페이지(www.kuksiwon.or.kr) → [회원가입] → [면허 · 자격 · 증명서] → [면허 · 자격 신청 및 조회]
- 자격증 발급 : 자격증 발급이 승인되면 신청 본인 또는 신청을 위임받은 교육기관 담당자의 PC와 연결된 프린터에서 자격증 출력 가능
  ※ 자격증 발급과 관련한 세부 사항은 국시원 홈페이지(www.kuksiwon.or.kr)에 별도 공지 예정이므로 참고할 것

CARE WORKER

CBT 모의고사 이용 가이드

STEP 1 예문에듀 홈페이지 로그인 후 메인 화면 상단의 [CBT 모의고사]를 누른 다음 시험 과목을 선택합니다.

STEP 2 시리얼 번호 등록 안내 팝업창이 뜨면 [확인]을 누른 뒤 [시리얼 번호]를 입력합니다.

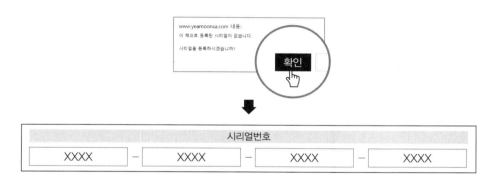

시리얼번호			
XXXX	XXXX	XXXX	XXXX

STEP 3 [마이페이지]를 클릭하면 등록된 CBT 모의고사를 [모의고사]에서 확인할 수 있습니다.

시리얼 번호

S075 – L3JH – 049D – 2114

도서의 특징

최단 기간 준비로 합격하는 효율적인 학습

- 핵심 이론을 빠짐없이 수록하여 단 한 권으로 충분한 학습을 할 수 있도록 구성하였습니다.
- 기출 차수를 표기하여 효율적인 학습이 가능하도록 하였습니다.

100% 합격을 위한 기출 오답 바로잡기와 핵심 족집게 문제

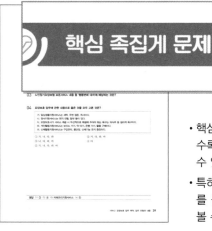

- 핵심 이론 학습 후 핵심 족집게 문제를 수록하여 중요 포인트를 확실히 암기할 수 있도록 하였습니다.
- 특히 기출 오답 바로잡기를 통해 이해도를 높여 최단 시간 공부로 최대 효과를 볼 수 있도록 하였습니다.

GUIDE

GUIDE

최신 기출문제로 확실한 실전 테스트

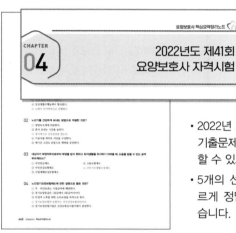

- 2022년 38~41회 요양보호사 자격시험 기출문제를 수록하여 실제 시험에 대비할 수 있도록 하였습니다.
- 5개의 선지 중 정답에 별색을 칠해 빠르게 정답을 외울 수 있도록 구성하였습니다.

+PLUS 합격비법

- 요양보호사 시험의 합격 점수는 필기, 실기 시험 60% 이상을 득점하면 된다.
- 전체 문제 중 80% 이상이 역대 기출 문제에서 출제! 앞으로의 시험도 이 기출문제를 벗어날 수 없다.
- 필기, 이론 합하여 80문제 중 80~90% 이상이 역대 기출문제에서 1회 이상 반복 출제되고 있다.
- 따라서 요양보호사 자격시험은 역대 기출 지문으로 기출 논점을 간파하고, 출제된 기출 지문이 잘 정리된 국내 유일의 교재로 공부하는 것이 합격의 지름길이다.

6080의 법칙을 활용하라!

CARE WORKER

차례

1과목

요양보호 개론

2과목

요양보호 관련 기초지식

3과목

요양보호 각론

최신기출문제

01 과목

요양보호 개론

CONTENTS

01 노인과 노화 과정 및 노년기 특성

표준교재 8~12p

1. 노인의 기여 표준교재 9p

① 경제적 기여 : 우리나라 산업화를 통한 경제성장산업화를 이룩한 세대
② 정치적 기여 : 개헌을 통한 대통령 직접선거, 평화적인 정권교체 등 민주화에도 기여
③ 사회적 기여 : 외환위기에 동참하여 이를 극복하였고, 가족과 사회를 지탱해 온 따뜻한 집단문화를 발전시킴

2. 사회와 국가발전에 기여한 노인에 대한 보상 표준교재 9p

① 경제적 보상 : 각종 공공시설(교통시설, 공원, 박물관) 이용 요금 감면 등 경제적 지원
② 제도적 보상
　　㉠ 사회보장제도(국민연금, 국민건강보험)를 통해 노후소득 보전과 질병 치료와 예방 등을 할 수 있도록 제도화
　　㉡ 노인복지관이나 경로당을 통한 여가활동 지원
③ 정치적 보상 국가는 어버이날, 노인의 날 기념 모범 어르신 포상
④ 지적, 정신적 문화유산의 전수 정책자문, 기록물 등록, 노인이 보유한 유형·무형의 문화재를 보전, 전수지원

3. 노인의 건강한 노화 표준교재 10p

① 젊은 세대에 비해 삶의 균형과 지혜를 쌓은 노화의 긍정적 측면
　　㉠ 노인은 일상적인 균형을 유지하고, 안정적이며, 지속적으로 수준 높은 동기 부여를 통해 직무를 수행할 수 있음
　　㉡ 의사결정에서도 신중하여 젊은 사람들보다 실수가 적고 사고력이 뒤지지 않음
　　㉢ 중요한 정보를 추출해 낼 수 있는 능력이 뛰어남

② 사회활동을 통한 건강한 노화
　　㉠ 노인의 신체와 활동에 맞게 영양분을 섭취하고, 적절한 운동 실시
　　　• 지속적으로 뇌에 자극을 주어 기억력과 인지력을 유지 35. 37-2
　　　• 자신에게 맞는 음식과 영양보조식품을 섭취
　　　• 고혈압, 당뇨, 비만 등 질병 유무를 확인하고 적합한 운동 지속

ⓛ 자신감과 역할이 상실되지 않도록 사회적 관계를 유지하고 생산적 활동에 참여 [35]
- 가족, 친구 등과 접촉하며 적극적인 애정 표현과 의사소통 [35, 37-2]
- 생산적 활동 참여(자원봉사, 여가 활동, 지역사회 참여) 자신감을 유지 [35, 37-2]

4. 노년기 특성 `표준교재 12p`

① 신체적 특성 `표준교재 12p`

ⓐ 세포의 노화 : 뼈와 근육이 위축되어 등이 굽고, 키가 줄어들며, 피하지방이 감소하여 전신이 마르고 주름이 많아짐

ⓛ 면역능력의 저하 : 질병이 발생하면 급격하게 상황이 악화, 죽음을 맞기도 함

ⓒ 잔존능력의 저하 : 신체조직의 잔존능력이 저하, 일상생활이 어려워짐

ⓔ 회복능력의 저하 : 만성질환이 있는 노인의 경우 합병증이 쉽게 올 수 있음 [36-2]

ⓜ 비가역적 진행 노화는 점차적으로 일어나는 진행성 과정이며, 인간의 노력으로 노화의 진행을 막을 수 없음

② 심리적 특성 `표준교재 13p`

ⓐ 우울증 경향의 증가 [2, 5, 6, 22, 37-1]
- 불면증, 식욕부진, 체중감소 등과 같은 신체적인 증상을 호소
- 기억력이 저하되고, 흥미와 의욕을 상실하는 등의 심리적 증상
- 주변 사람들에게 적대적으로 대하거나 타인을 비난하는 등의 행동

ⓛ 내향성의 증가 [1, 32, 33, 36-1]
- 심적 에너지가 청년기에는 외향성, 노년기에는 내향성으로 나타남
- 사회적 활동 감소, 타인과 만남 기피할 뿐만 아니라 내향적인 성격이 됨

ⓒ 조심성의 증가 [17, 23, 32, 34, 36-1, 37-1]
- 질문이나 문제에 대해 대답을 할지 망설이거나 하지 못하며, 때로는 중립을 지킴
- 결단이나 행동이 느려지고 매사에 신중해짐

ⓔ 경직성의 증가 [5, 9, 11, 15, 21, 29, 32, 32-1, 33, 35, 36-1]
- 자신에게 익숙한 습관적인 태도나 방법을 고수
- 매사에 융통성이 없어지고, 새로운 변화를 싫어하며 도전적인 일을 꺼리는 경향
- 새로운 기구 사용, 새로운 방식으로 일을 처리하는데 저항

ⓜ 생에 대한 회고의 경향 [33]
- 자신의 지나온 일생의 여러 요인 등을 떠올려 보게 됨
- 응어리졌던 감정 해소, 실패와 좌절에 담담해져 자아통합이 가능
- 다가오는 죽음을 평온한 마음으로 맞게 해줌

ⓗ 친근한 사물에 대한 애착심 [3, 36-1, 37-1]
- 오랫동안 자신이 사용해 오던 친근한 사물에 대해 애착이 강함
- 자기자신과 주변이 변하지 않고 유지되고 있다는 정서적 안정감을 느끼고, 세월의 흐름 속에서 자아정체감을 유지하려는 것
- 애착은 지나온 과거를 회상하거나 마음의 안락을 찾는 데 도움을 줌

ⓢ 유산을 남기려는 경향 [28]
- 자신이 이 세상에 다녀갔다는 흔적을 후세에 남기고자 함
- 자신이 가치 있는 삶을 살았다는 것을 인정받고자 함

ⓒ 의존성의 증가 [7, 36−1, 37−1]

- 신체적 기능이 저하되면서 신체적으로 의존
- 임금 노동자로서의 역할 상실로 경제적으로 의존
- 중추신경조직이 퇴화됨으로 인해 정신적으로도 의존

③ **노인의 사회적 특성** [표준교재 14p]

㉠ 역할 상실 [36−2]

- 노인에게 사회적 역할 변화가 생기는 대표적인 사건인 은퇴로 가장 역할 상실
- 어머니 역할을 잃게 되어 심리적으로 위축 [33]

㉡ 경제적 빈곤 : 연금이나 노후자금이 없는 경우에는 경제적 빈곤에 처함 [36−2]

㉢ 유대감의 상실 : 친척 · 친구관계 소원, 유대감 줄고, 단순화된 관계 속에서 고독감과 우울감이 증가하게 되고, 자살까지 발생하기도 함 [32, 36−2, 37−1]

㉣ 사회적 관계 위축 : 만성질환이 나타나면서 신체적 기능 쇠퇴, 사회적 관계에 부정적으로 작용 [33]

- 나이가 들수록 조심성이 감소한다.
  🔖 조심성이 증가한다.

- 새로운 변화를 좋아하며, 도전적인 일을 추진하는 경향을 보인다.
  🔖 새로운 변화를 싫어하며 도전적인 일을 꺼리는 경향을 보인다.

- 오랫동안 자신이 사용해 오던 친근한 사물에 대해 애착이 감소한다.
  🔖 애착이 강하다.

- 내향성이 감소한다.
  🔖 내향성이 증가한다.

 핵심 족집게 문제 ────────── • CARE WORKER

01 다음에서 설명하는 노인의 심리적 특성 중 옳은 것은?

> 가. 내향성의 증가 : 사회적 활동이 감소하고, 만남을 기피한다.
> 나. 조심성의 증가 : 일에 대한 결과의 질을 중시하고, 매사에 신중하다.
> 다. 경직성의 증가 : 자신에게 익숙한 태도나 방법을 고수하며, 도전적인 일을 꺼리고 융통성이 없다.
> 라. 우울증 경향의 증가 : 흥미와 의욕을 상실하고, 타인을 비난하는 행동이 늘어난다.
> 마. 유산을 남기려는 경향 : 자신이 가치 있는 삶을 살았다는 것을 인정받고자 한다.

① 가, 나, 다, 라　　　　　　② 나, 다, 라, 마
③ 가, 다, 마　　　　　　　　④ 다, 마
⑤ 가, 나, 다, 라, 마

──────────────────────────────
정답 01 ⑤

요양보호사 핵심요약정리노트 필기·실기

02 가족관계 변화와 노인 부양

표준교재 16p

1. 노인 거주 형태의 변화

① 기혼 자녀와의 동거는 줄어든 반면, 혼자 살거나 노부부만 사는 세대가 늘어나는 추세이다. 19, 25, 32-2
② 65세 이상 고령자 가구 중 부부가구는 32.7%이고, 1인 가구는 33.4%이다(통계청, 2018).

2. 가족관계의 변화 표준교재 16p

① 부부관계
  ㉠ 역할 변화에의 적응 : 퇴직 후 남편이 가정으로 옴에 따라 부부관계가 동반자로 전환됨 2, 4, 37-2
  ㉡ 성적 적응
    • 노인의 성은 인간 본능의 차원이므로 노인 스스로나 사회적으로 금기시하는 태도변화가 요구됨("어르신은 성욕을 상실했다."는 생각 지양)
    • 남성 노인이 여성 노인보다 생식기능 저하와 성교기능 저하가 덜함 33
  ㉢ 배우자 사별에 대한 적응 단계

1단계	• 상실감(노인이 처음으로 경험하는 정서적 반응, 노인이 가장 적응하기 어려운 상황) 3, 10, 27, 30, 32 • 우울감과 비탄(친한 친구의 죽음) 32-2, 37-2
2단계	배우자 없는 생활을 받아들이고, 혼자된 사람으로서의 정체감을 지님
3단계	혼자 사는 삶을 적극적으로 개척함 33

② 부모-자녀 관계
  ㉠ 자녀의 결혼으로 부부만 남게 되면서 '빈둥지증후군'을 겪게 됨
  ㉡ 빈둥지증후군 : 자녀가 독립하여 집을 떠난 뒤에 부모가 경험하게 되는 슬픔, 외로움과 상실감을 의미 32-2, 37-2
  ㉢ 수정확대가족 : 성인 자녀가 근거리에 살면서 노부모를 보살핌 13, 20, 23, 32-1, 34, 36-1

③ 고부 관계
  ㉠ 가치관과 세대 차이로 인해 여전히 고부갈등이 존재함
  ㉡ 노인은 아들과 며느리에게 의존하기보다는 자신의 삶을 활기차게 살아가기 위해 노력해야 함 1, 37-2

④ 조부모－손자녀 관계

　　㉠ 손자녀와의 관계에 만족, 부모 역할을 할 때보다 더 쉽게 적응하는 경향

　　㉡ 손자녀는 노년기에 활기와 탄력을 제공하며, 노인은 손자녀에게 아낌없는 사랑을 쏟을 수 있어 손자녀의 긍정적인 자아 형성에 기여할 수 있음 [33, 37-2]

⑤ 형제자매 관계

　　㉠ 어린 시절의 생활 경험을 공유, 형제자매 간 상호이해와 동조성이 강화됨 [33]

　　㉡ 특히 가족에 의한 지원이 충분하지 못할 때, 형제자매는 중요한 사회적 지지가 됨

3. 노인 부양 문제와 해결 방안

① 노인 부양 문제

　　㉠ 노인의 4고(苦) : 무위(역할 상실), 빈곤, 질병, 고독

　　㉡ 노인 부양에 대한 인식 조사에서 가족이 부양해야 한다는 비중은 낮아지고 사회가 부양(공적 부양)해야 한다는 비중은 증가 [32, 32-2, 36-2]

　　㉢ 부모가 생활비를 스스로 해결하는 비율도 증가 추세이고, 자녀와 동거비율은 감소 추세

② 노인 부양 해결 방안

　　㉠ 사회와 가족의 협력 : 노인 부양을 위해서는 공적·사적 부양이 모두 필요함 [4, 32, 37-1]

　　㉡ 세대 간의 갈등 조절 : 국민연금, 노인장기요양보험제도를 통한 세대 간 위험의 분산, 소득 재분배 등이 바람직한 세대통합 효과 [32, 36-2, 37-1]

　　※ **세대 간 소득 재분배**

　　현재 근로세대가 사회보험을 내고 현재 노인세대에 사회보험금을 지급하는 것이고, 고소득층이 세금을 더 내고 저소득층에게 생계급여를 지급하는 공적부조로 소득 재분배가 이루어지고 있음

　　㉢ 노인의 개인적 대처

　　　• 경제적으로는 사회보험과 개인보험을 병행 이용

　　　• 사회적으로는 재교육 프로그램을 통해 삶의 변화에 대비 [26]

　　㉣ 노인복지정책 강화 [36-2]

　　　• 국민연금, 기초연금을 강화하여 노후소득을 보전 [37-1]

　　　• 노인장기요양보험 제도를 통해 장기적인 돌봄서비스를 제공 [37-1]

　　　• 다양한 노인 복지서비스 프로그램을 제공하여 여가, 노후생활을 지원 [32]

- 조부모들은 손자손녀와의 동거 관계를 불편해한다.
  🔁 만족해한다.

- 노년기의 형제자매는 지지자원으로서의 의미가 없다.
  🔁 의미가 있다.

- 자녀로부터 생활비를 받는 노인이 증가하고 있다.
  🔁 감소하고 있다.

- 배우자와 사별 후 남성 노인이 여성 노인보다 더 오래 산다.
  🔁 여성 노인이 남성 노인보다 더 오래 산다.

- 자녀가 생활비를 제공하는 비율이 증가하고 있다.
  🔁 부모가 생활비를 스스로 해결하는 비율이 증가하는 추세이다.

- 노년기 부부 간 관계의 중요성이 감소하고 있다.
  🔁 증가하고 있다. 동반자적인 관계로 전환된다.

- 성 역할 차이가 점차 늘어나고 있다.
  🔁 줄어들고 있다.

- 고부간의 갈등이 감소되고 있다.
  🔁 세대 차이로 인해 갈등이 존재한다.

 핵심 족집게 문제 ————————————— • CARE WORKER

01 **노인 부양 문제의 해결을 위한 대처 방법으로 옳지 않은 것은?**

① 노인 부양을 위해 공적 · 사적 부양이 모두 필요하다.
② 사회적으로는 재교육 프로그램을 통해 삶의 질을 높인다.
③ 경제적으로 사회보험과 개인보험 중 하나만을 이용한다.
④ 국가와 사회는 노인복지정책을 강화해야 한다.
⑤ 세대 간의 갈등 조정을 위해 상호 존중해야 한다.

정답 01 ③

03 사회복지와 노인복지

표준교재 21p

1. 사회복지의 개념과 범위 표준교재 22p

① **사회복지의 분야** : 크게 공공부조, 사회보험, 사회서비스로 구분

공공부조	• 생활이 어려운 국민의 최저생활을 보장하고 지원하는 제도 • 5대 공공부조법 : 국민기초생활보장법, 의료급여법, 긴급복지지원법, 기초연금법, 장애인연금법
사회보험	• 국민에게 발생할 수 있는 질병, 실업, 장애, 사망, 소득 상실 등의 사회적 위험을 보험의 방식으로 대처하는 제도 • 5대 사회보험법 : 국민연금법, 국민건강보험법, 고용보험법, 산업재해보상보험법, 노인장기요양보험법
사회서비스	도움이 필요한 모든 국민에게 상담, 재활, 돌봄, 정보 관련 시설 이용, 역량 개발, 사회참여 지원 등의 개별 서비스

② **공공부조(국민기초생활보장제도)** : 생활이 어려운 사람에게 필요한 급여를 제공하여 이들의 최저생활을 보장하고 자활을 돕는 것을 목적으로 함

③ **사회보험**

ㄱ 국민건강보험 : 질병, 부상에 대한 예방, 진단, 치료, 재활과 출산, 사망 및 건강 증진에 대하여 보험급여를 제공하여 국민보건 향상 [37-1]

ㄴ 국민연금보험 : 노령, 장애 또는 사망에 대하여 연금 급여를 함으로써 국민의 생활 안정과 복지 증진에 기여함

ㄷ 고용보험 : 국가의 직업지도와 직업소개 기능을 강화하며, 근로자가 실업한 경우에 생활에 필요한 급여를 하여 근로자의 생활 안정과 구직 활동을 촉진함(요양보호사가 실직했을 때 생활에 필요한 급여 제공) [32-1]

ㄹ 산업재해보상보험 : 근로자의 업무상 재해를 신속하고 공정하게 보상하며, 재해 근로자의 재활 및 사회 복귀를 촉진함 [37-2]

ㅁ 노인장기요양보험 : 고령이나 노인성 질병 등의 사유로 일상생활을 혼자서 수행하기 어려운 노인 등에게 제공하는 신체 활동 또는 가사 활동 지원, 가족 부담을 덜고 국민의 삶의 질 향상

④ **사회서비스** : 도움이 필요한 사람에게 인간다운 생활 보장, 상담, 재활, 돌봄, 정보의 제공, 관련 시설의 이용, 역량 개발, 사회참여 지원 등을 위한 개별 서비스 제공

2. 노인복지의 개념과 유형 [표준교재 23p]

① 인구고령화와 노인복지

  ㉠ 인구고령화

고령화 사회	65세 이상 노인 인구가 7% 이상 14% 미만인 국가	2000년 7%
고령 사회	65세 이상 노인 인구가 14% 이상 20% 미만인 국가	2018년 14.3%
초고령 사회	65세 이상 노인 인구가 20% 이상인 국가	2026년 20.8% 전망

  ㉡ 노인복지 : 노인이 인간다운 생활을 영위하면서 자기가 속한 가족과 사회에 적응하고 통합될 수 있도록 인적 · 물적 자원을 지원하는 것

② 노인복지 원칙(노인을 위한 유엔의 5가지 원칙)

독립의 원칙	• 일할 수 있는 기회를 갖거나, 다른 소득을 얻을 수 있어야 한다. [37-2] • 언제 직장을 그만둘 것인지에 대한 결정에 참여해야 한다. [37-2] • 적절한 교육과 훈련 프로그램에 접근해야 한다. • 개인 선호와 변화하는 능력에 맞추어 안전하게 적응할 수 있는 환경에서 살 수 있어야 한다. • 가능한 한 오랫동안 가정에서 살 수 있어야 한다. [25, 28, 37-2]
참여의 원칙	• 노인복지정책의 형성과 시행에 적극적으로 참여하며, 지식과 기술을 젊은 세대와 공유해야 한다. [25] • 자원봉사자로서 활동해야 한다. • 노인들을 위한 사회운동을 하고 단체를 조직해야 한다.
보호의 원칙	• 최적의 신체적, 정신적, 정서적 안녕을 유지하거나 되찾도록 도움을 받고, 질병을 예방하거나 지연하는 건강보호 서비스를 이용할 수 있어야 한다. • 노인의 자율과 보호를 높이는 사회적, 법률적인 서비스를 이용할 수 있어야 한다. • 시설에서는 인간적이고 안전한 환경에서 보호, 재활, 사회적 · 정신적 격려 서비스를 제공받아야 한다. • 보호 및 치료 시설에 거주할 때도 기본적 인권과 자유를 누릴 수 있어야 한다. [37-2]
자아 실현의 원칙	• 노인의 잠재력을 완전히 계발할 수 있는 기회가 있어야 한다. [32-2] • 교육과 문화적, 정신적 자원과 여가서비스를 이용할 수 있어야 한다. [25, 32-2]
존엄의 원칙	• 착취와 육체적 · 정신적 학대로부터 자유로워야 한다. • 나이, 성, 인종이나 민족적 배경, 장애, 지위에 상관없이 공정하게 대우받아야 하며, 경제적 능력에 따라 대우하면 안 된다. [25, 37-2]

③ 노인복지사업 유형 [표준교재 25p]

  ㉠ 노인돌봄 및 지원서비스 : 장기요양등급판정 결과 장기요양 등급 외 A 또는 B 판정자는 본인 또는 가족 등이 읍면동에 '노인돌봄서비스' 이용을 신청한다.

독거노인 보호사업	• 독거노인에 대한 종합적인 사회안전망을 구축하는 것을 목적으로 하는 사업 • 노인돌봄기본서비스, 독거노인사랑 잇기, 무연고 독거노인 장례지원
독거노인 공동생활홈 서비스	공동생활공간 운영을 통한 독거노인 고독사 · 자살 예방 및 공동체 형성을 목적으로 하는 사업
노인돌봄 종합서비스 [4, 18]	• 가사 · 활동지원 또는 주간보호서비스를 제공하고 신체 · 인지 기능이 약화됨을 방지하여 안정된 노후생활을 보장 • 방문서비스, 주간보호서비스, 치매가족지원서비스, 단기가사서비스

노인보호 전문기관	노인학대에 전문적이고 체계적으로 대처하여 노인권익을 보호하는 한편, 노인학대 예방 및 노인인식 개선 등을 통해 노인의 삶의 질 향상을 도모하기 위한 사업
학대피해 노인전용 쉼터 [30]	학대피해노인에 대한 일정기간 보호조치 및 심신 치유 프로그램을 제공하는 사업
결식우려 노인무료 급식지원	• 노인들에게 무료로 식사를 제공할 수 있도록 지원하는 사업 • 무료급식, 식사배달, 무료급식사업자 예산지원

ⓒ 치매 사업 및 건강보장 사업

치매안심 센터 [30]	• 치매조기검진, 치매노인 등록관리, 치매인식 개선 및 치매친화적 지역사회 조성, 치매가족지원, 치매쉼터운영, 치매노인 성년후견사업 • 사업 주체 : 시군구 보건소
노인실명 예방사업	• 대상 : 만 60세 이상 노인 중 선정기준에 해당하는 자 • 내용 : 노인 개안 수술비 지원, 노인 저시력 예방교육 · 재활사업 • 사업 주체 : 한국실명예방재단
노인무릎 인공관절 수술지원	• 대상 : 만 65세 이상 노인 중 선정기준에 해당하는 자 • 내용 : 국민건강보험급여 '인공관절치환술(슬관절)' 인정기준에 준하는 본인부담금 지원 • 사업 주체 : 노인의료나눔재단
노인건강 진단	• 질병의 조기 발견 및 치료로 건강의 유지, 증진을 위한 사업 • 대상 : 만 65세 이상 의료급여 수급권자 • 내용 : 일반 건강검진, 국가암조기검진, 방문 건강관리 또는 의료서비스를 체계적으로 제공함 • 사업 주체 : 시군구 보건소

ⓒ 노인 사회활동 및 여가활동 지원

노인일자리 및 사회활동	활기찬 노후생활을 영위할 수 있도록 일자리 · 사회활동을 지원하는 사업
노인자원봉사	노인의 적극적 사회참여 및 노인의 인적자원 활용을 극대화하기 위한 사업
경로당	노인 사회활동 및 여가활동 지원의 공간 및 도구로 활용하는 사업
노인복지관	• 복지서비스가 필요한 노인을 대상으로 지원함 • 건강한 노후를 위한 예방, 취약노인 케어 기반 구축 및 확충 • 활동적인 노후를 위한 사회참여 여건 조성 및 활성화 • 안정적 노후를 위한 소득보장의 다양화와 내실화를 통해 성공적인 노후가 실현될 수 있도록 지원함

ⓔ 노인복지시설 표준교재 30p [3]

• 노인이 심리적, 사회적, 경제적 등의 사유로 생활이 어려울 때 이용하거나 거주하는 시설
• 노인복지 시설

종류	시설명	설치 목적
노인주거복지 시설	양로시설	노인을 입소시켜 급식 제공
	노인공동 생활가정	가정과 같은 주거여건과 급식 제공
	노인복지 주택	주거의 편의 · 생활지도 · 상담 · 안전 관리 제공

종류	시설명	설치 목적
노인의료복지시설	노인요양시설	치매 · 중풍 등 노인성 질환 등으로 심신에 상당한 장애가 발생하여 도움이 필요한 노인을 입소시켜 급식 · 요양 제공하는 시설(입소자 10인 이상 시설)
	노인요양공동생활가정 12, 23, 29	가정과 같은 주거 여건과 급식 · 요양 제공하는 시설(입소자 9인 이내 시설)
노인여가복지시설	노인복지관	노인의 교양 · 취미생활 및 사회 참여활동, 건강증진 및 질병예방, 소득보장 · 재가복지 제공하는 기관
	경로당	친목도 미활동 · 공동작업장 운영, 각종 정보교환과 여가 활동을 할 수 있도록 하는 장소
	노인교실	사회활동 참여욕구를 충족하기 위하여 건전한 취미생활 · 노인 건강유지 · 소득보장 등 학습프로그램을 제공하는 곳
재가노인복지시설	방문요양 2, 37 − 1	가정에서 일상생활을 영위하면서 신체적 · 정신적 장애로 어려움을 겪고 있는 노인에게 각종 편의를 제공
	방문목욕	목욕장비를 갖추고 재가노인을 방문하여 목욕을 제공
	주 · 야간 보호 11, 33	심신이 허약한 노인과 장애노인을 주간 또는 야간 동안 보호시설에 입소시켜 각종 편의를 제공
	단기 보호 28, 29	일시적으로 보호가 필요한 심신이 허약한 노인과 장애노인을 보호시설에 단기간 입소시켜 보호
	그 밖의 서비스 18, 25, 36 − 2	재가노인에게 제공하는 서비스로서 보건복지부령에서 정하는 서비스, 현재 그 밖의 서비스에는 복지용구 급여만 포함되어 있음
노인보호전문기관 18, 29, 32	중앙노인보호전문기관	노인학대행위자에 대한 상담 및 교육, 학대받은 노인의 발견 · 상담 · 보호, 노인학대 예방 및 방지를 위한 홍보를 담당하는 기관
	지역노인보호전문기관	
노인 일자리 전담기관	노인인력 개발기관	노인 일자리 개발 · 보급사업, 조사사업, 교육 · 홍보 및 협력사업, 프로그램인증 · 평가사업 등을 지원하는 기관
	노인 일자리 지원기관	지역사회 등에서 노인일자리의 개발 · 지원, 창업 · 육성 및 노인에 의한 재화의 생산 · 판매 등을 직접 담당하는 기관
	노인취업알선기관	노인에게 취업 상담 및 정보를 제공하거나 노인일자리를 알선하는 기관
학대피해노인 전용쉼터	학대노인 전용쉼터 30, 32, 37 − 2	• 학대피해노인의 보호와 숙식제공 등의 쉼터생활 지원 • 학대피해노인의 심리적 안정을 위한 치유 프로그램 제공 • 학대피해노인에게 학대로 인한 신체적 · 정신적 치료를 위한 기본적인 의료비 지원

※ 방문간호는 노인장기요양보험법의 장기요양서비스이며, 노인복지서비스는 아님

■ 노인복지 원칙

• 가능한 시설 거주를 권장한다.
　📖 가능한 한 오랫동안 가정에서 살 수 있어야 한다.

• 경제적 능력에 따라 대우한다.
　📖 경제적 능력에 따라 차별적으로 대우하면 안 된다.

• 젊은 세대와 분리된 노인문화를 형성한다.
　📖 젊은 세대와 공유된 노인문화를 형성한다.

• 교육과 문화 서비스 제공은 최소화한다.
　📖 최소화하는 게 아니라 이용할 수 있어야 한다.

01 다음 중 국민에게 발생할 수 있는 질병, 실업, 장애, 소득상실 등의 사회적 위험을 보험의 형식으로 대처하는 사회보험이 <u>아닌</u> 것은?

① 국민기초생활보장법　　　　　　　② 국민건강보험
③ 국민연금보험　　　　　　　　　　④ 노인장기요양보험
⑤ 고용보험

02 다음은 국제연합이 유엔총회에서 채택한 노인을 위한 유엔의 5원칙에 대한 설명이다. 옳은 것을 모두 고르시오.

> 가. 독립의 원칙 : 가능한 한 오랫동안 가정에서 살 수 있어야 한다.
> 나. 참여의 원칙 : 지식과 기술을 젊은 세대와 공유해야 한다.
> 다. 보호의 원칙 : 보호 및 치료 시설에 거주할 때도 기본적 인권과 자유를 누릴 수 있어야 한다.
> 라. 자아실현의 원칙 : 교육과 문화적, 정신적 자원과 여가서비스를 이용할 수 있어야 한다.
> 마. 존엄의 원칙 : 인종, 장애, 성, 경제적 능력 등에 따라 대우하면 안 된다.

① 가, 나, 다, 라　　　　　　　　　② 나, 라, 마
③ 다, 라, 마　　　　　　　　　　　④ 가, 다, 라
⑤ 가, 나, 다, 라, 마

03 장기요양 등급 외 A, B형 등급으로 판정된 저소득 노인에게 해당하는 지역사회연계 서비스는?

정답　01 ①　02 ⑤　03 노인돌봄종합서비스

04 노인장기요양보험제도 신청 및 판정 절차

1. 노인장기요양보험제도 [표준교재 33p]

① 제도의 시행 : 2007년 4월 법률 제8403호로 제정되고 2008년 7월부터 시행 [15]

② 제도의 목적 [표준교재 33p]

  ㉠ 고령이나 노인성 질병 등의 사유로 일상생활을 혼자서 수행하기 어려운 노인 등에게 신체활동 또는 가사활동 지원 [1, 9, 35, 36-2]

  ㉡ 노후의 건강증진 및 생활안정을 도모

  ㉢ 가족의 부담을 덜어줌으로써 국민의 삶의 질을 향상

③ 사업의 보험자 및 가입자

  ㉠ 장기요양보험사업은 보건복지부장관이 관장 [34, 36-2]

  ㉡ 노인장기요양보험의 보험자(보험금을 지급하는 자) : 국민건강보험공단 [15, 20, 21, 24, 28, 34, 36-2]

  ㉢ 노인장기요양보험의 가입자(보상을 받을 권리를 갖는 자) : 국내에 거주하는 국민, 국내에 체류하는 재외국민 또는 외국인으로서 대통령령으로 정하는 사람

④ 장기요양급여 대상자 [표준교재 34p] : '65세 이상인 자' 또는 '65세 미만이지만 노인성 질병을 가진 자'로 거동이 불편하거나 치매 등으로 인지가 저하되어 6개월 이상의 기간 동안 혼자서 일상생활을 수행하기 어려운 사람 [1, 9]

  ※ 노인장기요양보험급여 대상자 여부 [4, 6, 17, 19, 23, 27, 29, 32-1, 33, 35, 36-1]

  - 결핵으로 신체 활동이 어려운 70세 남자(○)
  - 결핵으로 신체 활동이 어려운 60세 남자(×)
  - 혈관성 치매로 신체 활동이 어려운 40세 남자(○)
  - 병원 입원 중인 노인은 급여 대상자에서 제외
  - 뇌졸중으로 거동이 불편한 55세 남자(○) [17]
  - 혈관성 치매인 40세 여성(○) [29]
  - 거동이 불편한 50세 치매질환의 여성(○) [19]
  - 파킨슨 질환으로 일상생활이 어려운 55세 여성(○) [19]

⑤ 장기요양인정 신청 및 판정 절차 `표준교재 35p`

※ **신청절차** `3, 6, 16, 18`

신청 → 방문조사 → 조사표에 따른 1차 판정 → 의사소견서 제출예외자 통보 → 의사소견서 제출 → 등급판정위원회 개최 → 등급판정

㉠ 인정 신청
- 65세 이상 노인 또는 65세 미만 노인성 질환 대상자가 공단에 의사 또는 한의사가 발급하는 소견서를 첨부하여 장기요양인정 신청서를 제출 `36-1`
- 본인, 가족이나 친족 또는 이해관계인, 사회복지전담공무원(본인이나 가족 등의 동의 필요), 시장·군수·구 청장이 지정하는 자 `24, 29, 36-1`

㉡ 방문 조사 : 국민건강보험공단 소속직원(사회복지사, 간호사 등)이 신청인의 거주지를 방문하여 심신상태 를 나타내는 장기요양인정조사항목에 대하여 조사 `19, 35, 36-1`

㉢ 등급판정
- 국민건강보험공단은 장기요양등급을 1차 판정한다. `32-1, 33, 36-1`
- 공단은 조사결과서, 의사소견서 등을 등급판정위원회에 제출한다. `32-1`
- 등급판정위원회는 장기요양인정 여부 및 장기요양등급을 최종 판정한다. `28, 29, 34, 35, 36-1`
- 판정은 신청서를 제출한 날로부터 30일 이내에 완료한다. `15, 29, 32-1`

㉣ 판정 결과 `표준교재 37p`
- 장기요양등급 판정 결과와 등급별 상태 : 1, 2, 3, 4, 5등급과 인지지원등급을 대상자로 인정한다.
  `17, 32-1, 36-2`

등급	상태	장기요양 인정점수
장기요양 1등급	심신의 기능 상태 장애로 일상생활에서 전적으로 다른 사람의 도움이 필요한 자	95점 이상
장기요양 2등급 `9, 15`	심신의 기능 상태 장애로 일상생활에서 상당 부분 다른 사람의 도움이 필요한 자	75점 이상 95점 미만
장기요양 3등급 `2, 11, 24`	심신의 기능 상태 장애로 일상생활에서 부분적으로 다른 사람의 도움이 필요한 자	60점 이상 75점 미만
장기요양 4등급	심신의 기능 상태 장애로 일상생활에서 일정 부분 다른 사람의 도움이 필요한 자	51점 이상 60점 미만
장기요양 5등급 `20`	치매대상자(노인장기요양보험법 시행령 제2조에 따른 노인성 질병으로 한정함)	45점 이상 51점 미만
인지지원 등급	치매대상자(노인장기요양보험법 시행령 제2조에 따른 노인성 질병으로 한정함)	45점 미만

- 장기요양등급판정 항목 : 신체기능 12개, 인지기능 7개, 행동변화 14개, 간호처치 9개, 재활 10개로 심신 상태를 52개 항목의 장기요양인정조사 항목 `24`
- 일상생활 수행동작(ADL) 평가 항목 : 옷 벗고 입기, 세수하기, 양치질하기, 목욕하기, 식사하기, 체위 변경하기, 일어나 앉기, 옮겨 앉기, 방 밖으로 나오기, 화장실 사용하기, 대변 조절하기, 소변 조절하기 `13`

ⓜ 판정 결과 통보 　표준교재 38p

- 장기요양인정 유효기간은 최소 1년 이상으로 한다. 　17, 24, 26, 29

장기요양 유효기간 원칙	예시
유효기간을 갱신할 때 갱신 직전 등급과 같은 등급으로 판정을 받는 경우 • 1등급 : 4년	2017년 7월에 1등급 판정을 받고, 2018년 7월에 다시 1등급을 받은 수급자는 2022년 7월에 등급 판정을 받으면 됨
유효기간 갱신 시 갱신결과 직전 등급과 같은 등급으로 판정을 받는 경우 • 2등급~4등급 : 3년　29 • 5등급, 인지지원등급 : 2년	2017년 7월에 2등급(3등급) 판정을 받고, 2018년 7월에 다시 2등급(3등급)을 받은 수급자는 2021년 7월에 등급 판정을 받으면 됨

※ 등급판정위원회는 유효 기간을 6개월 범위 내에서 가감하여 조정할 수 있음(2017년 개정)

■ 장기요양 급여대상자
- 기초생활수급자로 관절염이 있는 70세 남자
  기초생활 수급자로 난청이 있는 90세 노인
  뇌출혈로 병원에서 치료 중인 65세 여자
  난청이 있고 일상생활이 가능한 90세 독거노인
  당뇨병을 앓고 있는 80세 남자
  관절염을 앓고 있는 64세 남성
  결핵으로 병원에 입원한 70세 남성
  팔이 골절된 60세 남자
  혈압약을 복용하는 50세 여자
  결핵으로 신체활동이 제한적인 60세 여자
  🔁 상기 사례 모두 대상자가 아니다.

■ 장기요양인정 신청 및 판정 절차
- 신청인의 심신 상태를 58개 항목의 장기요양인정표로 조사한다.
  🔁 52개 항목의 장기요양인정표로 조사한다.

- 장기요양 인정 신청은 본인, 가족만 가능하다.
  장기요양 인정 신청은 가족이나 친족만 할 수 있다.
  🔁 본인, 가족이나 친족 또는 이해관계인, 사회복지전담공무원, 시장·군수·구청장이 지정하는 자가 신청할 수 있다.

- 보험자는 시·군·구이다.
  🔁 보험자는 국민건강보험공단이다.

- 노인장기요양보험제도는 2007년 7월 1일부터 시행했다.
  🔁 2008년 7월 1일부터 시행하였다.

- 노인장기요양보험사업의 보험자는 전 국민이다.
  노인장기요양보험의 보험자는 등급판정대상자이다.
  🔁 보험자는 국민건강보험공단이다.

- 등급판정은 신청서를 제출한 날로부터 20일 이내에 완료한다.
  🔁 30일 이내에 완료한다.

- 2등급은 장기요양인정 점수 95점 이상이다.
  🔁 75점 이상 95점 미만이다.

- 1, 2, 3등급만 대상자로 인정한다.
  🔁 1, 2, 3, 4, 5등급과 인지지원 등급을 대상자로 인정한다.

- 장기요양인정 유효기간은 최소 2년이다.
  🔁 최소 1년 이상이다.

- 장기요양등급판정은 장기요양위원회에서 최종 판정한다.
  🖹 등급판정위원회에서 최종 판정한다.
- 장기요양인정신청서는 가족이 작성하여 가까운 주민센터에 제출한다.
  🖹 국민건강보험공단에 제출한다.

핵심 족집게 문제 ————————————————— CARE WORKER

01 노인장기요양보험사업에서 보험료를 받아 계약 조건에 따라 보험금을 지급하는 기관은?

02 노인장기요양보험사업의 보험자는?

03 다음 중 장기요양급여 대상자로 인정 가능한 경우로 옳지 <u>않은</u> 것은?
① 기초생활수급자로 관절염이 있는 70세 남자
② 파킨슨 질환으로 일상생활이 어려운 55세 여성
③ 뇌졸중으로 거동이 불편한 55세 남자
④ 혈관성 치매인 40세 여성
⑤ 거동이 불편한 50세 치매질환의 여성

04 다음은 장기요양인정 신청 및 판정 절차이다. 괄호 안에 순서대로 들어갈 것은?

신청 → (　　) → 조사표 입력에 따른 1차 판정 → 의사소견서 제출 예외자 통보 → (　　) → 등급판정위원회 개최 → 등급판정

05 장기요양인정 점수가 61점이며 일상생활에서 부분적으로 다른 사람의 도움이 필요한 대상자의 등급은?

06 장기요양인정 점수가 50점이며 일상생활수행에 어려운 치매를 앓고 있는 대상자의 등급은?

정답 01 국민건강보험공단 02 국민건강보험공단 03 ① 04 방문조사, 의사소견서 제출 05 3등급 06 5등급

05 장기요양 급여 내용·비용 청구·재원·서비스 이용지원

1. 장기요양 급여의 내용 표준교재 38p

① **구분** : 재가급여, 시설급여, 특별현금급여가 있고, 의료급여는 아님 [17, 24]

② **재가급여**

  ㉠ 가정에서 생활하며 장기요양기관이 운영하는 방문요양, 방문목욕, 방문간호, 주·야간보호, 단기보호, 기타 재가급여(＝복지용구급여) 등 신체활동 및 심신기능의 유지·향상을 위한 서비스를 제공받음 [32-1, 34, 36-2]

  ㉡ 재가급여서비스 중 방문간호는 기본간호 및 교육, 훈련 및 상담, 일부 검사, 투약, 주사 등을 의사의 처방 (방문간호 지시서)에 의하여 제공함

  ㉢ 요양보호사는 방문간호의 내용은 절대 수행해서는 안 되며, 필요한 경우 방문간호를 이용할 수 있도록 연계해야 함

  ㉣ 재가급여의 장단점

장점	단점
• 평소에 생활하는 친숙한 환경에서 지낼 수 있다. [32-2, 37-2]	• 의료, 간호, 요양서비스가 단편적으로 진행되기 쉽다. [37-2]
• 사생활이 존중되고 개인 중심 생활을 할 수 있다. [32-2]	• 긴급한 상황에 신속하게 대응하기 어렵다. [37-1]

③ **시설급여** [2]

  ㉠ 가정에서 생활하지 않고 노인요양시설, 노인요양공동생활가정 등에 입소하여 서비스를 제공받음 [35]

  ㉡ 의료, 간호, 요양서비스를 종합적으로 제공받을 수 있음 [32-2]

④ **특별현금급여**

  ㉠ 가족요양비 : 도서·벽지 등 장기요양기관이 현저히 부족한 지역, 천재지변, 수급자의 신체·정신 또는 성격상의 사유 등으로 인해 가족 등으로 부터 방문요양에 상당한 장기요양급여를 받은 경우 지급되는 특별현금급여 [8, 24, 29]

  ㉡ 특례요양비 : 수급자가 장기요양기관이 아닌 노인요양시설 시설에서 재가급여 또는 시설급여에 상당한 장기요양급여를 받은 경우 수급자에게 지급되는 현금급여(현재 시행되고 있지 않음) [15]

  ㉢ 요양병원간병비 : 수급자가 요양병원에 입원했을 때 장기요양에 사용되는 비용의 일부가 지급되는 현금급여

- 방문요양에 관한 업무를 수행하는 장기요양요원은 요양보호사 또는 사회복지사이다. 28
- 방문목욕에 관한 업무를 수행하는 장기요양요원은 요양보호사이다. 26, 28
- 방문간호에 관한 업무를 수행하는 장기요양요원은 다음과 같다.
  - 간호사로서 2년 이상의 간호 업무 경력이 있는 자
  - 간호조무사 중 3년 이상의 간호 보조 업무 경력이 있는 자
  - 치과 위생사

2. 장기요양기관의 비용 청구 및 지급 표준교재 41p

① 장기요양기관은 수급자에게 재가급여 또는 시설급여를 제공한 경우, 공단에 장기요양급여비용을 청구
   17, 33, 36-1, 37-1

② 공단은 장기요양기관으로부터 재가급여비용 또는 시설급여비용을 청구 받은 경우, 이를 심사하여 장기요양
   에 사용된 공단부담금을 당월 장기요양 기관에 지급 37-1, 37-2

3. 재원조달

① 노인장기요양보험제도가 운영되기 위한 재원은 장기요양보험료, 국가지원, 본인일부부담으로 조달
   17, 21, 32

② 보험료
   ㉠ 건강보험료액에 장기요양보험료율을 곱하여 산정
   ㉡ 장기요양보험료와 건강보험료를 통합하여 고지하고, 징수 후 각각 독립회계로 관리 21, 32, 37-1

② 국가지원 : 국가는 보험료 예상 수입액의 20%를 국고에서 부담 21, 32, 36-2, 37-1

③ 본인일부부담
   ㉠ 시설급여 20% 재가급여 15% 본인 부담 21, 32, 32-2, 34, 36-2, 37-2
   ㉡ 저소득층, 의료급여수급권자 등은 법정 본인부담금의 40~60%를 경감 21, 37-1
   ㉢ 국민기초생활수급권자는 본인부담금이 없음 21, 36-2, 37-2
   ※ 단, 비급여 항목은 전액을 본인이 부담한다.

4. 장기요양서비스 이용 지원 표준교재 42p

※ 장기요양서비스 이용 절차 32-2

서비스 신청접수 및 방문상담 → 서비스 제공 계획 수립 → 서비스 이용 계약 체결 → 서비스 제공 → 모니터링, 실시/서비스 종료
혹은 계속

① 서비스 신청 및 상담
   ㉠ 장기요양기관은 대상자 또는 가족이 장기요양서비스를 신청하면 상담을 통해 해당 기관 서비스를 제공할
      수 있는지를 판단한다.
   ㉡ 장기요양서비스를 받으려면 대상자와 그 가족이 장기요양인정서와 표준장기요양이용계획서 기관에 제출해
      야 한다. 29, 35

ⓒ 장기요양인정서 표준교재 43p : 대상자의 기본인적사항과 장기요양등급, 유효기간, 이용할 수 있는 급여의 종류와 내용, 대상자가 장기요양서비스를 제공받을 때 필요한 안내 사항 등이 포함됨 [5, 30, 37-2]

※ 수급자 안내사항

- 수급자가 장기요양급여를 받기 위해서는 장기요양기관에 장기요양인정서를 제시
- 의료급여를 받는 사람은 본인부담금이 면제되고, 기타 규정에 따른 의료급여를 받는 사람은 본인부담금이 60% 경감
- 장기요양급여는 월 한도액 범위 내에서 이용이 가능하며, 이를 초과하는 비용 및 비급여 비용은 본인이 전액부담
- 장기요양보험료를 6회 이상 납부하지 아니하면 장기요양급여를 받을 수 없음
- 장기요양인정 등급판정결과에 대해 이의가 있는 경우 통보를 받은 날로부터 90일 이내에 공단에 증명서류를 첨부하여 심사청구
- 갱신신청을 하려는 경우에는 유효기간이 끝나기 90일 전부터 30일 전까지 공단에 신청 [2, 15]

ⓔ 표준장기요양이용계획서 표준교재 44p
- 적절한 장기요양 서비스를 이용할 수 있도록 안내하는 역할
- 장기요양기관이 대상자를 이해하는 데 도움이 되는 자료로서의 역할 [35]
- 대상자의 등급에 따라 이용할 수 있는 한도액과 본인부담률이 포함됨
- 급여의 종류와 횟수, 비용, 인정유효기간, 복지용구 사용 등을 기재 [3, 21, 30, 34]

② 서비스 제공 계획 수립
ⓐ 먼저 가정을 방문하여 대상자의 기능상태평가와 욕구평가를 하고, 평가 내용을 바탕으로 서비스의 목표를 설정하고 구체적인 서비스의 내용과 횟수, 비용을 결정
ⓑ 욕구평가 : 장기요양서비스 제공계획을 수립하기 전에 대상자의 신체적·사회환경적 상황을 파악하는 평가 [32]

③ 서비스 이용 계약 체결 : 대상자와 가족이 서비스 제공계획에 동의를 하면 서비스 이용 계약을 체결
④ 서비스 제공 : 대상자의 주요 기능 상태와 욕구 등을 명확히 인식하고 서비스 내용과 시간, 방법 등을 파악하여 서비스를 제공
⑤ 모니터링 : 대상자 및 가족에게 만족스러운 서비스가 제공되고 있는지, 새로운 변화가 발생했는지 등에 대해 모니터링 [3, 6]
⑥ 서비스 종료 : 대상자가 사망하거나 대상자 스스로 종료를 원할 때, 혹은 타 기관으로 이관되었을 때는 서비스가 종료됨

5. 노인장기요양 등급외자 지원사업 표준교재 46p

※ 등급외자의 신체 및 인지 상태

등급외 A형 (45점 이상~51점 미만)	거동	• 실내 이동은 지팡이로 자립함 • 목욕하기, 화장실 이용하기 등은 약간의 도움이 필요함 • 수발자 없이 장시간 혼자 집 안에 머물 수 있음
	인지	• 단기기억 장애나 판단력 장애 등으로 인지력이 떨어진 상태임 • 종이접기 등의 프로그램 참여 등 복지관을 이용할 수 있음
등급외 B형 (40점 이상~45점 미만)	거동	• 실내 이동을 자립하며, 실외 이동도 자립률이 높음 • 목욕에 약간의 도움이 필요하나 대부분은 자립함 • 만성관절염을 호소함
	인지	• 단기기억 장애, 판단력 장애 등으로 인지력이 약간 저하되어 있음 • 문제행동은 거의 없음 • 복지관을 이용할 수 있음
등급외 C형 (40점 미만)	거동 · 인지	• 신체기능이나 인지기능에 문제가 없어 혼자서 일상생활을 할 수 있음 • 건강증진, 예방서비스가 필요한 대상임

① 노인보건 복지사업의 연계
  ㉠ 노인장기요양보험 인정신청을 하였으나 등급판정을 받지 못한 대상자를 노인장기요양 등급외자라 함
  ㉡ 노인돌봄기본서비스, 노인돌봄종합서비스, 노인복지관 및 사회복지관 서비스를 지자체에서 제공

② 국민건강보험공단 사업연계
  ㉠ 만성질환자 사례관리사업
    • 고혈압, 당뇨, 관절염 등 만성질환이 있는 등급외자와 서비스가 필요한 노인을 대상으로 함
    • 건강관리, 의료이용에 관한 정보 제공, 생활습관 개선 등의 상담서비스를 제공함 [1]
  ㉡ 노인건강관리사업
    • 등급외자와 필요 노인
    • 노인체조, 게이트볼, 스트레칭, 생활댄스, 탁구 등을 경로당, 마을회관, 운동경기장, 공원 등에서 운영함 [32]

- 장기요양급여에는 재가, 시설, 의료급여가 있다.
  재가급여와 시설급여 두 가지만 지급한다.
  📋 재가, 시설, 특별현금급여가 있고 모두 지급한다.

- 비용청구는 보호자가 직접 청구한다.
  📋 장기요양기관이 국민건강보험공단에 직접 청구한다.

- 장기요양보험료는 건강보험료와 분리하여 고지한다.
  📋 장기요양보험료와 건강보험료를 통합하여 고지하고 징수한다.

- 국가지원금은 60~65%이다.
  📋 국가지원 20%, 보험료 60~65%, 본인일부부담 15~20%이다.

- 의료급여수급권자의 본인일부부담금은 각각 1/3로 경감한다.
  📋 면제한다.

- 비급여 항목은 전액 국가가 부담한다.
  📋 비급여 항목은 본인이 부담한다.

- 장기요양인정서는 장기요양등급, 본인부담률 등이 기재된다.
  📋 장기요양등급, 유효기간, 이용할 수 있는 급여의 종류와 내용 등이 기재된다.

01 수급자의 일상생활 · 신체활동 지원에 필요한 복지용구를 제공하는 장기요양급여는?

02 도서 · 벽지 등 장기요양기관이 현저히 부족한 지역에서 가족으로부터 방문요양에 상당한 장기요양급여를 받았을 때 지급되는 특별 현금급여는?

03 방문요양과 방문목욕이 가능한 장기요양요원은?

04 대상자의 등급에 따른 월 한도금액, 본인부담률, 급여의 종류와 횟수 등 대상자와 가족들이 장기요양서비스를 이용할 수 있도록 돕기 위한 안내서는?

05 일시적으로 보호가 필요한 심신이 허약한 노인과 장애노인을 보호시설에 단기간 입소시켜 보호하는 재가노인복지시설은?

06 심신이 허약한 노인과 장애노인을 주간 또는 야간 동안 보호시설에 입소시켜 각종 편의를 제공하는 재가노인복지시설은?

정답 01 기타 재가급여 02 가족요양비 03 요양보호사 04 표준장기요양이용계획서 05 단기보호시설 06 주 · 야간 보호시설

06 요양보호 업무 목적, 업무 유형과 내용

1. 요양보호 업무의 목적 표준교재 47p

계획적이고, 전문적인 요양보호서비스를 제공하여 장기요양 대상자들의 신체기능 증진 및 삶의 질 향상에 기여하는 것 34, 37-1

※ 매슬로, 인간의 욕구 5단계

5단계 자아실현의 욕구	가장 상위인 욕구, 자기완성, 삶의 보람, 자기만족 등을 느끼는 단계
4단계 존경의 욕구	타인에게 지위, 명예 등을 인정받고 존중받고 싶어 하는 단계
3간계 사랑과 소속의 욕구	가족이나 친구 모임 등 어떤 단체에 소속되어 사랑받고 싶어하는 단계
2단계 안전의 욕구	신체나 정신이 고통이나 위험으로부터 안전하기를 추구하는 단계
1단계 생리적 욕구	배고픔, 목마름, 수면, 성 등과 같은 생리적 욕구를 해결하는 단계(가장 기본적인 욕구) 9, 26

※ 가장 기본적인 욕구는 음식, 물, 안전, 사랑과 같이 생존과 건강에 필수불가결한 것

2. 요양보호 업무의 유형과 내용 표준교재 48p

분류	표준서비스 내용
신체활동지원서비스 11, 15, 18, 22, 23, 27, 28, 29, 30, 32-1, 33, 34, 35, 36-1	세면도움, 구강관리, 체위 변경, 머리감기기, 옷 갈아입히기, 목욕도움, 식사도움, 신체기능의 유지 및 증진(관절구축 예방), 화장실 이용 돕기, 몸단장 이동 도움 등
일상생활지원서비스 11, 15, 16, 18, 22, 30, 34, 36-1	취사, 청소 및 주변 정돈, 세탁 서비스로 전업주부 역할
개인활동지원서비스 6, 12, 18, 22, 29, 32-2, 30, 34, 35, 36-1	외출 시 동행(은행, 관공서, 보건소, 병원 등의 방문), 일상 업무 대행 서비스(물품구매, 약 타기, 은행, 관공서 서비스 업무) 등 밖으로 나가 활동하는 것
정서지원서비스 15, 18, 22, 27, 30, 35, 36-1	말벗, 격려, 위로, 생활상담, 의사소통도움(편지대필) 서비스 등
방문목욕서비스	입욕준비, 입욕 시 이동보조, 몸 씻기, 지켜보기, 욕실정리 등 18
기능회복훈련서비스 36-2	신체·인지향상프로그램, 기본동작 훈련, 일상생활동작훈련, 물리치료, 언어치료, 작업치료, 인지 및 정신기능 훈련, 기타 재활치료
치매관리지원서비스 26, 28	행동변화 대처
응급서비스	응급상황 대처
시설환경관리서비스 30	침구·리넨 교환 및 정리, 환경관리, 물품관리, 세탁물 관리
간호처치서비스	관찰 및 측정, 투약 및 주사, 호흡기간호, 피부간호, 영양간호, 통증간호, 배설간호, 그 밖의 처치, 의사진료 보조
제한된 업무 36-2	기능회복훈련서비스(○○훈련, ○○치료), 간호 처치서비스(관찰 및 측정 외) 등은 요양보호사 업무에서 제외

※ 가정에서 생활하며 방문요양 급여를 제공받는 대상자가 가족과 관련된 서비스(세탁, 청소, 식사준비 등)를 요구하는 경우는 요양보호사의 업무가 아니므로 해서는 안 됨

01 다음 중 요양보호사가 제공하는 일상생활지원 서비스로 옳은 것은?

① 체위 변경, 구강관리
② 의사소통도움, 말벗
③ 취사, 세탁, 청소 및 주변 정돈
④ 물리치료, 언어치료
⑤ 외출 시 동행, 이동도움

02 노인장기요양보험에서 제공하는 표준서비스로 바르게 연결된 것은?

① 신체활동지원서비스 – 말벗, 격려, 위로하기
② 정서지원서비스 – 화장실 돕기, 몸단장하기
③ 일상생활지원서비스 – 목욕서비스, 지켜보기
④ 개인활동지원서비스 – 약 타기, 은행 업무, 관공서 업무 대행
⑤ 방문목욕서비스 – 취사, 청소, 세탁서비스

03 노인장기요양보험 표준서비스 내용 중 '행동변화 대처'에 해당하는 것은?

04 요양보호 업무에 관한 내용으로 옳은 것을 모두 고른 것은?

가. 일상생활지원서비스는 세탁, 주변 정돈, 취사이다.
나. 정서지원서비스는 편지 대필, 말벗 등이 있다.
다. 요양보호사가 서비스 제공 시 우선적으로 해결해 주어야 하는 욕구는 의식주 등 생리적 욕구이다.
라. 개인활동지원서비스는 보건소 가기, 약 타기, 은행 가기, 물품 구매이다.
마. 신체활동지원서비스는 구강관리, 몸단장, 신체기능 유지 증진이다.

① 가, 나, 다, 라
② 가, 다, 라, 마
③ 나, 다, 라, 마
④ 다
⑤ 가, 나, 다, 라, 마

정답 01 ③ 02 ④ 03 치매관리지원서비스 04 ⑤

07 요양보호서비스 유형별 대처방안 사례 모음

표준교재 51p

1. 신체활동 지원

거동할 수 있는 대상자가 세면 장소까지 걸어가기를 거부한다.	• 대처 1 : 날씨, 생활 등에 대한 이야기로 기분을 전환시키고 대상자의 잔존 기능을 살리려는 의지를 가지고 설득하여 세면장까지 가도록 돕는다. • 대처 2 : 좋아하는 것을 하게 하여 기분을 전환시킨 뒤 세면장으로 안내하여 대상자 옆에서 세면하는 동안 도움을 준다.
세면 자체를 거부한다.	• 대처 1 : 세면을 즐겁게 하기 위한 다양한 방법을 생각하여 시도해 본다. • 대처 2 : 따뜻한 물수건으로 닦아 주는 등 거부감이 없는 다른 방법을 강구한다.
얼굴을 씻지 않고, 물만 묻히거나 물을 가지고 장난만 한다.	• 대처 1 : 세면을 먼저 하고 대상자가 좋아하는 놀이를 하자고 유도하며 세면을 시도한다. • 대처 2 : 요양보호사가 먼저 세면 시범을 보이면서 대상자와 같이 씻는다.
식사 후에 양치질을 하지 않으려고 한다.	• 대처 1 : 평소 양치 습관을 파악한 후 그 방법을 적용해 본다. • 대처 2 : 양치를 심하게 거부하면 입안 헹구기를 하는 등 방법을 바꾸어 본다.
회음부 세척을 거부한다. 30	• 대처 1 : 수치심을 느끼지 않는 환경을 조성하고 회음부 세척의 필요성을 이해하도록 알려 준다. • 대처 2 : 안전하고 편안한 환경을 조성하고 물수건을 이용하여 본인이 할 수 있도록 돕는다.
머리 감기를 거부한다.	• 대처 1 : 평소 습관을 파악하고, 머리 감기 필요성을 설명하고 머리 감기를 시도한다. • 대처 2 : 머리 감기를 계속 거부하면 특수샴푸(건 샴푸)를 이용하는 등 다른 방법을 강구한다.
계절이나 장소에 안 맞는 옷을 입으려고 한다.	• 대처 1 : 대상자의 요구를 가능한 한 수용하고 요양보호사의 의견을 강요하지 않는다. • 대처 2 : 입고 싶어 하는 옷을 안에 입히고 겉옷을 상황에 맞게 입힌다.
머리를 자르려고 하지 않는다.	• 대처 1 : 거울을 보여 주어 동기유발이 되게 한다. • 대처 2 : 억지로 머리를 자르려 하지 말고 대상자의 의사를 존중하면서 머리를 묶어주거나 핀 등으로 머리를 정리해 준다. 28
면도를 하지 않는다.	• 대처 1 : 요양보호사가 면도하는 시범을 보이면서 대상자가 참여하도록 유도한다. • 대처 2 : 면도를 하지 않아 생기는 외모 변화, 감염 등의 문제를 이해시키며 설득한다.
한 가지 옷만 입으려고 고집한다. 29	• 대처 1 : 입으려는 옷과 잘 입지 않는 옷을 대상자의 이불 밑에 넣어놓고 대상자의 체취가 옷에 스며들어 거부감이 없게 한 뒤 입히는 등의 방법을 시도해 본다. • 대처 2 : 대상자의 가족과 상의하여 동일한 유형의 옷을 추가로 구입하여 입게 한다.
속옷을 갈아입으려고 하지 않는다.	• 대처 1 : 평소 습관과 속옷을 갈아입지 않으려는 이유를 알아본 후 갈아입을 수 있도록 유도한다. 27, 36-2 • 대처 2 : 대상자가 좋아하는 속옷 색깔이나 모양 등을 파악하고 언제, 어떠한 상황에서 갈아 입힐 것인지를 결정하여 시도한다.

혈압이 높은데도 대상자와 가족이 목욕을 희망한다.	• 대처 1 : 혈압이 높을 때 목욕을 하면 위험함을 알린다. 27 • 대처 2 : 두통이나 어지럼, 피로감 등 증상이 있는지 관찰하고, 시설장이나 간호사와 상의하여 조치한다.
체온이 높은데도 목욕을 원한다.	• 대처 1 : 평소 체온과 다른 정도를 보고하고 그 외적인 부분도 파악하여 보고한 후 조치에 따른다. • 대처 2 : 목욕 대신 따뜻한 물수건으로 몸을 닦아주며 목욕은 나중에 하자고 설명한다.
목욕을 거부하며 요양보호사를 꼬집거나 때리거나 고함을 지른다.	• 대처 1 : 요양보호사와 대상자의 안전을 위하여 무리하게 목욕을 시키지 않는다. 26 • 대처 2 : 대상자가 좋아하는 놀이 등을 통해 기분을 좋게 하고 목욕의 방법, 시기 등을 다르게 하여 시도한다. 18
가족은 목욕을 희망하는데 대상자가 목욕을 거부한다.	• 대처 1 : 목욕을 거부하는 이유를 파악한다. • 대처 2 : 목욕의 중요성을 설명하고 가족과 함께 설득하고 시도한다.
너무 뜨거운 물로 목욕하기를 원한다.	• 대처 1 : 너무 뜨거운 물로 목욕하는 것은 신체에 부담을 주게 됨을 설명한다. • 대처 2 : 목욕하기 적당한 실내온도를 유지한 후 적정 온도의 물로 목욕하게 하고, 목욕물의 온도가 대상자에게 해가 되는지에 대해 전문가에게 자문한다.
욕조 안에 오래 있기를 원한다.	• 대처 1 : 신체적으로 부담이 있음을 설명한 후 목욕시간을 지킨다. • 대처 2 : 제한된 요양서비스 시간 안에서 최대한 대상자의 요구를 충족한다.
요양보호사가 방문할 때마다 매번 목욕을 하겠다고 알몸으로 기다리고 있다.	• 대처 1 : 금일 목욕 서비스가 없다고 차분하게 설명하고 옷을 입도록 설득한다. 27 • 대처 2 : 옷을 벗고 있는 이유를 정확히 파악한 후 시설장이나 간호사 등에게 보고한다.
배변감이 있어도 화장실에 가려 하지 않는다.	• 대처 1 : 타인의 보살핌을 받고 싶지 않거나, 속옷이 더러워진 것을 보이고 싶지 않거나, 혹은 수치심이나 부끄러움을 느껴 자존심 상한 적이 있거나, 요양보호사와 케어서비스에 대한 신뢰관계가 형성되어 있지 않은 등의 이유를 파악한다. • 대처 2 : 대상자의 자존심을 고려하여 산책하는 길에 화장실에 들르는 등 다른 방식을 취한다.
기저귀 교환이나 용변 후 처리를 거부한다.	• 대처 1 : 거부하는 이유를 파악하고 요양보호사에게 신뢰감을 가질 수 있도록 한다. • 대처 2 : 통증, 발진, 욕창, 관절 상태 등을 관찰한다. • 대처 3 : "기저귀 갑시다."라는 강요하는 듯한 어투 대신에 "기저귀가 더러워졌으니 깨끗하게 갈아요.", "개운할 거예요." 등의 부드러운 표현을 한다.
대상자가 추워서 화장실에 가기 싫어하거나 움직이기 싫어서 기저귀를 사용하려 한다.	• 대처 1 : 화장실까지의 이동 동선과 화장실 내부를 춥지 않게 할 수 있는 방법을 강구한다. • 대처 2 : 상황에 따라 기저귀보다는 편안한 환경을 조성한 뒤 이동변기를 이용하도록 돕는다. 30
기저귀를 차고 있을 때 기저귀 안으로 손을 자주 넣는다.	• 대처 1 : 무의식적으로 손을 넣는 것은 피부에 이상이 생겨 가려워서 그러는 것일 수 있으므로 음부의 피부 상태를 확인한다. 만약 피부에 이상이 있는 경우에는 가족과 의료진에게 보고한다. 26, 29 • 대처 2 : 기저귀 착용이 잘되어 있는지 확인한다. 음부를 긁다가 상처가 나는 일이 없도록 손톱을 항상 짧게 깎아 주고, 손을 자주 씻겨 청결을 유지시킨다.
한쪽으로만 누워 있어야 하는 상태의 대상자가 기저귀를 차고 있지만 오줌이 샌다.	• 대처 1 : 몸 한쪽에 베개나 방석을 대는 등의 방식으로 체위를 자주 바꾸어 준다. 32 • 대처 2 : 대상자 성별, 상태별로 기저귀 사용 방법을 달리 적용하고 기저귀를 신속하게 갈아 준다.
변비인 대상자가 관장을 해달라고 한다.	• 대처 1 : 평상시 식습관과 배변 양상을 확인하고 서비스 계획에 반영한다. • 대처 2 : 관장은 요양보호사의 업무가 아님을 설명하고 대상자에게 의료행위에 해당되므로 의료진과 상의한다. 19 • 대처 3 : 배변은 식사 후 위의 작용(연동운동)에 의해 일어나는 것이므로, 시간을 잘 계산하여 여유 있게 화장실에 앉아서 배변하게 한다. • 대처 4 : 배변 활동이 원활하도록 복부를 배꼽 주위에서 시계방향으로 원을 그리듯이 마사지한다. 34

기도가 막힐 위험성이 있을 정도로 음식을 급하게 먹는다.	• 대처 1 : 삼키기 쉽게 잘게 썰거나 부드럽게 음식을 조리한다. • 대처 2 : 음식물을 삼킨 것을 확인한 후 다시 음식물을 제공하는 방법으로 돕는다. • 대처 3 : 음식을 빨리 먹지 않으면 먹지 못할까 봐 불안을 느껴 입안이 가득 찰 정도로 급하게 식사를 하는 대상자라면, "더 있으니까 천천히 드세요."라는 말 등으로 안심시킨다.
누운 상태로 식사를 하려고 한다.	• 대처 1 : 누운 상태로 식사할 경우에 질식 등의 문제가 일어날 수 있음을 설명한다. • 대처 2 : 대상자 본인이 일어날 수 없다고 생각하는 경우에는 자리에서 일어날 수 있도록 돕고 안정된 자세를 취하게 하여 식사에 불편함이 없도록 돕는다. • 대처 3 : 침대에서 식사를 할 경우 침대의 경사를 30° 정도로 하여 식사하도록 돕는다.
마비가 있는 대상자가 누운 자세에서 식사를 한다.	• 대처 1 : 마비가 있는 쪽의 어깨에 베개를 받쳐서, 마비가 없는 쪽을 아래로 향하게 한 후 요양보호사는 마비가 없는 쪽에서 식사를 돕는다. • 대처 2 : 사례들리지 않도록 천천히 식사하도록 돕고 입안에 음식물이 있는 경우 말을 시키지 않아 사례들리는 것을 예방한다.
식사를 제공하는데 전혀 먹지 않는다.	• 대처 1 : 먹지 않으려는 이유를 파악한다. 32-2, 37-2 • 대처 2 : 식욕이 없는 경우, 평소에 좋아하는 음식을 제공한다. 좋아하는 사람과 식사를 하게 하거나 환경에 변화를 주는 등 다양한 방법을 강구한다. 26
명절 음식을 만들어 달라고 요구한다.	• 대처 1 : 요양보호사의 요양서비스 업무 범위를 설명하고 해당 요구에 응하지 않는다. 22 • 대처 2 : 기본적인 요리가 아닌 명절, 생일 음식 만들기 등은 요양서비스 업무 범위가 아니라고 설명한다. 25, 26
욕창예방매트리스를 사용하고 있다며, 체위 변경을 하지 않으려고 한다.	• 대처 1 : 욕창 발생의 위험에 대해 설명한다. • 대처 2 : 대상자에게 욕창예방매트리스는 체위 변경이 곤란한 경우 보조적 수단으로 이용하는 것임을 설명하고 한 부위에 가해지는 장시간의 압박을 피하기 위하여 체위 변경이 꼭 필요함을 설명한다.
외출 시 교통신호를 어기면서 길을 건너자고 한다.	• 대처 1 : "금방 초록불로 바뀌니까 잠시만 기다리세요! 위험해요!"라고 말을 하여 긴장하고 멈출 수 있게 한다. • 대처 2 : 사고를 예방하기 위해 신호를 지켜야 한다고 설명한다.
산책지원 서비스를 거부하고 누워만 있으려고 한다.	• 대처 1 : 산책하고 싶지 않은 이유를 파악한 후 공감해 주고 강요하지 않는다. • 대처 2 : 평소 산책했던 장소나 시간, 방법 등을 파악하여 시도해 본다. • 대처 3 : 평소 좋아했던 쇼핑 등을 하자고 하며 움직일 수 있도록 시도한다.
자신의 애완견을 산책시켜 줄 것을 요구한다.	• 대처 1 : 애완견을 산책시키거나 애완동물을 기르는 등의 서비스는 제공하지 않음을 설명한다.
관절구축 예방을 위한 마사지를 제공받은 후에 계속 받기를 요구한다.	• 대처 1 : 마사지 이외에 제공하는 요양보호서비스가 있는 경우에는 다른 서비스에 대해 자세히 설명한다. • 대처 2 : 요양서비스 시간에 급여 내용이 적절하게 분배되어야 함을 설명한다.
요양보호사의 방문시간 이외에는 대상자가 대부분의 시간을 혼자서 와상 상태로 있다.	• 대처 1 : 가족에게 장기 와상 상태는 여러 가지 합병증을 일으킬 수 있음을 알린다. • 대처 2 : 대상자에게 누워있는 상태에서 자세를 바꾸는 방법을 알려주고 규칙적으로 자세를 바꾸도록 격려한다. • 대처 3 : 가족이 협조를 계속적으로 하지 않으면, 시설장이나 간호사 등에게 보고한다.
입맛이 없다고 식사를 하지 않는다.	• 대처 1 : 평상시 식사습관에 대한 관찰일지를 참고한다. • 대처 2 : 운동 부족, 변비, 구강 질환 등 신체적인 이유로 식욕 저하가 올 수 있으므로 원인을 파악하고 필요시 보고한다. • 대처 3 : 대상자가 평소에 잘 먹는 음식을 파악하여 제공한다. 함께 식사하거나 즐거운 분위기에서 식사하게 한다. 26

2. 일상생활 지원

가족의 식사 조리와 손주의 간식을 만들어 주기를 요구한다.	• 대처 1 : 요양서비스는 대상자를 위한 서비스만을 원칙으로 함을 설명한다. • 대처 2 : 가족의 식사 조리와 손주의 간식 만들기를 계속 요구하면 시설장이나 간호사 등에게 보고한다.
냉장고 안에 있는 유효기간이 지난 식품을 버리지 못하게 한다.	• 대처 1 : 대상자의 허락 없이 식품을 처분하지 않으며, 대상자와 함께 냉장고 내부를 정리 정돈한다. 18 • 대처 2 : 가족의 지원을 요청하거나 가족이 지켜보는 가운데서 정리한다. 37-1
치료식이 맛없다고 불평한다.	• 대처 1 : 식사요법에 대한 대상자의 의사를 확인한 후에, 제한적으로 대상자의 취향에 맞는 음식을 만들거나 간 맞추기나 재료 사용을 대상자 위주로 하여 만족감을 느낄 수 있도록 노력한다. • 대처 2 : 필요에 따라서 영양사나 주치의, 간호사 등과 연계한다. • 대처 3 : 가능하면 대상자를 주방에 들어오게 하여 함께 조리하거나, 조리하는 것을 보게 하거나, 주방까지 이동이 어려운 경우는 도중에 맛을 보게 하는 등 조리 과정에 참여하게 한다.
쓰레기 분리배출를 설명하여도 시행하지 않는다.	• 대처 1 : 분리 배출할 수 있는 여건을 갖추도록 돕는다. • 대처 2 : 분리 배출함 위에 알기 쉬운 단어나 그림을 표시하여 분리배출을 돕는다.
청소하고 난 후 대상자가 물건이 없어졌다고 한다.	• 대처 1 : 청소했을 때의 상황을 설명하고 정리정돈한 물건의 위치를 확인시킨다. • 대처 2 : 청소할 때 물건의 위치를 잘 기억하여 청소가 끝난 후 원래 있던 곳에 물건을 놓아둔다. • 대처 3 : 대상자와 갈등이 일어나기 전에 가족과 시설장에게 알린다.
대상자가 집 안 대청소(정원 잡초 뽑기, 거실 대형 유리 닦기 등)를 요구한다.	• 대처 1 : 청소와 관련된 규정을 설명하고 규정 이외의 업무는 하지 않는다고 설명한다. • 대처 2 : 급여범위 이외의 서비스를 계속 요구하면 시설장에게 보고한다.
대상자 세탁물 이외의 세탁물이 세탁기 안에 있다.	• 대처 1 : 대상자의 세탁물만 세탁하도록 되어 있는 기준을 알린다. • 대처 2 : 계속 세탁물이 같이 들어 있어 세탁 요구 시 시설장에게 보고한다.

3. 개인활동 지원

외출 시 요양보호사 차량을 이용하려고 한다.	• 대처 1 : 사고가 날 경우 요양보호사의 책임이므로 개인 차량을 이용할 수 없음을 설명한다. 37-2 • 대처 2 : 차량 이용 시 요양보호사가 사고를 예방하기 위해 대상자 옆에 있어야 함을 설명한다.
고액과 관련된 은행 업무를 맡겨서 부담이 된다.	• 대처 1 : 고액과 관련된 은행 업무는 가능한 한 대상자나 가족과 함께 동반하도록 한다. 15, 18, 23, 24 • 대처 2 : 대상자나 가족과 동반하기 어려운 경우에는 은행 업무 수행 사전에 가족에게 알리고 확인을 받는다.
대상자가 본인 아들과 관련된 행정 업무를 도와 줄 것과, 대상자의 약을 타다 줄 것을 요구한다.	• 대처 1 : 요양서비스는 대상자를 위한 서비스만(가족의 물품은 사다줄 수 없다고 설명한다)을 원칙으로 함을 설명한다. 25, 36-2 • 대처 2 : 요양보호사는 요양서비스 시간 동안 대상자 곁에 있어야 함을 설명한다.
요구한 물건을 사왔는데 마음에 들지 않는다고 한다.	• 대처 1 : 물건을 구매하기 전에 대상자가 희망하는 상품이 무엇인지를 명확하게 파악한다. • 대처 2 : 대상자가 희망하는 상품을 명확하게 설명하지 못하면 가능한 한 대상자와 함께 구입하러 간다. 28, 32 • 대처 3 : 물건을 사러 갈 경우, 희망하는 물건을 찾지 못했을 때, 대체품을 사야 하는지, 산다면 어떤 것을 살지 등을 사전에 생각해 둔다. • 대처 4 : 구매한 물건을 대상자와 함께 교환하러 간다. 32

4. 정서 지원

대상자가 서비스 시간 이외에 자주 전화하여 이런저런 푸념을 한다.	• 대처 1 : 우선 상황을 파악한 후 특별한 문제가 없으면 서비스 시간 외에는 다른 업무로 인해 통화가 어려움을 대상자에게 이해시킨다. [19, 27] • 대처 2 : 계속 전화하여 다른 업무를 방해할 경우 가족과 관리책임자에게 보고한다.
몸을 만지는 등 신체 접촉을 한다.	• 대처 1 : 신체 접촉을 하지 말라고 단호하게 말한다. • 대처 2 : 계속 신체 접촉을 시도할 경우 가족과 관리책임자에게 알리고 대책을 강구한다.
대상자가 아들과 며느리 이야기, 집 안 사람들에 대한 험담을 한다.	• 대처 1 : 대상자 이야기를 들어주되 옳고 그름에 대해 판단하지 않는다. • 대처 2 : 대상자의 이야기를 들어주되 가족관계에 깊이 관여하지 않는다. [21, 36-2]
대상자가 귀가 잘 들리지 않아 가까이에서 이야기를 하며 몸을 만진다.	• 대처 1 : 보청기의 작동 상태를 확인한다. [37-2] • 대처 2 : 몸을 만지지 말라고 단호하게 말한다.

5. 방문목욕

목욕서비스를 위해 방문을 하였는데 집 청소를 부탁한다.	• 대처 1 : 급여 내용에 없는 서비스는 제공할 수 없음을 설명한 후 정중히 거절한다. [26] • 대처 2 : 계속 요구하면 가족과 관리책임자에게 보고한다.
방문목욕서비스를 하는데 대상자 발에 물이 묻으면 안 되는 상처가 있다.	• 대처 1 : 목욕이 가능한 대상자인지를 보호자나 의료진에게 확인한 후 필요시 상처 부위에 물이 묻지 않게 거즈나 방수테이프(비닐봉지 등)로 상처를 감싼 다음에 목욕한다. • 대처 2 : 상처 부위에 물이 묻지 않게 하기 위해 다른 사람의 도움이 계속 필요하면 시설장이나 간호사에게 보고하여 요양보호사의 증원을 요청한다.

01 다음과 같은 대화에서 요양보호사의 대처로 적절한 것은?

> 대상자 : 며느리가 들어온 후 아들과도 사이가 멀어졌어. 친척들한테 말해도 며느리 편만 들어서 속상해.
> 요양보호사 : (   )

02 물건을 사 왔는데 마음에 들지 않는다고 할 때의 대처 방법은?

03 대상자가 요양보호사에게 약 사러 가는 길에 아들 운동화도 사다 달라고 부탁을 할 때의 대처 방법은?

04 대상자가 서비스 시간 이외에 자주 전화하여 이런저런 푸념을 할 때 요양보호사의 대처 방법은?

05 다음 중 요양보호서비스 대처 방안으로 틀린 것은?
① 속옷을 갈아입으려고 하지 않을 때 : 갈아입지 않으려는 이유를 알아본다.
② 혈압이 높은데도 목욕을 하겠다고 할 때 : 혈압이 높을 때 목욕을 하면 위험함을 알린다.
③ 목욕을 시켜 달라고 옷을 벗고 알몸으로 기다릴 때 : 목욕서비스는 없다고 차분하게 설명하고 옷을 입도록 설득한다.
④ 머리를 자르려고 하지 않을 때 : 대상자의 의사를 존중하면서 머리를 묶어 준다.
⑤ 기저귀 안으로 손을 자주 넣을 때 : 무의식적으로 하는 행동이므로 그냥 둔다.

06 다음 중 서비스 대처 방법으로 옳은 것을 모두 고르시오.

> 가. 제사 음식을 만들어 달라고 요구할 때 : 업무 범위를 설명하고 하지 않는다.
> 나. 입맛이 없다면서 식사를 거부할 때 : 평소 좋아하는 음식을 제공한다.
> 다. 고액의 돈을 인출해 달라고 부탁했을 때 : 대상자의 가족과 동행하여 인출한다.
> 라. 아들에게 돈을 보내 달라고 요구했을 때 : 대상자와 함께 은행에 간다.

① 가, 나, 다   ② 나, 다, 라
③ 가, 다   ④ 나, 라
⑤ 가, 나, 다, 라

정답 01 이야기를 들어주되 가족관계에 깊이 관여하지 않는다.   02 가능한 한 대상자와 함께 구입하러 간다.
03 가족의 물품은 사다줄 수 없다고 설명한다.   04 서비스 제공 시간 외에는 통화가 어려움을 이해시킨다.
05 ⑤   06 ⑤

08 요양보호서비스 제공원칙과 요양보호사의 역할

1. 요양보호서비스 제공 원칙 　표준교재 60p

① 서비스 제공 개시 전 대상자의 성격, 습관 및 선호하는 서비스를 확인한다. 2, 13, 28, 30, 37-2

② 대상자의 잔존능력을 최대한 활용한다. 4, 21, 33, 36-1

③ 대상자가 동의한 경우 서비스를 제공한다.

　※ 다만, 대상자가 치매 등으로 인지능력이 없는 경우 보호자에게 동의를 구한다. 21, 24, 25, 28, 29, 30

④ 서비스 제공 중 알게 된 비밀을 누설하지 않는다. 20

⑤ 모든 서비스는 대상자에게만 제한하여 제공한다. 13, 21, 28, 29, 30, 36-1

⑥ 예기치 못한 사고가 발생한 경우 소속된 시설장, 간호사 등에게 신속하게 보고한다. 25

⑦ 흡인, 드레싱, 위관영양, 관장, 도뇨, 욕창관리 및 투약 등을 포함하는 모든 의료 행위를 하지 않는다.
　12, 18, 21, 23, 29, 33, 36-1, 37-2

⑧ 대상자로부터 서비스에 대한 물질적 보상을 받지 않는다. 21

⑨ 대상자와 상호대등한 관계임을 인식해야 한다. 14, 21, 36-2

⑩ 대상자의 상태를 관찰하면서 서비스 제공한다. 25

⑪ 대상자가 원하는 모든 서비스를 제공하는 것이 아니라 대상자의 상태변화 등으로 계획된 서비스를 제공한다.
　그 외 서비스가 필요한 경우 시설장과 관리책임자에게 보고한다. 21, 28, 33, 37-2

⑫ 대상자의 가족과 의견이 상충될 시에는 불필요한 마찰을 피하고, 시설장 또는 관리책임자에게 보고한다.
　21, 25, 28, 29, 37-2

⑬ 응급처치를 할 수 없거나 의사에게 보고할 수 없는 상황인 경우에는 가장 가까운 의료기관으로 대상자를 옮긴다. 25

2. 요양보호사의 역할 표준교재 61p

① **숙련된 수발자** : 숙련된 요양보호서비스에 대한 지식과 기술로 대상자의 불편함을 경감하기 위해 필요한 서비스를 지원 1, 30, 32, 34, 35

② **정보 전달자** : 대상자의 신체, 심리에 관한 정보를 가족, 시설장 또는 관리책임자, 간호사, 의료기관의 의료진에게 전달하며, 필요시 이들의 지시 사항을 대상자와 그의 가족에게 전달 5, 22, 28, 30, 35, 36-2

③ **관찰자** : 맥박, 호흡, 체온, 혈압 등의 변화와 투약 여부, 질병의 변화에 대한 증상뿐만 아니라 심리적인 변화까지 관찰 8, 30, 35

④ **말벗과 상담자** : 효율적인 의사소통 기법을 활용하여 대상자와 관계를 형성 25, 30

⑤ **동기 유발자** : 대상자가 능력을 최대한 발휘하도록 동기 유발 16, 27, 30, 34, 37-1

   예 편마비 환자가 잔존기능을 최대한 발휘할 수 있도록 요양보호사가 지지를 하였더니 환자 스스로 식사와 옷 입기를 할 수 있게 되었다.

⑥ **옹호자** : 가정이나 시설, 지역사회에서 학대를 당하거나 소외되고 차별받는 대상자를 위해 대장자의 입장에서 편을 들어 줌 23, 34, 35

■ 요양보호서비스 제공 원칙

- 서비스 제공 시 대상자의 성격 및 습관은 고려하지 않는다.
  🔁 성격 및 습관, 선호하는 서비스 등을 반드시 확인한다.

- 대상자가 원하는 모든 서비스를 제공한다.
  🔁 대상의 상태를 관찰하면서 서비스를 제공한다.

- 가족이 원하는 대로 서비스를 한다.
  🔁 모든 서비스는 대상자에게만 제공한다.

- 대상자의 능력을 최소한으로 활용한다.
  🔁 대상자의 능력을 최대한 활용한다.

- 인지능력이 없는 대상자는 요양보호사가 임의적으로 판단하여 서비스를 제공한다.
  🔁 보호자에게 동의를 구하고 서비스를 제공한다.

- 치매대상자의 경우 요양보호사의 판단으로 서비스를 제공한다.
  치매대상자는 보호자 동의 없이 서비스를 제공한다.
  🔁 보호자에게 동의를 구하고 서비스를 제공한다.

- 대상자와 함께 생활하고 있는 가족과 관련된 서비스도 충실히 이행한다.
  대상자의 보호자에게도 서비스를 제공한다.
  🔁 모든 서비스는 대상자에게만 제공한다.

- 요양보호사 중심으로 서비스를 제공한다.
  🔁 대상자 중심으로 서비스를 제공한다.

- 대상자 가족과 의견이 상충될 시에는 마찰을 피하고 가족의 요구를 들어준다.
  대상자의 가족과 의견 충돌 시에는 요양보호사의 의사를 따르게 한다.
  🔁 불필요한 마찰을 피하고, 관리책임자에게 보고한다.

- 사고가 발생한 경우에는 가족에게 보고한다.
  🔁 관리책임자에게 보고한다.

- 서비스 제공 중 응급상황이 발생하면 스스로 알아서 처치한다.
  🔁 응급처치 우선순위에 따라 응급처치하고, 응급처치를 할 수 없으면 가장 가까운 의료기관으로 대상자를 옮긴다.

핵심 족집게 문제 ────────────────── • CARE WORKER

01 요양보호사가 서비스 제공 시 지켜야 할 기본 원칙으로 옳지 <u>않은</u> 것은?

① 인지능력이 없는 치매 대상자는 보호자의 동의를 구한다.
② 대상자의 상태를 관찰하면서 서비스를 제공한다.
③ 계획된 서비스 외에 서비스를 추가할 때는 관리책임자에게 보고한다.
④ 드레싱, 혈압 측정, 흡인, 관장 서비스를 제공한다.
⑤ 모든 서비스는 대상자에게만 제공한다.

02 다음 사례에서 요양보호사의 수행 역할은 무엇인가?

> 편마비 환자가 잔존기능을 최대한 발휘할 수 있도록 요양보호사가 지지하였더니 환자 스스로 식사와 옷 입기를 할 수 있게 되었다.

03 다음 내용에 해당하는 요양보호사의 수행 역할은 무엇인가?

> 대상자의 신체적 심리적인 정보를 가족, 시설장, 의료진에게 전달하며 필요시 지시사항을 대상자와 가족에게 전달한다.

04 소외되고 차별받는 대상자를 편들어 주고 지켜 주는 요양보호사의 역할은?

05 다음 내용에 해당하는 요양보호사의 수행 역할은 무엇인가?

> 요양보호서비스에 대한 지식과 기술로 대상자의 불편함을 경감하기 위해 필요한 서비스를 지원하여 도와준다.

───

정답 01 ④ 02 동기 유발자 03 정보 전달자 04 옹호자 05 숙련된 수발자

09

노인의 인권 보호

1. 노인의 인권 표준교재 62p

노인들은 건강, 소비자로서의 노인, 주거와 환경, 가족, 사회복지, 소득보장과 고용, 교육 등의 영역에서 권리로서 보호받아야 인권을 확보할 수 있다(비엔나 국제 고령화 행동계획, 1982).

2. 노인의 법적 권익 보호 표준교재 63p

① 일반적 기본권, 자유권적 기본권, 사회권적기본권의 보장이 명시되어 있다.

② 일반적 기본권

  ㉠ 행복추구권과 평등권 등이 속한다.

  ㉡ 하위 유형으로는 자유와 존엄, 생명권, 신체의 자유와 안전, 강제노동과 노예제도의 금지, 고문 금지, 법 앞에서의 평등, 차별 금지 등이다.

  ㉢ 노인의 인간다운 삶을 보장하기 위한 근로기회 제공 및 노후 소득보장, 평생교육체계를 구축하도록 권고하였다(국가인권정책기본계획 권고안).

③ 자유권적 기본권

  ㉠ 신체적 자유권, 사생활에 관한 자유권, 정신적 활동에 관한 자유권, 경제생활에 관한 자유권, 정치활동에 대한 자유권 등

  ㉡ 노부모로부터 재산을 상속받거나 금전을 증여받은 후 부양을 하지 않는 경우는 노인의 경제생활에 관한 자유권을 침해한 것으로 볼 수 있다.

④ 사회권적 기본권

  ㉠ 경제권, 노동권, 주거공간을 보장받을 권리, 의료보장에 대한 권리, 사회적 서비스를 요구할 권리, 요양보호권, 평생교육권, 문화생활권, 가족유지권 등

  ㉡ 노인장기요양보험을 통한 요양서비스의 보호가 요양보호권의 하나

3. 재가노인 인권 보호 표준교재 64p

① 생존권과 경제권 보호를 위해 공적연금과 경제활동지원 사업을 제공하고 있다(국민연금과 기초연금 지급, 노인 일자리 지원 사업).

② 건강권 보호를 위해 국민건강보험과 노인장기요양보험, 노인돌봄사업을 운영하고 있다.

③ 노인복지관, 평생교육원, 경로당 등을 통해 자신의 능력에 맞게 교육과 여가와 문화생활 하는 것을 보장하고 있다.

④ 주거 환경권보호를 위해 지역사회 내의 자신의 집에서 생활할 수 있도록 주거환경을 개선하고 있다.

4. 시설노인 인권 보호 표준교재 65p

① 「시설 생활노인 인권 보호지침」을 최초로 마련하였다.

② 시설 생활노인 권리선언

    ㉠ 시설 운영 및 생활관련 정보를 제공받고 입소를 선택할 수 있는 권리

    ㉡ 개인적 욕구에 상응하는 서비스를 제공받고 선택할 수 있는 권리

    ㉢ 안락한 가정과 같은 환경과 안전한 주거환경에서 생활할 권리

    ㉣ 사생활과 비밀을 보장받을 권리

    ㉤ 존경과 존엄한 존재로 대우받고, 차별 및 노인학대를 받지 않을 권리

    ㉥ 부당한 신체구속을 받지 않을 권리

    ㉦ 건강한 생활을 위한 서비스를 제공받을 권리

    ㉧ 시설 내외부 활동 및 사회적(종교, 정치 등) 활동에 참여할 권리

    ㉨ 개인 소유의 재산과 소유물을 스스로 관리할 권리

5. 시설 생활노인 권리보호를 위한 윤리강령

① **입소 전 단계** 표준교재 66p : 시설 정보에 대한 접근성을 보장받을 권리 2, 7

    ㉠ 시설과 관련한 기본적인 정보(운영 주체, 위치, 환경, 서비스 내용 등)를 접하는 데 어려움이 없어야 한다.

    ㉡ 시설을 선택하는 데 혼란을 야기할 수 있는 허위정보를 제공해서는 안 된다.

② **입소 계약 단계**

    ㉠ 충분한 정보를 제공받을 권리 12, 21, 24

      • 계약 기간, 장기요양급여의 내용 및 비용, 비급여 항목과 비용 등을 제공한다.

      • 시설생활의 규칙과 규정을 구두 또는 문서로 대상자와 가족에게 충분히 설명 또는 공지한다. 21

    ㉡ 스스로 입소를 결정하고 계약할 권리

      • 입소 계약 과정에서 노인의 의사가 자유롭게 표현되며, 존중되어야 한다.

      • 노인 스스로가 입소 여부를 결정하도록 자기결정권이 보장된다.

      • 자의적이고 선별적으로 입소노인을 선택해서는 안 된다.

③ **생활 단계**

    ㉠ 개별화된 서비스를 제공받고 선택할 권리

      • 노인의 욕구를 파악하고, 돌봄 및 생활 지원 계획을 수립하며, 변경 요청 시 반영할 수 있도록 노력

      • 생활실에 노인 개인 물품을 설치하거나 이용하는 것을 허용 37-1

      • 개인 생활 방식(머리 모양, 의복 등)을 결정할 수 있는 권리를 보장 30

    ㉡ 안락하고 안전한 생활환경을 제공받을 권리(가정과 같은 환경에서 생활할 권리)

      • 시설은 안전하고 깨끗하며 가정과 같은 환경을 제공 17, 18, 21, 25, 26, 32-1, 35

      • 공간이 허용하는 한 개별적인 수납공간을 제공

      • 적절하고 편안한 조명과 음향을 제공

      • 편안하고 쾌적한 실내온도를 유지

• 소방기구를 정기적으로 점검하며, 비상연락장치(비상벨 등)를 필요한 장소에 설치

※ **문제 사례** 17, 25, 26

송 씨 할아버지는 입소 전에 침대 생활을 해오셨는데, 시설에서 나이 들어 침대를 쓰면 허리가 더 안 좋아진다면서 무조건 매트리스를 깔고 지내라고 하는 바람에 하는 수 없이 그렇게 생활하지만 잠이 쉽게 들지 않고, 자고 나면 여기저기 안 쑤시는 데가 없다고 투덜거리신다.

ⓒ 사생활과 비밀 보장에 관한 권리(통신의 자유에 대한 권리) 16, 23, 36-1
• 사전 동의 없이 그 정보를 공개해서는 안 됨
• 노인이나 가족이 요구할 경우 건강상태와 치료·돌봄, 제반 서비스에 관한 정보와 기록에 대한 접근을 허용
• 노인이 원할 때 정보통신기기 사용 제한하면 안 됨

※ **문제 사례** 28, 36-1

나 씨 할머니는 외부에서 시설 방문을 왔다면서 자기들 맘대로 사진을 찍거나 방에 불쑥불쑥 들어와 구경하고 나가는 것을 보면 매우 불쾌하다고 하신다.

※ **문제 사례** 16, 23, 36-1

박 씨 할아버지는 와상상태로 거동이 매우 불편하다. 박 씨 할아버지의 유일한 낙은 자녀들과 얘기를 나누는 일이다. 그러나 휴대전화가 없고 방에는 별도의 전화가 설치되어 있지 않아 자녀들이 방문했을 때만 이야기를 나눌 수 있고 평소에는 늘 외롭게 지내고 있다.

ⓓ 존엄한 존재로 대우받을 권리 26, 29
• 노인의 권리가 침해될 우려가 있거나, 침해받은 경우 이의 회복과 구제를 위한 적극적 조치를 강구
• 돌봄 과정에서 노인의 권익 신장을 위한 상담과 조치를 취해야 함
• 의사결정과정에 참여시키고 이들의 결정을 존중해야 함

※ **문제 사례**

홍 씨 할아버지는 종사자들이 다른 일을 하는 사이에 동료 노인을 꼬집거나 발로 차기도 하고 동료 노인의 따귀를 때린다. 그래도 동료 노인들은 또 해코지를 당할까 봐 아무런 말을 하지 못하고 그냥 참고 있다. 요양보호사들은 이 사실을 알면서도 홍씨 할아버지의 오래된 습성이라 고치기 힘들고, 다른 노인들이 조용해지는 효과도 있다고 생각하여 모르는 체하고 있다.

ⓔ 차별 및 노인학대를 받지 않을 권리 33
• 어떠한 이유로도 학대 행위를 해서는 안 되며, 학대 행위가 발생했을 경우 학대피해노인에 대한 보호조치를 신속하게 취해야 한다.
• 노인에 의사에 반하는 어떠한 노동행위도 시켜서는 안 된다.

※ **문제 사례**

김 씨 할머니는 "저 노인네는 자식들이 자주 오고, 여기 직원들한테 선물도 고 먹을 것도 자주 사와. 그래서 그런지 요양보호사들이 말 한마디를 해도 다른 사람한테 하는 것보다 고분고분하게 해. 아무래도 기분이 좋지는 않지."라고 말했다.

ⓕ 신체구속을 받지 않을 권리
• 긴급하거나 어쩔 수 없는 경우를 제외하고는 노인의 의사에 반하는 신체적 제한이나 구속을 해서는 안 된다.

※ **문제 사례**

거동이 불편한 백 씨 할아버지는 배회 중에 넘어져 다리가 골절된 경험이 있다. 이후부터 요양보호사가 자리를 비울 때에는 손과 발을 묶어 놓고 나가기 때문에 하루에도 몇 번씩 억제를 당하고 있다.

ⓢ 질 높은 서비스를 받을 권리 [13, 15, 19, 22, 27, 28, 34]

- 노인의 개별적 욕구와 선호, 기능 상태를 고려하여 개별화된 서비스와 수발 계획을 수립하고 이행한다.
- 잔존능력을 유지하기 위해 하체근육재활 및 밀착 돌봄 서비스를 제공해야 한다.
- 시설은 종사자의 능력 개발을 위한 직무훈련과 교육기회를 충분히 부여해야 한다. [15, 22]
- 입소비용 미납 등 경제적 이유만으로 시설에서 제공하는 서비스 이용을 제한해서는 안 된다.

  ※ 문제 사례

  > 이 씨 할머니는 머리를 만지면서 "아무리 나이를 먹었고 시설에서 남의 도움으로 생활하고 있다지만 저 사람한테 파마를 하면 머리카락이 많이 상해. 약이 안 좋은 가봐. 못돼먹은 봉사자야."라며 화를 내신다. 봉사자는 "봉사는 제가 해도 파마약 값은 시설장이 내는데 가장 싼 약으로 하라고 해서 어쩔 수 없어요. 저도 마음이 아파요."라고 하였다.

ⓞ 정치, 문화, 종교적 신념의 자유에 대한 권리

- 자유로운 외출, 외박 기회를 최대한 보장
- 지역행사 참여, 자원봉사자 연계 등 지역사회와의 유대관계 증진
- 정치적 이념을 존중하고, 자유로운 투표권을 보장
- 종교적 신념을 인정하고, 특정 종교행사 참여 강요 등을 행사해서는 안 됨

  ※ 문제 사례

  > "이놈의 다리가 문제여, 남들은 단풍구경 간다고 좋아서 난린데 나야 어디 걸을 수가 있어야 엄두를 내보지. 휠체어 타고 가면 갈 수야 있겠지만 내 방을 담당하는 호리호리한 여자 선생이 휠체어 밀다가 병이라도 날까봐 걱정 돼서 애당초 생각을 접었어. 내가 안 가는 것이 모두한테 편하면 나가지 말아야지…."

  ※ 문제 사례

  > "문화생활? 말이 좋지. 여기는 그런 거 없어. 아픈 사람 약이나 챙겨주고, 대소변 못 가리는 사람 기저귀나 갈아 주고, 목욕시켜 주고… 이런 게 다야. 기껏 시간 때울 거라고는 넓은 거실에 걸려 있는 텔레비전이나 보는 정도지. 그것 말고는 없어. 없다니까."

ⓩ 자신의 재산과 소유물을 스스로 관리할 권리

- 공간이 허용하는 한 개인물품을 관리 · 보관하는 보안장치가 마련된 사물함 등을 개인에게 제공
- 시설은 노인 또는 보호자가 원하지 않는 이상 개인의 금전 및 물품의 관리와 사용에 대한 권리는 타인에게 양도하거나 임의로 처분해서는 안 됨
- 노인에게 후원금품을 강요하거나 노인의 개인 재산을 기부한 것으로 조작해서는 안 됨

  ※ 문제 사례 [28]

  > 김 씨 할아버지는 입소할 때 시설에 통장을 관리해 달라고 위탁하였다. 입소한지 3년이 지난 뒤 김 씨 할아버지에게 치매가 발병하자 시설장은 임의대로 통장에서 돈을 인출하여 사용하였다.

  ※ 문제 사례

  > 이 씨 할아버지는 치매가 있으므로 시설에서 통장을 맡아서 관리해 달라는 큰아들의 요청으로 시설에서 통장을 관리하고 있었다. 입소한 지 두 달 정도 지난 시점에 둘째 아들이라며 찾아와서는 가족끼리 합의하여 이 씨 할아버지의 재산을 자신이 사전에 상속 받기로 하였으니 돌려달라고 요청하여, 요양보호사는 특별한 의심 없이 통장을 내주고 확인서를 받아두었다. 그로부터 2주 정도 시간이 흐른 후 큰아들이 찾아와서 이 씨 할아버지의 통장을 가족들의 동의도 없이 내주었다며 시설에 강하게 항의하였다.

ⓩ 이성교제, 성생활, 기호품 사용에 관한 자기 결정의 권리

- 노인의 이성교제는 타인의 불편을 초래하지 않는 범위에서 존중해야 함
- 노인의 성적욕구를 인간의 기본욕구로서 선입견 없이 받아들여야 함
- 흡연, 음주 등 특정 기호품 사용에 대해 타인의 권리가 침해되지 않는 범위에서 방안을 마련해야 함

ㄱ 자신의 견해와 불평을 표현하고 해결을 요구할 권리

　• 건의함, 고충처리위원회 등을 마련해야 한다.

　• 노인과 보호자의 불평을 즉각적으로 해결하기 위한 조치를 취해야 한다.

　※ 문제 사례

> 박 씨 할머니는 외출이나 병원 진료가 있는 경우 식사 시간이 지나 시설에 도착하는 경우가 많아 그때마다 식은 반찬을 드셔야 했다. 식사시간을 조정하거나 개인적으로 따뜻한 식사를 할 수 있기를 바라지만 유별나게 구는 것 같아 얘기를 꺼내 본 적이 없다고 하신다.

④ **퇴소 단계** : 노인 스스로 퇴소를 결정하고 거주지를 선택할 권리

　ㄱ 노인의 의사에 반하는 전원 또는 퇴소를 하여서는 안 된다.

　ㄴ 노인 및 보호자의 퇴소 결정은 최대한 존중되어야 한다.

　ㄷ 다른 시설로 전원, 입원할 필요가 있는 노인의 자기 결정권을 보장한다.

　ㄹ 퇴소 이후에도 노인의 삶이 적정수준 유지될 수 있도록 지역사회 자원 등 활용할 수 있는 서비스를 알아보고 제공한다.

　※ 문제 사례

> 어르신의 건강 상태가 나빠지면 가족들에게 연락하여 입원이나 전원을 권유하게 되는데 그때마다 자식들은 어르신의 의사는 묻지도 않고 전원시키는 경우가 대부분이라고 한다.

01 시설생활의 규칙과 규정을 구두 또는 문서로 대상자와 가족에게 충분히 설명 또는 공지해야 한다고 규정한 노인윤리강령은?

02 다음 설명에 해당하는 시설 생활 노인 권리 보호를 위한 윤리강령은?

> 노인의 권리가 침해될 우려가 있거나 침해받은 경우, 이의 회복과 구제를 위한 적극적 조치를 강구해야 한다.

03 다음 설명에서 시설 생활 노인에게 보장되는 권리는?

> • 개인적 욕구와 선호, 건강 및 기능 상태에 따라 영양급식을 제공
> • 대상자의 잔존능력과 자립능력을 위한 전문적인 서비스를 제공
> • 종사자들의 능력 계발을 위한 직무교육 부여

04 시설 생활 노인의 권리 보호를 위한 윤리강령 중 다음 설명에 해당하는 것은?

> • 공간이 허용하는 한 개별적인 수납공간을 제공한다.
> • 적절하고 편안한 조명과 음향을 제공한다.
> • 편안하고 쾌적한 실내온도를 유지한다.

05 다음 사례에서 지켜야 할 시설 생활 노인의 권리 보호를 위한 윤리강령은?

> 거동이 불편한 ○○ 할아버지는 휴대전화가 없고 방에는 별도의 전화기도 설치되어 있지 않아 자녀들과 통화를 못 하고 평소에는 늘 외롭게 지내고 있다.

06 다음 사례와 같이 김 씨 할아버지가 침해받은 시설 생활 노인 권리 보호를 위한 윤리강령은?

> 김 씨 할아버지는 입소할 때 시설에 통장을 관리해 달라고 위탁하였다. 입소한 지 3년이 지난 뒤 김 씨 할아버지에게 치매가 발병하자 시설장은 임의대로 통장에서 돈을 인출하여 사용하였다.

정답 01 정보 접근과 자기결정권 행사의 권리   02 존엄한 존재로 대우받을 권리   03 질 높은 서비스를 받을 권리
04 가정과 같은 환경에서 생활할 권리   05 통신의 자유에 대한 권리   06 소유 재산의 자율적 관리에 대한 권리

07 다음 사례에서 시설 생활 노인의 권리 침해에 해당하는 것은?

> (박 씨 할머니는 정기적으로 병원진료를 받아 왔다.)
> 요양보호사 : "어르신 오늘 진료를 늦게까지 했나 봐요? 식사 시간이 지났으니 그냥 찬밥을 드셔야겠네요."
> 박 씨 할머니 : "밥도 차가운데, 국이라도 따뜻하게 데워주지…."

정답 07 불평의 표현과 해결을 요구할 권리

10 노인학대 예방 및 유형

1. 노인학대의 개념과 발생 원인 표준교재 75p

① **노인학대의 개념** : 노인에 대하여 신체적·정신적·성적 폭력 및 경제적 착취 또는 가혹행위를 하거나 유기 또는 방임을 하는 것

② **노인학대의 발생 요인**

　㉠ 노인의 인구사회학적 특성 요인

　㉡ 남성 노인에 비해 여성 노인이 학대당하는 비율이 높고, 학력 수준이 낮고 연령이 높을수록 경제적 상황이 나 대처 능력이 떨어져 학대 위험이 높다.

　㉢ 노인의 건강, 경제, 심리적 기능 요인 : 노인의 건강이 나쁘거나 일상생활에서의 의존성이 높을수록 학대 가능성이 더 높은 것으로 나타났다.

　㉣ 가족상황적 요인

　　• 부양자와 동거하는 경우 신체적, 심리적 학대가 동시에 발생할 수 있다.

　　• 동거하지 않을 경우 방임이나 유기 등의 학대가 나타날 수 있다.

　　• 부양자 특성에 따른 학대로 남성 부양자는 신체적 학대를, 여성 부양자는 방임 행위를 하는 경우가 많은 것으로 나타났다.

　㉤ 사회관계망 요인 : 노인과 부양자가 사회적으로 고립될 경우 노인학대가 발생할 확률이 높다.

　㉥ 사회문화적 요인 : 사회서비스체계의 인지 및 이용, 노인차별주의, 가족주의 같은 사회문화적 요인이 노인학대 발생의 원인이 된다.

2. 노인학대 현황 표준교재 77p

① **피해노인**

　㉠ 학대피해는 여성 노인이 남성 노인보다 더 많다.

　㉡ 노인학대 발생장소는 가정이 가장 많다.

　㉢ 노인학대는 정서적 학대와 신체적 학대가 가장 많았고 그 다음은 방임, 경제적 학대, 자기방임 순이다.

　※ **노인학대 신고의무자**

• 노인복지시설관련종사자, 장애인시설관련자, 구급대의원, 재가장기요양기관 종사자, 건강가정지원센터 등이다. 32-1
• 신고 의무자의 신고 의무 위반 시 500만 원 이하의 과태료를 부과한다. 32-1

② 학대행위자

  ㉠ 학대행위자는 아들이 가장 많고, 배우자, 딸 순
  ㉡ 생활시설의 경우 기관 종사자, 이용시설에서는 타인에 의해 학대가 발생

③ **노인보호전문기관** : 노인 보호전문기관의 종류와 활동내용

  ㉠ 중앙노인보호 전문기관(중앙정부)
   • 노인인권 보호 관련 정책제안
   • 노인인권 보호를 위한 연구 및 프로그램의 개발
   • 노인학대 예방의 홍보, 교육자료의 제작 및 보급
   • 노인보호전문사업 관련 실적 취합, 관리 및 대외자료 제공
   • 지역노인보호전문기관의 관리 및 업무지원
   • 지역노인보호전문기관 상담원의 심화교육
   • 관련 기관 협력체계의 구축 및 교류
   • 노인학대 분쟁사례 조정을 위한 중앙노인학대사례판정위원회 운영

  ㉡ 지역노인보호 전문기관(특별시, 광역시, 특별자치도)
   • 노인학대 신고전화의 운영 및 사례접수
   • 노인학대 의심사례에 대한 현장조사
   • 피해노인 및 노인학대자에 대한 상담
   • 피해노인가족 관련자와 관련 기관에 대한 상담
   • 상담 및 서비스제공에 따른 기록과 보관
   • 일반인을 대상으로 한 노인학대 예방교육
   • 노인학대행위자를 대상으로 한 재발방지 교육 [36-2]
   • 노인학대사례 판정을 위한 지역노인학대사례판정위원회 운영 및 지체사례회의 운영

3. 노인학대 유형 표준교재 79p

① **신체적 학대** : 물리적인 힘이나 도구를 이용하여 노인에게 신체적 손상, 고통, 장애 등을 유발시키는 행위

신체적 학대행위	세부 학대 내용
노인을 폭행한다.	• 몽둥이, 빗자루 등의 도구로 노인을 폭행한다. • 물건을 던져 노인에게 상해를 입힌다. • 칼이나 흉기를 사용하여 노인에게 상해를 입힌다. • 담뱃불 또는 도구를 이용하여 노인에게 화상을 입힌다.
노인을 제한된 공간에 강제로 가두거나, 노인의 거주지 출입을 통제한다.	• 집 안의 제한된 공간에서 나가지 못하게 통제한다. • 집 밖으로 나가지 못하게 통제한다. [35, 36-2] • 제한된 공간에 장치(자물쇠 등)를 설치하여 출입을 통제한다. • 집 밖으로 끌어내거나 쫓아낸다. • 집에 들어오지 못하게 한다. • 노인의 거주지 주변 출입을 통제한다.
노인의 신체를 강제로 억압한다.	• 침대 등에 묶어 움직이지 못하게 한다. • 신체 일부 또는 모두를 사용하지 못하게 장치(예 끈으로 묶어두기, 수갑 채우기, 손·발목 묶기 등)를 설치한다.

신체적 학대행위	세부 학대 내용
신체적 해를 가져올 위험성이 큰 행위로 노인을 협박하거나 위협한다.	• 칼이나 가위 등 흉기를 사용하여 협박하거나 위협한다. • 물건을 던지거나 기물파손을 하는 등의 행위로 협박하거나 위협한다. 35
노인의 신체적 생존을 위협할 수 있는 행위를 한다. 30	• 기본 생존 유지에 필요한 장치(가스, 난방, 전기, 수도)로부터 단절시킨다. • 기본 생존 유지에 필요한 식사 또는 음료를 보관하는 물품(밥통, 냉장고)으로부터 단절시킨다. 37-1 • 기본 생존 유지에 필요한 식사 또는 음료로부터 단절시킨다. • 치료 및 생존 유지에 필요한 약물(심장관련, 당뇨, 혈압 등)로부터 단절시킨다. 37-1
약물을 사용하여 노인의 신체를 통제하거나 저해한다.	의료적으로 불필요한 약물이나 주사를 강제로 복용·투입하게 한다.
노인이 원하지 않거나 수행하기 어려운 노동을 하게 한다.	• 원치 않는 의사를 보였음에도 불구하고 일(노동)을 하도록 강요한다. • 강제로 수감하거나 위협하여 일(노동)을 강요한다. • 일을 수행하기 어려운 정신 및 신체적 상황임에도 불구하고 일(노동)을 하도록 강요한다. • 정신 및 신체적 악화를 가져올 수 있는 조건에서 일(노동)을 하도록 강요한다.

② **정서적 학대** : 비난, 모욕, 위협, 협박 등의 언어 및 비언어적 행위를 통하여 노인에게 정서적으로 고통을 주는 것

정서적 학대행위	세부 학대 내용
노인과의 접촉을 기피한다.	• 쳐다보지 않고 무시한다. • 말을 걸지 않거나 대화를 하지 않는다. • 말과 행동을 지속적으로 무시하고 반응을 보이지 않는다. 29 • 일상생활(식사, 일상물품 사용 등)을 타 가구원과 별도로 하게 한다. 29
노인의 사회관계 유지를 방해한다.	• 친구나 친지들과 만나거나 연락하는 것을 방해한다. 36-2 • 친구나 친지 등이 방문하는 것을 싫어한다. • 비방이나 모욕, 위협, 협박 등으로 타인이 노인과 관계를 유지하는 것을 싫어하게 만든다. • 일상적인 사회활동이나 종교 활동을 노골적으로 방해한다. • 좋아하는 곳에 가지 못하게 외출을 시키지 않는다. 23 • 비방이나 유언비어로 노인의 경제활동을 저해한다. • 이성교제를 방해한다. 29
노인을 위협·협박하는 언어적 표현이나 감정을 상하게 하는 행동을 한다.	• 죽이겠다고 협박한다. • '시설로 보낸다' 또는 '집에서 나가라' 등의 위협·협박을 한다. 37-2 • 요구를 무조건 무시한다. • 고함을 지르거나 욕을 한다. 15, 32-2 **예** 며느리 : "내가 노친네 때문에 진짜 힘들어 못살겠어! 에이, 꼴도 보기 싫으니 빨리 방에 들어가요."라며 소리를 질렀다. • 혐오스러운 말을 한다. • 수치심을 느끼게 하는 모욕적인 말을 한다. • 자존심을 상하게 하는 말을 한다. 36-2 • 창피를 준다. • 비웃거나 조소를 한다. • 재앙을 가져오는 사람으로 취급한다. • 대상자가 가족의 눈치를 살피거나 말하기를 주저하는 증상이 나타날 때 의심되는 학대 행위를 한다. 17
노인과 관련된 결정사항의 의사 결정과정에서 소외시킨다.	• 거취 결정에서 노인을 배제한다. • 소지품 처분을 결정할 때 노인의 의사를 반영하지 않는다. • 집안 경조사에 참여시키지 않는다.

③ 성적 학대 : 성적 수치심 유발 행위 및 성희롱, 성추행 등의 노인의 의사에 반하여 강제적으로 행하는 모든 성적 행위

성적 학대행위	세부 학대 내용
노인에게 성폭력을 행한다.	• 원치 않음에도 불구하고 강제적으로 성관계를 갖는다. • 원치 않음에도 불구하고 강제적으로 성관계를 강요하거나 시도한다. • 원치 않음에도 불구하고 입맞춤, 애무 등을 요구한다. • 원치 않음에도 불구하고 가슴이나 엉덩이 등 신체 일부를 만진다. • 판단능력이 없거나 의사표현을 할 수 없는 노인을 성폭행한다.
노인에게 성적 수치심을 주는 표현이나 행동을 한다.	• 신체를 빗대어 수치심을 주는 언행을 한다. • 성적 언행 등으로 노인에게 굴욕감이나 혐오감을 느끼게 한다. • 사람들이 보고 있음에도 불구하고 노인의 성적 신체 부위를 드러내고 옷 또는 기저귀를 교체한다. • 사람들이 보고 있음에도 불구하고 노인을 알몸으로 목욕시킨다. • 원하지 않거나 판단 능력이 부족한 노인의 성적 신체 부위를 몰래 촬영한다. • 원치 않음에도 불구하고 학대행위자의 성기 및 자위행위를 보게 한다. • 원치 않음에도 불구하고 포르노 잡지나 비디오를 보게 한다. • 원하지 않거나, 판단능력이 부족한 노인임에도 불구하고 노인의 성적 신체 부위 전체 또는 일부를 드러내 놓는다.

④ 경제적 학대 : 노인의 자산을 당사자의 동의 없이 사용하거나 부당하게 착취하여 이용하는 행위 및 노동에 대해 합당한 보상을 하지 않는 행위 [7, 18, 21, 33, 36 - 2]

경제적 학대행위	세부 학대 내용
노인의 소득 및 재산, 임금을 가로채거나 임의로 사용한다.	• 임금, 연금, 임대료, 재산 등을 가로챈다. • 의사표현 능력이 없는 노인의 연금, 재산 등을 가로 챈다. • 저축, 주식 등을 임의로 사용한다. • 공공 부조(예 국민기초생활보장 수급자 생계비) 급여를 가로채거나 임의로 사용한다. • 허락 없이 노인명의의 은행계좌로부터 현금을 인출하여 사용한다. [7, 33] • 노인 소유의 귀중한 물건을 빼앗는다. • 귀중한 물건을 파괴하는 등 재산적 피해를 준다. • 빌린 돈을 갚지 않거나 귀중한 물건을 돌려주지 않는다. • 노동에 대한 대가를 정당하게 지급하지 않는다.
노인의 재산에 관한 법률적 권리를 침해하는 행위를 한다.	• 부동산을 노인의 동의 없이 임의로 사용하거나 강제로 명의변경을 한다. • 수표 및 기타 금융 · 법적 서류에 서명을 날조한다. • 노인의 신용을 이용하여 이익을 취한다(명의 도용). • 허락 없이 노인명의로 은행 등에서 대출을 받는다. • 허락 없이 노인명의의 은행계좌, 보험 등을 해약한다. • 사기나 강압, 부당한 위력으로 유언장, 계약서, 위임장 등에 서명을 허위로 작성하거나 변조한다. [37 - 1] • 대리권을 노인이 원하지 않는 방법으로 악용한다. • 노인 부양을 전제로 재산 상속을 약속받거나 재산을 증여받았으나 부양의무를 이행하지 않는다.
노인의 재산 사용 또는 관리에 대한 결정을 통제한다.	• 희망하는 재산 사용을 이유 없이 제한하거나 강요한다. • 돈을 일상생활에서 마음대로 사용하지 못하게 한다. • 재산을 노인이 원하지 않는 방법으로 사용하도록 강요한다. • 재산관리 관련 결정을 제한하거나 강요한다. [36 - 2] • 노인명의 재산을 불법적으로 소유하려고 협박한다. • 수표 및 기타 금융 · 법적 서류에 서명을 강요한다.

⑤ 방임 : 부양 의무자로서의 책임이나 의무를 의도적 혹은 비의도적으로 거부, 불이행 혹은 포기하여 노인에게 의식주 및 의료를 적절하게 제공하지 않는 것 [1, 14, 15, 16, 17, 24, 25, 28, 34, 36-2]

방임 학대행위	세부 학대 내용
거동이 불편한 노인의 의식주 등 일상생활 관련 보호를 제공하지 않는다.	• 스스로 식사하기 힘든 노인을 방치한다. • 스스로 배변처리가 어려운 노인을 방치한다. • 스스로 청결유지(목욕, 빨래 등) 또는 환경관리(청소 등)가 불가능함에도 불구하고 이를 방치한다. • 심각한 질환(치매 등)이 있는 노인을 홀로 거주하게 한다. • 안정된 주거공간을 제공하지 않고 떠돌게 한다. • 부적절한 주거공간(컨테이너 등)에 거주하는 것을 방치한다.
경제적 능력이 없는 노인의 생존을 위한 경제적인 보호를 제공하지 않는다.	• 경제적 능력이 없는 노인의 기본적 생존을 위한 생활비를 지원하지 않거나 중단한다. [36-2] • 경제적 능력이 없는 노인의 생활관련 업무(세금 및 각종 요금 납부)를 방치한다. • 경제적 능력이 없는 노인의 사회적 활동(용돈, 종교 활동비, 경조사비 등)을 위한 경제적 지원을 제공하지 않는다.
의료 관련 욕구가 있는 노인에게 의료적 보호를 제공하지 않는다.	• 필요한 보장구(틀니, 보청기, 돋보기, 지팡이, 휠체어 등)를 제공하지 않는다. • 필요한 의료적 처치를 제공하지 않거나 거부 · 방해하거나 소홀히 한다. [28, 37-1] • 질병으로 인해 거동이 불편한 노인의 간병을 소홀히 한다(악취, 욕창, 염증 등 발생).

[사례 1]
할머니가 밤새 설사를 하여 얼굴이 창백한 상태인데 할아버지는 할머니를 병원에 데려가지 않고 마을회관으로 놀러 가셨다. [24]

[사례 2]
며칠 동안 배가 아픈 할머니를 병원에 데려가지 않고 평소와 같이 할아버지 혼자 경로당에 놀러 가셨다. [17]

[사례 3]
김 씨 할머니는 며칠 전부터 배가 아프다고 호소하신다. 그러나 배우자인 장 씨 할아버지는 관심 없어 하시며 병원에 데려가지 않고 노인정에 놀러 가셨다. [16]

[사례 4] [19]
• 보청기, 안경 등이 없거나 부수어져 있다.
• 계절에 맞지 않는 더러운 의복을 입고 있다.
• 난방, 전기, 가스, 전화, 수도 등이 단절되어 있다.

[사례 5] [25]
• 깨어진 안경
• 더럽고 찢어진 옷
• 오물이 묻은 이부자리

⑥ **자기방임** : 노인 스스로 의식주 제공 및 의료 처치 등의 최소한의 자기 보호관련 행위를 의도적으로 포기하거나 비의도적으로 관리하지 않아 심신이 위험한 상황 또는 사망에 이르게 되는 경우 [8, 27, 32]

자기방임 학대행위	세부 학대 내용
자신을 돌보지 않거나, 돌봄을 거부함으로써 노인의 생명이 위협받는다.	• 노인 자신이 의료처치 또는 약복용 등 의사의 지시에 따른 치료 행위를 거부한다. [8, 27] • 건강, 생활, 환경 등의 위험한 상황에서 노인이 도움을 요청하지 않거나 거부한다. • 노인 스스로 생존을 위해 필수적인 의식주 관련 행위를 거부함으로써 생명이 위협받는다. [27] • 일상생활 수행을 위한 신체적 · 정신적 능력을 상실한 노인이 돌봄을 거부함으로써 생명이 위협받는다. • 건강에 치명적임에도 불구하고 노인이 약물이나 알코올 남용을 지속한다. [32] • 노인이 자살을 시도한다.

⑦ **유기** : 스스로 독립할 수 없는 노인을 격리하거나 방치하는 행위 [2]

유기 학대행위	세부 학대 내용
의존적인 노인을 유기한다.	• 연락을 두절하거나 왕래를 하지 않는다. [5, 11, 12] • 시설, 병원에 입소시키고 연락과 왕래를 두절한다 . [22] • 인지기능을 상실한 노인(치매, 약물중독, 알코올중독, 정신질환 등)을 고의적으로 가출 또는 배회하게 한다. • 낯선 장소에 버린다. [37 – 1] • 배회하는 상태에서 발견된 노인에 대하여 부양의무자가 부양의무 이행을 거부한다.

4. 노인학대 사례 표준교재 88p

다음은 노인학대상담센터에 의뢰된 실제 내용을 재구성한 것이다.

저녁 7시쯤 퇴근한 아들이 어머니를 찾았으나 시어머니에 관심이 없는 며느리는 오후에 나간 시어머니의 귀가 여부를 모르고 있었다. 빨리 어머니를 찾아오라는 남편의 성화에 집 밖으로 나간 며느리는 여기저기 수소문하고서야 공원에 홀로 앉아 계신 시어머니를 찾을 수 있었다.

• 화가 난 며느리는 "내가 노친네 때문에 진짜 힘들어서 못 살겠어! 안 들어오고 뭐해요!"라며 고함을 질렀다. → 정서적 학대 [32]
• 집으로 가는 길에도 걸음이 늦는다고 밀어 넘어뜨리고, 빨리 일어나지 않는다고 양 주먹으로 수차례 구타하고 발길질을 하여 시어머니를 넘어뜨렸다. → 신체적 학대
• 집에서 늦은 저녁식사를 하고 소파에 앉아 쉬고 있는 시어머니께 "에이, 꼴도 보기 싫은데 빨리 방에나 들어가지 왜 거기 앉아있는 거야. 죽치고 앉아있지 말고 빨리 들어가요."라고 소리를 질렀다. → 정서적 학대
• 다음 날 타박상과 갑작스러운 감기증세로 시어머니가 몸져누워 있었지만 며느리는 아픈 시어머니를 병원에 데려갈 생각은 않고 하루 종일 방 안에 방치하였다. → 방임
• 며칠 후 시어머니 생신을 맞아 방문한 작은아들이 준 용돈을 빌려 달라고 하여 다 써버리고 경로연금이 지급된 통장과 도장을 가져가서는 돌려주지 않았다. → 경제적 학대
• 이런 일들이 반복되다 보니 시어머니는 삶의 의욕을 잃었는지 세수도 하지 않고, 식사도 제대로 하지 않아 몸이 날로 쇠약해져 갔다. → 자기방임

5. 노인학대 예방을 위한 법적 · 제도적 장치 표준교재 86p

① **법적 · 제도적 근거** : 요양보호사가 직무상 노인학대를 알게 된 때에는 즉시 노인보호전문기관 또는 수사기관에 신고할 것을 의무화하고 있다. 32-1

② **노인학대 예방을 위한 유관기관의 역할** 표준교재 87p

구분	역할
보건복지부	노인보호업무와 관련한 법 · 제도적 정책 수립, 노인복지시설에 대한 행정 · 재정적 지원 등
시 · 도	시설에 확인 업무지도 및 감독, 학대피해노인에 확인 행정적인 조치 등
시 · 군 · 구	신분조회 요청 등에 대한 협조, 노인복지 시설과 노인 또는 관계인에 대한 조사, 노인 인권 보호 및 학대예방 관련 위원회 설치 운영 등
노인보호 전문기관 19, 20, 21, 23, 26, 28, 29, 32-2	노인학대 사례의 신고접수, 신고된 시설학대 사례에 확인 시설의 학대사례 판정에 대한 자문, 학대사례에 대한 사례관리 절차지원 등
노인복지시설	• 학대피해노인 및 학대행위자에 대한 상담 및 개입 협조 • 학대피해노인에 대한 입소 의뢰 시 신속한 보호 32-1 • 시설 내 종사자 및 이용자 대상 노인학대 예방교육 실시 32-2
사법경찰 20, 23	노인학대 신현장조사, 노인학대행위자의 형사재판을 요하는 사례에 대한 수사 전담, 응급조치를 요하는 노인 학대 사례를 일시보호시설 또는 의료기관에 의뢰 32-2
의료기관	노인학대 판정을 위한 의학적 진단, 소견, 증언 진술 32-1, 36-2
법률기관	학대행위자에 대한 보호처분을 포함한 판정, 후견인의 지정, 피해 노인을 가족과 격리함 등 32-2, 36-2

※ 다음 사례에 해당하는 노인학대의 유형을 적으시오.

- 와상 대상자의 체위 변경을 태만히 한다.
  🗒 신체적 학대

- 아픈 노인을 병원에 데리고 가지 않는다.
  🗒 방임

- 좋아하는 곳에 가지 못하게 외출을 시키지 않는다.
  🗒 정서적 학대

- 거동이 불편한 노모를 시설에 맡긴 후 주거지를 옮기고 연락을 두절하였다.
  🗒 유기

- 가출해도 찾지 않는다.
  🗒 유기

- 노인의 신체를 구속하거나 제한된 공간에 가둔다.
  🗒 신체적 학대

- 노인에게 의료적 처치 및 보호를 소홀히 한다.
  🗒 방임

- 시설에 입소시키고 연락과 왕래를 두절한다.
  🗒 유기

- 노인과의 접촉을 기피한다.
  🗒 정서적 학대

- 노인의 소득 및 재산을 임의로 사용한다.
  🗒 재정적 학대

- 며느리가 "내가 노친네 때문에 진짜 힘들어 못 살겠어! 에이, 꼴도 보기 싫으니 빨리 방에 들어가요."라며 소리를 질렀다.
  🗒 언어적, 정서적 학대

- 대상자가 가족의 눈치를 살피거나 말하기를 주저한다.
  🗒 언어적, 정서적 학대

- 체납된 공과금 및 세금고지서 발견, 개인 소지품이 없어지고, 생활비가 없다.
  🗒 재정적 학대

- 할머니가 밤새 설사를 하여 얼굴이 창백한 상태인데 할아버지는 할머니를 병원에 데려가지 않고 마을회관으로 놀러 가셨다.
  🗒 방임

- 보청기, 안경 등이 없거나 부수어져 있다. 계절에 맞지 않는 더러운 의복을 입고 있다. 난방, 전기, 가스, 전화, 수도 등이 단절되어 있다.

  📑 방임

- 노인 스스로 의식주 관련 행위를 거부함으로써 생명이 위협받는다. 의료 처치 또는 약 복용 등 치료 행위를 거부한다.

  📑 자기방임

 핵심 족집게 문제 ──────────────── ▸ CARE WORKER

01 시설에서 동료 요양보호사가 치매대상자에게 폭언과 부당한 대우를 하는 것을 목격했을 경우 요양보호사의 대처 방법은?

① 못 본 척한 후 조용히 관찰한다.
② 동료 요양보호사에게 주의를 주고 비밀로 해 준다.
③ 노인보호전문기관이나 경찰서에 신고한다.
④ 기관에 보고한 후 사례회의에 사용한다.
⑤ 대상자에게 사과하라고 동료 요양보호사에게 말한다.

02 방문목욕서비스를 제공하던 중 대상자의 몸 여러 군데에 멍들고 상처 난 자국이 발견되었다. 요양보호사의 대처 방법은?

① 대상자의 이야기를 들어 주고 위로해 준다.
② 그냥 모른 척한다.
③ 보호자에게 알린다.
④ 노인보호전문기관에 신고한다.
⑤ 동료 요양보호사에게 알린다.

03 다음 업무들을 담당하는 기관으로 옳은 것은?

> • 노인학대 사례의 신고 접수
> • 신고된 시설 학대 사례에 대한 확인 개입
> • 신고된 학대 사례 관리 절차 지원
> • 노인학대 행위자에 대한 상담 및 교육

① 경찰서   ② 의료기관
③ 노인보호전문기관   ④ 보건복지부
⑤ 시군구

정답 01 ③   02 ④   03 ③

11 요양보호사의 인권 보호

1. 요양보호사의 인권 표준교재 89p

요양보호사의 기본적 인권항목	내용
평등권 [36-1]	고용형태, 연령, 성별, 학력, 출신지역 및 종교 등에서 차별받지 않아야 한다.
노동 관련 권리 [37-1]	휴식 및 여가를 누릴 권리, 노동시간의 합리적 제한, 노동과 관련된 의견을 자유롭게 표현할 권리, 동등한 노동에 대한 동등한 보수, 공정하고 유리한 노동조건을 확보 받을 권리 등이 보장되어야 한다.
자유권	의견과 표현의 자유를 누릴 권리, 사상, 양심, 종교의 자유를 누릴 권리, 자유 및 신체의 안전에 대한 권리 등의 보장이 필요하다.

※ 장기요양요원지원센터 30, 32, 33, 37-2

지방자치단체는 장기요양요원지원센터를 설치하고, 장기요양요원에 대한 사회적 인식 제고 및 권익 향상, 장기요양요원의 권리침해 관련 상담 및 지원, 역량강화를 위한 직무향상 교육, 건강검진 등 건강관리를 위한 사업을 지원하고 있다.

2. 요양보호사의 법적 권익보호 표준교재 90p

① 근로에 관한 보호 「근로기준법」

ㄱ 목적 : 근로자의 기본적 생활을 보장·향상하며 균형 있는 국민경제의 발전에 기여하는 것

ㄴ 근로계약서에 명시해야 할 사항

- 임금 및 근로시간 : 임금의 구성항목, 계산방법 및 지불방법 등 37-2
- 취업의 장소와 종사하여야 할 업무에 관한 사항
- 취업규칙 내용
- 종사자가 기숙하는 경우에는 기숙사 규칙에 정한 사항

② 안전과 보건에 관한 보호 표준교재 91p

  ⑦ 산업안전보건법

    • 산업재해를 예방하고 쾌적한 작업환경을 조성함으로써 근로자의 안전과 보건을 유지·증진함이 목적이다.

    • 장기요양기관의 장은 요양보호사에게 안전에 대해 교육해야 한다.

    • 장기요양기관의 장은 요양보호사가 안전, 보건상의 이유로 작업을 중지했을 때 처벌할 수 없다. 32

    • 장기요양기관의 장은 요양보호사의 건강문제를 예방하기 위해 노력해야 한다.

  ⑥ 산업재해보상보험법

    • 근로자의 업무상 재해를 신속하고 공정하게 보상하며, 재해근로자의 복지를 증진하기 위하여 제정되었다.

    • 요양보호사도 업무상 부상이나 질병, 상해가 발생하면 이에 따라 보상한다. 36-2

> ※ 산재근로자 보호의 주요 내용
>
> • 사업장이 부도, 폐업하여 없어진 경우에도 재요양, 휴업급여, 장해급여 지급에는 지장을 받지 않는다. 16, 20
> • 산재를 당했다는 이유로 해고할 수 없다. 20, 32-2
> • 조세 및 기타 공과금 부과가 면제되어 세금을 떼지 않는다. 16, 20, 32-2
> • 보험급여를 받을 권리는 급여 내용에 따라 3년 혹은 5년간 유효하다. 16
> • 보험급여는 양도 또는 압류할 수 없다. 16, 20, 32-2

③ 성희롱으로부터의 보호 표준교재 93p

  ⑦ 돌봄서비스 현장 내 성희롱 : 요양보호사와 방문요양서비스 대상자가 단둘이 집에 있게 되는 상황, 대상자가 치매를 앓고 있는 경우 등에서 성희롱이 발생할 수 있다.

  ⑥ 성희롱의 구분 및 행위

구분	행위
언어적 행위	• 음란한 농담, 음탕하고 상스러운 이야기 20, 32, 32-1, 32-2, 33, 34 • 외모에 대한 성적인 비유나 평가 14, 32, 32-1 • 성적 관계를 강요하거나 회유하는 행위 34 • 성적 사실 관계를 묻거나 성적인 정보를 의도적으로 유포하는 행위 34, 35 • 음란한 내용의 전화통화 • 회식자리 등에서 옆에 앉아 술을 따르라고 함 32, 32-2
육체적 행위	• 입맞춤, 포옹, 뒤에서 껴안기 등의 신체 접촉 32-1, 35 • 가슴, 엉덩이 등 특정 신체 부위를 만지는 행위 20, 35 • 안마나 애무를 하거나, 신체 일부를 밀착하거나 잡아당김 32-1, 33
시각적 행위	• 음란한 사진, 그림, 낙서, 음란출판물 등을 게시하거나 보여주는 행위 20, 35, 36-1 • 직접 또는 팩스나 컴퓨터 등을 통해 음란한 편지, 사진, 그림을 보내는 행위 20, 32-1 • 성과 관련된 자신의 특정 신체 부위를 고의적으로 노출하거나 만짐 20, 33, 35, 36-1
기타	사회통념상 성적 굴욕감을 유발하는 것으로 인정되는 언어나 행동

ⓒ 성희롱 대처 방안 표준교재 94p

구분	대처
장기요양기관장	• 요양보호사들에게 성희롱 예방교육을 1년에 1번 이상 해야 한다. 34 • 성희롱 피해가 있을 때 업무배치 등의 불이익한 조치를 해서는 안 된다. 34 • 직원들 사이에 성희롱이 발생하였을 경우에는 행위자를 징계해야 한다. • 성희롱 처리지침을 문서화하여 기관 내에 두어야 한다. • 성희롱 시 가해자가 받을 수 있는 불이익과 향후 대처 계획을 설명한다. 36-2 • 대상자 가족에게 사정을 말하고 시정해 줄 것을 요구한다. 34, 36-2 • 시정 요구에도 상습적으로 계속할 경우 녹취하거나 일지를 작성해 둔다.
요양보호사	• 감정적인 대응은 삼가고, 단호히 거부의사를 표현한다. 10, 11, 15, 17, 24, 25, 32-1, 35, 37-1 　예 재가방문 중 요양보호사가 청소를 하고 있는데 대상자가 뒤에서 껴안을 경우 그만하라고 단호 　하게 말한다. • 모든 피해사실에 대하여 기관의 담당자에게 보고하여 기관에서 적절한 조치를 취하게 한다. 　32, 37-1

ⓓ 성희롱 사례 표준교재 95p

[사례 1] 눕히면서 다리를 만지니 안마를 해달라고 함

> 허리가 불편한 남자 노인의 다리를 뻗게 하는데 기왕 만진 김에 다리를 주무르고 안마를 해달라고 하며 이상한 눈초리로 바라보았다. 심한 성적 불쾌감을 느꼈다.

[사례 2] 성기와 성행위를 묘사하는 말을 함

> 요양시설에 입소해 있는 한 남자 노인이 심심하고 갑갑하다며 여자 노인의 방 앞에서 서성인다. 그 방의 다른 여자 노인이나 다른 남자 노인들과 시비가 붙으면 옆에서 말리는 요양보호사에게 성기와 성 행위를 묘사하는 심한 말을 해서 여성으로서의 수치심을 느낀다.

[사례 3] 몸을 지탱하기 위해 신체 여러 부위를 무차별적으로 잡음

> 남자 노인이 일어나거나 옆으로 돌아 누우면서 몸을 지탱하기 위해 허리나 손, 심지어 머리카락까지 무차별적으로 잡는다.

기출 오답 바로잡기 ──────────────── • CARE WORKER

■ 산업재해 보상금

- 사업장이 부도, 폐업한 경우 보상금을 지급받을 수 없다.
  🔁 지급받는다.

- 치료비는 사업주가 지불한다.
  🔁 산업재해보험금으로 지불한다.

- 산업재해를 당하면 해고사유가 된다.
  🔁 해고할 수 없다.

- 보험급여는 소득세를 떼고 준다.
  🔁 세금을 떼지 않는다.

- 지급된 보험금은 세금을 공제한다.
  🔁 공제하지 않는다.

- 보험급여는 양도 · 압류할 수 있다.
  🔁 양도 또는 압류할 수 없다.

핵심 족집게 문제 ──────────────── • CARE WORKER

01 다음 빈칸에 들어갈 성희롱 행위는 무엇인가?

> - (   ) : 가슴, 엉덩이 등 신체 부위를 만지는 행위
> - (   ) : 음란한 사진, 그림, 낙서를 보여주는 행위, 특정 신체 부위를 고의적으로 노출하는 행위, 음란한 편지를 보내는 행위
> - (   ) : 음란한 농담, 음탕하고 상스러운 이야기를 하는 행위

02 재가방문 중 요양보호사가 청소를 하고 있는데 대상자가 뒤에서 껴안을 경우 대처 방법으로 옳은 것은?

① 그만하라고 단호하게 말한다.
② 서비스를 중단하고 조용히 나간다.
③ 소리를 지르며 화를 낸다.
④ 장난으로 받아들이고 넘긴다.
⑤ 경찰서에 신고한다.

정답 01 육체적 행위, 시각적 행위, 언어적 행위 02 ①

12 요양보호사의 직업윤리 원칙과 윤리적 태도

1. 요양보호사의 직업윤리 원칙 표준교재 96p

① 인종, 연령, 성별, 성격, 종교, 경제적 지위, 정치적 신념, 신체·정신적 장애 기타 개인적 선호 등을 이유로 대상자를 차별 대우하지 않는다. [17, 18, 20, 24, 25, 32-1, 33, 36-1]

② 대상자의 자기결정을 최대한 존중한다. [18, 20, 32-2]

③ 업무의 경과와 결과를 시설장 또는 관리책임자에게 보고한다. [18, 27, 36-2]

④ 효율적인 업무를 수행하기 위해 지속적으로 지식과 기술을 습득한다. [18, 32-2, 33, 35, 36-2, 37-1]

⑤ 업무 수행에 방해가 되지 않도록 건강관리, 복장 및 외모 관리 등을 포함하여 자기관리를 철저히 한다.
[18, 24, 32-1, 35, 36-2, 37-1]

⑥ 업무상 알게 된 개인정보를 비밀로 유지한다. [20, 32-1, 36-1, 36-2]

⑦ 대상자로부터 서비스에 대한 물질적 보상을 받지 않는다. [35]

⑧ 대상자에게 일방적으로 도움을 제공하는 수직적 관계가 아닌 함께하는 상호 대등한 관계임을 인식해야 한다.
[32-1, 35, 36-1, 36-2]

2. 윤리적 태도 표준교재 97p

① 대상자를 하나의 인격체로 존중해야 한다.
ㄱ 대상자의 권리를 지켜주고 증진해 주어야 한다. [24, 27]
ㄴ 요양보호사 자신의 종교를 선교의 목적으로 강요해서는 안 된다. [24, 28, 32-2, 35, 36-1]
ㄷ 요양보호사의 판단만으로 서비스를 제공하지 말고 반드시 대상자에게 의견을 물은 후 실행한다.
[15, 24, 34, 36-2]

② 요양보호사로 종사하게 된 동기를 점검하며 겸손한 태도를 유지한다.
ㄱ 항상 초심을 잊지 않고 자신을 점검한다.
ㄴ 자신의 업무 능력의 미숙, 새로운 지식이나 기술을 배우고자 하는 노력의 부족함이 아닌지 먼저 생각해 보고 자신의 능력을 발휘한다.

③ 성실하고 침착한 태도로 책임감을 갖고 업무 활동을 해야 한다.
ㄱ 매사에 약속을 지키며 책임 있는 언행을 해야 한다.
ㄴ 자신의 활동이 모든 요양보호사를 대표한다고 생각한다. [36-1]

④ 업무와 관련된 모든 직업인과 상호 협조하는 태도 및 조화를 이루려는 자세를 가져야 한다. 28, 32-2, 33
  ㉠ 시설장, 간호사와의 협조는 필수적이며 의료진의 지시에 따라야 한다.
  ㉡ 시설 직원, 동료 요양보호사, 대상자의 가족과 협조한다. 36-2

⑤ 교육훈련 프로그램에 적극적으로 참여하는 등 지속적으로 학습하고 자신을 계발해야 한다.
  ㉠ 직무를 수행위한 전문적 지식과 기술을 갖춰야 한다.
  ㉡ 보수교육에 적극적으로 참여한다. 32
  ㉢ 자신의 업무활동과 지도받은 내용을 점검한다. 34

⑥ 상호 신뢰감을 형성하기 위해 친절하고 예의 바른 태도, 바른 몸가짐과 언어생활을 하려고 노력해야 한다.
  ㉠ 방문 일을 변경해야 할 경우에는 반드시 사전에 연락하여 양해를 구해야 한다. 15, 16, 17, 22, 25, 35
  ㉡ 대상자를 방문하였을 때 대상자가 없으면 방에 들어가지 말고, 다음 방문 일을 적어 메모를 남겨둔다.
    15, 17, 20, 24, 25, 27, 29, 32, 37-1
  ㉢ 대상자에게 유아어, 명령어, 반말 등을 사용하지 않는다. 17, 25, 29, 32, 37-1
  ㉣ 대상자와 자신의 시선을 맞추고 내려다보지 않는다. 25, 36-1, 37-2
  ㉤ 신체 접촉 등은 상황에 맞게 하며 너무 과장되지 않게 한다. 25, 28
  ㉥ 대상자와 개인적으로 별도의 서비스 계약을 하거나 타 기관에 의뢰하여서는 안 된다.
    20, 21, 24, 25, 34, 36-1, 37-2

⑦ 다음과 같은 행위를 하지 말고 법적ㆍ윤리적 책임을 다해야 한다.
  ㉠ 언어적, 신체적 폭력
  ㉡ 많은 업무를 비효율적으로 수행함, 무능력, 태만 21
  ㉢ 재산을 고의적으로 파괴하거나 훔치는 행위 37-2
  ㉣ 감독자에 대한 불복종이나 반항
  ㉤ 비도덕적이고 정직하지 못한 행위
  ㉥ 알코올, 약물 혹은 마약을 복용하고 근무하는 행위
  ㉦ 대상자나 가족에게 돈을 빌리거나 팁을 받는 행위 24, 26, 32-2, 34
    ※ 대처방법 : "돈을 받으면 안 돼요. 마음만 받을게요."
  ㉧ 감독자에게 알리지 않고 근무지를 비우는 행위 21, 35
  ㉨ 복지용구를 직접 판매 또는 대여하거나 이를 알선하는 행위 15, 20, 21, 24, 25, 34, 35, 37-1, 37-2
  ㉩ 본인 부담금을 할인하거나 추가로 부담하게 하는 행위 20, 26, 28, 32, 33, 35
  ㉪ 대상자의 기록, 정보 등에 대한 비밀이나 대상자의 사적 생활을 내외부로 발설하는 행위 15, 21, 24, 35
  ㉫ 타인의 근무를 대신하거나 자신의 근무를 대신 해 달라고 요구하는 행위 32, 33, 37-2
  ㉬ 할당된 장소에서의 근무를 거부하는 행위
  ㉭ 등급 판정 또는 장기요양인정 신청을 유도하는 행위 25, 26, 32, 33, 37-2

⑧ 서비스 제공 시 일어날 수 있는 사고(분실, 파손, 부상)를 예방하여야 하고 사고 발생 시에는 즉시 시설장 또는 관리책임자에게 보고한다. 17, 26

⑨ 전문가의 진단이 필요한 사항은 요양보호사가 판단, 조언하지 말아야 한다. 24, 28, 36-1

⑩ 법적인 소송에 휘말리지 않기 위해 다음을 준수한다.

㉠ 대상자의 권리를 보호한다.

㉡ 요양보호서비스 제공 시 정해진 원칙과 절차에 따른다. [24, 33, 34]

㉢ 제공된 요양보호서비스 내용을 정확히 기록한다. [20, 24, 33, 36-2, 37-2]

㉣ 대상자의 상태 변화를 관찰하며 이를 정확히 기록한다. [15, 34, 35]

㉤ 제공해야 할 서비스 내용 및 방법이 확실하지 않을 때는 도움을 청한다. [15, 20, 26, 33, 34, 37-1]

㉥ 대상자가 학대를 받는 경우에는 보고하거나 노인보호전문기관이나 경찰서에 신고한다.
[15, 25, 33, 36-1, 37-2]

3. 요양보호업무에서 윤리문제 사례 `표준교재 100p`

① 요양보호사가 서비스 대상자를 선별하는 경우

> ㉠ 문제 사례
> 요양보호사 김 씨는 2년 전부터 장기요양 2등급을 받은 할머니(73)에게 방문요양서비스를 제공하고 있었다. 그러던 중 배우자인 할아버지(77)가 치매 진단을 받고 점점 악화되어 장기요양 3등급을 받게 되었다. 그러자 분가하여 살고 있던 장남이 오전에는 할머니를 돌봐 주고 오후에는 할아버지를 돌봐 달라고 요청했다. 그러나 요양보호사는 할아버지가 남자분이라 돌보고 싶지 않다며 다른 요양보호사에게 부탁하라고 했다.
>
> ㉡ 대처 방법
> 요양보호사는 장기요양서비스를 제공할 때 인종, 연령, 성별, 성격, 종교, 경제적 지위, 기타 개인적 선호 등을 이유로 대상자를 차별 대우해서는 안 된다. 모든 대상자에게 평등하게 요양보호서비스를 제공해야 하며, 요양보호사가 정당한 사유 없이 대상자의 서비스 신청을 거부하면 법적으로 처벌을 받게 된다. 대상자 및 가족으로부터 장기요양서비스에 대한 신청이 있을 경우 요양보호사는 본인이 서비스 제공 여부를 결정하지 말고 관리책임자에게 보고를 해야 한다.
> [25, 37-2]

② 요양보호 대상자가 성적 행동을 하는 경우

> ㉠ 문제 사례
> 요양보호사가 70대 어르신 댁에서 집 안 청소를 하고 있는데, 느닷없이 어르신이 요양보호사의 손을 붙잡고 쓰다듬었다. 요양보호사는 싫다는 의사를 분명히 표현했지만, 손 좀 만지는 게 어떠냐며 오히려 목청을 높였다.
>
> ㉡ 대처 방법
> 대상자가 요양보호사에게 성적인 농담이나 신체접촉을 할 때에는 단호하게 거부한 후 대상자의 가족과 관리책임자 혹은 시설장에게 이러한 사실을 알리겠다고 대상자에게 전한다. 반복적으로 같은 일이 일어날 때에는 서비스를 중단하겠다고 알린다. 대상자의 가족에게 이러한 사실을 알릴 때에는 기관 차원에서 대상자의 가족과 면담하여 알린다. 즉, 단호하게 거부한 후 반복될 경우 서비스를 중단하겠다고 알린다. [17, 26, 30]

③ 대상자로부터 본인부담금 면제를 강요받은 경우

> ㉠ 문제 사례 1
>
> 방문요양서비스를 이용하는 3등급 독거어르신이 어느 날 서운하다고 하면서 본인부담금에 대해 말씀하셨다. 어르신의 친구가 이용하고 있는 장기요양기관(센터)에서는 작년부터 1년 이상을 이용하는 조건으로 본인부담금을 내지 않고 있다는 것이다. 그 이야기를 듣고 어르신은 너무 서운하여 곧바로 센터를 옮기려다 그동안 잘해 준 것도 있고 해서 참고 있다가 이제야 말을 한다고 하셨다. 그러면서 앞으로는 본인부담금을 내지 않게 해달라고, 그러지 않으면 다른 센터로 옮기겠다고 협박하셨다.
>
> ㉡ 문제 사례 2
>
> 장기요양 2등급의 시어머님을 모시고 있는 며느리는 배우자의 실직으로 본인부담금 내기가 어려우니 방문요양서비스를 실제로는 180분만 제공하고, 급여제공기록지에는 240분을 작성하여 본인부담금을 내지 않도록 사정하였다. 다른 센터에서도 다 그렇게 한다고 들었다며 말끝을 흐리셨다.
>
> ㉢ 대처 방법
>
> 위의 두 사례와 같이 대상자나 보호자가 타 센터의 불법 사례를 예로 들거나, 본인의 어려운 가정 사정을 얘기하면서 불법을 요구할 때는 먼저 노인장기요양보험법 제69조를 설명하고, 그런 불법행위를 신고하면 신고 포상금을 받을 수 있다고 정보를 제공한다. 즉, 불법임을 설명하고, 벌금 부과대상임을 알린다. 16, 21, 27, 29, 32-2, 34

④ 복지용구를 유인 · 알선한 경우

> ㉠ 문제 사례
>
> 수급자 김씨는 안동에 있는 방문요양센터 직원으로부터 복지용구 구입을 권유받았다고 한다. 조사결과 이 센터는 '유인 · 알선'을 통해 대상자가 복지용구를 구입하면 복지용구를 판매한 업체로부터 물품 값의 10%를 현금으로 받고 있었다. 꼭 필요하지도 않은 복지용구를 구매하도록 '유인 · 알선'하여 대상자가 민원을 제기한 사례이다.
>
> ㉡ 대처 방법
>
> 대상자가 복지용구가 필요하다고 할 때는 대상자의 상태 등을 판단하여 신중하게 선택할 수 있도록 정보를 제공하는 것은 바람직한 일이나 '유인 · 알선'에 의한 부당한 수익을 목적으로 했다면 요양보호사 윤리원칙에 어긋나며, 법적 처벌을 받게 된다. 32

⑤ 가족 요양보호사가 부정수급을 한 경우

> ㉠ 문제 사례
>
> 장기요양 2등급인 시어머니를 모시고 있는 김씨는 시어머니가 시설 및 재가서비스를 거부해서 본인이 요양보호사 자격증을 취득하려고 학원에 등록하였다. 학원에서 같은 처지에 있는 동료를 알게 되었고 실습지인 센터의 도움으로 가족요양보호사를 하면서 동료와 함께 상대방의 시어머니에게 교차서비스를 제공하는 것으로 처리하여 받은 부당 이익을 센터와 반반씩 나눠 가졌다. 이런 방법을 1년 넘게 해 오다 이웃의 신고로 들통 났다.
>
> ㉡ 대처 방법
>
> 가족에 의한 서비스 제공기준을 무시하고 편법으로 운영된다면 가족에 의한 돌봄을 보장하기 위한 제도의 취지가 흐려질 수 있다. 따라서 본 제도가 더 이상 퇴색되지 않고 본래의 취지에 충실하도록 노력해야 할 것이다. 32-1

⑥ 요양보호 대상자에게 해가 되는 활동을 강요받은 경우

> ㉠ 문제 사례
>
> 요양보호사가 대상자의 기저귀를 갈아드리려고 하면 보호자는 사용했던 기저귀를 말려서 다시 사용하라며 강요하였다. 결국 대상자의 회음부에는 염증이 생겼고, 보호자는 염증이 요양보호사가 목욕을 시킬 때 제대로 씻겨주지 않아 발생한 것이라며 요양보호사를 교체해 줄 것을 요구했다.

ⓛ 대처 방법

　요양보호사는 사용했던 기저귀를 말려서 다시 사용하면 대상자에게 악영향이 미친다는 것을 잘 알고 있다. 그럼에도 불구하고 보호자가 시키는 대로 했다면 윤리적으로 문제가 된다. 이는 윤리 원칙에서 의도적으로 해를 입히거나 해를 입힐 위험이 있는 행위는 하지 말아야 한다는 '무해성의 원칙'에 어긋나는 행동이다. 사용했던 기저귀를 다시 쓸 수 없는 이유를 보호자에게 설명하고 만약 그럼에도 불구하고 보호자가 계속 강요한다면 관리책임자와 다른 가족(자녀 등)들에게 이러한 상황에 대해 설명을 해야 한다. 그래도 문제가 해결되지 않을 때는 기관 차원에서 요양보호서비스를 이어갈 수 없음을 알린다. `17, 19, 22, 25, 32 – 1, 33`

⑦ 요양보호사가 대상자의 금품을 절도한 경우

ⓐ 문제 사례

　30대 여성 요양보호사가 자신이 돌보던 어르신(82)의 금품을 절도하여 경찰에 붙잡혔다. 경찰에 따르면 요양보호사인 A씨는 어르신 댁에 들어가 서랍에 보관되어 있는 통장과 도장을 훔친 뒤 인근 은행에서 현금 100만 원을 인출한 혐의를 받고 있다.

ⓛ 대처 방법

　이 사건이 발생한 가장 근본적인 원인은 요양보호사의 직업윤리가 결여되어 있다는 점이다. 요양보호사로서 마땅히 지켜야 할 도덕적 가치관을 지니고 있었다면 이러한 사건은 일어나지 않았을 것이다. 요양보호사는 요양보호 업무에 임할 때마다 자신의 직업적 윤리와 자세를 정비할 필요가 있다. 요양보호사직에 종사하게 된 동기를 점검하며 대상자를 존중하는 태도를 갖도록 노력한다.

■ 요양보호사 직업 원칙

- 대상자를 차등대우한다.
  대상자의 성별, 정신적 장애 등에 따라 차별 서비스를 한다.
  대상자의 경제 수준에 따라 방을 배정한다.
  📖 대상자를 차별대우하지 않는다.

- 대상자의 질병 상태를 판단하여 조언한다.
  📖 조언하면 안 된다. 병원에 가 보는 것이 좋겠다고만 말해야 한다.

- 체온, 혈압 측정 등 서비스를 제공한다.
  📖 모든 의료행위는 하지 않는다.

- 대상자 또는 가족과 의견이 상충될 시에는 서비스를 중단한다.
  📖 시설장에게 보고한다.

- 대상자로부터 서비스에 대한 물질적 보상을 요구한다.
  📖 물질적 보상을 받아서는 안 된다.

- 계획되지 않은 추가 서비스도 제공한다.
  📖 계획된 서비스만을 제공한다.

- 업무와 관련된 새로운 지식과 기술을 습득할 필요가 없다.
  📖 습득해야 한다.

- 요양보호사의 자기결정을 최대한 존중한다.
  📖 대상자의 자기결정을 최대한 존중해야 한다.

- 업무의 경과와 결과는 요양보호사 스스로 처리한다.
  📖 시설장에게 보고한다.

■ 요양보호사의 윤리적 태도

- 요양보호사의 권위를 강조한다.
  📖 겸손한 태도를 지녀야 한다.

- 대상자와 별도의 서비스 계약을 한다.
  📖 별도의 서비스 계약을 하거나 타 기관에 의뢰하여서는 안 된다.

- 사고 발생 시 요양보호사 스스로 판단하여 신속히 해결한다.
  📖 즉시 시설장 또는 관리책임자에게 보고한다.

- 방문일을 변경해야 하는 경우 당일 다른 요양보호사를 보낸다.
  방문일을 변경해야 하는 경우 당일 시설장에게 보고한다.
  방문일을 변경해야 하는 경우 연락하지 않고 개인의 볼일을 본다.
  변경이 부득이한 경우 시설장에게 알리지 않고 결근한다.
  📖 반드시 사전에 연락하여 양해를 구해야 한다.

- 대상자가 등급판정을 받도록 유도한다.
  대상자에게 복지용구 구매를 알선한다.
  🔖 해당 행위는 불법이며, 벌금 부과 대상이다.

- 대상자의 등급에 따라 서비스할 대상자를 선택한다.
  🔖 선택하면 안 된다.

- 대상자의 요청이 있으면 타 기관에 의뢰한다.
  🔖 의뢰하면 안 된다.

- 대상자의 사적 생활을 동료에게 이야기한다.
  🔖 비밀로 유지해야 한다.

- 많은 업무를 비효율적으로 수행한다.
  🔖 효율적으로 수행해야 한다.

- 대상자가 자신의 종교를 믿을 수 있도록 유도한다.
  🔖 선교의 목적으로 종교를 강요해서는 안 된다.

- 업무와 관련된 모든 직업인과 경쟁적 관계를 유지한다.
  🔖 상호 협조하는 태도 및 조화를 이루려는 자세를 가져야 한다.

- 대상자와 신체적 접촉은 하지 않는다.
  🔖 상황에 맞게 하되 너무 과장되지 않게 한다.

- 장기요양보험료의 본인 부담금을 할인해 준다.
  🔖 할인 행위를 해서는 안 된다.

- 대상자의 사적인 프라이버시는 필요시에만 보호한다.
  🔖 사생활은 항상 보호해야 한다.

- 가족문제인 노인학대에 대해서는 함구한다.
  🔖 반드시 신고해야 한다.

- 확실하지 않은 서비스는 요양보호사가 알아서 판단한다.
  🔖 반드시 대상자의 의견을 물은 후 실행한다.

- 대상자에게 반말을 사용한다.
  🔖 유아어, 명령어, 반말 등을 사용하지 않는다.

- 대상자를 방문했을 때 부재중일 경우 청소만 한다.
  방문 시 대상자가 없으면 서비스를 제공한 후 메모를 남긴다.
  대상자가 없어도 방에 들어가서 요양보호사의 할일을 하고 나온다.
  방문 시 대상자가 없으면 가사 일을 하면서 기다린다.
  🔖 방에 들어가지 말고, 다음 방문일을 적어 메모를 남겨둔다.

- 모든 서비스는 대상자와 가족의 요구대로 수행한다.
  🔖 대상자 중심으로 수행한다.

- 요양보호사의 편의를 위해 일회용 제품을 사용한다.
  🔖 일회용 제품의 사용은 제한적으로 한다.

- 대상자의 욕구보다 요양보호사의 편의를 중시한다.
  - 🔁 대상자의 욕구를 중시한다.

- 대상자를 내려다보면서 시선을 맞춘다.
  - 🔁 대상자와 자신의 시선을 맞추고, 내려다보지 않는다.

- 서비스 방법이 확실하지 않을 때는 동료와 의논한다.
  - 🔁 도움을 청한다.

 핵심 족집게 문제 ———————————————————————— • CARE WORKER

01 대상자가 본인부담금 면제를 요구할 경우 요양보호사의 대처 방법으로 옳은 것은?

① 불법이며 벌금 부과 대상임을 알린다.
② 가정형편이 어려우면 면제해 준다.
③ 본인부담금을 먼저 받고 나중에 돌려준다.
④ 서비스 이용시간을 늘려 준다.
⑤ 면제해 주는 다른 센터를 소개해 준다.

02 대상자의 보호자가 사용했던 기저귀의 재사용을 요구할 때 대처 방법은?

① 재사용이 해로운 이유를 설명하고 새 기저귀를 사용한다.
② 소변을 본 기저귀는 말려서 재사용한다.
③ 기저귀 재사용은 무해성의 원칙에 합당하다.
④ 즉시 서비스를 중단한다.
⑤ 다른 가족에게 확인한 후 요구를 들어준다.

03 요양보호사가 청소를 하는데 대상자가 갑자기 가슴을 만지는 경우 대처 방법은?

① 시설장에게 정신적 피해보상을 요구한다.
② 단호하게 거부하고, 반복될 경우 서비스를 중단하겠다고 알린다.
③ 해당 사실을 가족에게는 비밀로 한다고 말한다.
④ 할머니가 그리워서 하는 행동이라고 이해한다.
⑤ 치매라서 그러는 거라고 이해하며 넘어간다.

정답 01 ① 02 ① 03 ②

13 요양보호사의 근골격계 질환의 예방

1. 근골격계 질환의 예방 : 근골격계 질환의 위험 요인 표준교재 106p 35, 36 - 2

요양보호사 작업관련 근골격계 원인		
직업 요인	• 반복적 동작 • 부자연스러운 자세 • 날카로운 면과의 접촉	• 무리한 힘의 사용 • 정적인 자세 • 진동이나 추운 날씨 등 작업 환경
작업자 요인	• 과거 병력 • 나이, 작업 경력 • 흡연, 비만, 피로	• 성별(여성) • 작업 습관 • 운동 및 취미활동
사회심리적 요인	• 직업 만족도 • 직장 내 인간관계 • 기타 정신 심리상태	• 근무조건 만족도 • 업무적 스트레스

2. 근골격계 질환의 관리법

① 어깨 통증
   ㉠ 상체를 많이 쓰는 일을 하는 직업군에서 많이 발생한다.
   ㉡ 어깨 통증 증상
   • 특별한 외상이 없었는데도 어깨관절 전체에 통증이 있다.
   • 움직임이 많았던 날 밤에 통증이 심하게 나타나고 관절이 뻣뻣하다.
   • 통증이 어깨주변에서 시작하여 팔로 방사 된다(방사통).
   • 팔을 움직일 때 어깨에서 소리가 난다.
   • 팔을 들고 내릴 때 특히 통증이 심하다.
   • 손과 팔을 등 뒤로 돌릴 때 아프다.
   ㉢ 어깨 통증 예방을 위한 스트레칭 운동
   • 팔을 반대편 어깨 쪽으로 쭉 펴고 반대편 손으로 팔꿈치를 지그시 눌러준다.
   • 팔꿈치가 머리끝에 닿도록 들어 올리고 반대편 손으로 팔꿈치를 잡고 몸통 쪽으로 지그시 당겨준다.
   • 팔을 올린 상태에서 반대편 손으로 팔꿈치 부위를 잡고 등 뒤쪽으로 지그시 눌러준다.
   • 등 뒤쪽에서 양팔로 수건의 양끝을 잡고 수건을 지그시 잡아당겨서 유지한다.
   • 모든 동작은 10~15초간 유지하고 5~10회 반복하는 것이 좋다.

ⓔ 어깨 통증 예방을 위한 근육 운동
- 몸을 일자로 엎드린 자세에서 양 무릎을 살짝 굽혀 바닥에 닿게 하고 팔을 뻗어 자세를 유지한다.
- 살짝 팔꿈치를 구부려 몸을 아래로 내린다.
- 앉은 자세에서 어깨를 살짝 위로 올린다.
- 손을 뒤로 한 자세에서 어깨를 뒤로 젖혀서 날개뼈를 서로 모은다.
- 엎드려 누운 자세에서 손을 편안하게 뻗어 어깨를 수직 방향으로 올린다.
- 엎드려 누운 자세에서 손을 뒤로 수직방향으로 올린다.

② 손목 통증
- ㉠ 수근관 증후군 : 손목 관절이 좁아지거나 내부 압력이 증가하여 신경이 자극되는 경우 손목에 통증이 나타나는 증상
- ㉡ 손목 통증 증상
  - 손의 감각 이상(감각저하), 저린 감각, 통증, 근력 약화가 특징이다.
  - 손목을 지나치게 손바닥 방향으로 힘을 주어 굽힐 때 악화되는 경향이 있다.
  - 엄지손가락의 운동 기능장애로 물건을 자주 떨어뜨리거나 젓가락질할 때 어려움이 있다.
  - 밤에 통증이 악화되어 밤잠을 설치는 경우가 흔하며, 손을 털게 되면 저림과 통증이 일시적으로 완화되기도 한다. [36-1]
- ㉢ 손목 통증 예방 스트레칭 운동법
  - 손을 앞으로 향하게 하고 팔을 전방으로 쭉 편 다음 부드럽게 잡아당긴다.
  - 손끝이 바닥을 향하게 하고 팔을 전방으로 쭉 편 다음 부드럽게 잡아당긴다.
- ㉣ 손목 통증 자가진단법 : 양측의 손등을 맞대고 미는 동작을 유지한 채 최소한 1분 정도 손목을 구부릴 때 손바닥과 손가락의 저린 증상이 심해지는지 확인한다.

③ 요통
- ㉠ 요통 증상
  - 등 쪽 허리와 골반 부위에서 시작하여 다리의 앞, 옆, 뒤로 뻗치는 통증인 방사통이 있다.
  - 허리디스크가 돌출되어 신경이 눌린 부위의 다리에 감각 이상과 근력 약화가 온다.
  - 오랜 시간 활동하거나 앉아 있는 경우에 통증이 악화된다.
- ㉡ 요통 예방 요추 안정화 운동
  - 바로 누워 무릎을 굽힌 상태에서 엉덩이 들기
  - 바로 누워 무릎을 굽힌 상태에서 옆으로 허리 돌리기(천천히)
  - 옆으로 누워 다리를 벌린 상태에서 아랫다리 들어 올려 붙이기
  - 엎드려 누운 자세에서 위로 다리 들어 올리기
  - 엎드려 누운 자세에서 위로 머리와 다리를 동시에 들어 올리기
  - 양반다리로 앉은 자세에서 팔을 앞으로 곧게 펴고 허리 굽히기
  - 네발 엎드린 자세에서 엉덩이를 뒤로 밀어 쪼그려 앉기

ⓒ 요통을 예방하면서 물건을 이동하는 방법

> • 물건을 양손으로 들어 올릴 때 표준교재 112p 그림
>   － 허리를 펴고 무릎을 굽혀 몸의 무게 중심을 낮추고 지지면을 넓힌다. 21, 29, 30, 36-2, 37-2
>   － 무릎을 펴서 들어 올린다. 37-2
>   － 물건을 든 상태에서 방향을 바꿀 때 허리를 돌리지 않고 발을 움직여 조절한다. 30, 36-2, 37-2
>   － 물체는 최대한 몸 가까이 위치하도록 하여 들어올린다. 25, 36-2, 37-2
>   － 허리가 아닌 다리를 펴서 들어 올린다.
>
> • 물건을 한 손으로 들어 올릴 때
>   － 발을 앞뒤로 벌려 지지면을 넓힌 후 무릎을 굽혀 몸의 무게 중심을 낮춘다.
>   － 무릎을 펴서 들어 올린다.
>
> • 침대 또는 높고 넓은 바닥에 있는 물체를 움직일 때 한쪽 무릎을 위에 올리고 자세를 낮추어 움직인다.

④ 목 통증

  ㉠ 목 통증 증상

    • 목이 뻣뻣하고 목덜미가 당긴다.

    • 어깨, 팔, 손에 전체 혹은 부분적인 통증이 있다.

    • 현기증이나 어지럼증과 같은 두통이 있다.

    • 몸의 절반 정도가 둔감한 느낌이 들 때가 있다.

    • 팔에 힘이 빠진다.

  ㉡ 목 통증 예방 스트레칭 운동

    • 턱을 가볍게 목 쪽으로 당긴다.

    • 머리를 뒤로 지그시 젖힌다.

    • 머리를 앞으로 숙이고 지그시 양손으로 눌러준다.

    • 머리를 옆으로 기울이고 손으로 지그시 눌러준다.

    • 머리를 천천히 옆으로 돌린다.

  ㉢ 목 근육 운동

    • 머리를 앞으로 밀 때 손으로는 뒤로 밀어 저항을 준다.

    • 머리를 옆으로 밀 때 손으로는 반대쪽을 밀어 저항을 준다.

    • 머리를 뒤로 밀 때 양손을 앞으로 밀어 저항을 준다.

⑤ 팔꿈치 통증

  ㉠ 팔꿈치 통증 증상

    • 손을 펴고 손목을 뒤로 젖힐 때 팔꿈치 안쪽에 통증이 발생한다.

    • 무언가를 세게 쥘 수가 없다.

    • 손목을 굽히고 펼 때 통증이 생긴다.

    • 팔꿈치 외측이나 내측 부위에 압통감이 있다.

  ㉡ 팔꿈치 통증 예방 스트레칭 운동

    • 손가락을 깍지 끼고 손바닥이 밖으로 향하도록 팔꿈치를 천천히 편다.

    • 손가락이 몸쪽으로 향하도록 바닥을 짚고 네발기기자세를 취한다.

    • 손바닥이 몸쪽으로 향하도록 하고 손등을 잡고 몸쪽으로 천천히 당긴다.

- 손등이 몸쪽을 향하도록 하고 반대쪽 손으로 손바닥을 잡고 몸쪽으로 천천히 당기며 팔을 안으로 회전시킨다.

표준교재 114p 그림

ⓒ 팔꿈치 외측상과염(테니스 팔꿈치) : 테니스 선수들에게 많이 발생한다고 하여 테니스 엘보(테니스 팔꿈치)라고도 함

ⓔ 팔꿈치 내측상과염(골프 팔꿈치) : 골프를 치는 사람에게 많이 나타난다고 하여 골프 팔꿈치라고도 함

3. 근골격계 질환의 치료

① 초기 치료 : 손상 후 24~72시간(1~3일)에 치료하는 것이다.

휴식	외상을 조절하고 추가적인 조직 손상을 막기 위해서는 휴식이 필요하다.
냉찜질	• 조직의 온도를 낮추고, 세포의 대사과정을 늦춰 손상과 부종을 감소시킨다. • 차가운 찜질은 통증과 근경련을 줄이는 데 도움이 된다. • 얼음주머니는 2시간마다 20~30분씩 하는 것이 좋다. • 초기 치료(급성기 3일 정도)에는 냉찜질이 좋으나 만성 통증에는 온찜질이 좋다. [33] 📖 1. 손목 삠 : 냉찜질(얼음주머니) 　　 2. 만성관절염 : 온찜질 [23]
압박	손상 부위에 축적되어 있는 부종을 조절하고 원하지 않은 움직임과 통증을 줄여 준다. 압박은 압박붕대를 이용한다. [33]
올리기	손상 부위를 심장보다 높게 올리는 것은 혈액을 심장으로 되돌리는 데 도움을 주어 부종을 줄여 준다. [33]
아픈 부위 고정	아픈 부위를 안정시키기 위해 고정하면 주변 근육이 이완되고 지지되어 통증과 근육 경련이 감소된다.
약물	의사의 처방에 따라 진통제나 근육이완제 등 약물을 복용하기도 한다.

② 급성기 이후

ⓖ 물리치료 및 운동치료
- 온열치료 : 온습포, 적외선, 초욕, 수치료 등
- 전기광선치료 : 저주파치료, 고주파치료 등
- 견인요법

ⓛ 스테로이드 주사를 너무 많이 맞으면 건이 약화되어 쉽게 파열될 수 있다.

ⓒ 수술 증상이 악화되거나 감각 장애가 생기면 의사와 상의한다.

4. 전신 스트레칭

① 스트레칭 목적

ⓖ 근육의 긴장을 완화하고 작업이나 운동 시 부상을 예방한다.

ⓛ 유연성을 증진하여 관절의 가동 범위를 넓힌다.

ⓒ 격렬하고 빠른 운동에 반응할 수 있게 운동신경을 촉진한다.

ⓔ 혈액순환을 촉진한다.

ⓜ 기분전환을 한다.

② 스트레칭 시 주의 사항

    ㉠ 같은 동작은 5~10회 반복한다. ⎡15, 17, 23, 26, 29, 32, 34⎤

    ㉡ 동작과 동작 사이에 쉰다. ⎡17, 21, 26, 32⎤

      ※ 주의 : 이전 교과서는(종전 시험에는) '같은 동작을 2~3회 반복한다.'로 되어 있음

    ㉢ 천천히 안정되게 한다. ⎡15, 21, 23, 26, 29, 34⎤

    ㉣ 통증을 느끼지 않고 시원하다고 느낄 때까지 계속한다. ⎡15, 17, 21, 23, 26, 29, 32, 34⎤

    ㉤ 스트레칭된 자세로 10~15초 정도 유지한다. ⎡15, 17, 21, 23, 26, 34⎤

    ㉥ 상하좌우 균형 있게 교대로 한다. ⎡17, 21, 29, 32⎤

    ㉦ 호흡은 편안하고 자연스럽게 한다. ⎡15, 32, 34⎤

■ 요통

• 허리를 구부리고 들어올린다.
무릎을 펴고 무게중심을 높인다.
몸의 무게중심을 낮추고 지지면을 좁힌다.
🔁 허리를 펴고 무릎을 굽혀 몸의 무게 중심을 낮추고 지지면을 넓힌다.

• 양손으로 물건을 들어 올릴 때는 허리를 펴서 들어올린다.
🔁 무릎을 펴서 들어 올린다.

• 물건을 든 상태에서 허리를 돌려 방향을 전환한다.
🔁 허리는 돌리지 않고 발을 움직여 조절한다.

• 물체는 몸에서 멀리 놓고 들어올린다.
🔁 물체는 최대한 몸 가까이 위치하도록 하여 들어올린다.

• 순간적인 허리힘을 이용하여 들어올린다.
🔁 허리가 아닌 다리의 힘으로 들어올린다.

■ 전신 스트레칭

• 통증을 느껴야 시원하다.
통증을 느낄 때까지 한다.
🔁 통증을 느끼지 않고 시원하다고 느낄 때까지 계속한다.

• 동작을 최대한 빠르고 강하게 한다.
🔁 천천히 안정되게 한다.

• 호흡은 인위적으로 빠르게 한다.
🔁 호흡은 편안하고 자연스럽게 한다.

• 스트레칭된 자세로 20~30초 정도 유지한다.
🔁 10~15초간 유지한다.

• 스트레칭은 한쪽으로만 하도록 한다.
🔁 상하좌우 균형 있게 교대로 한다.

• 다양한 동작을 쉬지 않고 한다.
🔁 동작과 동작 사이에 쉰다.

• 다양한 동작을 계속 바꿔 가며 한다.
🔁 같은 동작을 5~10회 반복한다.

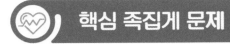

01 노인 대상자가 만성관절염으로 어깨와 무릎에 통증을 호소할 때 돕는 방법으로 옳은 것은?

① 냉찜질을 한다.   ② 온찜질을 한다.

③ 진통제를 준다.   ④ 심호흡을 하게 한다.

⑤ 운동의 강도를 높인다.

02 요양보호사의 신체 보호와 통증 예방을 위해 스트레칭을 할 때 주의사항으로 옳지 않은 것은?

① 같은 동작을 5~10회 반복한다.

② 상하좌우 균형 있게 교대로 한다.

③ 스트레칭된 자세로 10~15초 정도 유지한다.

④ 통증을 느끼지 않고 시원하다고 느낄 때까지 한다.

⑤ 동작과 동작 사이를 쉬지 않고 빠르고 강하게 한다.

정답 01 ② 02 ⑤

14 요양보호사의 감염 예방

1. 요양보호사의 감염 예방 표준교재 119p

※ 참고 : 노화에 따른 변화와 질환에서 다시 다룸

① 기관 차원에서 할 일

ㄱ 장기요양기관의 장은 적절한 보호장구를 지급해야 한다.

ㄴ 반드시 인플루엔자 등 예방접종을 한다.

ㄷ 정기적으로 건강검진을 받도록 한다. 29, 36-1

ㄹ 감염 예방에 대한 직원 교육을 한다.

② 요양보호사가 할 일

ㄱ 요양보호사가 감염된 경우 대상자에게 전염될 수 있으므로 대상자와 접촉하지 않는다.

ㄴ 대상자가 감염된 경우 요양보호사는 보호장구(보호마스크, 장갑)를 착용한 후 접촉한다. 19, 29, 32, 36-1

ㄷ 임신한 요양보호사는 풍진·수두 등 선천성 기형을 유발할 수 있는 감염성 질환을 가진 대상자와 접촉하지 않는다. 29, 32

ㄹ 손을 자주 씻는다. 29

ㅁ 개인위생을 철저히 하고 적절한 소독법을 시행한다.

2. 요양보호사에게 흔한 감염성 질환 예방

① **직업성 감염 질환** : 업무 중 박테리아, 바이러스, 곰팡이 등 생물학적 위험 요인에 노출되어 발생하는 질환으로 결핵, 독감, 장염, 옴, 머릿니 등이 있다. 17, 18, 19

② **결핵** 표준교재 120p

ㄱ 결핵 발병 요인 : 결핵균에 의한 공기를 통한 감염 질환으로 대부분은 폐결핵으로 발병한다.

ㄴ 결핵 의심 증상

• 호흡기 증상 : 2주 이상의 기침, 가래(피가 섞일 수도 있음), 호흡곤란, 흉통

• 전신 증상 : 발열, 야간에 땀 흘림, 식욕부진, 체중감소, 전신피로, 무기력감

ⓒ 결핵 관리법
- 결핵에 걸린 대상자와 접촉했을 때에는 결핵 감염에 대한 검사를 받아야 한다. 34
- 2~3주 이상의 기침, 발열, 체중감소, 수면 중 식은땀 등의 증상이 나타날 경우 반드시 결핵검사를 받는다.
- 잠복결핵은 전염력이 없다. 36-2
- 결핵이 의심되는 대상자는 보호장구(마스크, 장갑 등)를 착용한 후 돌본다. 22
- 결핵은 호흡기를 통하여 감염되므로 결핵에 걸린 대상자가 사용하는 물건을 함께 쓰는 것은 괜찮다. 37-2
- 결핵균은 강한 산이나 알카리에 강하나 빛에 약해서 직사광선을 쪼이면 수분 내에 죽는다. 따라서 침구 등을 일광소독 하는 것이 중요하다. 36-2

※ **잠복결핵감염**
- 결핵균이 우리 몸 안에 있어도 면역기전에 의해서 억제되어 있어 증상도 없고 건강한 상태이며 타인에게 감염시키지 않는 상태이다.
- 면역력이 저하되면 발병하기 때문에 평소에 건강을 잘 관리해야 한다.
- 심한 피로, 스트레스, 무리한 체중 감량 등은 면역력 저하의 원인이 될 수 있다.

③ **독감(인플루엔자)** 표준교재 120p
ⓐ 독감 발병 요인 : 인플루엔자 바이러스에 의한 급성 호흡기 질환
ⓑ 독감 증상 : 갑작스러운 발열, 두통, 전신 쇠약감, 마른기침, 인두통, 코막힘, 근육통
ⓒ 독감 관리법
- 우리나라에서는 인플루엔자가 통상 12월부터 이듬해 5월까지 유행하므로 독감예방접종은 독감 유행하기 전에 10~12월 사이에 받는 것을 권장한다. 22
- 병이 회복될 즈음에 다시 열이 나고 기침, 누런 가래가 생기면 폐렴을 의심한다.
- 독감은 증상이 생기기 하루 전부터 감염이 시작되며, 증상이 생긴 후 5일 이상부터 병을 퍼뜨릴 수 있으므로 인플루엔자에 걸린 요양보호사는 1주일 정도 쉬어야 한다(요양보호 업무를 중단). 32-2

④ **노로바이러스 장염** 표준교재 121p
ⓐ 노로바이러스는 감염력이 강하고 장염을 잘 일으킨다.
ⓑ 장염 발병 요인
- 오염된 음식 섭취 : 주로 익히지 않은 굴 등 해산물 33, 36-2
- 오염된 물로 세척된 과일 및 채소
- 불충분하게 조리된 고기를 재료로 한 인스턴트 음식 등
- 염소 소독 되지 않은 물 섭취
- 질환에 걸린 대상자의 구토물에 의한 감염
ⓒ 장염 증상 : 구토, 메스꺼움, 오한, 복통, 설사 등 33
ⓓ 장염 관리법
- 노로바이러스는 잘 전파되므로 요양보호사가 감염된 경우 증상이 약하더라도 2~3일간 요양보호 업무를 중단한다. 37-2
  ※ 요양보호사가 감염되면 대상자에게도 전염될 수 있어 주의해야 한다. 32-2
- 증상 회복 후에도 최소 2~3일간 음식을 조리하지 않는다. 22
- 어패류 등은 반드시 익혀서 먹는다.

⑤ 옴 표준교재 121p

　㉠ 옴 진드기에 의한 피부 감염증으로 사람이나 동물을 물어 피하조직에 침입해 발생되고, 감염력이 매우 강하여 잘 옮는다.

　㉡ 옴 진드기는 더운 기온에서 움직임이 활발해 여름철에 옴 발생이 많고, 기온이 떨어지는 11월에서 4월 사이에는 적다.

　㉢ 옴 발병 요인 : 감염된 사람이나 옷 또는 침구와 접촉할 때 충란, 유충 또는 수태한 암컷 성충이 옮겨와 감염된다.

　㉣ 옴 전파 방법

　　• 직접전파 : 옴에 걸린 대상자와의 직접 접촉 즉, 요양보호사가 대상자의 집에서 감염될 수 있는 질환이다. 19

　　• 간접전파 : 오염된 의복, 침구, 수건이나 혈압기, 체온계 등을 통해 전파한다.

　㉤ 옴 증상

　　• 야간의 가려움증이 발생하고, 옴 진드기 굴이 보이며, 가족과 함께 발생한다.

　　• 옴벌레는 몸에서 떨어져 나온 후 48~72시간 동안 살 수 있다.

　㉥ 관리법

　　• 대상자와 접촉한 모든 사람은 증상 유무와 상관없이 함께 동시에 치료해야 한다. 22, 27, 35, 37-1, 37-2

　　• 내의 및 침구류를 뜨거운 물로 10~20분간 세탁한 후 건조하고, 세탁 후 3일 이상 사용하지 않는다. 37-1

　　• 세탁이 어려운 것은 3일간 햇볕을 쪼이도록 널거나 다리미로 다린 후 사용한다. 37-1

　　• 약은 옴벌레들이 가장 활동적인 밤에 바르고 바른 약은 다음 날 아침에 씻어 낸다.

　　• 머리나 얼굴, 마비로 인해 수축되거나 굴곡진 부위도 빠트리지 말고 발라야 한다.

　　• 요양보호사는 자신의 피부를 항상 주의 깊게 관찰해야 한다.

　　• 옴은 애완동물로부터 사람에게 감염될 수도 있다.

　　※ 동물 옴 진드기에서 감염된 옴은 사람에게 전염되지만, 다른 사람에게는 전염되지 않는다.

⑥ 머릿니 표준교재 121p

　㉠ 머릿니 발병 요인 : 두피 주위 머리카락을 잡고 살며 암컷은 3개월간 숙주에 살면서 300개의 서캐를 생산함

　㉡ 머릿니 전파 방법

　　• 감염자와 직접 머리 부위를 접촉하여 감염된다.

　　• 침구류나 머리빗을 공동으로 사용하여 감염될 수 있다.

　㉢ 머릿니 증상 : 두피에 심한 가려움과 긁은 상처, 서캐 등

　㉣ 머릿니 치료

　　• 머릿니는 살충성분이 포함된 샴푸제제로 치료한다.

　　• 안전하고 효과가 우수한 편이나 서캐를 없애지 못하므로 1주일 간격으로 재치료한다.

　㉤ 머릿니 관리법

　　• 감염 대상자를 돌본 후 귀가 시에는 옷을 꼭 세탁하고 목욕을 한다.

　　• 감염자의 베개, 모자 등은 뜨거운 물(55℃ 이상에 5분 이상 노출 시 사멸)에 세탁한 후 건조한다.

　　• 모자, 머리핀, 빗, 수건, 옷 등을 공동으로 사용하지 않는다. 37-2

　　• 감염 대상자가 착용한 의류, 침구류 등은 뜨거운 물로 세탁한다.

　　• 바닥에 떨어져 있던 이가 48시간까지 살아남아 재감염시키므로 주의한다.

기출 오답 바로잡기 ────────────────── • CARE WORKER

■ **감염을 예방하는 방법**

- 감염성 질환이 의심되면 서비스를 중단한다.
  🔁 마스크, 장갑 등을 착용한다.

- 장염에 감염된 경우 손을 잘 씻고 음식 조리를 한다.
  🔁 음식 조리를 해서는 안 되며 증상 회복 후에도 최소 2~3일간 음식을 조리하지 않는다.

- 독감이 유행하기 시작하면 예방접종을 한다.
  🔁 독감이 유행하기 전에 접종해야 한다.

- 옴벌레에 감염된 대상자만 치료를 받는다.
  🔁 대상자와 접촉한 모든 사람은 치료를 받아야 한다.

■ **옴**

- 24시간 이내에 예방접종을 한다.
  🔁 예방접종 가능한 질병이 아니다.

- 엑스레이를 찍어 감염 여부를 확인한다.
  🔁 피부에 감염되므로 엑스레이는 찍지 않는다.

- 자연 치유되므로 그냥 놔둔다.
  🔁 옴 약으로 치료한다.

- 동거하는 가족은 치료를 받지 않는다.
  🔁 가족을 포함하여 접촉한 모든 사람은 치료를 받아야 한다.

핵심 족집게 문제 ────────────────── • CARE WORKER

01 요양보호사에게 흔한 직업성 감염 질환이 <u>아닌</u> 것은?

① 결핵　　　　　　　　　　② 인플루엔자(독감)
③ 알레르기성 비염　　　　　④ 장염
⑤ 옴

02 감염이 의심되는 대상자를 돌볼 때 요양보호사의 감염 예방 방법으로 옳은 것은?

① 요양보호 업무 중단　　　　② 마스크, 장갑 착용
③ 강도 높은 운동　　　　　　④ 수액으로 영양 보충
⑤ 물을 많이 마시기

───────────────────────────────

정답 01 ③　02 ②

02 과목

요양보호 관련 기초지식

CONTENTS

15 노인성 질환의 특성과 소화기계 노인성 질환

1. 노인성 질환의 특성 [표준교재 126p]

① 노인성 질환은 단독으로 발생하는 경우는 드물다. [14, 18, 28]

② 하나의 질병에 걸리면 다른 질병을 동반하기 쉽다(합병증). [32-1, 35]

③ 증상이 거의 없다. [18]

④ 증상이 애매하여 정상적인 노화 과정과 구분하기 어렵다. [18, 28, 32-1, 35]

⑤ 원인이 불명확한 만성 퇴행성 질환이 대부분이다. [1, 18, 32-1, 35, 37-1]

⑥ 노인성 질환은 경과가 길고, 재발이 빈번하다. [3, 8, 16, 18, 28, 32-1, 35, 37-1]

⑦ 신장기능이 저하되어 수분과 전해질의 균형이 깨지기 쉽다.

⑧ 약물에 대한 반응이 민감하다. [16, 17, 18]

⑨ 신장의 소변 농축 능력과 배설 능력이 저하된다. [5, 8, 12, 20]

⑩ 약물성분이 신체 내에 오래 남아 중독 상태에 빠진다. [37-1]

⑪ 증상, 경과, 예후 등 초기 진단이 매우 어렵다. [13, 16, 28, 35, 37-1]

⑫ 노인은 질환 자체가 비교적 가벼워도 의식장애를 일으킨다. [9, 37-1]

⑬ 관절 경축과 욕창이 잘 발생한다.

⑭ 질환이 치유된 후에도 의존 상태가 지속된다.

⑮ 신체적 측면뿐만 아니라 심리적, 사회적, 경제적, 영적 측면이 모두 질병 발생에 많은 영향을 준다. [16]

2. 노화에 따른 변화와 소화기계 주요 질환 [표준교재 127p]

① 소화기계의 역할

  ㉠ 위 : 소화효소를 분비하며 섭취한 음식을 잘게 부수어 적당한 속도로 소장으로 내려보낸다.

  ㉡ 대장 : 소장에서 흘러 들어온 소화된 음식물을 항문까지 이동시키는 역할을 하며, 소화된 음식물의 수분을 흡수하여 대변 형태로 굳게 만드는 역할을 한다.

② 노화에 따른 주요 특성

  ㉠ 맛을 느끼는 세포수가 줄고, 후각기능이 떨어져 미각이 둔화됨 [16]

  ㉡ 짠맛과 단맛이 둔해지고 쓴맛과 신맛은 잘 느낌 [24, 27, 32-1]

  ㉢ 타액 분비 저하로 소화능력이 저하됨 [16, 24, 27, 32-1, 34]

ⓔ 위액의 산도 저하로 소화능력이 저하됨 [16, 24, 32-1]

ⓜ 섬유식이의 섭취 부족으로 변비 발생

ⓗ 소화능력의 저하로 가스가 차고, 변비, 설사, 구토 등의 증상 발생

ⓢ 췌장에서의 소화효소 생산이 감소하여 지방의 흡수력이 떨어짐 [16, 24, 27, 32-1, 34]

ⓞ 췌장에서의 호르몬 분비 감소로 당내성이 떨어져 당뇨병에 걸리기 쉬움 [34]

ⓩ 직장벽의 탄력성이 감소되고 항문 괄약근의 긴장도가 떨어져 변실금이 발생 [24, 27, 34]

ⓒ 간 기능이 감소하여 약물의 대사 능력이 저하됨 [32-1, 36-1]

3. 주요 질환

① 위염 표준교재 128p

ㄱ 관련 요인

- 치아 문제로 충분히 씹지 못한 음식물 섭취
- 아스피린, 알코올, 조미료 같은 자극적인 약물이나 화학성분 섭취
- 과식 등 무절제한 식습관
- 병원균이 포함된 부패한 음식 섭취

ㄴ 증상

- 급성 위염의 경우 식사 후 위가 무겁거나 부푼 듯한 팽만감
- 명치의 통증, 트림, 구토
- 식사 후 3~4시간이 지나 배가 고프기 시작할 때 발생하는 명치 부위의 심한 통증 [2]

ㄷ 치료 및 예방

- 하루 정도 금식하여 구토를 조절하고, 금식 후에는 미음 등의 유동식을 섭취한 후 된죽을 먹는다. [33]
- 과식, 과음을 피하고, 너무 뜨겁거나 찬 음식을 섭취하지 않는다. [33]
- 자극적인 음식을 피하고 규칙적으로 식사한다.

② 위궤양 표준교재 129p

ㄱ 위궤양은 위벽의 점막뿐만 아니라 근육층까지 손상된 위장병이다.

ㄴ 관련 요인

- 잘못된 식습관으로 인한 위 점막 손상
- 스트레스
- 담배, 알코올, 커피로 인한 위 자극
- 해열제, 진통제, 소염제의 잦은 사용으로 인한 위 자극
- 위에서 분비되는 소화효소에 의한 위 점막 손상
- 위 내 헬리코박터균에 의한 감염

ㄷ 증상

- 속쓰림
- 소화불량
- 새벽 1~2시에 발생하는 속쓰림과 상복부 불편감
- 심한 경우 위 출혈, 위 천공, 위 협착

ㄹ 치료 및 예방
- 약물요법과 함께 식이요법, 충분한 수면, 심신 안정이 중요하다.
- 규칙적인 식사를 한다.
- 위궤양으로 진단된 후에는 절대적으로 금연하여야 한다. 담배와 담배연기에는 발암물질과 유해화학물질이 포함되어 있어 위궤양을 악화시키기 때문이다.
- 진통제를 먹어야 할 경우에는 반드시 점막 보호제를 함께 복용해야 한다.
- 위 출혈, 위 천공, 위 협착 등의 증상이 발생한 경우에는 지체 없이 병원 치료를 받아야 한다.

③ 위암 표준교재 131p
ㄱ 구분
- 조기 위암 : 암세포가 점막 또는 점막하층에만 퍼져 있는 상태
- 진행성 위암 : 점막하층을 지나 근육층 위로 뚫고 나온 상태
ㄴ 관련 요인
- 위축성 위염, 악성 빈혈 등의 관련 질병
- 짠 음식, 염장식품 등의 섭취
- 위암의 가족력
- 음주, 흡연
ㄷ 증상
- 서서히 진행되어 증상이 잘 나타나지 않음
- 체중 감소
- 소화불량, 식욕감퇴, 속쓰림, 오심, 복부 통증이나 불편감
- 빈혈, 피로, 권태감
- 출혈, 토혈, 혈변
- 구토
- 진단 검사에서 복부 종양 덩어리, 간 비대
ㄹ 치료 및 예방
- 수술, 화학요법, 방사선치료 등을 받는다.
- 치료 후 5년간은 병원에서 재발 여부를 확인하기 위한 정기검진을 받는다. [2]
- 헬리코박터균을 치료한다.
- 균형 잡힌 식사를 한다.
- 맵고 짠 음식, 태운 음식, 훈연한 음식 등을 피한다.
- 금연한다.
- 스트레스를 줄인다.
- 조기진단을 통한 조기 발견이 중요하다.

④ 대장암 표준교재 133p
ㄱ 대장암이란 맹장, 결장과 직장에 생기는 악성 종양으로 대장의 가장 안쪽 표면인 점막에 발생한다.
ㄴ 관련 요인
- 대장 용종의 과거력
- 대장암의 가족력
- 장기간의 궤양성 대장염
- 매일 알코올 섭취

- 고지방, 고칼로리, 저섬유소, 가공 정제 된 저잔여식이(섬유소가 적어 빨리 소화되고 흡수되어 장에는 별로 남지 않는 음식물)의 섭취 [32-2, 37-1]

ⓒ 증상
- 장습관의 변화와 장폐색, 설사, 변비 [7, 12]
- 혈변, 직장 출혈, 점액 분비 [14, 30]
- 허약감, 체중 감소
- 노인에서는 양성종양이나 치질, 변비 등에서도 위의 증상이 나타날 수 있으므로 주의 깊은 관찰이 필요함

ⓔ 치료 및 예방
- 수술, 화학요법, 방사선치료 등을 받는다.
- 치료 후 5년간은 병원에서 재발 여부를 확인하기 위한 정기 검진을 받는다.

※ 대장암 대상자의 식사
- 영양소가 골고루 들어있는 식품을 소량씩 규칙적으로 섭취한다.
- 음식의 소화가 쉽도록 천천히 꼭꼭 씹어서 먹는다.
- 잦은 간식과 늦은 식사를 피한다. [26, 32-2]
- 자극을 주는 찬 음식을 피한다. [23, 27]
- 음식을 싱겁게 먹는다.
- 통곡식, 생채소, 생과일을 많이 섭취한다. [23, 26, 27, 32-2, 37-1]
- 동물성 식품의 섭취를 줄이고, 식물성 지방을 섭취한다. [23, 27, 32-2, 37-1]
- 가공식품, 인스턴트식품, 훈연식품을 피한다. [23, 26, 27, 32-2, 37-1]
- 하루에 6~8잔 생수를 마신다. [23, 27, 37-1]
- 금연, 절주한다.
- 소화에 도움이 되는 적당량의 운동을 한다.

⑤ 설사
ⓐ 변 속의 수분량이 증가하여 물같은 대변을 보는 상태로 배변량뿐 아니라 배변 횟수가 증가한 것을 말한다.
ⓑ 관련 요인
- 장의 감염(바이러스, 세균, 기생충 등에 의함)
- 스트레스
- 병원균에 오염된 음식물, 식중독
- 장 질환
- 소화기능의 저하
- 하제 등 약물의 남용 [36-2]

ⓒ 증상
- 1회~수십 회 수분이 많은 상태의 변 배출
- 물 설사, 혈성 설사

ⓔ 치료 및 예방
- 의사의 처방에 따라 약물을 복용한다.
- 심신을 안정하고 몸을 따뜻하게 한다. [33]
- 음식물 섭취량을 줄이되 물은 충분히 마셔 탈수를 예방한다. [3, 15, 18, 21, 29, 33, 36-2]
- 제공하는 음식으로 흰죽이나 보리차를 드린다. [20]
- 장운동을 증가시키는 음식의 섭취를 피한다. [33]
  ※ 장운동을 증가시키는 음식 : 매운 후추나 카페인이 든 음료수, 술, 고섬유소, 고지방음식 [29, 36-2]

- 지사제를 함부로 써서는 안 되며, 반드시 의사의 지시에 따라 복용한다. [29, 33]

    ※ 지사제 남용 주의 : 설사는 장내 유해 물질을 배출하여 자신의 신체를 보호하려는 자기 방어 반응인 경우가 많으므로 꼭 필요한 경우에만 짧게 사용해야 함

⑥ 변비　[표준교재 136p]

ㄱ 정의
- 변을 보는 횟수가 일주일에 2~3회 이하인 경우
- 변을 볼 때 힘이 들고 변이 심하게 딱딱한 경우
- 변을 보는 데 시간이 많이 걸리는 경우
- 잔변감이 3개월 이상 지속되는 경우

ㄴ 관련 요인
- 위, 대장반사 감소 및 약화에 따른 장운동 저하
- 저작능력 저하와 관련된 지나친 저잔여식이 섭취 [24]
- 복부 근육의 힘 약화 [17, 25]
- 식사량 감소, 특히 수분과 고섬유질 음식 섭취의 감소 [3, 6, 17, 24, 30, 35]
- 하제 남용으로 인한 배변반사 저하 [8, 14, 30]
- 운동량 감소에 따른 장운동 저하 [25, 30, 35]
- 요실금에 대한 염려로 인한 수분 섭취 부족
- 스트레스, 우울과 같은 심리적 요인
- 대장암, 뇌졸중, 심부전 등의 합병증
- 변비를 유발하는 약물 사용(항암제, 마약성 진통제, 제산제 등) [18, 25, 35]

ㄷ 증상
- 배변 횟수 감소(1주 2~3회 이하)
- 배변 무게 감소(하루 35g 미만)
- 배변 시 어려움(힘든 배변, 단단한 변, 잔변감) 및 통증
- 복부 통증과 팽만감
- 경련
- 식욕 저하

ㄹ 치료 및 예방
- 하제를 남용하지 않도록 주의한다. [28, 37-2]
- 식물성 식이섬유, 유산균이 포함된 음식물과 다량의 물을 섭취한다. [7, 18, 25, 28, 29]
- 변비를 악화시킬 수 있으므로 수분을 충분히 섭취한다.
- 우유는 적극적으로 섭취한다. [24, 28]
- 체조, 걷기 운동을 함으로써 대장의 운동력을 높인다. [9, 14, 25, 28, 35]
- 복부 마사지로 배변을 돕는다. [5]
- 식사시간을 매일 일정하게 하고 규칙적인 배변습관을 갖는다.
- 변의가 생기면 즉시 화장실을 찾음으로써 배변 시기를 놓치지 않는다. [28, 37-2]
- 변비를 유발하는 약의 복용을 중단한다.

※ 요양보호사의 활동

- 요양보호사가 대상자의 질병명을 예측하여 말하거나, 수술 혹은 약물 치료가 필요하다는 등의 말을 하면 안 된다. 요양보호사의 부정확한 판단이 대상자 및 가족에게 혼란과 걱정을 유발할 수 있기 때문이다.

  예 속이 쓰리다고 하는 대상자에게 위염인 것 같으니, 약을 먹어야 할 것 같다고 말하는 것 [36-1]

- 요양보호사는 대상자가 정상적이지 않은 상태를 보이거나 평소와 다르게 상태가 안 좋은 방향으로 변화되었을 때 가족과 상의하여 의료기관을 찾도록 해야 한다. 또한, 시설장이나 간호사에게 신속하게 보고 해야 한다. [36-1]

  예 식사량이 갑자기 감소하거나 대변이 콜라색을 띨 때, 속이 쓰리다고 하거나 오심, 구토가 있을 때 먼저 가족과 상의하고, 시설장이나 간호사에게 보고한다.

- 변비인 대상자가 관장을 해달라고 요구하는 경우, 간호사 등 의료인과 상의해야 한다. [37-2]

- 대상자가 식사를 하지 않는 경우 운동 부족, 변비, 구강 질환 등의 신체적인 이유와 불안, 슬픔, 본인의 취향에 맞지 않아서 등의 심리적인 이유가 있을 수 있으므로 가족과 상의하고, 시설장이나 간호사에게 보고한다.

■ 노인성 질환의 특성
- 약물에 민감도가 낮다.
  약물에 대한 반응이 둔감하다.
  🔖 약물에 대한 반응이 민감하다.

- 젊은 사람에 대한 검사보다 초기 진단이 쉽다.
  🔖 초기 진단이 매우 어렵다.

- 증상이 뚜렷하다.
  🔖 증상이 거의 없다.

- 경과가 짧고 재발이 빈번하다.
  🔖 경과가 길고, 재발이 빈번하다.

- 거의 재발되지 않는다.
  🔖 재발이 빈번하다.

- 단독으로 발생한다.
  🔖 단독으로 발생하는 경우는 드물다.

- 단순 질환으로 회복이 빠르다.
  🔖 다른 질병을 동반하기 쉽고 회복이 느리다.

- 급성 질환이 대부분이다.
  🔖 만성 퇴행성 질환이 대부분이다.

- 대부분 원인이 명확한 급성 퇴행성 질환이다.
  🔖 대부분 원인이 불명확한 만성 퇴행성 질환이다.

- 심리적인 요인은 질병 발생에 많은 영향을 주지 않는다.
  🔖 심리적, 사회적, 경제적, 영적 측면이 모두 질병 발생에 영향을 준다.

■ 소화기계 특성
- 위액의 산도가 증가된다.
  🔖 위액의 산도 저하로 소화능력이 저하된다.

- 대장의 활동성이 증가한다.
  🔖 대장의 활동성이 감소한다.

- 지방의 흡수력이 증가한다.
  🔖 지방의 흡수력이 떨어진다.

- 쓴맛과 신맛의 미각이 둔화된다.
  🔖 짠맛, 단맛이 둔화되고 쓴맛, 신맛은 잘 느낀다.

- 후각 기능은 변함이 없고, 미각은 둔화된다.
  🔖 후각 기능이 떨어진다.

- 맛을 느끼는 세포수가 증가한다.
  - ☞ 맛을 느끼는 세포수가 줄어든다.

- 직장벽의 탄력성이 증가한다.
  - ☞ 직장벽의 탄력성이 감소된다.

- 타액과 위액 분비가 상승하여 소화가 잘 된다.
  - ☞ 타액 분비 저하로 소화능력이 저하된다.

- 소화기계는 입에서 시작하여 위까지를 말한다.
  - ☞ 입에서 항문까지를 말한다.

- 소화효소 생산이 증가하여 지방의 흡수력이 증가한다.
  - ☞ 췌장에서의 소화효소 생산이 감소하여 지방의 흡수력이 떨어진다.

■ 대장암 대상자의 식이요법

- 정제된 곡물을 섭취한다.
  통곡식, 생채소, 생과일을 적게 섭취한다.
  - ☞ 통곡식, 생채소, 생과일을 많이 섭취한다.

- 동물성 식품을 섭취한다.
  - ☞ 식물성 지방을 섭취한다.

- 수분 섭취를 적게 한다.
  - ☞ 하루 6~8잔 정도의 생수를 마신다.

- 육류는 훈연하여 섭취한다.
  - ☞ 훈연 식품을 피한다.

- 간식으로 튀김류를 자주 섭취한다.
  - ☞ 잦은 간식을 피한다.

- 입맛을 돋우는 자극적인 음식을 섭취한다.
  차가운 아이스크림으로 식욕을 돋운다.
  - ☞ 자극을 주는 찬 음식을 피한다.

- 흰죽을 야식으로 섭취한다.
  - ☞ 늦은 식사를 피한다.

■ 설사

- 음식량을 늘린다.
  - ☞ 음식물 섭취량을 줄인다.

- 완화제를 제공한다.
  수시로 지사제를 복용한다.
  - ☞ 지사제 등을 함부로 써서는 안 된다.

- 따뜻한 녹차 및 커피를 준다.
  - ☞ 카페인 음식을 피하고, 흰죽이나 보리차를 드린다.

- 물을 적게 공급하고 몸을 따뜻하게 해준다.
  - 🔖 물은 충분히 마셔 탈수를 예방한다.

- 고지방식을 제공한다.
  섬유질이 많은 음식을 제공한다.
  - 🔖 장운동을 증가시키는 매운 후추나 카페인이 든 음료수, 술, 고섬유소 등을 피한다.

■ 변비의 원인
- 복부 근력의 강화로 인한 활발한 장운동
  - 🔖 복부 근육의 힘 약화

- 저잔여식이 섭취량의 감소
  - 🔖 지나친 저잔여식이 섭취

- 수분이 많은 음식 섭취
  섬유질 식품 섭취량 증가
  - 🔖 수분과 고섬유질 음식 섭취의 감소

- 식사량 증가
  - 🔖 식사량 감소

- 우유 섭취량 증가
  - 🔖 우유 섭취량 감소

- 마약성 진통제의 미사용
  - 🔖 변비를 유발하는 약물 사용

■ 변비 예방
- 하제를 자주 사용한다.
  - 🔖 하제의 남용을 주의한다.

- 식물성 식이섬유 섭취를 줄인다.
  - 🔖 식물성 식이섬유, 유산균 등이 포함된 음식물과 다량의 물을 섭취한다.

- 우유 섭취를 삼간다.
  - 🔖 우유는 적극적으로 섭취한다.

- 신체활동을 자제한다.
  - 🔖 체조, 걷기 운동을 함으로써 대장의 운동력을 높인다.

- 변의가 생기면 참는다.
  - 🔖 즉시 화장실을 찾음으로써 배변 시기를 놓치지 않는다.

핵심 족집게 문제 ─────────────────────────────── • CARE WORKER

01 노인성 질환의 특성과 소화기계에 대한 설명 중 틀린 것은?

① 후각기능은 변함이 없고, 미각은 둔화된다.

② 소화효소 생산이 감소하여 지방의 흡수력이 감소한다.

③ 대장암 환자의 식이요법으로 하루에 6~8잔의 생수를 마신다.

④ 설사 후에 힘이 없다고 할 때 몸을 따뜻하게 하고 수분 섭취를 해준다.

⑤ 변의가 생기면 즉시 화장실을 찾게 한다.

02 노인에게 변비가 발생하는 요인으로 옳지 <u>않은</u> 것은?

① 수분 섭취량 감소   ② 섬유질이 많은 음식 섭취

③ 저잔여식이 섭취량 감소   ④ 수분과 섬유질이 적은 음식 섭취

⑤ 마약성 진통제의 과도한 사용

03 대상자의 소화기계에 대한 돕기 방법 중 옳지 <u>않은</u> 것은?

① 대장암 환자는 통곡식, 생채소, 생과일을 충분히 섭취한다.

② 대장암 환자는 하루에 6~8잔의 생수를 마신다.

③ 설사 대상자는 물을 충분히 공급하고 몸을 따뜻하게 해준다.

④ 변비의 원인은 수분과 섬유질이 적은 음식 섭취이다.

⑤ 변의가 생기면 참도록 한다.

과목 02

요양보호 관련 기초지식

정답   01 ①   02 ③   03 ⑤

16 호흡기계 노인성 질환

1. 호흡기계 [표준교재 138p]

① **정의** : 공기를 폐로 전달하는 공간과 통로로 비강, 인두, 후두, 기관, 기관지, 폐로 이루어져 있다.

② **노화에 따른 특성**

  ㉠ 신체조직 내 수분 함유량의 감소로 콧속의 점막이 건조하게 되어 공기를 효과적으로 흡입하지 못한다. [35]

  ㉡ 폐포의 탄력성 저하, 폐 순환량 감소로 숨이 찬다. [29, 32-2, 35, 36-2]

  ㉢ 호흡근육의 위축과 근력의 약화로 호흡증가 시 피로해지기 쉽다. [3]

  ㉣ 기침반사 감소와 섬모운동 저하로 미세 물질들을 걸러내지 못한다. [17, 29, 32-2, 35, 36-2]

  ㉤ 기관지 내 분비물이 증가되어 호흡기계 감염이 쉽게 발생한다. [29, 32-2, 35, 36-2]

2. 주요 질환

① **독감(인플루엔자)**

  ㉠ 관련 요인

   • 인플루엔자 바이러스 감염병으로 겨울철에 유행 [33]

   • 급성 인플루엔자에 걸린 대상자가 기침이나 재채기를 할 때 분비되는 호흡기 비말(날아 흩어지거나 튀어 오르는 물방울)을 통해 사람에서 사람으로 전파됨

  ㉡ 증상 : 갑작스러운 발열(38℃ 이상), 두통, 전신 쇠약감, 마른기침, 인후통, 코막힘, 근육통

  ㉢ 치료 및 예방

   • 안정을 취해야 한다.

   • 충분한 수분을 섭취한다.

   • 필요시 해열진통제나 처방받은 항바이러스제를 복용한다.

   • 매년 1회 예방접종을 통해 인플루엔자 감염을 예방한다.

② **만성 기관지염**

  ㉠ 기관지의 만성적 염증으로 기도가 좁아져 숨 쉬기가 힘든 질환 [30]

  ㉡ 관련 요인

   • 흡연, 매연에의 노출

   • 세균성 혹은 바이러스성 감염

ⓒ 증상
- 심한 기침, 특히 이른 아침에 발생하는 가래 끓는 기침
- 점진적으로 호흡곤란 심화
- 전신 쇠약감, 체중 감소
- 잦은 호흡기 감염
- 흰색이나 회색 또는 점액성의 화농성 가래

ⓔ 치료 및 예방
- 심호흡과 기침을 하여 기관지 내 가래를 배출한다. [16, 26, 30, 32]
- 처방받은 거담제와 기관지확장제를 사용하여 가래를 묽게 하고 좁아진 기도를 넓혀 준다.
- 지나치게 뜨겁거나 차가운 음식, 자극적인 음식은 기관지 경련을 일으킬 수 있으므로 피하고, 소화가 잘 되는 음식으로 여러 번으로 나누어 식사한다.
- 금연한다. [19]
- 공기오염이 심한 지역에 사는 경우 가능한 한 오염된 공기에 노출되지 않게 한다.
- 갑작스러운 온도 변화, 차가운 기후, 습기가 많은 기후에 노출되지 않게 한다. [32]

③ 폐렴
ⓐ 세균, 바이러스, 곰팡이, 화학물질에 의해 폐 조직에 염증이 생겨 기관지가 두껍게 되고 섬유화되어 폐로 산소를 흡수하는 능력이 감소하는 질환 [15]
ⓑ 관련 요인
- 세균이나 바이러스
- 흡인성 폐렴 : 음식물이나 이물질이 기도 내로 넘어가 기관지나 폐에 염증을 유발함 [9]
ⓒ 증상
- 두통, 근육통 [15]
- 감기 정도의 가벼운 증상
- 고열, 기침, 흉통, 호흡곤란, 화농성 가래 [22]
- 마른기침이나 짙은 가래를 뱉어 내는 기침
ⓔ 치료 및 예방
- 세균성 폐렴은 항생제 치료를 한다. [15]
- 바이러스성 폐렴은 증상에 따라 치료 방법을 달리한다.
- 산소 공급, 체위 변경, 기침 및 심호흡으로 혈액의 산소 농도를 적절하게 유지한다.
- 영양과 수분을 충분히 섭취하고 감염의 전파를 예방한다.
- 외출 후 손발을 깨끗이 씻고, 사람이 많은 장소에 출입하는 것을 제한한다.
- 환절기 이전에 폐렴구균 예방접종을 한다. [15]

④ 천식
ⓐ 기도의 만성 염증성 질환으로 기관지 벽의 부종과 기도 협착 [4, 8, 18, 21, 25]
ⓑ 관련 요인
- 감기
- 비염 등과 같은 염증
- 흥분이나 스트레스, 긴장감
- 꽃가루, 집먼지진드기, 강아지나 고양이 털 및 배설물, 곰팡이 [18, 25, 37-2]

- 대기오염, 황사, 매연, 먼지 등의 자극 물질, 자극적인 냄새, 담배연기
- 갑작스러운 온도나 습도의 차이 특히 차고 건조한 공기에 갑자기 노출되는 것 [5, 14, 17, 24, 23, 25]
- 노화에 따른 폐기능 감소

ⓒ 증상
- 기침, 숨을 내쉴 때 쌕쌕거리는 호흡음, 호흡 곤란 [13, 18, 21, 25, 32-2]
- 점액 분비량의 증가
- 가슴이 답답한 느낌이나 불쾌감
- 기도 경련
- 알레르기성 비염

ⓔ 치료 및 예방
- 운동 시작 30분 전에 기관지확장제를 투여한다. [23, 34, 37-2]
- 처방받은 약물을 정확하게 투여해야 하며, 처방받지 않은 약물은 사용하지 않는다.
- 담배, 벽난로, 알레르기 물질(먼지, 곰팡이)에 노출되지 않도록 한다. [3, 15, 37-2]
- 따뜻한 곳에서 찬바람에 노출되는 것을 피한다. [23, 34]
- 침구류는 먼지나 진드기를 없애기 위해 뜨거운 물로 세탁한다. [34]
- 매년 1회 인플루엔자 백신을, 65세 이후에는 1회 폐렴구균 백신을 예방접종한다. [34]
- 미세 먼지, 황사 등이 심하면 바깥 활동을 줄이고 외출할 때는 마스크를 착용해야 한다.

※ 기관지확장제(흡인기) 사용 순서 [36-2]

- 사용 전에 뚜껑을 열고 흔든다.
- 머리를 약간 뒤로 젖히고 충분히 숨을 내 쉰다.
- 입을 열고 마개를 입으로 문다.
- 입으로 심호흡을 하면서 1회 용량이 흡입되도록 흡인기를 누른다.
- 3~5초간 천천히 깊게 숨을 들이쉰다.
- 약이 폐에 깊숙이 도달할 수 있도록 적어도 10초간 숨을 참은 다음 천천히 내쉰다.
- 다음 투약까지 적어도 1분간 기다린다.
- 흡인기 뚜껑을 덮는다.
- 하루에 한 번 이상 뚜껑을 열고 흡인기의 플라스틱 통과 뚜껑을 흐르는 물에 씻는다.

⑤ 폐결핵
ⓐ 결핵균이 폐에 들어가 염증을 일으키는 질환 [30]
ⓑ 관련 요인
- 결핵균의 호흡기 감염
- 알코올 또는 약물 중독
- 영양 부족 등으로 인한 면역력 저하
- 당뇨병, 악성 종양, 만성 신부전 등과 같은 만성 질병 악화
- 스테로이드와 같은 면역 억제제 사용

ⓒ 증상
- 초기에는 대부분 무증상이다가 흉부방사선 촬영(X-ray)에서 우연히 발견되는 경우가 많음
- 2주 이상의 기침과 흉통
- 오후에 고열이 있다가 늦은 밤에 식은땀과 함께 열이 내리는 증상 [30]
- 피로감, 식욕부진, 체중 감소, 무기력감

- 점액성, 화농성, 혈액성 가래(농흉 및 객혈)
- 호흡 곤란과 흉막염 등의 합병증

㉣ 치료 및 예방
- 결핵약을 제대로 복용하는지 주의 깊게 관찰한다.

※ 폐결핵 치료를 위한 약물 복용

- 항결핵제는 약의 양이 많고, 약물 복용기간이 길어 치료기간이 길다. 19
- 증상이 없다고 자의로 중단하거나 복용량을 줄여서 먹으면 안 된다. 36-1
- 처방기간 충실하게 복용해야 한다. 36-1

- 약물투어로 인한 위장장애, 피부발진, 홍조, 가려움증, 발열 같은 부작용이 생긴다. 30
- 주기적으로 간 기능 검사와 객담 검사를 받는다. 19, 23, 36-1
- 결핵은 감염성이 있으므로 흉부방사선 촬영 (X-ray) 검진, 가래검사를 해서 조기에 발견한다.
- 다른 사람에게 감염되지 않도록 기침 예절을 지킨다.

※ 결핵 감염 예방을 위한 기침 예절

- 기침이나 재채기를 할 때는 코와 입을 휴지나 손수건으로 가리고 없을 경우에는 소매로 가린다. 32-1, 36-1 손으로 가리면 손에 묻은 균이 다른 물건에 묻어 결핵균이 전파되기 쉽기 때문에 반드시 소매로 가린다.
- 사용한 휴지는 즉시 휴지통에 버리고 흐르는 물에 비누나 소독제로 손을 씻거나 물 없이 사용하는 알코올 제제를 사용하여 손을 씻는다.
- 호흡기 감염 증상이 있는 사람은 가급적 마스크를 착용한다.
- 일회용 마스크는 젖으면 필터링 능력이 떨어지므로 바로 교환하고 재활용하지 않는다.

※ 요양보호사의 활동

- 요양보호사가 대상자의 질병 명을 예측하여 말하거나, 수술 혹은 약물 치료가 필요하다는 등의 말을 하면 안 된다. 예 기침하는 대상자에게 "결핵인 것 같으니 약을 먹어야 할 것 같다."라고 말하는 것
- 결핵 감염대상자와 접촉한 요양보호사와 가족은 2주~1개월 이후 반드시 보건소에서 흉부방사선 촬영(X-ray) 등을 통해 감염 여부를 확인해야 한다. 37-1

■ 호흡기계의 노화에 따른 특성

- 코 점막이 건조하여 흡입공기의 가습이 잘된다.
  - 🔧 콧속의 점막이 건조하게 되어 공기를 효과적으로 흡입하지 못한다.

- 기침반사가 강화된다.
  섬모운동이 증가한다.
  - 🔧 기침반사와 섬모운동 저하로 미세 물질들을 걸러내지 못한다.

- 호흡기계 감염이 감소한다.
  기관지 내의 분비물이 감소한다.
  - 🔧 기관지 내 분비물이 증가되어 호흡기계 감염이 쉽게 발생한다.

■ 만성기관지염 치료 및 예방 방법

- 기관지 확장제는 사용하지 않는다.
  - 🔧 사용한다.

- 뜨겁거나 찬 음식을 즐겨 먹는다.
  차가운 물을 자주 마시게 한다.
  - 🔧 지나치게 뜨겁거나 차가운 음식, 자극적인 음식은 기관지 경련을 일으킬 수 있으므로 피한다.

- 이른 아침 차가운 공기에 노출시킨다.
  - 🔧 갑작스런 온도 변화에 노출시키지 않는다.

- 공기 정화를 위해 방향제를 뿌린다.
  탈취제를 사용하여 실내 공기를 정화한다.
  - 🔧 오염된 공기에 노출하지 않는다.

- 전염성이 강하므로 마스크를 착용하게 한다.
  - 🔧 전염성 질환이 아니다.

■ 폐렴

- 환절기 이후에 폐렴구균 예방접종을 한다.
  - 🔧 환절기 이전에 한다.

- 두통이나 근육통 증상은 없다.
  - 🔧 증상은 두통, 근육통, 고열, 호흡곤란 등이다.

- 세균성 폐렴은 항바이러스 치료를 한다.
  - 🔧 항생제 치료를 한다.

- 항생제는 시간과 관계없이 열이 날 때 투여한다.
  - 🔧 의사가 처방해 준 대로 복용한다.

■ 천식

- 찬바람에 노출시킨다.
  🔁 따뜻한 곳에서 찬바람에 노출되는 것을 피한다.
- 침구류는 차가운 물로 빤다.
  🔁 먼지나 진드기를 없애기 위해 뜨거운 물로 세탁한다.
- 운동 직후 기관지확장제를 사용한다.
  🔁 운동 30분 전에 사용한다.
- 찬 음료수를 마시게 한다.
  🔁 따뜻한 물을 마시게 한다.
- 실내 습도를 높게 한다.
  🔁 적절한 습도(40~60%)를 유지한다.

■ 폐결핵

- 3가지 이상의 약재를 동시에 투여하지 않는다.
  🔁 약의 양이 많고 여러 종류이므로 동시에 투여한다.
- 간 기능 검사와 가래 검사를 실시할 필요는 없다.
  🔁 주기적으로 실시해야 한다.
- 치료 기간은 1개월이다.
  🔁 약물 복용 기간이 길어 치료 기간이 길다.
- 기관지확장제를 사용한다.
  🔁 기관지확장제는 만성 기관지염, 천식 등의 질환에 사용한다.
- 접촉성 감염이므로 손만 잘 씻으면 된다.
  🔁 공기중으로 감염되는 질환이므로 기침 예절을 지켜야 한다.
- 약은 하루 세 번 양을 나누어 복용한다.
  🔁 한꺼번에 동시에 투여한다.
- 감염 대상자와 접촉 시 즉시 격리치료를 받는다.
  🔁 2주~1개월 이후 반드시 흉부방사선 촬영(X-ray)을 하고, 마스크, 장갑을 착용한 채 돌본다.

 핵심 족집게 문제 ──────────────── • CARE WORKER

01 호흡기계의 노화에 따른 특성과 예방 방법으로 옳지 않은 것은?

① 기침반사와 섬모운동 저하로 미세 물질을 걸러내지 못한다.
② 만성 기관지염 환자의 경우 심호흡과 기침을 하여 기관지 내 가래 배출을 용이하게 한다.
③ 폐렴은 세균, 바이러스, 곰팡이, 화학물질에 의해 폐 조직에 염증이 생긴 상태이다.
④ 천식은 대상자가 차고 건조한 공기에 갑자기 노출되어 기침과 쌕쌕거리는 호흡을 보일 때 의심되는 질환이다.
⑤ 결핵이 의심되는 대상자와 접촉한 대상자, 동거가족, 요양보호사 모두 동시에 치료를 받는다.

정답 01 ①

17

심혈관계 노인성 질환

1. 심혈관계 노화에 따른 특성 표준교재 146p

① 심장은 나이가 들면서 근육이 두꺼워져 탄력성이 떨어진다. [33, 36-2]

② 최대 심박출량과 심박동수가 감소된다. [33, 36-2]

③ 말초혈관으로부터 심장으로의 혈액순환이 감소된다(말초혈관 저항증가). [1, 11, 33, 36-2]

④ 누워 있다가 갑자기 일어나거나, 소변을 보기 위해 앉았다 일어나는 등의 체위 변화에 따라 기립성 저혈압이 발생한다.

⑤ 정맥의 약화로 하지에 부종과 정맥류, 항문에 치질이 생긴다. [36-2]

2. 주요 질환

① 고혈압 표준교재 146p

　㉠ 최고 혈압과 최저 혈압

　　• 최고 혈압(수축기 혈압) : 심장에서 피를 짤 때의 압력 [34]

　　• 최저 혈압(이완기 혈압) : 심장이 늘어나면서 피를 가득 담고 있을 때의 압력

　　• 혈관이 좁아지거나 심장이 한 번에 내보내는 혈액의 양이 늘어나면 혈압이 높아지게 된다. [34]

　　• 일반적으로 고혈압이란 성인의 최고 혈압(수축기 혈압)이 140mmHg, 최저 혈압(이완기 혈압)이 90 mmHg 이상인 경우이고 가장 이상적인 혈압은 120/80mmHg이다.

　㉡ 고혈압 관련 요인

본태성(일차성) 고혈압	유전, 흡연, 과도한 음주, 스트레스, 과식, 짠 음식, 운동 부족, 비만과 같은 많은 요인이 관련된다.
속발성(이차성) 고혈압	다른 질병의 합병증으로 발생한 고혈압으로 원인이 되는 질병이 치료되면 혈압도 정상화된다.

※ **고혈압 약물치료에 대한 편견**

> • 편견 1 : 증상이 없으면 치료하지 않아도 된다. [21, 28]
>   → 증상이 없어도 혈압이 높으면 치료해야 한다.
> • 편견 2 : 두통 등의 증상이 있을 때 약을 먹는다. [19, 22, 28, 32-1, 33]
>   → 고혈압은 증상이 없는 경우가 대부분이기 때문에 의사의 처방이 있으면 계속 약을 먹어야 한다.
> • 편견 3 : 혈압약을 오래 먹으면 몸이 약해진다. [33]
>   → 약을 오래 복용하는 것이 몸에 좋지는 않지만, 고혈압의 합병증을 발생시키는 것보다는 안전하다.
> • 편견 4 : 혈압이 조절되면 약을 먹지 않아도 된다. [19, 22, 32-1, 33, 34]
>   → 혈압이 조절되다가도 약을 안 먹으면 약효가 떨어지자마자 혈압이 다시 올라간다. 따라서 의사의 처방이 있으면 계속 약을 먹어야 한다.

ⓒ 고혈압 증상
- 뇌동맥의 파열로 뇌졸중 혹은 사망
- 뒷머리가 뻐근하게 아프고 어지럽거나 흐리게 보임
- 이른 아침의 두통
- 이명, 팔다리 저림
- 심장 및 신장 기능 장애
- 코피, 가슴이 답답하거나 숨이 참

ⓔ 고혈압 치료 및 예방
- 혈압약을 꾸준히 복용한다. [2, 7, 9, 12, 19, 21, 28, 29]
- 고혈압이 계속될 때는 의사와 상의하여 약을 바꾼다. [6, 19, 22, 28]
- 알코올은 혈압약의 효과를 낮추므로 술과 함께 복용하면 안 된다. [21, 29]
- 금식인 경우에도 혈압약은 복용한다. [21, 22, 28]
- 저염식이, 저지방식이를 한다. [34]
- 운동을 규칙적으로 한다.

고혈압 완화에 좋은 운동	• 종류 : 걷기, 빨리 걷기, 조깅, 자전거 타기, 계단 오르기, 등산, 수영 등 • 시간 : 하루 30~60분, 일주일에 3~5일 • 강도 : 속옷에 땀이 밸 정도, 약간 숨이 찰 정도
고혈압 예방 방법 [19]	체중관리, 짠 음식 덜 먹기, 규칙적인 생활, 운동, 절주, 금연

② **동맥경화증** 표준교재 149p

ⓐ 혈관의 안쪽 벽에 지방이 축적되어 혈관 내부가 좁아지거나 막혀 혈액의 흐름에 장애가 생기고 혈관 벽이 굳어지면서 발생 [1]

ⓑ 관련 요인
- 지방대사 이상
- 콜레스테롤이나 지방 섭취 과다
- 가족적 소인
- 스트레스, 비만, 흡연, 과음, 폐경
- 운동 부족
- 고지혈증, 당뇨병, 고혈압

ⓒ 증상
- 뇌혈관이 막히거나 터짐
- 불면증
- 언어 장애
- 팔, 다리의 동맥경화로 손발의 통증, 냉증 및 저림, 보행 장애
- 협심증, 심근경색 등 관상동맥질환으로 흉통, 압박감, 조이는 듯한 느낌
- 발작, 의식장애, 혼수, 반신불수
- 혈액순환이 심각하게 감소되면서 하지 조직의 괴사 발생
- 머리가 무겁고 아프거나 뒷골이 당기며 현기증, 기억력 저하
ⓔ 치료 및 예방
- 흡연 시 발생하는 일산화탄소는 동맥 안쪽 벽을 손상하므로 금연한다. 4
- 혈압이 높으면 동맥 혈관이 손상되므로 고혈압을 관리한다.
- 당뇨병은 혈중 지방 수치를 높이고 혈관을 손상시키므로 혈당을 조절한다.
- 소금섭취량을 평소의 반으로 줄이는 저염식이와 저지방식이를 한다. 5
- 규칙적으로 운동한다.

③ **심부전** 표준교재 150p
ⓐ 심장의 수축력이 저하되어 신체조직에 필요한 만큼의 충분한 혈액을 내보내지 못하는 상태
5, 12, 17, 18, 27, 32 - 1
ⓑ 관련 요인
- 관상동맥질환
- 고혈압 17
- 심장병이나 신장병
ⓒ 증상
- 앉은 자세 호흡
- 식욕 상실 17
- 의식혼돈, 현기증 3
- 지속적인 기침과 객담 배출
- 적절한 산소와 영양분 부족으로 허약감, 피로, 호흡곤란
- 걷기, 계단오르기, 쇼핑하기 등 운동 시 심한 호흡곤란 17, 22, 32 - 1, 37 - 1
- 심박출량 감소에 따른 신장 혈류량 부족으로 신장의 수분과 염분 배출이 억제되어 의존성 부종이 나타남
32 - 1
ⓔ 치료 및 예방
- 원인을 치료하는 약물을 투여한다.
- 염분, 수분, 고지방, 고콜레스테롤을 제한하는 식사를 소량씩 섭취한다. 17, 22
- 규칙적으로 운동한다. 17
- 독감이나 폐렴을 예방한다.
- 금연한다. 16
- 매일 체중을 측정하여 부종 정도를 확인한다. 37 - 1
- 고혈압과 고지혈증을 치료한다. 22
- 스트레스를 조절한다.

④ 빈혈 표준교재 151p

㉠ 적혈구나 헤모글로빈이 부족하여 혈액이 몸에서 필요한 만큼의 산소를 공급하지 못하는 상태로, 철분이 부족하여 생김 15, 32-2

㉡ 관련 요인
- 위궤양, 십이지장궤양, 치질, 암 등 위장관에서 출혈이 되는 경우
- 철분 섭취가 부족한 경우
- 철분의 흡수에 문제가 있는 경우 등

㉢ 증상
- 중추신경계 증상 : 현기증, 두통, 집중력 저하, 손발 저림
- 피부 증상 : 창백, 설염
- 심혈관계 증상 : 빈맥, 저혈압, 숨 가쁨, 호흡곤란
- 소화기 증상 : 소화불량, 오심, 변비, 복부팽만
- 비뇨생식기계 증상 : 성욕 감퇴

㉣ 치료 및 예방
- 처방받은 철분제 복용을 확인한다. 16, 24
- 철분의 흡수를 돕기 위한 비타민 C를 함께 복용한다.
- 출혈을 일으키는 문제가 있으면 의사와 상의한다.
  ※ 빈혈 예방과 해소에 좋은 음식 : 굴, 달걀노른자, 붉은 살코기, 콩류, 시금치

※ 요양보호사의 활동

- 요양보호사가 대상자의 질병명을 예측하여 말하거나, 수술 혹은 약물 치료가 필요하다는 등의 말을 하면 안 된다.
  예 숨차하는 대상자에게 "심장병인 것 같으니 빨리 병원에 가야 할 것 같다."라고 말해서는 안 된다. 병원에 가보는 것이 좋겠다고만 말해야 한다. 15
- 갑자기 어지럼증을 호소할 때 곧바로 바닥에 주저앉힌다. 37-2

■ 심혈관계 특성

- 심장의 근육량이 감소한다.
  심장의 탄력성이 증가한다.
  🔁 심장은 나이가 들면서 근육이 두꺼워져 탄력성이 떨어진다.

- 근긴장도가 증가한다.
  🔁 근긴장도는 감소한다.

- 최대 심박출량이 증가한다.
  심박동수가 증가한다.
  🔁 최대 심박출량과 심박동수가 감소한다.

- 혈압 조절 능력이 증가한다.
  🔁 기립성 저혈압이 발생한다.

- 심장의 정맥 귀환이 증가한다.
  🔁 말초혈관으로부터 심장으로의 혈액순환이 감소한다(정맥 귀환 감소).

■ 고혈압

- 혈압약 용량을 즉시 줄인다.
  혈압이 상승할 때만 복용한다.
  두통이 있을 때만 복용한다.
  가슴이 답답하고 숨이 찰 때 복용한다.
  혈압이 조절되면 용량을 줄인다.
  혈압이 조절되면 약 복용을 중단한다.
  🔁 의사의 처방이 있으면 처방대로 계속 약을 먹어야 한다.

- 약 복용을 거르면 다음날 함께 복용한다.
  🔁 2배로 복용하면 안 되고, 다음 복용 시간에 가까워진 때는 다음 복용 시간에 복용한다.

- 금식인 경우에는 혈압약의 복용을 삼간다.
  🔁 금식인 경우에도 혈압약은 복용한다.

- 과음한 경우에도 혈압약은 복용한다.
  🔁 혈압약은 술과 함께 복용하면 안 된다.

- 식이요법만 실시한다.
  🔁 약과 함께 식이요법을 실시한다.

■ **심부전**

- 저혈압, 당뇨, 부정맥 등이 원인이다.
  - 🔄 고혈압, 관상동맥질환, 심장병 등이 원인이다.

- 식욕이 증가한다.
  - 🔄 식욕을 상실한다.

- 염분 섭취를 권장한다.
  - 🔄 염분은 소량씩 섭취한다.

- 격렬한 운동을 매일 한다.
  계단 오르기, 빨리 걷기 운동을 한다.
  - 🔄 걷기, 계단오르기, 쇼핑 등은 심한 호흡곤란을 야기하므로 삼간다.

- 고혈압을 방치한다.
  - 🔄 고혈압과 고지혈증을 치료한다.

- 물을 많이 마신다.
  - 🔄 수분은 소량씩 섭취한다.

01 노화에 따른 심혈관계의 내용으로 옳지 <u>않은</u> 것은?

① 고혈압 대상자가 금식인 경우에도 혈압약은 복용한다.

② 고혈압 대상자가 꾸준히 약을 복용해도 혈압이 떨어지지 않을 때는 약 복용을 중단한다.

③ 심부전증은 심장의 수축력 저하로 신체조직으로 혈액을 충분히 내보내지 못하는 상태이다.

④ 심부전증을 예방하기 위해 고혈압을 치료한다.

⑤ 빈혈환자가 어지럼증을 호소할 때는 처방받은 철분약을 복용했는지 확인한다.

02 심장의 수축력이 저하되어 현기증 · 호흡곤란 · 피로 등이 나타나는 질환은?

03 요양보호사의 활동에서 심혈관계 질환 대처 방법으로 옳지 <u>않은</u> 것은?

① 환자에게 "심장병인 것 같으니 빨리 병원에 가야 할 것 같다."고 말한다.

② 환자에게 "병원에 가 보는 것이 좋겠다."고 말한다.

③ 대상자를 최대한 안정적이고 편안하게 해준다.

④ 대상자가 처방된 약을 제대로 복용을 하고 있는지 잘 관찰한다.

⑤ 의식불명이나 심장마비 등 응급상황에 대처할 수 있어야 한다.

04 노화에 따른 심혈관계 특성으로 옳은 것은?

① 혈압 조절 능력 증가   ② 심장의 탄력성 증가

③ 심장의 정맥 귀환 증가   ④ 심장의 근육량 증가

⑤ 최대 심박출량 증가

정답 01 ②   02 심부전   03 ①   04 ④

18 근골격계 노인성 질환

1. 근골격계 노화에 따른 특성 표준교재 153p

① 추간판이 오그라들어 키가 줄어들고, 어깨는 좁아지고 골반은 커진다.

② 등뼈가 굽어 머리를 낮추면서 가슴을 향하여 보게 된다.

③ 뼈의 질량 감소로 골격이 약해져 작은 충격에도 골절되기 쉽다. 36-1

④ 근긴장도와 근육량이 저하되어 신체적 활동과 운동 능력이 감소된다. 36-1

⑤ 호흡기계 노화로 산소를 유용하게 사용하지 못하여 근육경련과 근육피로를 자주 느끼게 된다.

⑥ 인대 등이 탄력을 잃음에 따라 관절운동이 제한된다. 36-1

⑦ 관절면이 마모되어 염증, 통증, 기형이 초래된다.

⑧ 팔, 다리의 지방은 감소, 엉덩이와 허리의 피하지방은 증가한다. 36-1

2. 주요 질환

① **퇴행성 관절염** 표준교재 154p

ㄱ 뼈를 보호해 주는 끝부분의 연골(물렁뼈)이 닳아서 없어지거나 관절에 염증성 변화가 생긴 상태
2, 8, 9, 19, 20, 24, 32, 36-2

ㄴ 관련 요인

• 관절을 싸고 있는 조직의 퇴화

• 연골의 탄력성 저하

ㄷ 증상

• 운동하면 악화되고 안정하면 호전된다. 25, 33

• 아침에 일어나면 관절이 뻣뻣해져 있는 경직 현상이 나타난다. 6, 19, 25, 33

• 계단 오르내리기, 장거리 걷기, 등산 등의 활동으로 관절을 많이 사용할수록 통증이 심해질 수 있다.
19, 28, 29, 32, 33

• 무릎 관절에 관절액이 많아져 무릎이 부어올라 관절의 모양이 변형된다.

ㄹ 치료 및 예방

• 온·냉요법, 마사지, 물리치료를 한다.

• 관절 경직을 예방, 근육강화를 위해 관절운동을 자주 한다. 29

• 관절의 부담을 완화하기 위해 체중을 조절한다. 1, 28, 33, 37-2

- 통증이 악화되지 않은 범위 내에서 관절운동을 한다. [33]
- 수영, 평평한 흙길 걷기, 체조 등을 한다. [4, 7, 14, 16, 17, 18, 26, 28, 29, 37-2]

② 골다공증 표준교재 155p
　　㉠ 뼈세포가 상실되고 골밀도가 낮아져 골절이 발생하기 쉬운 상태 [21, 28]
　　㉡ 관련 요인
- 폐경, 여성 호르몬 부족
- 갑상선 및 부갑상선 질환
- 척추골절 등 40세 이후 골절 경험
- 영양 흡수장애 및 칼슘 섭취 부족
- 장기적으로 혈전예방 약물(아스피린, 헤파린 등)을 복용함
- 흡연, 음주, 카페인의 과다 섭취 [18, 21, 34]
- 젊었을 때 본인 체중 10% 이상의 무리한 다이어트
- 유전적인 요소
　　㉢ 증상
- 허리 통증
- 잦은 골절 [15, 21]
- 키가 작아짐
- 등이나 허리가 굽음
　　㉣ 치료 및 예방
- 칼슘을 충분히 섭취한다. [17, 33, 34]
- 의료기관에서 호르몬 치료를 받는다. [17]
- 저체중, 비만이 아닌 적당한 체중을 유지한다. [15, 33]
- 근육과 뼈에 힘을 주는 체중부하운동(산보, 걷기, 가벼운 조깅)을 한다.
　[2, 11, 13, 15, 18, 19, 21, 23, 32-2, 34]
- 비타민 D를 섭취한다. [15, 17, 22, 33]
- 30분~1시간 정도 햇볕을 쬐면 비타민 D가 생성된다. [5, 6, 7, 17, 18, 21, 34]
- 성호르몬을 감소시키며, 뼈 생성을 억제하므로 금주한다. [15, 17, 33]
- 여성호르몬 농도가 낮아지고, 뼈가 약해지므로 금연한다. [15, 17]
　　※ 비타민 D 함유 식품 및 함유량 많은 음식 : 대구간유, 연어, 고등어, 정어리, 뱀장어, 달걀, 버섯

③ 고관절 골절 표준교재 157p
　　㉠ 골다공증이 있는 노인이 낙상을 하면 발생한다. [14, 17]
　　㉡ 관련 요인
- 고령
- 하지 기능 부전
- 골다공증
- 저체중
- 시력장애 [12]
- 보조기 사용
- 알코올 섭취

ⓒ 증상
- 서혜부와 대퇴부의 통증 5
- 이동의 제한
- 뼈가 부러지는 소리

ⓔ 치료 및 예방 : 골다공증에 대한 진단을 받고 적절한 치료를 한다. 10

■ 골다공증

- 체중을 줄인다.
  과체중을 유지한다.
  🔄 적당한 체중을 유지한다.

- 자외선 차단제를 바른다.
  햇볕에 노출되는 것은 피한다.
  🔄 햇볕을 쬐면 비타민 D가 생성된다.

- 비타민 C를 섭취한다.
  비타민 A 음료를 복용한다.
  비타민 B 알약을 복용한다.
  🔄 비타민 D를 섭취한다.

- 흡연을 권장한다.
  🔄 뼈가 약해지므로 금연한다.

- 수영을 규칙적으로 한다.
  근육과 뼈에 힘을 주는 체중부하운동은 피한다.
  줄넘기, 요가, 등산, 테니스, 수영이나 아쿠아로빅 운동을 한다.
  실외운동보다는 실내운동을 강화한다.
  🔄 체중부하운동(산보, 걷기, 가벼운 조깅)을 한다.

- 호르몬요법은 하지 않는다.
  🔄 호르몬 치료를 받는다.

- 노화로 뼈세포가 증가하여 골밀도가 높아진다.
  🔄 노화로 뼈세포가 감소하고, 골밀도가 낮아진다.

- 카페인 섭취는 뼈 생성을 촉진시킨다.
  🔄 뼈 생성을 억제한다.

01 노화로 인한 퇴행성 관절염에 대한 설명 중 틀린 것은?

① 노화로 인해 뼈를 보호하는 연골이 닳아 관절 부위에 통증을 일으키는 질환이다.

② 아침에 일어나면 관절이 뻣뻣해지는 경직현상이 나타나며, 운동 시 악화, 안정 시 호전되는 질환이다.

③ 관리 및 예방을 위한 운동으로 수영이나 걷기, 체조가 좋다.

④ 관리 및 예방을 위한 운동으로 장거리 걷기나 등산이 좋다.

⑤ 관절의 부담을 완화하기 위해 체중을 조절한다.

02 노화로 인한 골다공증에 대한 설명 중 틀린 것은?

① 골밀도가 낮아지고, 고관절 골절을 일으키는 원인이 되는 대사성 질환이다.

② 골다공증의 치료 및 예방법을 위해 칼슘과 비타민 D를 복용한다.

③ 골다공증이 있는 대상자에게 적합한 체중부하 운동으로 걷기, 산책을 한다.

④ 골다공증은 척추, 요추가 쉽게 골절된다.

⑤ 햇볕에 노출되는 것은 피한다.

19 비뇨 · 생식기계 노인성 질환

1. 비뇨 · 생식기계 노화에 따른 특성 표준교재 159p

① 여성 노인

　　㉠ 여성 호르몬이 감소한다. 21, 36-2

　　㉡ 질벽의 탄력성이 적어지고 윤활작용이 감소로 성교 시 통증이 있으나 성적 욕구가 감소되는 것은 아니다.
　　　21, 36-2, 37-1

　　㉢ 질의 수축 및 분비물 저하로 질염이 발생하기 쉽다. 21, 36-2

　　㉣ 방광기능과 대뇌기능의 저하되며, 빈뇨증, 요실금, 야뇨증이 생긴다. 21, 37-1

② 남성 노인

　　㉠ 남성 호르몬 감소로 음경 발기가 오래 걸린다.

　　㉡ 대부분의 남성 노인은 전립선 비대를 경험한다.

　　㉢ 잔뇨량이 늘어나고, 방광용적이 250㎖ 정도로 감소되어 자주 소변을 본다. 37-1

2. 주요 질환

① 요실금 표준교재 160p

　　㉠ 자신의 의지와 상관없이 소변이 밖으로 흘러나오는 증상 1

　　㉡ 관련 요인

　　　• 노화로 인한 방광의 저장 능력 감소 18, 30

　　　• 골반 근육 조절 능력의 약화 30, 37-1

　　　• 호르몬의 생산 중지로 인한 요도 기능 약화

　　　• 남성은 전립선비대증, 여성은 요로 감염 및 복압상승이 관련됨 30

　　　• 변비

　　㉢ 증상

　　　• 복압성 요실금 : 기침, 웃음, 재채기, 달리기, 줄넘기 등 복부 내 압력 증가로 인해 소변이 나오는 것
　　　　7, 9, 28, 29, 30

　　　• 절박성 요실금 : 소변을 보고 싶다고 느끼자마자 바로 소변이 나오는 것 12

- 역류성 요실금 : 소변의 배출이 원활하지 않아 소변이 가득 찬 방광에서 소변이 조금씩 넘쳐 계속적으로 흘러나오는 것
- ㉣ 치료 및 예방
  - 골반근육 강화 운동을 한다. [2, 7, 14, 19, 29]
  - 충분한 수분 섭취로 방광의 기능을 유지한다. [19, 29, 35]
  - 식이섬유소가 풍부한 채소와 과일 섭취로 변비를 예방한다. [29, 32, 35]
  - 비만은 복부 내 압력을 증가시켜 복압성 요실금을 유발하기 때문에 체중을 조절한다. [28, 32, 35]

② **전립선비대증** 표준교재 161p
- ㉠ 남성에게만 있는 기관으로 전립선이 커져서 요도 부위가 좁아지는 경우 [10]
- ㉡ 관련 요인
  - 노화에 따른 남성호르몬 감소, 여성호르몬 증가 등 호르몬 불균형 [30]
  - 비만
  - 고지방, 고콜레스테롤 음식 섭취
- ㉢ 증상
  - 비대된 전립선이 요도를 눌러 요도가 좁아져 소변줄기가 가늘어짐 [15, 23, 26, 32-1, 36-1]
  - 소변줄기의 끊어짐 [15, 18, 20]
  - 소변을 보고 나서도 시원하지 않음(잔뇨감) [4, 15, 17, 20, 25, 26, 32-1, 36-1]
  - 소변이 바로 나오지 않고 힘을 주어야 나옴 [5, 20, 23, 36-1]
  - 배뇨 후 2시간 이내에 다시 소변이 마렵고(빈뇨) 소변이 마려울 때 참기 힘들며(긴박뇨) 밤에 자다가 소변을 보려고 자주 깸(야뇨) [23, 26, 32-1, 36-1]
- ㉣ 치료 및 예방
  - 도뇨관을 사용하여 정기적으로 소변을 빼준다.

    ※ **도뇨관을 이용한 소변 배출**

    - 너무 오랫동안 방광 안에 소변이 남아 있으면 방광염이 생길 수 있으므로 일정 간격으로 빼줘야 한다.
    - 도뇨관을 이용해 스스로 소변을 배출하는 방법은 의료기관에서 교육받아야 한다.

  - 약물요법을 통해 신장 기능의 손상을 치료한다.
  - 심하면, 전립선절제 수술을 받는다.
  - 저지방 식사와 적당한 운동으로 적정 체중을 유지한다.
  - 음주는 전립선비대증을 악화시키므로 금주한다.

    ※ **요양보호사의 활동**

    - 비뇨기계에 문제가 있어 스스로 배뇨를 조절하기 힘든 대상자도 기저귀나 소변 주머니 사용은 최대한 자제하고, 되도록 스스로 할 수 있도록 유도하고 훈련해야 한다.
      예 낮에는 배뇨간격에 맞추어 소변을 보도록 유도한다. 밤에만 기저귀를 채운다.
    - 스스로 배뇨 문제를 해결하지 못해 서비스를 제공받을 때 누군가 방문을 열면 대상자가 수치심을 느낄 수 있기 때문에 혼자서 방을 사용하는 경우라도 스크린을 쳐주는 등 최대한 프라이버시를 지켜 주어야 한다.
    - 도뇨관을 바꾸거나 방광을 세척해야 하는 경우 시설장이나 관리책임자에게 보고하여 의료인에게 연계해야 한다.

■ 비뇨 생식기계 노화에 따른 특성
- 성호르몬이 증가한다.
  🔁 성호르몬은 감소한다.

- 성적 욕구가 감소한다.
  🔁 성적 욕구가 감소하는 것은 아니다.

- 질 분비물이 증가한다.
  🔁 분비물 저하로 질염이 발생하기 쉽다.

- 방광의 저장 능력이 증가한다.
  🔁 방광기능과 대뇌기능이 저하된다.

- 골반 근육 조절 능력이 증가한다.
  🔁 조절 능력이 감소한다.

■ 요실금
- 수분 섭취를 제한한다.
  🔁 충분한 수분 섭취로 방광의 기능을 유지한다.

- 즉시 기저귀를 채운다.
  🔁 기저귀 의존성이 생기므로 가능한 채우지 않는다.

- 변비와는 상관이 없다.
  🔁 식이섬유소가 풍부한 채소와 과일 섭취로 변비를 예방해야 한다.

- 이동변기를 대준다.
  🔁 대상자 스스로 배설하도록 하고 배뇨훈련을 격려한다.

- 일반적으로 도뇨관을 사용한다.
  🔁 거동이 불가능할 경우 사용한다.

■ 전립선비대증
- 소변 줄기가 세다.
  🔁 소변 줄기가 약하다.

- 소변 줄기가 굵다.
  🔁 소변 줄기가 가늘어진다.

- 배뇨 후 잔변감은 없다.
  🔁 배뇨 후에도 시원하지 않다(잔뇨감).

- 기침이나 재채기할 때 실금한다.
  소변이 금방 나온다.
  🔁 전립선비대증이 아니라 요실금의 증상이다.

- 소변을 잘 참는다.
  참기 힘들다(긴박뇨).

- 요도가 넓어져서 소변을 자주 본다.
  요도가 좁아져서 소변을 자주 본다.

- 소변을 보는 횟수가 줄어든다.
  소변을 자주 본다.

 핵심 족집게 문제 CARE WORKER

01 노화로 인한 비뇨, 생식기계에 대한 설명 중 틀린 것은?

① 여성 노인은 질 수축 및 질 분비물 저하로 질염이 발생하기 쉽다.
② 기침이나 재채기를 할 때 소변이 나오는 대상자의 증상을 호전시키는 방법으로 체중 조절이 있다.
③ 요실금 증상의 치료 및 예방으로 골반 근육 운동을 한다.
④ 전립선비대증의 증상으로 밤에 자다가 소변을 보기 위해 자주 깬다.
⑤ 요실금은 배뇨 후 잔뇨감, 소변줄기의 끊어짐, 약한 소변줄기 등의 증상이 나타나는 질환이다.

02 노화에 따른 비뇨, 생식기계를 돕기 위한 요양보호사의 활동으로 옳지 않은 것은?

① 기저귀나 소변 주머니 사용은 최대한 자제한다.
② 수치심을 느끼지 않도록 스크린을 쳐 준다.
③ 도뇨관을 바꾸거나 방광을 세척해 준다.
④ 낮에는 배뇨 간격에 맞추어 소변을 보도록 유도한다.
⑤ 배뇨를 스스로 할 수 있도록 유도한다.

정답 01 ⑤ 02 ③

20 피부계 노인성 질환

1. 피부계의 노화에 따른 특성 표준교재 163p

① 피하지방의 감소로 기온에 민감해진다. [15, 30]
② 피부가 건조하고, 표피가 얇아진다. 탄력성이 감소한다. [15]
③ 피하지방이 줄고 수분이 소실되어 건조해진다. [8, 32]
④ 발톱이나 손톱이 견고하고 두꺼워진다. [15, 32]
⑤ 피부가 회색으로 변한다. [15]
⑥ 검버섯, 갈색 반점이 생긴다.
⑦ 머리카락은 전반적으로 가늘어지고 모근의 멜라닌세포가 소실되어 탈색된다. [15, 32]
⑧ 털은 줄지만 입가와 뺨 등 얼굴의 털은 증가한다. [32]
⑨ 가려움증, 통증, 지각이상 등의 증상이 흔하다.
⑩ 노인의 각질층에는 수분 함유량이 적기 때문에 소양증은 밤과 겨울철에 더욱 심해진다.
⑪ 상처회복이 지연되고 궤양이 생기기 쉽다.

2. 주요 질환

① 욕창 표준교재 164p
  ㉠ 바닥면과 접촉되는 피부가 혈액을 공급받지 못해서 괴사되는 상태이다. [1]
  ㉡ 관련 요인 [13, 17, 18, 21, 22, 23, 24, 25, 28, 29]
  • 장기간의 와상 상태
  • 편안해 하는 자세 장시간 계속 둔다.
  • 뇌척수신경의 장애로 인한 체위 변경이 어려운 대상자
  • 영양부족과 체중 감소, 근육 위축, 피하지방 감소 등으로 인해 피부와 뼈 사이의 완충지대가 감소한다.
  • 요실금 및 변실금이 있다.
  • 대상자를 잘못 들어 올리거나 침대에서 잘못 잡아끌어 약한 부위의 피부가 벗겨진다.
  • 천골 부위가 욕창이 가장 잘 생긴다.

ㅁ 욕창의 증상 4단계

1단계	• 피부가 분홍색이나 푸른색을 띠고 누르면 색깔이 일시적으로 없어져 하얗게 보이고 열감이 있다. • 표피는 정상이나 표피에 생긴 홍반이 30분 이내에 없어지지 않을 때
2단계	• 피부가 벗겨지고 물집이 생기고 조직이 상한다. [2, 30] • 표피 또는 진피를 포함한 피부에 부분적인 손상이 있을 때
3단계	• 깊은 욕창이 생기고 괴사조직이 발생한다. • 진피와 피하조직을 포함한 피부 전체에 손상이 있을 때
4단계	• 뼈와 근육까지 괴사가 진행된다. • 피하조직과 근막, 근육, 뼈나 관절을 포함한 심부 조직에 손상이 있을 때

※ 욕창 증상 초기 대처법

- 약간 미지근한 물수건으로 찜질한다. [16, 19, 20, 24, 26, 29]
- 마른 수건으로 물기를 닦아낸다. [16, 17, 22, 26]
- 주위를 나선형을 그리듯 마사지하고, 가볍게 두드린다. [13, 16, 19, 20, 24]
- 미지근한 바람으로 건조시킨다. [19, 20, 24, 26]
- 날씨가 춥지 않을 때에는 30분 정도 햇볕을 쬐이게 한다. [16, 17, 19]

ㄹ 치료 및 예방
  - 특정 부위에 압력이 집중되지 않도록 침대에서는 적어도 2시간마다 체위를 변경한다.
    [14, 19, 20, 22, 32, 37 – 1]
  - 의자나 휠체어는 1시간마다 자세를 바꾸어준다. [14, 19, 20, 22, 29]
  - 젖은 침대 시트는 바로 교체한다. [4, 24]
  - 피부에 습기가 있거나 오염물질이 묻어 있으면 재빨리 부드러운 천이나 스펀지, 자극이 없는 비누, 미지근한 물을 사용하여 씻고 말린다. [3, 12, 28, 29, 32, 37 – 1]
  - 시트의 주름을 편다. [9, 11, 22, 24, 32]
  - 무릎 사이에는 베개를 끼워 마찰을 방지한다. [5, 6, 7, 8, 24]
  - 신체의 약한 부위에 압력이 가는 것을 덜어줄 특수 매트리스와 베개를 대어준다.
  - 천골 부위의 혈액순환을 저해되므로 파우더와 도넛 배개는 사용하지 않는다. [14, 19, 20, 28, 30, 34, 37 – 1]
  - 뜨거운 물주머니는 피부에 화상을 입힐 수 있으므로 조심한다. [24, 28, 37-1]
  - 피부는 순하고 부드러운 비누와 미지근한 물로 닦고 완전히 마르게 두드려주는 것이 좋다. [22, 28, 29]
  - 파우더는 피부를 자극하고 땀구멍을 막으므로 사용을 금해야 한다. [32]
  - 몸에 꽉 끼는 옷과 단추 달린 치마나 바지는 입지 않는다. [28, 37 – 2]
  - 손톱에 긁히는 일이 없도록 손톱을 짧게 자른다. [26]
  - 단백질 등의 영양분을 충분히 공급한다. [22, 26, 30]
  - 충분한 영양과 수분을 섭취한다. [22]

② **피부 건조증** 표준교재 167p
  ㄱ 피부 외층이 건조하고 거칠어지며 가려움증이 발생하는 질환 [17, 24]
  ㄴ 관련 요인
    - 실내외 습도가 낮은 겨울철 [24]
    - 비누, 세정제와 알코올, 목욕 중의 뜨거운 물 사용

ⓒ 증상
- 피부 발적
- 부종 또는 통증
- 전완(팔꿈치부터 손목까지의 부분), 손과 하지의 가려움증 [24]

② 치료 및 예방
- 가습기를 사용하여 습도를 조절한다. [32-2, 37-2]
- 물을 자주 마셔 수분을 충분히 섭취한다. [32-2]
- 자주 샤워를 하거나 때를 미는 것은 삼간다. [25, 37-2]
- 피부가 건조해지지 않게 한다.
- 목욕이나 샤워를 할 때 따뜻한 물과 순한 비누를 사용한다. [25, 32-2]
- 목욕 후 물기는 두드려 말린다. [14, 25]
- 물기가 완전히 마르기 전에 보습제를 충분히 바른다. [15, 25, 32-2, 36-1, 37-2]

③ 대상포진 [표준교재 168p]
ⓖ 개요
- 수두를 일으키는 바이러스에 의하여 피부와 신경에 염증이 생기는 질환이다. [3, 23]
- 과로나 스트레스 후에 주로 발생하며 면역이 저하된 경우 걸릴 위험이 높다. [32]

※ 대상포진 자가진단법

- 물집이 나타나기 전부터 감기 기운과 함께 일정 부위에 심한 통증이 느껴진다.
- 작은 물집이 몸의 한쪽에 모여 전체적으로 띠 모양으로 나타난다.
- 물집을 중심으로 타는 듯하고 날카로운 통증이 느껴진다.
- 어렸을 때 수두를 앓았거나 과거 대상포진을 앓은 경험이 있다. [26]
- 평소 허약하거나 노인이거나 암 등의 질병으로 면역력이 약하다.

ⓛ 관련 요인
- 고령
- 과로, 스트레스
- 백혈병, 골수나 기타 장기 이식
- 자가 면역질환 및 면역 억제제 복용

ⓒ 증상
- 가려움증 있는 띠 모양 수포 발생 [20, 23, 26, 29, 36-1]
- 피부저림이나 작열감(타는 듯한 느낌의 통증과 화끈거림)을 포함한 발진 [7, 20, 26, 29]
- 피부와 점막에 있는 감각신경말단 부위의 수포, 통증 [12, 14, 20, 36-1]

② 치료 및 예방
- 국소치료제를 사용하여 통증을 줄이고, 수포가 빨리 건조되게 한다.
- 통증 정도에 맞는 처방받은 진통제를 복용한다.
- 신경통이 수개월에서 1년 동안 지속된다.
- 병소가 퍼지거나 감염되지 않도록 긁지 않는다. [13, 23]
- 적절한 영양, 휴식 등으로 면역력을 강화한다.
- 의사와 상의하여 필요시 예방접종을 한다.

④ 옴 표준교재 169p

㉠ 개요

- 옴진드기가 정상 체온의 피부 표면에서(1분에 2.5cm씩 이동하면서) 굴을 뚫어 그 속에 서식한다. [16]
- 피부병을 유발하는 감염성 질환이다. [16, 19, 22, 32-1]
- 주로 밤에 굴을 만들고, 소화액 분비로 알레르기 반응이 생겨 가려움증이 있다.
- 가려워서 긁을 때 진드기와 알이 손톱에 묻어 다른 사람에게도 감염된다. [16, 19, 22]

㉡ 증상 : 가려움증(특히 밤에 심함), 물집, 고름 [16, 19, 32-1]

㉢ 치료 및 예방

- 장갑과 가운을 착용하고 목에서 발끝까지 전신에 치료용 연고를 바른다. [23]
- 옴은 대상자는 물론, 동거가족이나 요양보호사도 동시에 치료받아야 한다. [4, 14, 19, 23, 32-1]
- 1주 후에 다시 바른다.
- 완치 여부를 확인하기 위해 2주 후에 병원을 방문한다.
- 옴진드기에 오염된 것으로 생각되는 사람이나 침구, 옷, 수건 등과의 접촉을 금한다. [13]
- 내복과 침구는 삶아서 소독한다. [16, 19, 22]
- 세탁 후 3일 이상 사용하지 않는다. 세탁이 어려운 것은 3일간 햇볕에 널거나 다리미로 다린 후 사용한다. [16]
- 알레르기(바이러스와 혼동하기 쉬우므로), 심한 가려움증은 병원에 간다. [16, 19, 22]

⑤ 머릿니 표준교재 170p

㉠ 머릿니가 물어 흡혈하므로 출혈과 가려움증이 있고, 심한 경우 수면장애나 긁는 부위에 피부염이 생긴다.

㉡ 증상

- 가려움증, 수면장애, 피부상처
- 심하게 물린 자리는 피부가 변색되고 딱딱하게 됨
- 두피염

㉢ 치료 및 예방

- 살아있는 머릿니 감염이 있다고 판단되는 경우에만 치료한다.
- 1주 간격으로 2회 약물치료 후 약물과 함께 제공되는 빗으로 빗질을 하여 남아 있는 사체, 서캐를 제거한다.
- 대상자의 이에 감염되었을 가능성이 있는 물건(모자, 헤드셋, 옷, 수건, 빗, 침구 등)과 접촉하지 않는다. [27]
- 빗과 브러시는 5~10분간 뜨거운 물에 담가 소독한다. [27]
- 침구와 옷을 뜨거운 물로 세탁하고 말려 사용한다. [27]
  ※ 머릿니는 55℃ 이상에서 5분 이상 노출되면 모두 죽는다.
- 운동 및 야외활동 후에는 옷을 세탁하고 샤워나 목욕을 한다.
- 진공청소기 등으로 머리카락이 남아 있는 가구와 방 안을 꼼꼼히 청소한다.

■ **피부계의 노화에 따른 특성**

- 피하지방의 증가로 기온에 둔감해진다.
  🔁 피하지방의 감소로 기온에 민감해진다.

- 피부가 건조하고 표피가 두꺼워진다.
  🔁 표피가 얇아진다.

- 피부가 흰색으로 변한다.
  🔁 회색으로 변한다.

- 손톱·발톱이 견고하고 얇아진다.
  🔁 두꺼워진다.

- 모근의 멜라닌세포가 증가한다.
  🔁 멜라닌세포가 소실되어 탈색이 된다.

■ **욕창 초기 증상을 보일 때의 대처 요령**

- 날씨가 춥지 않을 때는 2시간 정도 햇볕을 쬐이게 한다.
  🔁 30분 정도 햇볕을 쬐이게 한다.

- 젖은 수건으로 물기를 닦아낸다.
  🔁 마른 수건으로 물기를 닦아낸다.

- 따끈한 물수건으로 찜질한다.
  뜨거운 물수건으로 찜질한다.
  욕창 부위에 뜨거운 물주머니를 댄다.
  🔁 약간 미지근한 물수건으로 찜질한다.

- 욕창 주위를 주물러 준다.
  🔁 가볍게 두드린다.

- 하루 한 번 자세를 바꾸어준다.
  하루에 두 번 체위 변경을 한다.
  🔁 침대에서는 2시간마다, 휠체어는 1시간마다 체위를 변경해 준다.

- 차가운 바람으로 건조시킨다.
  붉게 변한 부위를 헤어드라이어로 건조시킨다.
  피부 보호를 위해 가습기를 틀어준다.
  🔁 미지근한 바람으로 건조시킨다.

- 천골 부위에 지속적으로 도넛 베개를 사용한다.
  🔁 파우더와 도넛 베개는 사용하지 않는다.

- 긁지 못하도록 억제대를 사용한다.
  🔁 억제하면 안 되고, 손톱을 짧게 잘라 준다.

■ 피부건조증

- 매일 뜨거운 물로 샤워한다.
  🈁 따뜻한 물로 샤워한다.

- 목욕 후 물기는 그대로 둔다.
  🈁 물기는 두드려 말린다.

- 실내습도는 30~40%를 유지한다.
  🈁 적정 습도는 40~60%이다.

- 수시로 때를 문질러 닦는다.
  🈁 자주 샤워를 하거나 때를 미는 것은 삼간다.

- 강한 비누를 사용한다.
  🈁 순한 비누를 사용한다.

■ 대상포진

- 세균성 피부질환이다.
  과거 풍진을 앓았던 사람에게 주로 발생한다.
  🈁 수두를 일으키는 바이러스에 의하여 생기는 질환이다.

- 가려움이 없는 수포가 발생한다.
  🈁 가려움증 있는 띠 모양 수포가 발생한다.

- 1~2주면 통증이 없어진다.
  🈁 수개월에서 1년 동안 지속된다.

■ 옴

- 옴은 바이러스성 질환이다.
  옴은 알레르기성 질환이다.
  옴은 세균성 질환이다.
  옴은 호흡기로 감염된다.
  옴 질환은 공기 중에서 감염된다.
  🈁 옴은 피부병을 유발하는 접촉성 감염성 질환이다.

- 옴은 피부 깊숙한 곳에 굴을 판다.
  🈁 피부 표면에 굴을 뚫어 그 속에 서식한다.

- 낮에 가려움증이 심해진다.
  🈁 가려움증은 특히 밤에 심해진다.

- 대상자만 치료하면 된다.
  🈁 대상자는 물론 동거 가족이나 요양보호사도 동시에 치료받아야 한다.

- 사람에게는 직접 전염되지 않는다.
  🈁 전염을 막기 위해 감염된 사람이나 침구, 옷, 수건 등과의 접촉을 금한다.

- 손가락 사이, 겨드랑이 등 접히는 부분에만 연고를 바른다.
  - 🔖 목에서 발끝까지 전신에 치료용 연고를 바른다.

- 의류는 한꺼번에 모아서 세탁한다.
  - 🔖 의류는 바로바로 세탁한다.

■ 머릿니

- 피부 속에 굴을 뚫어 피부병을 유발한다.
  - 🔖 옴의 증상이다.

- 다른 사람에게 옮기지 않는다.
  - 🔖 전염성이 있다.

- 빗과 브러시는 흐르는 물에 씻어 사용한다.
  - 🔖 5~10분간 뜨거운 물에 담가 소독한다.

- 모자, 수건 등을 함께 사용해도 된다.
  - 🔖 감염되었을 모자, 헤드셋, 옷, 수건, 빗, 침구 등과 접촉하지 않는다.

- 침구와 옷을 차가운 물로 세탁하고 말린다.
  - 🔖 뜨거운 물로 세탁하고 말려 사용한다.

01 욕창이 쉽게 발병되는 원인이 <u>아닌</u> 것은?

① 영양 공급이 부족하여 근육이 위축된 대상자

② 요실금 및 변실금

③ 피하지방 감소

④ 장기간의 와상 상태

⑤ 마른 수건으로 물기를 닦아 건조시킨 후 기저귀를 채움

02 피부가 분홍색을 띠고, 열감이 있는 욕창 환자의 초기 대처방법으로 옳지 <u>않은</u> 것은?

① 욕창 부위 주위를 나선형을 그리듯 마사지하고 가볍게 두드린다.

② 미지근한 물수건으로 찜질하고 마른 수건으로 닦는다.

③ 습기가 있는 피부는 미지근한 물로 씻고 말린다.

④ 피부 보호를 위해 가습기를 틀어 준다.

⑤ 천골 부위에 도넛 베개 사용을 삼간다.

03 피부의 주요 질환에 대한 설명 중 옳지 <u>않은</u> 것은?

① 피부가 건조하지 않도록 순한 비누와 보습제를 사용한다.

② 대상포진은 작열감을 포함한 발진이 나타난다.

③ 대상포진은 과거 풍진을 앓았던 사람에게 주로 발생한다.

④ 옴 환자와 접촉한 요양보호사와 가족이 모두 치료를 받아야 한다.

⑤ 머릿니 치료를 위해서는 침구와 옷을 뜨거운 물로 세탁하고 말린다.

정답 01 ⑤ 02 ④ 03 ③

21 신경 · 감각기계 노인성 질환

1. 신경계 노화에 따른 특성 [표준교재 172p]

① 신경세포의 기능이 저하된다.

② 근육의 긴장과 자극 반응성의 저하로 신체활동이 감소된다.

③ 감각이 둔화된다. [28]

④ 정서 조절이 불안정해진다. [2, 28]

⑤ 운동 부족으로 불면증이나 수면장애가 올 수 있다.

⑥ 단기기억은 감퇴되나 장기기억은 유지된다. [28]

⑦ 앞으로 구부린 자세와 느리고 발을 끄는 걸음걸이가 나타난다.

⑧ 균형을 유지하는 능력이 감소된다. [28]

2. 주요 질환

신경계 주요 질환으로는 치매, 뇌졸중, 파킨슨 질환이 있다. [17]

3. 감각기계 노화에 따른 특성 [표준교재 173p]

① 시각

ㄱ 눈물 양이 감소하여 건조해지고 눈이 뻑뻑하여 불편감이 있다.

ㄴ 공막에 갈색점이 생긴다.

ㄷ 각막반사가 저하되어 손상이나 감염에도 둔감해진다. [20]

ㄹ 수정체가 노란색으로 변화는 황화현상으로 보라색, 남색, 파란색의 구분에 어려움을 느낀다. [4, 13, 20]

ㅁ 가까운 물체에 초점을 맞추는 능력이 상실되는 '노안'이 된다.

ㅂ 동공의 지름이 줄어들어 20대보다 1/3 정도밖에 빛을 받아들이지 못하므로 밝은 것을 좋아하게 된다.

ㅅ 안질환의 원인이 되는 눈부심의 증가, 시력 저하, 빛 순응의 어려움이 있다. [20]

② 청각

ㄱ 귓바퀴가 커지고 늘어진다.

ㄴ 외이도의 가려움과 건조증이 증가한다.

ㄷ 이관이 내측으로 위축되어 좁아진다.

ⓔ 귀지가 더욱 건조해져서 귀지로 외이도가 폐쇄될 수 있다.

　　ⓜ 노인성 난청이 여성보다 남성에게 흔하게 나타난다.

　　ⓗ 귀 질환이 없어도 이명이 있기도 하며 더 듣기 어렵다고 한다.

③ 미각

　　㉠ 혀의 유두 돌기 감소, 돌기의 미뢰의 개수가 감소한다. 33

　　㉡ 신맛과 쓴맛을 감지하는 미뢰는 기능이 향상되고, 단맛과 짠맛을 감지하는 미뢰의 기능은 점차 떨어진다.
　　6, 7

　　㉢ 구강 점막의 재생능력 감소, 입술 근육의 탄력 감소, 침 분비량이 감소한다. 33

　　㉣ 맛에 대한 감지 능력의 저하로 조미료를 많이 넣은 음식을 선호한다.

④ **후각** : 후각세포의 감소로 후각에 둔화가 나타난다.

⑤ **촉각**

　　㉠ 접촉의 강도가 높아야 접촉감을 느낄 수 있다.

　　㉡ 통증을 호소하는 정도는 증가하지만, 통증에 대한 민감성 감소로 둔감한 반응을 보인다.

4. 감각기계 주요 질환

① **녹내장**

　　㉠ 안압(눈의 압력)의 상승으로 시신경이 손상되어 시력이 점차 약해지는 질환 2, 10, 19, 29, 34

　　㉡ 증상

　　　　• 좁은 시야, 눈 이물감 2, 11

　　　　• 어두움 적응 장애

　　　　• 색깔 변화 인식 어려움

　　　　• 뿌옇게 혼탁한 각막

　　　　• 안구 통증

　　㉢ 치료 및 예방

　　　　• 안압을 정상 범위로 유지

　　　　• 어두운 곳에서 책을 보거나 일하지 않고, 규칙적인 생활을 한다. 37-1

　　　　• 물구나무서기, 윗몸 일으키기 등은 안압을 올릴 수 있으므로 피한다. 32-1, 37-1

　　　　• 고개 숙인 자세로 작업하지 않는다. 37-1

　　　　• 한쪽 눈에 녹내장이 있어도 양쪽 눈 모두 정기적으로 안과검사를 받는다. 37-1

② **백내장**

　　㉠ 개요

　　　　• 수정체가 혼탁해져서 빛이 들어가지 못하여 시력장애가 발생하는 질환 28, 32-2, 35

　　　　• 검은 눈동자에 하얗게 백태가 껴서 뿌옇게 보이거나 잘 안 보이게 되는 질환 3, 14, 18

　　㉡ 증상

　　　　• 색 구별 능력 저하

　　　　• 동공에 흐린 백색 혼탁 22

　　　　• 불빛 주위에 무지개가 보임

　　　　• 밤과 밝은 불빛에서의 눈 부심 22, 28

- 통증이 없으면서 점차 흐려지는 시력
- 시력 감소

    ⓒ 치료 및 예방
- 초기에는 치료제의 복용, 점안액으로 진행 속도를 늦출 수 있음
- 인공수정체로 바꾸어주는 수술
- 백내장 유발 원인을 억제함으로써 예방

③ 노인성 난청
    ㉠ 연령증가에 따른 고막, 내이의 퇴행성 변화로 청력이 감소되는 질환 〔17〕
    ㉡ 증상
- '스, 츠, 트, 프, 크'와 같은 음에서의 난청
- 소리에 대한 민감성, 언어구분 능력, 평형감각의 저하

    ㉢ 치료 및 예방
- 감소된 청력을 근본적으로 복구하는 치료는 없다.
- 난청을 악화시킬 수 있는 약물 복용을 피하고 보청기를 이용한다.
- 소음이 없는 장소에서 말하는 사람의 얼굴을 볼 수 있게 하고, 천천히 또박또박 말한다.
- 난청이 심하면 보청기를 사용하며, 고음의 큰 소리보다는 저음의 차분한 소리로 말해준다.

    예 눈이 혼탁해 보이는 대상자에게 "백내장인 것 같으니 병원에 가서 수술하셔야겠네요."라고 말하지 않는다.

■ 노화에 따른 신경계 특성
- 단기기억은 유지된다.
  📑 단기기억은 감퇴한다.

- 장기기억은 감퇴한다.
  📑 장기기억은 유지된다.

- 감각이 민감해진다.
  📑 감각이 둔화된다.

- 정서 조절이 안정해진다.
  📑 정서 조절이 불안정해진다.

- 균형을 유지하는 능력이 증가한다.
  📑 균형 유지 능력은 감소한다.

■ 노화에 따른 시각의 특성
- 눈물의 양이 증가한다.
  📑 눈물의 양이 감소한다.

- 각막반사가 증가한다.
  📑 각막반사는 저하된다.

- 눈 부심이 감소한다.
  📑 눈 부심은 증가한다.

- 빛 순응이 쉬워진다.
  📑 빛 순응에 어려움을 겪는다.

- 색 식별 능력이 증가한다.
  📑 황화현상으로 보라색, 남색, 파란색의 구분에 어려움을 느낀다.

 핵심 족집게 문제 ────────────────── • CARE WORKER

01 감각기계에 대한 노인성 질환에 대한 내용으로 옳지 않은 것은?

① 녹내장은 안압의 상승으로 시신경이 손상되어 시력이 점차 약해지며 안구 통증이 있는 질환이다.
② 백내장은 검은 눈동자에 하얗게 백태가 껴서 뿌옇게 보이거나 잘 안 보이게 되는 질환이다.
③ 노인성 난청은 연령 증가에 따른 고막, 내이의 퇴행성 변화로 청력이 감소되는 질환이다.
④ 수정체가 혼탁하여 빛이 들어가지 못할 때 나타나는 증상은 밝은 불빛에서의 눈 부심이다.
⑤ 백내장은 색깔 변화 인식 장애가 있으며, 녹내장은 통증이 없다.

정답 01 ⑤

과목 02   요양보호 관련 기초지식

22 내분기계 노인성 질환

1. 내분비계 표준교재 178p

① 노화에 따른 특성

    ㉠ 포도당 대사능력과 인슐린에 대한 민감성 감소로 쉽게 고혈당이 된다. 36-1, 37-2

    ㉡ 췌장에서 인슐린의 분비가 느리고 분비량이 불충분하다. 37-2

    ㉢ 공복 시 혈당이 증가한다. 5, 9 36-1

    ㉣ 갑상선 크기가 줄어들고 갑상선 호르몬 분비량도 감소된다. 36-1, 37-2

    ㉤ 근육질량이 감소되어 기초대사율이 감소된다. 36-1, 37-2

2. 주요 질환

① 당뇨병

    ㉠ 정의

- 혈중 포도당 수치를 조절하는 인슐린이 분비되지 않거나 분비는 되지만 부족한 경우
- 혈중 포도당 수치가 올라가서 소변에 당이 섞여 나오는 질환

    ㉡ 증상 33

- 다음증, 다뇨증, 다식증, 체중감소 4, 14
- 두통, 흐릿한 시력, 무기력, 발기부전, 질 분비물 증가
- 상처 치유 지연, 감각 이상 및 저하
- 고혈당(배뇨 증가, 체중감소, 피로감, 식욕 증가 등)
- 저혈당(식은땀을 많이 흘림, 두통, 시야 몽롱, 배고픔, 어지럼 등) 13, 16, 19, 20, 23

ⓒ 치료 및 예방

식이요법	• 반찬은 싱겁게 골고루 섭취한다. [27] • 저콜레스테롤 식이를 한다. [27, 34] • 육류보다는 곡류, 콩, 과일, 채소 등 고섬유질 음식을 섭취한다. • 청량음료, 아이스크림, 주스, 사탕 등 설탕이나 꿀 등을 함유한 단 음식과 술의 섭취를 제한한다. [37-1]
운동요법	• 공복 시 운동을 하거나 장기간 등산 시에는 저혈당에 대비한다. [22, 27, 34, 37-1] • 혈당이 조절되지 않으면 의사와 상의한 후 운동량을 조절한다. [32-2] • 식후 30분~1시간경에 혈당이 오르기 시작할 때, 하루에 최소 30분, 일주일에 5회 이상 운동한다. [17, 22, 29, 32-2, 34, 37-1] • 혈압이 높거나 혈당이 300mg/dl 이상인 경우에는 혈당을 조절한 후에 운동을 시작한다. [22, 32-2]
약물요법	• 혈당조절이 잘되지 않을 때 경구용 혈당강하제나 인슐린 등 약물요법을 병행한다. • 약물요법은 반드시 의사의 처방에 따라 시행한다. • 인슐린 주사약은 입으로 복용하면 위장관에서 파괴되므로 반드시 주사로 주입한다. [27, 34, 37-1]

ⓓ 당뇨병 대상자의 발 관리 원칙 [35]

• 혈당, 혈압 관리
• 주의 깊게 발 관찰하기
• 발 씻고 말리기
• 발 건조 예방
• 양말 착용
• 발톱 일자로 자르기 [37-1]
• 금연
• 차갑거나 뜨거운 곳 노출 금지

기출 오답 바로잡기 • CARE WORKER

■ **당뇨병 대상자를 돕는 방법**

- 공복에 운동을 하게 한다.
  가능하면 공복 상태에서 운동한다.
  📖 공복에 운동을 하거나 장시간 등산 시에는 저혈당에 대비한다.

- 인슐린은 경구로 투약한다.
  📖 입으로 복용하면 위장관에서 파괴되므로 반드시 주사로 주입한다.

- 고콜레스테롤 식이를 제공한다.
  지방이 많은 육류를 섭취한다.
  찐감자, 수박을 자주 섭취한다.
  📖 저콜레스테롤 식이를 기본으로 제공한다.

- 소금의 양을 점차 늘려 반찬을 제공한다.
  📖 반찬은 싱겁게 골고루 섭취한다.

- 땀복을 입어 운동 효과를 최대한 올린다.
  📖 땀을 흡수하는 옷을 입어야 한다.

- 운동은 1주일에 한 번 땀을 충분히 흘린다.
  📖 하루에 최소 30분, 일주일에 5회 이상 운동한다.

- 운동 직후 음식물 섭취를 금지한다.
  📖 식후 30분~1시간경에 혈당이 오르기 시작한다.

- 식사량을 늘린다.
  📖 균형 잡힌 식단을 제공한다.

- 설탕, 꿀 등을 함유한 식품을 섭취한다.
  📖 단 음식과 술의 섭취를 제한한다.

핵심 족집게 문제 • CARE WORKER

01 **당뇨병 질환에 대한 설명 중 옳지 않은 것은?**

① 인슐린을 맞고 있는 당뇨병 대상자에게 나타나는 저혈당 증상은 식은땀이다.
② 혈당이 300mg/dl 이상인 경우에는 혈당 조절 후 운동을 시작한다.
③ 인슐린은 경구로 투약한다.
④ 발의 상처 유무를 주의 깊게 관찰한다.
⑤ 식이요법으로 흰밥보다는 잡곡밥을 섭취한다.

정답 01 ③

23 심리·정신계 노인성 질환

1. 심리·정신계 노화에 따른 특성 표준교재 181p

① 우울증 경향 증가
② 내향성 및 수동성 증가
③ 조심성 증가
④ 경직성 증가
⑤ 생에 대한 회고 시간 증가
⑥ 친근한 사물에 대한 애착심 증가
⑦ 의존성 증가

2. 주요 질환

① 우울증 표준교재 181p
  ㉠ 본인 스스로 자각하기 어려워 병원을 찾는 경우가 드물다.
  ㉡ 관련 요인
   • 뇌의 신경전달 물질의 변화
   • 발견되지 않은 뇌경색 혹은 뇌혈관질환
   • 치매
   • 부신 피질, 갑상선, 뇌하수체 등에서 분비되는 호르몬의 변화 [21]
   • 노화에 따른 스트레스에 대한 저항력 감소
   • 주변 사람의 죽음, 퇴직, 경제력 상실 등 사회경제적 변화 [21]
   • 질병, 수술 등 신체적 원인 [21]
   • 유전적 요인
  ㉢ 증상
   • 우울감이 잘 사라지지 않고, 슬픈 기분이 잦음 [15]
   • 매사에 관심이 없고 즐거운 것이 없음 [15, 30, 37-2]
   • 불면증 혹은 과도한 수면 [15, 30, 37-2]
   • 두통, 소화불량 등 신체 증상을 호소 [32-1, 37-2]
   • 식욕 변화와 체중 변화 [15]

- 불안, 초조 혹은 무기력 [18]
- 죄의식, 절망감, 부정적 사고
- 자살에 대한 반복적 생각 혹은 시도 [15, 18]
- 갑자기 말수가 줄어듦 [15, 18, 30]
- 노인의 우울증은 건망증 등 인지기능 증상이 두드러질 수 있으므로 치매와 감별해야 함

  ※ 우울증과 치매의 비교 [16, 20]

우울증	치매
급격히 발병함 [30]	서서히 발병함
짧은 기간	긴 기간
정신과적 병력 있음	과거 정신과적 병력 없음
기억력 장애를 호소함	기억력에 문제가 없다고 주장하는 경우가 많음
모른다고 대답하는 경우가 많음 [20]	근사치의 대답을 함 [16]
인지기능 저하 정도의 편차가 심함	일관된 인지기능의 저하
단기기억과 장기기억이 동등하게 저하됨 [32-1]	단기기억이 심하게 저하됨
우울이 먼저 시작됨	기억력 저하가 먼저

  ㉣ 치료 및 예방
- 우울증이 심한 경우 자살 위험이 증가한다. [14, 15]
- 우울증은 본인 스스로 극복하기 어렵기 때문에 주변의 긍정적인 지지가 필요하다. [21]
- 가족에게 대상자를 많이 지지해주도록 조언하는 것이 좋다. [21, 33]
- 막연히 괜찮다고 말하는 것은 도움이 되지 않는다. [33]
- 대상자의 느낌, 분노를 인정하고 수용하며 언어로 표현하도록 돕는다. [33]
- 대상자에 대해 지속적인 관심을 표현하고 신뢰관계를 형성한다. [33]
- 모임 등 사회적 활동을 늘린다. [21]
- 햇볕을 받으며 규칙적으로 운동하게 한다. [33]

② **섬망** 표준교재 184p
  ㉠ 의식장애로 인해 수 시간 내지 수일에 걸쳐 급격하게 발생하며 인지장애, 정서불안 등 증상의 기복이 심한 질환 [2, 10, 11, 19, 24, 30]
  ㉡ 관련 요인
- 소인적 요인 : 인지 손상, 치매, 고령, 심한 뇌질환, 기능 손상, 우울, 만성 신기능 부전, 탈수, 영양부족, 과다 음주, 시력 손상 등
- 촉진적 요인 : 약물 사용, 활동하지 않고 침상 지냄, 기동성 저하, 탈수, 유치도뇨관 사용, 억제대 사용, 영양부족 등
  ㉢ 증상
- 의식 수준의 변화로 잠에서 덜 깼거나 몹시 졸린 상태에서 행동하는 사람처럼 보임 [30]
- 주의력 감퇴 [30]
- 수 시간이나 수일에 걸쳐 호전과 악화가 반복됨 [19, 37-1]
- 시간, 장소, 사람에 대한 지남력 장애 [30]
- 인지장애, 초조, 지각장애, 편집 망상, 정서 불안정

• 섬망은 단독으로 발생하기도 하고 치매와 동반되어 나타나기도 함 [19]
  ※ 섬망과 치매의 비교

섬망	치매
증상이 갑자기 나타남 [19, 30, 34, 37-1]	서서히 나타남
급성질환 [19, 34, 37-1]	만성질환
대체로 회복됨 [17]	대부분 만성으로 진행됨
초기에 사람을 못 알아봄 [34]	나중에 사람을 못 알아봄
신체 생리적 변화가 심함 [19, 37-1]	신체 생리적 변화는 적음
의식의 변화가 있음 [30, 34]	말기까지 의식의 변화는 적음
주의 집중이 매우 떨어짐 [30, 34, 37-1]	주의 집중은 별로 떨어지지 않음
수면 양상이 매우 불규칙함	수면 양상은 개인별로 차이가 있음

ⓒ 치료 및 예방
• 먼저 원인을 규명하고 우선적으로 치료한다. [17]
• 비약물요법

지남력의 유지	• 낮에는 창문이나 커튼을 열어, 시간을 알게 한다. [27, 36-2] • 개인 사물, 사랑하는 사람의 사진, 달력, 시계 등을 대상자의 물건을 가까이에 둔다. [23, 32, 36-2] • 일상생활 절차, 규칙, 도움을 요청할 사람 및 방법 등을 반복적으로 알려준다. [32-1]
신체통합성 유지	• 대상자가 할 수 있는 일은 스스로 하도록 말로 지지한다. • 능동적인 관절운동, 목욕, 마사지를 제공한다. [20, 23]
개인의 정체성 유지	• 대상자와 접촉하는 사람의 수를 줄인다. [17, 23, 27] • 가족 구성원이 자주 방문하도록 격려한다. [23, 27, 32, 36-2]
초조의 관리	• 항상 단호하고 부드러운 목소리로 말한다. [27, 32] • 대상자를 부드럽게 마주 보아 위협을 느끼지 않게 한다.
착각 및 환각 관리	• 대상자의 말을 경청한다. • 현실을 확인할 수 있는 환경을 만들어 준다. [27]
야간의 혼돈 방지	• 밤에는 창문을 닫고 커튼을 치고 불을 켜 둔다. [17, 20, 23, 27, 32] • 가벼운 야간 섬망은 방을 밝게 하고 따뜻하게 해주면 진정이 된다. [20, 26] • 심각한 수준은 정신·신체적 에너지 소모가 심하고, 주변 사람까지 위험할 수 있으므로 보고하여 전문가의 진료를 받게 한다.

• 섬망은 신체 균형이 깨진 경우에 발생하므로 충분한 식사와 수분섭취로 전해질 불균형의 예방, 통증관리 등을 통해 예방할 수 있다. [17]

■ 노인 우울증의 증상
- 매사가 즐겁다.
  📝 매사에 관심이 없고 즐거운 것이 없다.

- 매사에 의욕이 충만하고 기분이 좋다.
  📝 우울하고 슬픈 기분이 잦다.

- 규칙적인 수면을 취한다.
  📝 불면 혹은 과도한 수면이 나타난다.

- 자살에 대한 생각은 하지 않는다.
  📝 자살에 대한 반복적 생각 혹은 시도를 한다.

- 항상 긍정적인 사고를 가지고 있다.
  📝 죄의식, 절망감, 부정적 사고 등을 갖게 된다.

- 가족과 함께 생활한다.
  📝 혼자 생활할 때가 많다.

- 여가활동을 하고 있다.
  📝 매사에 관심이 없고 즐거운 것이 없다.

- 점진적으로 발병한다.
  📝 급격히 발병한다.

- 일관된 인지기능 저하가 나타난다.
  📝 인지기능 저하 정도의 편차가 심하다.

- 기억력 장애는 없다.
  📝 기억력 장애를 호소한다.

- 이전의 정신과 병력이 없다.
  📝 정신과적 병력이 있다.

■ 섬망의 증상
- 만성질환이다.
  📝 급성질환이다.

- 서서히 시작된다.
  📝 갑자기 나타난다.

- 단독으로만 발생한다.
  📝 단독으로 발생하기도 하고 치매와 동반되어 나타나기도 한다.

- 신체 생리적 변화는 적다.
  📝 신체 생리적 변화가 심하다.

■ 섬망 대상자 비약물적 치료 방법

- 대상자의 물건을 다른 곳으로 치운다.
   대상자의 물건을 가까이에 둔다.

- 낮에는 창문을 커튼으로 가려준다.
   커튼을 열어 시간을 알게 한다.

- 밤에는 조명을 어둡게 한다.
  밤이 되면 불을 끈다.
   밤에는 창문을 닫고 커튼을 치고 불을 켜 둔다.

- 대체로 회복이 불가능하다.
   대체로 회복된다.

- 수분 섭취를 억제한다.
   충분한 식사와 수분섭취로 전해질 불균형을 예방해야 한다.

핵심 족집게 문제 ·········· CARE WORKER

01 노인 우울증 증상으로 옳지 않은 것은?

① 최근에 갑상선 절제 수술을 받았다.
② 항상 긍정적인 사고를 가지고 있다.
③ '모른다'고 대답하는 경우가 많다.
④ 말수가 줄어들고 자살 시도를 한다.
⑤ 갑자기 말수가 줄어든다.

02 섬망 대상자에 대한 증상과 대처 방법으로 옳지 않은 것은?

① 섬망의 증상은 호전과 악화가 반복된다.
② 섬망 대상자가 초조해할 때는 단호하고 부드러운 목소리로 말한다.
③ 섬망의 치료 및 예방법으로 먼저 원인을 규명하도록 한다.
④ 섬망 치료를 위한 비약물요법 중 개인의 정체성을 유지하는 방법으로 가족이 자주 방문하도록 한다.
⑤ 섬망이 있는 대상자가 늦은 밤에 큰 소리를 지르며 난동을 피울 때는 흥분이 가라앉을 때까지 그냥 둔다.

정답 01 ② 02 ⑤

과목 02

요양보호 관련 기초지식

24 치매

1. 치매 표준교재 187p

① 뇌에 발생한 여러 가지 질환으로 인하여 인지기능을 상실하여 일상생활을 수행할 수 없게 되는 상태 1

※ 건망증과 치매의 차이

건망증	치매
• 생리적인 뇌의 현상	• 뇌의 질환
• 경험의 일부 중 사소하고 덜 중요한 일을 잊는다.	• 경험한 사건 전체나 중요한 일도 잊는다.
• 힌트를 주거나 시간이 지나 곰곰이 생각하면 기억이 난다.	• 힌트를 주거나 나중에 생각해도 거의 기억하지 못한다.
• 일상생활에 지장이 없다.	• 일상생활에 지장이 있고 수발이 필요하다.

② 관련 요인

㉠ 노인성 치매인 알츠하이머병 : 뇌에 베타아밀로이드 단백이 침착하여 생긴 노인성 신경반과 타우 단백질이 과인산화되면서 결합한 신경섬유다발로 불리는 비정상 물질이 뇌에 축적되어 세포의 기능이 마비됨으로써 발생함

㉡ 혈관성 치매 : 뇌혈관이 터지거나 막혀 산소와 영양분의 공급이 차단되어 뇌세포가 손상되면서 생김

㉢ 대뇌병변 : 우울증, 약물 및 알코올 중독, 갑상선기능저하증 등의 대사성질환, 비타민 B_{12} 또는 엽산 결핍 등의 질환, 정상압 뇌 수두증, 경막하혈종, 뇌염 등으로 인해 생김

2. 증상

① 인지장애

기억력 저하	• 약속을 잊고, 물건을 잃어버리는 경우가 많다. • 단기기억력 저하가 먼저 생기고 병이 심해지면서 장기기억력 저하가 온다. 37-2
언어능력 저하	• 말문이 막히고, 말수가 감소, 말은 짧고, 내용이 빈약하다. • 앞뒤가 맞지 않아 이해할 수 없는 말을 한다. • 타인의 이야기를 이해하는 능력이 저하된다.
지남력 저하 6, 13, 16	• 시간개념이 떨어져 날짜, 요일, 시간을 착각한다. • 심하면 낮과 밤을 구분하는 것도 어려워한다. • 오랫동안 지내던 집도 자신의 집이 아니라고 부인하고 가족의 얼굴을 보고 알아보지 못하기도 한다.

시공간 파악 능력 저하	• 자주 다니던 곳에서도 길을 잃고 헤매게 된다. • 집 안에서 화장실과 안방을 구분하지 못하게 된다.
실행 기능 저하	• 옷매무새가 흐트러져 지저분한 인상이다. • 자신의 위생 상태에 관심이 없어지고 이전에 하던 집안일도 하지 못한다. • 옷을 혼자서 입을 수 없어 속옷을 머리에 쓰거나 바지 위에 속옷을 입는 등 상식에서 벗어난 행동을 한다.

② 정신행동증상

우울증	• 말수가 줄고 의욕이 없으며 우울한 기분을 표현한다. • 자살에 대한 생각이 증가하며 자살을 시도하기도 한다.
정신증	• 망상, 환청, 환시로 인해 다른 사람이 자신의 것을 훔쳐 갔다고 주장하거나 돌아가신 부모님이 와 계시다는 착각이 증가한다. • 방 안에서 혼자 누군가와 대화를 나누거나 손짓을 하는 등의 증상이 발생한다. • 매우 당황해하고 불안해하거나 공포에 휩싸여 예기치 못한 행동을 한다.
초조 및 공격성	• 쉽게 불안해하거나 이유 없이 자꾸 서성거리고 한자리에 오래 앉아 있지 못하며 초조한 것처럼 행동한다. • 고집스럽고 이기적이며 논쟁적이고 자주 화를 내기도 한다.
수면장애	밤에 배회하고 그 여파로 낮잠을 지나치게 자며 이로 인해 낮과 밤이 뒤바뀌는 경우가 있다.

③ 치매 단계별 특징

단계	특징	증상
초기 (경도)	가족이나 동료들이 문제를 알아차리기 시작하나 혼자서 지낼 수 있는 수준 37-2	• 물건을 둔 장소를 기억하지 못하며 물건을 자주 잃어버린다. • 전화 통화 내용을 기억하지 못하고 반복해서 질문한다. • 자기 물건을 잃어버리고는 남이 훔쳐 갔다고 의심한다. • 공휴일, 납기일, 연, 월, 일을 잊어버린다. • 요리, 빨래, 청소, 은행가기, 병원 방문 등 하던 일의 수행기능이 뚜렷이 저하된다. • 단기기억력이 저하된다. 36-1
중기	최근 기억과 더불어 먼 과거 기억의 부분적 상실, 시간 및 장소 지남력 장애, 언어이해 및 표현력 장애, 실행증, 판단력 및 수행기능 저하, 각종 정신행동 증상이 빈번히 나타나며, 도움 없이는 혼자 지낼 수 없는 수준	• 주소, 전화번호, 가까운 가족의 이름 등을 잊어버린다. • 집 주변에서도 길을 잃거나 월, 요일에 대한 시간개념이 저하된다. • 엉뚱한 대답을 하거나 말수가 줄어든다. • 옷을 입거나 외모를 가꾸는 위생 상태를 유지하지 못한다. • 쓸모없는 물건을 모아 두거나 쌌다 풀었다 하며 배회행동과 안절부절못하는 모습을 보인다. • 혼자서는 집안일과 외출을 하지 못한다. 36-1
말기 (중증)	독립적인 생활이 불가능한 수준	• 의사소통이 거의 불가능하다. 36-1 • 판단하거나 지시를 따르지 못한다. • 소리를 지르거나 심하게 화를 내는 등의 증세와 대변을 만지는 등의 심한 문제행동이 나타난다. • 보행 장애와 대소변 실금, 욕창, 낙상 등이 반복되면서 와상상태가 된다. 36-1

3. 치료 및 예방

약물요법	인지기능개선제, 아세틸콜린 분해효소 억제 약물을 복용한다.
비약물 요법	• 환경개선 : 가급적 단순하고 구조화되어 있으며 안정적인 환경을 제공 • 행동개입 : 행동 수정을 위해 강화, 필요시 격리 등의 방법을 사용 • 인지 및 활동 자극 : 수공예, 간단한 물건 만들기, 원예, 독서, 그림 그리기, 음악을 듣거나 노래 부르기 등 대상자에게 익숙하며 성공적으로 수행할 수 있는 활동
예방	• 고혈압, 당뇨병, 심장병 등 성인병을 철저히 관리한다. • 소량의 균형 잡힌 식사를 섭취하되 채소와 어류를 통해 항산화 영양소를 섭취한다. • 적절한 운동을 꾸준히 규칙적으로 한다. • 독서 등 개인적인 취미활동을 꾸준히 한다. • 사교모임 등 사회활동을 지속한다. • 기억력 장애 증상을 보이는 경우 치매안심센터를 통해 조기 검진을 받게 한다.

 핵심 족집게 문제 ————————————————→ CARE WORKER

01 치매 증상으로 옳지 않은 것은?

① 경험한 사건 전체를 잊는다.

② 중요한 일을 잊는다.

③ 힌트를 주거나 나중에 생각해도 거의 기억하지 못한다.

④ 수발이 필요하다.

⑤ 일상생활에 지장이 없다.

02 치매 예방 방법으로 옳지 않은 것은?

① 고혈압, 당뇨병 등 성인병을 철저히 관리한다.

② 적절한 운동을 꾸준히 규칙적으로 한다.

③ 기억력 장애 증상을 보이더라도 검진을 받지 않는다.

④ 사교모임 등 사회활동을 지속한다.

⑤ 균형잡힌 식사를 섭취한다.

정답 01 ⑤ 02 ③

25 뇌졸중 · 파킨슨 질환

1. 뇌졸중(중풍) [표준교재 193p]

① 정의

　㉠ 뇌에 혈액을 공급하는 혈관이 막히거나 터졌을 때 나타나는 증상 [1, 16, 21, 32-2, 35, 36-1, 37-2]

　㉡ 뇌 손상이 오고 그에 따른 신체장애가 나타나는 뇌혈관질환

② 관련 요인

　㉠ 흡연

　㉡ 스트레스

　㉢ 고령

　㉣ 뇌졸중 가족력

　㉤ 고혈압, 당뇨병, 심장병, 뇌졸중 과거력 [36-1]

　㉥ 비만, 혈액 내 콜레스테롤 수치가 높은 고지혈증

③ 증상

반신마비	손상된 뇌의 반대쪽 팔다리, 안면하부에 마비증 [5, 12, 13, 19, 20, 29, 35, 36-1]
전신마비	뇌간 손상 시 전신마비와 함께 의식 저하
반신 감각장애 [14, 18]	손상된 뇌의 반대쪽의 시각, 촉각, 청각 등의 장애, 남의 살 같거나 저리고 불쾌한 느낌 호소
언어장애 [16, 18, 20]	• 좌측 뇌가 손상된 경우 우측 마비와 함께 말을 못 하거나 남의 말을 이해하지 못하는 실어증이 발생 [20, 32-1] • 뇌손상 부위에 따라 글을 못 쓰고 못 읽으며, 혀, 입술 목구멍 등의 근육이 마비되어 발음이 부정확하고 마치 술 취한 사람처럼 어눌한 발음으로 말을 함 [19, 29, 35]
두통 및 구토	극심한 두통과 반복적인 구토, 의식 소실이 동반
의식장애	• 뇌간 부위에 뇌졸중이 발생하면 의식의 저하 • 뇌졸중으로 인한 뇌손상 부위가 광범위할 때도 의식의 저하
어지럼증	소뇌 손상 시 메스껍고 토하는 증상과 함께 몸의 균형감각 저하(불균형) [24, 32-2, 37-2]
운동실조증 [11, 15, 21]	• 소뇌에 뇌졸중이 발생하였을 때 나타남 [15, 32] • 술 취한 사람처럼 비틀거리고 한쪽으로 자꾸 쓰러지려 하는 균형감각 상실 증상 [15, 30, 32] • 물건을 잡으려고 할 때 정확하게 잡지 못함 [15, 30]

시력장애 15, 22	한 개의 물체를 보는데 두 개로 보이는 복시현상 15, 36-2
삼킴장애 15, 16, 22	음식이나 물을 삼키기 힘든 연하곤란 15, 16, 22
치매	뇌졸중으로 인한 치매는 비교적 갑자기 발생

④ 치료 및 예방

    ㉠ 약물요법 : 뇌경색 발생 4시간 이내에는 주사제인 혈전용해제로 치료를 받을 수 있다.

    ㉡ 현기증, 팔다리 저림, 뒷골 통증 등 뇌출혈의 전구증상을 주의 깊게 관찰한다. 1, 6

    ㉢ 삼키는 것이 어렵거나 발음이 어눌해진 대상자가 음식을 삼킬 때 폐로 흡입되지 않도록 주의해야 한다.
    2, 11, 16

    ㉣ 뇌졸중의 전구증상을 주의 깊게 살펴야 한다.

    ※ 뇌졸중의 전구증상

      • 한쪽 팔다리가 마비되거나 감각이 이상하다.
      • 말할 때 발음이 분명치 않거나, 말을 잘 못 한다.
      • 일어서거나 걸으려고 하면 자꾸 한쪽으로 넘어진다.
      • 주위가 뱅뱅 도는 것처럼 어지럽다.
      • 갑자기 눈이 안 보이거나, 둘로 보인다.
      • 갑자기 벼락 치듯 심한 두통이 온다.
      • 의식장애로 깨워도 깨어나지 못한다.

    ㉤ 대상자의 뇌졸중 증상을 확인한다. 33, 37-1

      • "말해 보세요." : 정확한지 확인한다.

      • "웃어 보세요." : 입의 좌우 모양이 대칭인지 확인한다.

      • "걸어 보세요." : 비틀거리고 한쪽으로 쓰러지는지 확인한다.

2. 파킨슨 질환 표준교재 196p

    ① 중추신경계에 서서히 진행되는 퇴행성 변화로 원인은 불명확하나 신경전달물질인 도파민을 만들어 내는 신경
    세포가 파괴되는 질환이다. 28, 35

    ② 관련 요인

      ㉠ 중뇌의 이상으로 도파민이라는 물질의 분비 장애 36-1

      ㉡ 염색체의 돌연변이

      ㉢ 뇌졸중, 중금속 중독 및 약물 중독, 다발성 신경계 위축증 등 기타 퇴행성 뇌질환

    ③ 증상 32

      ㉠ 무표정, 동작이 느려짐, 근육경직 및 안정 시 떨림 4, 11, 19, 32-2, 35, 36-1

      ㉡ 굽은 자세, 얼어붙는 현상, 자세 반사의 소실로 자주 넘어짐, 균형감각의 소실 19, 28

      ㉢ 원인불명의 통증

    ④ 치료 및 예방

      ㉠ 약물요법을 지속한다.

      ㉡ 많이 웃을 수 있고 적극적으로 질병에 대해 대처하도록 정신적으로 지지한다.

■ 파킨슨 질환
- 균형감각이 증가한다.
  📋 균형감각이 소실된다.

- 곧은 자세를 보인다.
  📋 굽은 자세를 보인다.

- 몸동작이 빨라진다.
  📋 동작이 느려진다.

- 반신마비가 온다.
  📋 자세 반사의 소실로 자주 넘어진다.

 핵심 족집게 문제 ────────────────── • CARE WORKER

01 뇌에 혈액을 공급하는 혈관이 막히거나 터졌을 때 나타나는 증상으로 옳지 않은 것은?

① 언어장애와 연하곤란　　　　　　② 시력장애
③ 팔·다리의 감각장애　　　　　　④ 마른기침과 객담
⑤ 몸의 균형감각 저하, 운동실조증

02 뇌졸중 증상에 대한 설명으로 옳지 않은 것은?

① 운동실조증 : 술 취한 사람처럼 비틀거리고 한쪽으로 자꾸 쓰러지려 함
② 어지럼증 : 마치 술 취한 사람처럼 어눌한 발음으로 말을 함
③ 의식장애 : 뇌간 부위에 뇌졸중이 발생하였을 때 나타남
④ 삼킴장애 : 음식이나 물을 삼키기 힘든 연하곤란이 나타남
⑤ 시력장애 : 복시(한 개의 물체를 보는데 두 개로 보임) 현상이 나타남

03 다음 설명에 해당하는 신경계 질환은?

• 도파민을 만들어 내는 신경세포가 파괴되어 발생한다. • 자세 반사의 소실로 자주 넘어지고 균형감각이 소실된다. • 동작이 느려지고 근육경직 및 안정 시 떨림이 나타난다.

① 치매　　　　　　　　　　　　　② 퇴행성관절염
③ 진전　　　　　　　　　　　　　④ 파킨슨병
⑤ 뇌졸중

정답 01 ④　02 ②　03 ④

26 영양·운동 관리

1. 영양 표준교재 198p

① 영양 문제
ㄱ 미각과 후각이 크게 저하되어 나트륨을 너무 많이 섭취하여 고혈압, 심장병 등이 악화될 수 있다. 13, 36-1
ㄴ 활동량 감소, 칼슘의 섭취 및 흡수 감소로 골다공증이 발생할 수 있다. 35
ㄷ 치료 식이로 식욕이 떨어져 영양부족이 나타날 수 있다.
ㄹ 음식섭취에 어려움이 생겨 영양부족이 올 수 있다. 35
ㅁ 수분량이 감소하고 갈증에 대한 반응이 저하되어 탈수가 발생할 수 있다. 29, 35
ㅂ 독거노인이나 사회적으로 고립된 노인은 영양섭취가 불량할 수 있다.

② 영양 관리
ㄱ 적절한 칼로리 섭취로 이상적인 체중을 유지한다.
ㄴ 하루 세 끼 식사를 규칙적으로 한다. 16
ㄷ 1일 단백질 섭취량의 1/3~1/4은 동물성 단백질로 섭취하는 것이 좋다. 23, 34
ㄹ 식물성 위주로 단백질을 섭취할 때는 여러 음식을 함께 섭취한다. 16
ㅁ 칼슘의 흡수를 돕기 위해서 비타민 D를 섭취한다. 25, 34, 36-1, 37-1
ㅂ 고혈압, 심장병 등을 예방하기 위해 염분섭취를 줄인다. 8, 16, 25
ㅅ 물, 섬유소가 풍부한 채소나 과일을 섭취하여 변비를 예방한다. 4, 23, 25, 36-1
ㅇ 육류는 기름을 제거하고 섭취하여 동물성 지방 섭취를 줄인다. 10, 23, 36-1
ㅈ 콩이나 유제품을 매일 섭취한다. 16, 17, 23, 25, 37-1
ㅊ 무기질, 비타민, 항산화물질 섭취를 위해 해조류, 버섯류, 채소, 과일류를 자주 먹는다. 36-1
ㅋ 음식은 먹을 만큼만 준비하고, 만든 지 오래된 음식은 먹지 않는다.
ㅌ 금기가 아니라면 물을 충분히 마신다. 16, 23

③ 음식을 싱겁게 먹기 위한 조리법
ㄱ 간장, 고추장, 된장 등은 평소의 2/3만 사용한다. 25
ㄴ 음식이 뜨거우면 짠맛을 제대로 느낄 수 없기 때문에 음식이 뜨거울 때 간을 맞추지 않는다. 15, 37-1

ⓒ 국물을 만들 때 마른 새우, 멸치, 표고버섯 등을 사용하면 맛이 좋아져 된장, 고추장, 간장, 소금의 양을 줄일 수 있다.

ⓔ 배추김치, 간장, 된장, 라면, 고추장, 총각김치 등을 통해 소금을 많이 섭취할 수 있으니 주의한다. 15, 25

④ 암 발생을 예방하는 식생활

ⓐ 균형 잡힌 식사를 한다.

ⓑ 채소와 과일을 충분히 섭취한다.

ⓒ 짠 음식을 덜 먹는다.

ⓓ 탄 음식은 피한다.

⑤ 질환에 따라 물 마시는 방법

수분섭취를 제한해야 하는 질병 30, 32, 32-1, 34, 36-2, 37-2	• 간경화 • 신부전증 • 심한 갑상선기능저하증	• 심부전 • 부신기능저하증
수분을 충분히 마셔야 하는 질병	• 염증성 비뇨기 질환 • 고혈압 · 협심증	• 폐렴 · 기관지염 32 • 당뇨병

2. 운동 표준교재 202p

① 운동 문제(운동 기피 이유)

ⓐ 심장근육이 두꺼워져 탄력성이 떨어지고, 심장근육의 수축하는 힘이 감소하여 활동할 때 쉽게 피곤해진다.
16, 21, 23, 32, 35, 36-1

ⓑ 폐조직의 탄력성 감소, 흉곽의 경직으로 폐활량이 감소로 운동할 때 쉽게 숨이 찬다. 16, 21, 23, 32, 35, 36-1

ⓒ 관절이 뻣뻣해지고 관절이 움직이는 범위가 줄어들어 관절 가동 범위의 제한이 생긴다. 16, 21, 23, 35, 36-1

ⓓ 자극에 대한 반응이 줄어든다. 23, 24, 32, 35, 36-1

ⓔ 균형 및 조정 능력이 떨어져 잘 넘어진다. 16, 23, 36-1

ⓕ 시력이 감퇴되어 걸려 넘어질 위험이 있다. 24

ⓖ 시간과 비용 낭비라는 생각, 운동에 대한 두려움, 우울, 외로움, 낙상에 대한 두려움이 있다. 16, 21, 35

② 운동 관리

ⓐ 현재 운동수준을 평가한다.

ⓑ 운동 금기 질환 및 투약 상황을 확인한다. 15, 34

ⓒ 즐거운 마음으로 운동을 하여 스트레스를 해소한다.

ⓓ 시원하고 바람이 잘 통하고 땀을 흡수하는 옷을 입고 운동한다. 15

ⓔ 저강도 운동을 시작하여 중고강도로 진행한다. 26, 33, 34, 36-2, 37-1

ⓕ 저강도 운동으로 시작하고, 근육피로, 호흡곤란, 협심증, 부정맥, 혈압 변화 등에 주의한다.

ⓖ 준비운동을 10분 이상하여 근육 손상을 방지한다. 1, 15, 25, 33, 34, 37-1

ⓗ 운동의 강도, 기간, 빈도를 서서히 증가시킨다. 25, 26, 36-2, 37-1

ⓘ 안정 시의 심박동수로 돌아올 때까지 마무리 운동을 한다. 25, 26, 33, 36-2, 37-1

ⓙ 운동하는 중간에 충분히 휴식한다. 3, 15, 25, 26, 36-2

ⓚ 개인의 신체 능력에 맞는 운동을 한다. 15, 33, 36-2

■ 노인의 영양 관리

- 수분섭취를 줄인다.
  🔁 물을 충분히 마신다.

- 동물성 단백질 위주로 섭취한다.
  🔁 식물성 위주로 단백질을 섭취한다.

- 염분섭취를 권장한다.
  🔁 염분섭취를 최소화한다.

- 충분한 영양소 섭취를 위해 1일 4식을 원칙으로 한다.
  🔁 하루 세끼 식사를 규칙적으로 한다.

- 유제품 섭취를 금한다.
  🔁 콩이나 유제품을 매일 섭취한다.

- 섬유질 섭취를 제한한다.
  🔁 물, 섬유소가 풍부한 채소나 과일을 섭취하여 변비를 예방한다.

- 동물성 단백질 섭취를 제한한다.
  🔁 1일 단백질 섭취량의 1/4~1/3은 동물성 단백질로 섭취한다.

■ 소금 섭취를 줄이는 방법

- 김치를 많이 먹는다.
  🔁 소금을 많이 섭취할 수 있으니 주의한다.

- 간을 점차적으로 진하게 한다.
  음식은 뜨거울 때 바로 간을 한다.
  🔁 간은 강하지 않게 하고 음식이 뜨거울 때 간을 맞추지 않는다.

- 다른 맛이나 향이 나는 양념과 채소를 쓰지 않는다.
  🔁 양념과 채소를 사용한다.

- 고혈압 치료를 위해 고열량 식사를 한다.
  🔁 저열량 식사를 한다.

- 단백질 섭취를 위해 과일, 버섯, 해조류를 먹는다.
  🔁 무기질, 비타민 섭취를 위해 과일, 버섯, 해조류를 먹는다.

- 콜레스테롤을 제한하기 위해 유제품과 콩을 제거한다.
  🔁 유제품과 콩을 제공한다.

- 염분을 줄이기 위해 소금을 빼고 간장, 된장을 충분히 넣는다.
  🔁 간장, 된장 등은 평소의 2/3만 사용한다.

■ 노인의 운동

- 현재 질환이나 투약 상황과 상관없이 무조건 운동하는 것이 좋다.
  🔖 운동 금기 질환 및 투약 상황을 확인한다.

- 땀복을 입고 운동한다.
  🔖 땀을 흡수하는 옷을 입고 운동한다.

- 준비운동 없이 바로 본운동으로 넘어간다.
  적어도 2~3분 정도 준비운동을 실시한다.
  🔖 적어도 10분 이상 준비운동을 하여 근육 손상을 방지한다.

- 휴식시간 없이 끝까지 운동한다.
  운동 효과를 높이기 위해 운동 중간에 휴식은 생략한다.
  🔖 운동 중간에 충분히 휴식한다.

- 강도가 높은 운동으로 폐활량을 늘린다.
  🔖 저강도 운동으로 시작한다.

- 빠른 동작의 운동으로 관절이 굳는 것을 예방한다.
  🔖 빠르게 방향을 바꾸어야 하는 운동이나 동작은 금한다.

- 이른 아침이나 밤 시간대에 운동을 한다.
  🔖 낮 시간을 이용한다.

- 고강도로 시작하여 저강도 운동으로 마무리한다.
  🔖 낮은 수준으로 운동을 시작하여 상태를 보면서 점차 강도를 올린다.

01 노인의 건강 증진을 위한 영양관리 방법으로 옳지 <u>않은</u> 것은?

① 국, 찌개 등의 국물 섭취를 줄인다.
② 칼슘 섭취를 위해 비타민 D를 섭취한다.
③ 음식은 뜨거울 때 바로 간을 한다.
④ 동물성 지방 섭취를 자제한다.
⑤ 콩이나 유제품을 매일 섭취한다.

02 노인이 운동을 꺼리게 되는 원인으로 옳지 <u>않은</u> 것은?

① 폐활량 감소
② 낙상에 대한 두려움 증가
③ 근육 수축력 증가
④ 우울, 외로움
⑤ 관절 가동 범위의 감소, 균형 및 조정 능력 저하

03 노인 대상자의 운동 관리 방법으로 옳지 <u>않은</u> 것은?

① 마무리 운동은 심박동수가 안정될 때까지 한다.
② 저강도로 시작하여 고강도 운동으로 마무리한다.
③ 개인의 능력에 맞는 운동 프로그램을 실시한다.
④ 준비운동은 적어도 2~3분 정도 실시한다.
⑤ 운동 효과를 높이기 위해 운동 중간에 휴식한다.

정답 01 ③ 02 ③ 03 ④

27 수면 · 성생활 · 약물사용

1. 수면 [표준교재 204p]

① 수면 문제
ㄱ 수면 중에 자주 깬다. [18, 32-2, 34]
ㄴ 수면량이 줄어든다. [32-2, 34]
ㄷ 잠들기까지 시간이 오래 걸린다. [32-2, 34]
ㄹ 낮에 졸림증이 많아진다. [32-2, 34]

② 수면 관리
ㄱ 기상과 취침 시간을 일정하게 돕는다. [1, 19, 21, 25, 26, 29, 35, 36-2]
ㄴ 커피, 녹차, 홍차, 커피, 술 등을 오후에 금한다. [16, 19, 23, 24, 26, 29, 32, 35, 36-2, 37-2]
ㄷ 과식하면 숙면이 어려우므로 저녁에 과식하지 않는다. [23, 32, 34, 36-2]
ㄹ 공복감으로 잠이 안 오는 경우 따뜻한 우유 등을 마신다. [17, 19, 23, 24, 30, 34]
ㅁ 침실 온도를 적절하게 유지한다. [16, 26]
ㅂ 잠들기 전까지 텔레비전을 시청하지 않는다. [25, 34, 35, 37-2]
ㅅ 수면제나 진정제를 장기 복용하지 않는다. [23, 29, 37-2]
ㅇ 규칙적으로 적절한 양의 운동을 한다. [3, 10, 14, 19, 21, 24, 26, 34, 35, 37-2]
ㅈ 밤잠을 설치게 되므로 낮잠을 자지 않는다. [16, 19, 21, 26, 29, 32, 35, 36-2]
ㅊ 창문과 커튼을 닫아 준다. [16]
ㅋ 취침 전 집중할 수 있는 일을 하지 않는다. [21, 24, 25, 32, 34, 36-2]

2. 성생활 [표준교재 205p]

① 성 문제
ㄱ 질병 치료제가 정상적인 성생활을 방해할 수 있다.
ㄴ 당뇨병 노인은 발기부전을 경험할 수 있다. [26, 27, 32]
ㄷ 관절염 대상자의 통증은 성적 활동에 방해가 된다. [27, 32]
ㄹ 심장마비를 경험한 노인은 주치의와 상의해야 한다. [26]
ㅁ 성생활은 뇌졸중 재발과 관련이 없다. [32, 37-1]

ⓗ 체위 변화에 도움이 되는 기구로 취약점을 보완할 수 있다. [36-2]

ⓢ 자궁적출술과 유방절제술은 실제 성기능이 변화되지는 않는다. [23, 26, 32-2]

ⓞ 전립선 절제술은 발기하는 데 문제를 유발하지 않는다. [26, 27]

ⓩ 과도한 알코올 섭취는 성기능을 감소시킨다. [26, 32, 32-2, 36-2]

ⓩ 강심제, 이뇨제, 항고혈압제, 신경안정제, 항진정제 등은 성문제를 유발할 수 있다. [23, 27, 32-2, 36-2]

ⓚ 일부 항파킨슨 약물 치료제는 성적 욕구를 높여주지만, 성생활 수행능력까지 반드시 높여주는 것은 아니다.

② 성생활 관리

  ㉠ 노인의 성적 욕구 및 성적 표현은 인간의 기본 욕구의 하나이다. [10]

  ㉡ 성에 대한 사생활을 존중해 주고 개인의 특성에 맞게 도와준다.

3. 약물사용 표준교재 207p

① 노인의 약물사용 주의사항

  ㉠ 노인의 약물 관련 특징

  • 여러 만성질환으로 많은 약물을 사용한다. [20]

  • 약물에 의존해 질병을 치유하려는 성향이 강해진다. [20]

  • 위산 분비가 감소하여 약물 흡수가 줄어든다. [20, 36-2]

  • 약물 중독 위험이 증가 원인은 신장으로 가는 혈류량 감소로 순환 혈류 내에 약물이 축적된다. [20, 36-2]

  • 약물에 대한 올바른 판단을 할 수 없어 약물을 부적절하게 사용한다. [20]

  ㉡ 약물사용 원칙

  • 비처방약도 복용하기 전에 의사와 상담해야 한다. [18, 34]

  • 다른 사람에게 처방된 약은 절대로 복용해서는 안 된다.

  • 편의점에서 구입 가능한 비상약 : 해열진통제, 감기약, 소화제, 파스 [23, 32-2, 37-2]

  • 노인에게 자신의 신체적 문제, 주치의 약물 알레르기 반응, 현재의 복용약물에 대한 최근 기록을 가지고 다니게 한다. [17]

  • 진료나 건강 상담을 받을 때마다 평소 복용 중인 약물을 적은 메모를 사전에 제시하여 적절히 처방받게 한다.

② 노인의 약물사용방법

  ㉠ 증상이 좋아졌다고 해도 복용하던 약을 의사의 처방 없이 중단하면 안 된다. [24, 33, 34]

  ㉡ 처방을 무시하고 임의로 조절하여 정해진 양보다 적게 복용하거나 많이 복용해서는 안 된다. [24, 25, 26, 37-1]

  ㉢ 약을 술과 함께 먹으면 효과가 떨어지거나 부작용이 있을 수 있다. [24, 26]

  ㉣ 증상이 비슷하다고 해서 다른 사람에게 처방된 약을 먹거나 자기 약을 남에게 주면 안 된다. [24, 25, 33, 34, 36-1]

  ㉤ 이전 처방약이 많이 남은 경우 복용할 수 있는지 의사에게 확인받는다. [26, 36-1, 37-1]

ⓑ 약 복용시간을 준수해야 한다.

※ 약물의 종류별 복용시간

구분	약물
식후	위장장애를 줄이는 대부분의 약제
식전	일부 당뇨약, 위장관 운동 조절제, 갑상선호르몬제
식사 중 또는 식사 직후	칼슘제, 철분제

ⓢ 약이 쓰다고 다른 것과 함께 복용하면 안 된다. 우유, 녹차, 커피 등 카페인 음료와 함께 복용하면 약의 흡수가 방해되므로 미지근한 물 한 컵과 함께 복용하는 것이 좋다. [34, 36 - 1]

ⓞ 약을 자몽주스와 함께 복용하면 고혈압, 고지혈증의 부작용이 증가한다. [30, 34]

ⓩ 철분제는 오렌지주스와 함께 복용하면 흡수가 잘 된다. [32 - 1, 34, 35]

ⓒ 약 삼키는 것이 힘들다고 쪼개서 복용하면 안 된다. 분할선이 있는 약만 쪼개서 복용할 수 있다. [33, 34]

※ 분할, 분쇄 불가 약제 : 장용 코팅제(약효 저하), 서방제(부작용 증가)

ⓚ 삼키기 힘든 대상자의 약이 분할, 분쇄할 수 없는 약이라면 처방을 변경해달라고 요청해야 한다. [36 - 1]

ⓣ 약 복용을 잊어버렸다고 그 다음 복용시간에 2배로 복용하면 안 된다. [25, 36 - 1, 37 - 1]

ⓟ 다음 복용시간에 가까워진 때는 다음 복용시간에 복용한다.

ⓗ 건강기능식품도(비처방 약) 의약품은 아니지만, 의사, 약사와 충분히 상의한 후 복용한다. [25, 26, 33]

※ 건강기능식품과 의약품을 함께 복용할 때의 부작용 [32]

건강기능식품	의약품	부작용
인삼 · 홍삼	고혈압약	혈압 상승
	항혈소판제	약효 과잉
오메가-3 지방산	혈액응고억제제제	약효 과잉
알로에	이뇨제	칼륨 결핍
감마리놀레산	항혈전제	약효 과잉

■ 수면 돕기 방법

- 따뜻한 홍차나 녹차를 제공한다.
  저녁식사 후 따뜻한 커피를 제공한다.
  잠자기 전에 술을 마신다.
  오후에 녹차, 홍차를 권한다.
  📝 커피, 녹차, 홍차, 커피, 술 등은 오후에 금한다.

- 잠들기 전 공복감이 있을 때는 음식을 많이 권한다.
  📝 저녁에 과식하지 않는다.

- 실내온도를 서늘하게 유지한다.
  📝 침실의 온도를 적절하게 유지한다.

- 조용히 혼자 있게 한다.
  📝 조용히 지켜본다.

- 실내 온도를 적정 온도보다 높여준다.
  📝 실내 온도는 적절하게 유지한다.

- 잠들기 전까지 텔레비전을 본다.
  📝 텔레비전을 시청하지 않는다.

- 수면제를 복용한다.
  📝 수면제나 진정제를 장기 복용하지 않는다.

- 낮에 잠을 많이 주무시도록 돕는다.
  📝 낮잠을 주무시지 않도록 한다.

- 잠들기 전 격한 운동을 권한다.
  📝 잠들기 전에는 운동을 권하면 안 된다.

- 취침 전 집중할 수 있는 일을 시킨다.
  📝 취침 전에는 집중이 필요한 일을 하지 않는다.

■ 약물 중독 위험 요인을 증가시키는 원인

- 약물에 의존하지 않고 질병을 치유하려는 성향이 강해진다.
  📝 약물에 의존해 질병을 치유하려는 성향이 강해진다.

- 위산 분비가 증가하여 약물의 흡수가 빠르다.
  📝 위산 분비가 감소하여 약물 흡수가 느려진다.

- 급성질환이 많아 다양한 약물을 요구한다.
  📝 만성질환으로 많은 약물을 사용한다.

- 인지능력의 상승으로 약물 중독의 위험이 증가한다.
  📝 인지능력 저하로 약물 중독의 위험이 증가한다.

■ 약물 복용을 위한 약물 관리 방법

- 증상이 좋아지면 복용하던 약을 중단한다.
  📋 의사의 처방 없이 중단하면 안 된다.

- 술을 마신 상태에서도 혈압약은 꼭 챙겨 먹는다.
  술을 먹었어도 약은 꼭 챙겨 먹는다.
  📋 약을 술과 함께 먹으면 효과가 떨어지거나 부작용이 있을 수 있다.

- 약 복용을 자제하고 참아보라고 한다.
  📋 약 복용 시간을 지켜 복용하도록 한다.

- 한 번에 많은 양을 사 두고 복용하게 한다.
  증상에 따라 약 용량을 조절하여 복용하게 한다.
  효과가 없을 때에는 정해진 양보다 많이 먹는다.
  📋 정해진 양보다 적게 복용하거나 많이 복용해서는 안 된다.

- 증상이 비슷한 다른 대상자의 약을 복용하게 한다.
  📋 다른 사람에게 처방된 약을 복용하면 안 된다.

- 삼키기 힘든 가루약은 국물에 타서 먹는다.
  📋 숟가락을 사용하여 물에 녹인 후 투약한다.

- 비처방약은 의사와 상의 없이 먹어도 된다.
  📋 의사, 약사와 충분히 상의한 후 복용한다.

01 대상자가 밤에 잠을 못 잘 때 돕기 방법으로 옳지 <u>않은</u> 것은?

① 공복감으로 잠이 안 오는 경우 식사를 제공한다.

② 아침 기상시간을 일정하게 돕는다.

③ 창문과 커튼을 닫아준다.

④ 규칙적으로 적절한 양의 운동을 한다.

⑤ 따뜻한 우유를 마신다.

02 노인의 성기능을 감소시키는 요인과 관계가 <u>없는</u> 대상자는?

① 이뇨제를 복용하는 대상자　　　② 고혈압 약을 복용 중인 대상자

③ 관절염을 치료 중인 대상자　　　④ 전립선 절재술을 받은 대상자

⑤ 당뇨병이 있는 대상자

03 노인의 올바른 약물 복용을 위한 약물 관리 방법으로 옳지 <u>않은</u> 것은?

① 증상이 좋아지면 복용하던 약을 중단한다.

② 정해진 양보다 적게 복용하거나 많이 복용해서는 안 된다.

③ 약 처방을 받을 때는 먹고 있는 약을 보여주고 처방받는다.

④ 비처방 약이라도 의사와 상담 후 복용하게 한다.

⑤ 현재 복용하는 약물의 정보를 가지고 다닌다.

28 금연과 음주 · 예방접종 · 계절별 생활안전

1. 금연 표준교재 210p

① 오랫동안 피웠던 담배를 잠깐 끊는 것만으로도 노인의 손상된 건강을 증진할 수 있다. 26

② 금연 후 시간 경과에 따른 신체적 변화

2분 뒤	• 혈압 수준이 좋아진다. 36-1 • 맥박과 손발 체온이 정상으로 돌아온다.
8시간 뒤	혈중 일산화탄소와 산소량이 정상으로 회복되기 시작한다. 35, 36-1, 37-2
24시간 뒤	심장발작 위험이 줄어든다. 36-1
48시간 뒤	• 후각과 미각이 향상된다. 36-1, 37-2 • 기도 점막의 감각 끝부분이 되살아나기 시작한다.
2주~3개월	• 폐 기능이 회복된다. 35, 37-2 • 혈액순환이 좋아진다.
3개월 이상	정자 수가 증가하고 성기능이 향상된다. 35, 37-2
1년 뒤	심장병 발병 위험이 절반으로 줄어든다. 35, 37-2
5~10년 뒤	폐암으로 사망할 확률이 흡연자의 절반으로 감소한다. 36-1
10년 이상	기대 수명이 금연 전보다 10~15년 늘어난다. 35

2. 적정 음주 표준교재 211p

① **음주 문제** : 술은 때로 우울, 불면증 등의 문제를 극복하기 위한 수단으로 이용되기 때문에 과음 시 음주 문제가 빈번하게 일어난다.

② **과음하지 않고 술을 적당히 마시기 위한 권장사항**

ㄱ 술 대신 알코올이 안 들어 있는 음료 마시기

ㄴ 술을 마실 때는 알코올 도수가 낮은 종류로 선택하기

ㄷ 작은 잔에 마시기

ㄹ 술을 알코올이 안 들어 있는 음료와 섞어 마시기

ㅁ 술을 마시면서 물도 함께 마시기

ⓗ 일주일에 술을 마시지 않는 날을 정하기

ⓢ 술자리에서 음식(안주)도 함께 먹기

③ 절주 방법

ⓐ 암 예방을 위해서는 한두 잔의 술도 피한다. [32-2]

ⓑ 주변 사람에게 "앞으로 술을 마시지 않겠다."고 절주 의지를 알리게 한다. [32-2, 36-2]

ⓒ 음주를 권하는 환경에 대비해 방안을 마련해 둔다. [32-2, 36-2]

ⓓ 술자리에서의 대처 방안을 마련하고 실천한다.

ⓔ 빈속에 술을 마시지 않는다. [32-2, 36-2]

ⓕ 음주 대신 할 수 있는 일을 생각해 본다.

ⓖ 음주 일지를 작성해 본다. [36-2]

3. 예방접종 표준교재 214p

① 예방접종 종류와 주기 [4, 13, 15, 16, 18, 19, 21, 22, 24, 25, 27, 28, 30, 32, 32-1, 34, 35, 36-1, 37-2]

대상 전염병	50~64세	65세 이상
파상풍/디프테리아/백일해	• 1차 기본접종은 디프테리아, 파상풍, 백일해를 접종 • 이후 10년마다 파상풍과 디프테리아를 추가 접종	
인플루엔자	매년 1회	
폐렴구균	위험군에 대해 1회~2회 접종	1회
대상포진	1회	1회

② 65세 이상 노인은 반드시 인플루엔자, 폐렴구균, 대상포진, 파상풍, 디프테리아 예방접종을 하도록 권장된다.

4. 계절별 생활안전 수칙 표준교재 215p

① 여름

ⓐ 폭염에 따른 문제 : 노인은 땀샘의 감소로 땀 배출량이 적어 체온조절이나 탈수감지 능력이 저하된다.

ⓑ 폭염 대응 안전수칙

• 가급적 야외활동을 자제한다. [27, 32-1, 35]

• 한낮에는 외출이나 논밭일, 비닐하우스 작업 등을 삼가고 외출할 때는 헐렁한 옷차림에 챙이 넓은 모자와 물을 휴대한다. [15, 27, 32-1]

• 현기증, 메스꺼움, 두통, 근육경련 등이 있을 때는 시원한 장소에서 쉰다. [27]

• 시원한 물이나 음료를 천천히 마신다. [15, 32-1, 35]

• 식사는 가볍게 하고 물은 평소보다 자주 마신다. [15, 27, 32-1, 35]

② 겨울

ⓐ 기온이 급강하할 때는 뇌졸중과 낙상으로 인한 골절을 예방해야 한다.

ⓑ 뇌졸중 예방 안전수칙

• 실외운동을 삼가고 실내운동을 하는 것이 좋다. [20, 26, 29, 37-1]

• 새벽보다는 낮에 운동한다. [20, 25, 26, 29, 37-1]

• 운동 시 준비운동과 마무리운동을 평소보다 충분히 한다. [20, 25, 26]

- 술을 마신 다음 날 아침 운동, 외출을 삼간다. `25, 26`
- 따뜻한 곳에 있다가 갑자기 찬 곳으로 나가지 말아야 한다. `37-1`
- 외출 시 방한복과 모자 등을 착용한다. `25, 26`

ⓒ 골절 예방 안전수칙
- 눈이나 비가 오는 날, 가급적 외출을 삼간다. `29`
- 손을 주머니에 넣고 걷지 않는다. `20, 29, 37-1`
- 움직임이 둔한 옷은 피하고, 가볍고 따뜻한 옷을 입는다. `20, 29, 37-1`
- 평소에 근력강화운동을 한다.

■ 여름 폭염 시 대처해야 할 안전조치 사항
- 꽉 끼는 옷을 입는다.
  📋 외출할 때는 헐렁한 옷차림을 한다.

- 야외활동을 권장한다.
  📋 야외활동을 자제한다.

- 두통이 있을 때는 가볍게 운동을 한다.
  📋 시원한 장소에서 쉰다.

- 비닐하우스 안에서 작업을 한다.
  📋 폭염 시 비닐하우스 작업을 삼간다.

- 외출할 때는 챙이 좁은 모자를 쓴다.
  📋 챙이 넓은 모자를 쓴다.

- 식사를 많이 한다.
  📋 식사는 가볍게 한다.

- 물은 평소보다 적게 마시도록 한다.
  📋 평소보다 자주 마신다.

■ 겨울철 노인의 뇌졸중과 골절 예방을 위한 안전수칙
- 실내운동을 삼가고 실외운동으로 바꾼다.
  📋 가급적 실내운동을 실시한다.

- 옷을 아주 두껍게 입고 손을 주머니에 넣고 걷는다.
  📋 둔한 옷은 피하고, 손을 주머니에서 빼고 걷는다.

- 움직임이 둔하므로 옷은 얇게 입는다.
  📋 가볍고 따뜻한 옷을 입는다.

- 운동시간은 낮보다 새벽 시간을 이용한다.
  📋 운동은 낮 시간에 한다.

- 추운 날씨에는 야외운동의 강도를 높인다.
  📋 실내운동을 실시하고 강도는 낮게 한다.

- 저녁에는 준비운동을 하지 않는다.
  운동 시 준비운동과 마무리운동은 생략한다.
  운동 시 마무리운동은 생략한다.
  📋 운동 시 준비운동과 마무리운동을 충분히 한다.

- 몸을 단련하기 위해 장갑이나 방한복은 착용하지 않는다.
  📋 장갑, 방한복 등을 착용한다.

- 술을 마신 다음 날 아침에도 변함없이 운동을 한다.
  📋 술을 마신 다음 날에는 운동을 삼간다.

01 노인대상자에게 권장되는 예방접종에 대한 설명으로 옳은 것은?

① 폐렴구균 – 매년 1회
② 인플루엔자 – 매년 1회
③ 파상풍 – 5년마다 1회
④ 대상포진 – 매년 1회
⑤ 결핵 – 10년마다 1회

memo

03 과목

요양보호 각론

CONTENTS

29 대상자 중심 신체활동 요양보호

표준교재 218p

1. 대상자를 대하는 원칙

① 무엇이든 강제로 하지 않음 27, 32

　ㄱ "아침식사는 8시예요. 일어나서 식사하셔야 설거지하고 점심식사 준비하지요. 어서 일어나세요." 32

　ㄴ "화장실 가려면 어르신도 요양보호사인 저도 고생하니까 그냥 간이변기에 하세요. 다들 여기다 해요. 이제 습관을 들여야지요." 32

　ㄷ "어르신! 걸으려면 힘들고, 넘어지면 큰일 나니까 그냥 휠체어 타세요. 내가 밀어 드릴게요. 편하게 다녀오면 좋지." → 이렇게 휠체어만 태우고 걷지 못하게 하면 수주일 내에 한 발자국도 못 걷게 될 것이다.

　ㄹ "지금 목욕 안 하면 다음주까지 기다려야 해요. 냄새나니까 얼른 지금 하세요." 하면서 옷을 벗기기 시작한다. 32

② 수면을 방해하지 않음 : 대상자가 자는 동안 기저귀가 젖었는지 확인하기 위해 이불을 들추지 않는다. 27, 32

③ 억제대는 하지 않음 27

　ㄱ "눈 깜짝할 사이에 난리를 치는데, 침대에서 떨어지면 누가 책임져요? 이 어르신 보호자 엄청 까칠하거든요."

　ㄴ "안 묶어 놓으면 소변줄, 콧줄을 잡아 뽑아요. 어쩔 수 없어요." 32

억제대의 피해	• 자세변환이 힘들어 욕창이 잘 생긴다. • 근육을 움직이지 않아 근력이 떨어진다. • 심장 기능이 저하된다. • 인지 기능이 저하된다. • 관절이 굳는다. • 골다공증이 생기거나 악화된다.

④ 겨드랑이를 잡아 올리지 않음 : 근육과 인대가 약해서 겨드랑이를 잡아 올리면 어깨 관절이 탈구될 위험이 있다. 27

2. 대상자 대면하기 표준교재 220p

① 대면하기

옳은 방법	• 정면에서 같은 눈높이로 최소 1초 이상 눈을 맞추며 본다.
	• 눈을 맞추고 나서 2초 이내에 인사하거나 말을 건넨다. 32
	• 대상자가 벽 쪽으로 돌아누워 시선을 피하면 침대와 벽 사이에 틈을 만들어서라도 눈을 맞추며 "제 눈을 봐 주세요."라고 요청한다. 32
옳지 않은 방법	• 대상자와 멀리 서거나, 위에서 내려다보거나 옆에서 힐끗 본다.
	• 대상자를 보지 않으면 '당신에게 관심이 없다.'라는 의미를 전달한다.

② 대상자에게 말하기

ㄱ 대상자가 졸고 있거나 아직 잠에서 덜 깨었을 때는 침대판을 두드리고, 대답이 없으면 약 3초간 잠시 기다렸다가 다시 한번 두드려 대상자를 깨운 뒤 말을 시작한다. 32

ㄴ 아무 말도 안 하는 대상자에게도 말 걸기 : 요양보호사 혼자서라도 "제가 왔어요. 기분 좀 어떠세요? 이제부터 세수하려고 해요." 세수를 다 하고 나서는 "얼굴이 깨끗해졌네요. 쌀쌀하니까 이불 덮어드릴게요."라는 식으로 상황을 설명할 필요가 있다. 27, 32

ㄷ 항상 긍정형 문장으로 이야기하기 : 대상자가 기저귀 안으로 손을 넣을 때 "기저귀에 손 넣지 마세요"라는 부정형 명령 투보다는 손에 다른 들 것을 쥐어 주며 "이것 한번 만져보세요."라는 식으로 긍정형으로 이야기한다.

ㄹ 무언가 이야기를 한 후 최소 3초 이상 기다려 줄 것 : 요양보호사가 한 말을 이해하고 행동으로 옮기는 데 시간이 필요하기 때문이다.

ㅁ 봐야 할 것을 눈높이에서 보여주며 말하기 : 밥을 먹일 때 "입을 벌리세요."라고 말하기보다는 "싱싱한 나물이 아삭하게 보여요."라고 말하면 대상자가 훨씬 기분 좋게 식사할 수 있을 것이다.

③ 대상자 만지기

ㄱ 대상자를 만질 때는 대상자의 피부와 넓은 면적이 닿게 만져야 한다.

ㄴ 붙잡지 않고 천천히 밑에서부터 받쳐 살짝 힘을 주는 것이 좋다.

ㄷ 손끝이 아니라 손바닥 전체를 이용해 접촉한다.

※ 손가락으로 잡으면 좋지 않은 이유

• 잡기 싫지만 어쩔 수 없이 잡고 있다는 느낌을 준다.
• 힘이 많이 들어간다.
• 억압하는 느낌을 준다.

ㄹ 절대 급격한 행동으로 붙잡거나 할퀴거나 꼬집거나 때리거나 하면 안 된다.

ㅁ 손이나 얼굴을 만지는 것이 인지를 자극하기 위해서 효과적이다.

④ 대상자를 일어서게 하기

ㄱ 느리더라도 부축하지 말고 가급적 혼자 움직이게 해야 한다.

ㄴ 서서 움직이고, 스스로 활동하는 동안 기분 좋은 이야기를 하며 격려해야 한다.

ㄷ "이렇게 일어서니까 먼 산까지 보이시죠? 진달래가 피었네요. 오늘은 좀 더 안정적으로 서 계시네요." 등으로 일어서는 것을 좋은 기억으로 남게 해야 한다.

일어서기의 장점	• 골격근의 근력 유지에 좋다.
	• 뼈와 관절에 힘을 가해 골다공증에 도움이 된다.
	• 순환기를 자극하여 혈액순환에 도움이 된다.
	• 호흡기를 자극하여 폐활량에 도움이 된다.

01 요양보호사가 대상자를 대하는 원칙 중 <u>잘못된</u> 것은?

　① 무엇이든 강제로 하지 않는다.

　② 억제대는 하지 않는다.

　③ 자는 동안 기저귀가 젖었는지 수시로 확인한다.

　④ 겨드랑이를 잡아 올리지 않는다.

　⑤ 아무 말도 안하는 대상자에게도 말을 건다.

02 억제대의 피해에 해당하지 <u>않은</u> 것은?

　① 자세 변환이 힘들어 욕창이 잘 생긴다.

　② 근육을 움직이지 않아 근력이 떨어진다.

　③ 심장 기능이 증가된다.

　④ 인지 기능이 저하된다.

　⑤ 관절이 굳는다.

정답　01 ③　02 ③

30 섭취 요양보호와 식사 자세

표준교재 223p

1. 섭취 요양보호의 일반적 원칙

① 대상자의 식사 습관과 소화 능력을 고려한다.

② 신체적, 심리적, 사회적, 경제적 상황, 질병 등을 고려하여 음식을 선택한다. 15

③ 대상자에게 맞는 식사 방법, 속도, 음식의 온도 등을 배려한다.

④ 식사 전에 주변 환경을 청결히 정리한다. 15

⑤ 식사 전 · 중 · 후 모든 과정에서 대상자에 대한 주의 깊게 관찰한다. 15

⑥ 사레, 구토, 청색증 등 이상이 나타나는지 주의 깊게 관찰하고 대처한다. 14, 15, 22, 32-1

⑦ 대상자의 요구를 최대한 반영한다. 15

⑧ 대상자가 스스로 할 수 있는 것들은 최대한 스스로 하게 한다.

2. 노인 영양상태 관찰 표준교재 223p

① 영양부족

ⓐ 영양부족의 위험 요인 : 너무 적은 식사량, 약물 사용, 급성 또는 만성질환, 사회적 고립, 우울, 인지장애, 연하곤란, 영양적으로 불균형적인 식사, 고령, 빈곤, 알코올 중독, 식욕부진, 오심 8, 17, 20, 23, 26, 28, 32-2

ⓑ 영양부족을 확인할 수 있는 지표 : 체중 감소, 신체기능 저하, 상처 회복 지연, 마르고 약해 보임, 배변 양상 변화, 피로, 무감동, 인지수준 변화, 탈수 17, 20, 23, 26

② 식사 관찰

ⓐ 대상자가 좋아하는 음식과 식습관을 파악한다.

ⓑ 대상자의 식사시간, 섭취한 음식의 종류와 양을 24시간 동안 기록하게 한다.

③ 24시간 식사일지를 적을 때 글씨를 쓸 수 없는 노인은 돌보는 사람의 도움을 받아 작성한다.

3. 식이의 종류 표준교재 224p

① **일반식** : 치아에 문제가 없고 소화를 잘 시킬 수 있는 대상자에게 제공한다.

② **잘게 썬 음식** : 치아가 적어 씹기 어렵지만, 삼키는 데 문제가 없는 대상자에게 치아 상태에 따라 잘게 썰어 제공한다.

③ **갈아서 만든 음식** : 아주 잘게 썰어도 삼키기 힘든 대상자에게 음식의 원래 모양을 알아볼 수 없을 정도로 갈아서 제공한다. [36-1]

④ **유동식**

  ㉠ 경구 유동식 : 대상자가 음식 맛을 느낄 수 있으므로 대상자의 입맛에 맞게 준비하고 너무 차거나 뜨겁지 않게 한다.

  ㉡ 경관 유동식 : 대상자가 연하 능력이 없고 의식장애가 있을 때 비위관을 통하여 경관 유동식을 제공한다.

4. 식사 자세 표준교재 226p

① **올바른 식사 자세** : 식탁의 높이는 대상자가 의자에 앉았을 때 식탁의 윗부분이 대상자의 배꼽 높이
[3, 16, 17, 18, 21, 24, 28, 29, 32-2, 33, 37-1]

② **앉은 자세**

  ㉠ 의자에 깊숙이 앉고 식탁에 팔꿈치를 올릴 수 있도록 한다. [13, 16, 17, 18, 28, 32-2, 33, 37-1]

  ㉡ 휠체어에 앉을 때도 휠체어를 식탁 가까이 붙인다. [18, 21, 28]

  ㉢ 의자의 높이는 발바닥이 바닥에 닿을 수 있도록 한다. [16, 17, 18, 21, 24, 28, 32-2, 33, 37-1]

  ㉣ 팔받침, 등받이가 있는 의자는 안전하고 좌우 균형을 잡는 데 도움이 된다. [16, 24, 33, 37-1]

③ **침대에 걸터앉은 자세**

  ㉠ 균형을 잡을 수 있으면 침대에 걸터앉아 식사할 수 있다. 이때 넘어지지 않도록 왼쪽이나 오른쪽 또는 앞뒤에 쿠션을 대준다.

  ㉡ 침대에 걸터앉는 경우에도 발이 바닥에 완전히 닿아야 안전하다. [28, 29]

  ㉢ 발이 바닥에 닿지 않으면 받침대를 받쳐준다.

④ **침대머리를 올린 자세**

  ㉠ 침대에서 일어나거나 앉을 수 없는 경우에는 침대를 약 30~60° 높인다. [20, 21, 22, 25]

  ㉡ 머리를 앞으로 약간 숙이고 턱을 당기면 음식을 삼키기가 쉬워진다. [16, 17, 18, 21, 24, 37-1]

⑤ **마비 대상자 식사 자세**

  ㉠ 건강한 쪽을 밑으로 하여 약간 옆으로 누운 자세를 취한다. [15, 18, 20, 21, 22, 23, 26, 27, 29]

  ㉡ 마비된 쪽을 베개나 쿠션으로 지지한다. [7, 8, 15, 18, 20, 21, 22, 23, 26, 29, 32]

■ 섭취 요양보호의 일반적인 원칙

- 대상자의 질병 유무만 고려하여 음식을 선택한다.
  - 📑 신체적, 심리적, 사회적, 경제적 상황, 질병 등을 고려한다.

- 요양보호사의 요구를 최대한 반영한다.
  - 📑 대상자의 요구를 최대한 반영한다.

- 식사 후에 주변 환경을 청결히 정리한다.
  - 📑 식사 전에 주변 환경을 청결히 정리한다.

- 사레, 구토, 청색증 등 이상이 나타나는 것에 관심을 가질 필요는 없다.
  - 📑 이상이 나타나는지 관심을 가져야 한다.

■ 식탁에서 식사할 때 대상자의 올바른 자세

- 식탁의 높이는 의자에 앉았을 때 가슴 높이로 한다.
  식탁의 윗부분이 대상자의 가슴에 오게 한다.
  - 📑 대상자의 배꼽 높이로 한다.

- 의자에 팔 받침이나 등받이가 없는 것이 좋다.
  - 📑 있는 것이 안전하다.

- 턱을 치켜드는 자세가 사레 방지에 좋다.
  음식을 삼킬 때 턱을 위로 든다.
  음식을 먹는 경우 턱은 똑바로 세워준다.
  - 📑 머리를 앞으로 약간 숙이고 턱을 당기면 음식을 삼키기가 쉬워진다.

- 의자의 가장자리에 걸터앉는다.
  - 📑 의자에 깊숙이 앉는다.

- 의자의 높이는 발바닥 앞부분이 바닥에 닿게 한다.
  발끝이 바닥에 닿는 의자 높이가 좋다.
  의자의 높이는 발바닥이 바닥에 닿지 않을 정도로 한다.
  - 📑 발바닥이 바닥에 닿을 수 있도록 한다.

- 식탁 위에 팔꿈치를 올리지 않는다.
  - 📑 팔꿈치를 올릴 수 있도록 한다.

- 휠체어에 앉을 때는 휠체어를 식탁에 가까이 붙이지 않는다.
  휠체어에 앉을 때에는 식탁과 거리를 두고 앉는다.
  - 📑 휠체어와 식탁은 가까이 붙인다.

■ 오른쪽 편마비 대상자의 식사 자세

- 건강한 쪽을 위로 하여 약간 누운 자세를 취한다.
  - 📑 건강한 쪽을 밑으로 한다.

- 건강한 쪽을 베개나 쿠션으로 지지한다.
  🔁 마비된 쪽을 베개나 쿠션으로 지지한다.

- 불편한 쪽을 밑으로 하여 약간 옆으로 누운 자세를 취하게 한다.
  🔁 건강한 쪽을 밑으로 한다.

- 일어나거나 앉을 수 없는 경우 침대에 똑바로 누운 상태에서 천천히 음식을 제공한다.
  🔁 침대를 약 30~60° 정도 높인다.

- 식사 도중 사레가 걸리면 물을 마시도록 한다.
  🔁 식사 도중 사레가 걸리면 식사를 중단하고 보고한다.

- 편마비 대상자는 자세를 똑바로 눕힌다.
  🔁 편마비 대상자는 약간 옆으로 누운 자세를 취한다.

- 가능한 침대머리를 낮춘다.
  🔁 침대머리를 높인다.

- 요양보호사는 불편한 쪽에서 식사를 보조한다.
  🔁 건강한 쪽에서 식사를 보조한다.

핵심 족집게 문제 ● CARE WORKER

01 노인의 영양결핍을 초래하는 위험 요인에 해당하지 <u>않는</u> 것은?
① 연하곤란
② 사회적 고립
③ 인지장애
④ 급성 또는 만성질환
⑤ 상처 회복 지연

02 노인 대상자의 영양부족 상태를 알 수 있는 지표에 해당하지 <u>않는</u> 것은?
① 신체기능 저하
② 상처 회복 지연
③ 배변 양상 변화
④ 충분한 수분 섭취
⑤ 마르고 약해 보임

03 대상자가 식사를 할 때 올바르지 <u>않은</u> 식사 자세는?
① 발바닥이 바닥에 닿는 의자 높이가 좋다.
② 침대에 똑바로 누운 상태에서 천천히 음식을 제공한다.
③ 의자에 앉았을 때 식탁의 윗부분이 대상자의 배꼽 높이로 한다.
④ 식탁에 앉을 때는 대상자를 의자에 깊숙이 앉히고 식탁 가까이에 붙인다.
⑤ 편마비대상자는 건강한 쪽을 밑으로 하여 약간 옆으로 누운 자세를 취한다.

정답 01 ⑤ 02 ④ 03 ②

31 식사와 경관 영양 돕기

1. 식사 돕기 기본원칙 표준교재 228p

① 식사 전에 몸을 움직이거나 잠시 밖에 나가서 맑은 공기를 마시면 기분이 좋아지고 식욕이 증진된다. 5

② 입맛이 없는 경우에는 다양한 음식을 조금씩 준비하여 반찬의 색깔을 보기 좋게 담아내 식욕을 돋운다.
9, 10, 13, 14, 20, 24, 25, 29

③ 식사할 때 대상자가 사레들거나 질식하면 즉시 중단하고 보고한다. 17, 20, 21, 22, 29, 33

※ 사레에 들리지 않도록 예방하는 방법

- 가능하면 앉아서 상체를 약간 앞으로 숙이고 턱을 당기는 자세로 식사한다.
17, 22, 23, 24, 25, 27, 29, 32-1, 33, 34, 36-1
- 의자에 앉을 수 없는 대상자는 몸의 윗부분을 높게 해 주고 턱을 당긴 자세를 취하게 한다. 12, 17
- 식사 전에 국이나 물, 차 등으로 먼저 목을 축이고 음식을 먹게 한다. 3, 11, 17, 21, 23, 25, 29, 32-1
- 삼킬 수 있을 정도의 적은 양을 입에 넣어 준다. 2, 13, 14, 17, 27
- 완전히 삼켰는지 확인한 다음에 음식을 입에 넣어 준다. 1, 23, 24, 27, 29, 32-1, 34

※ 연하곤란이 있는 대상자에게 식사를 제공하는 방법

- 씹고 삼킬 수 있는 양을 조금씩 제공한다. 21, 22, 28, 32
- 음식을 먹고 있는 도중에는 질문을 하지 않는다. 11, 17, 21, 22, 27, 29, 32, 34, 36-1
- 등이 구부정한 상태에서 밥을 먹으면 음식이 기도로 넘어가기 쉬우므로 등받이 있는 의자에 등을 펴고 깊숙이 앉아야 한다.
- 수분이 적은 음식은 삼간다. 23, 24, 32-1, 37-2
- 신맛이 강한 음식(자몽, 레몬 등)은 제공하면 사레에 걸릴 수 있다.
16, 17, 19, 22, 23, 24, 25, 28, 32-1, 33, 34, 36-1, 37-2

2. 식사 돕는 방법

① 시력이 저하된 대상자에게는 스스로 식사할 수 있도록 음식을 시계 방향으로 둔다.

② 대상자의 상태에 맞춰 최대한 스스로 음식을 먹을 수 있도록 격려한다.

③ 앉을 수 있는 대상자는 침대의 머리를 최대한 올리고 등에 베개를 대어 주고 음식을 먹을 때는 약간 옆으로 앉게 한다.

④ 머리를 올리기 어려운 대상자는 옆으로 눕히고 등에 베개를 대고 얼굴을 요양보호사가 있는 방향으로 돌린다.
4, 30

⑤ 옷과 침구가 더러워지지 않도록 앞치마나 턱받이를 대상자 턱밑에 대어 준다.

⑥ 음식물을 삼키기 쉽게 식사 전에 수분 섭취를 한다. [29]

⑦ 식사하기 전에 음식의 온도를 확인한다.

⑧ 한 손을 받쳐서 대상자의 입 가까이 가져간다.

⑨ 대상자가 오른손잡이라면 오른쪽에서 밥을 먹여줘야 편안하게 느낀다.

⑩ 편마비대상자는 건강한 쪽에서 넣어준다. [28, 30, 32-2, 33, 36-2, 37-2]

⑪ 건강한 쪽을 밑으로 하여 약간 옆으로 누운 자세를 취하게 한다. [28, 30, 32-1, 33, 35, 36-2, 37-2]

⑫ 숟가락 끝부분을 입술 옆쪽에 대고 숟가락 손잡이를 머리 쪽으로 약간 올려 음식을 먹인다. [30, 32-1, 33, 37-2]

⑬ 음식물을 다 삼킨 것을 확인한 후에 음식물을 다시 넣어준다. [23, 24, 30, 32-1, 35, 36-2]

⑭ 식사할 때는 천천히 식사에 집중하도록 조용한 환경을 만든다. [25, 36-2]

⑮ 대상자가 먹는 장소에서 큰 소리로 이야기하지 않는다. [35, 37-2]

⑯ 빨대를 사용해야 할 경우 손가락 사이에 빨대를 고정한 후 대상자 입에 물린다. [20, 35]

⑰ 국물은 구부러지는 굵은 빨대를 이용하여 스스로 마시게 한다. [15]

⑱ 입가에 묻은 음식물을 닦아주며, 특히 마비된 쪽의 입가에 흐르는 음식물은 자연스럽게 닦아준다. [15]

⑲ 식사를 마치면 그릇과 턱받이를 치운다.

⑳ 마비가 있는 대상자는 남아 있는 음식은 삼키거나 뱉을 수 있게 도와준다. [15]

㉑ 마비된 쪽의 뺨 부위에 음식 찌꺼기가 남기 쉬우므로 식후 구강관리를 한다. [3, 37-2]

㉒ 식후 입안의 마비된 쪽에 음식물 찌꺼기가 남아 있는지 확인한다. [32-2, 36-2]

㉓ 가능하다면 식사 후 30분 정도 앉아 있게 한다. [6, 15, 20, 32-1]

※ 스스로 식사하는 대상자를 지켜보는 방법

- 스스로 식사할 수 있는 대상자라도 식사하는 동안 연하곤란, 사레, 질식, 불편한 점 등이 발생하지 않도록 관찰해야 한다. [21, 27]
- 대상자가 음식을 먹을 때 한입에 너무 많이 넣는지 살펴본다.
- 너무 빨리 먹거나 조급하게 먹는지 살펴보고 천천히 식사하도록 지지한다.
- 편식하는 대상자는 반찬을 골고루 먹도록 격려한다.
- 식사 중 옆에서 지켜보고 있다가 도와준다.

3. 경관 영양 돕기 기본원칙 [표준교재 231p]

① 입으로 식사를 할 수 없고 영양공급이 불충분한 대상자에게 행한다.

② 청각 기능이 남아 있으므로 대상자가 의식이 없어도 식사 시작과 끝을 알린다. [15, 16, 17, 19, 20, 21, 23, 25, 28]

③ 영양액은 유효기간 이내의 것만 사용한다. [17, 18, 21, 36-1]

④ 영양주머니는 매번 깨끗이 씻어서 말린 후 사용한다. [15, 16, 17, 19, 20, 21, 22, 26, 35]

⑤ 대상자가 무의식적으로 빼려고 할 때 빠지지 않도록 비위관을 반창고 등으로 잘 고정한다. [36-1]

⑥ 비위관이 새거나 역류하면 간호사에게 연락해야 한다. [1, 5, 20, 23, 32, 33, 36-1]

⑦ 영양액은 체온 정도의 온도로 준비한다. [29, 32, 33, 34, 37-1]

⑧ 영양액은 1분에 50mL 이상 주입되지 않도록 주의한다. [33, 35]

⑨ 영양액을 너무 천천히 주입하면 음식이 상할 수 있다. [36-1]

⑩ 너무 진한 농도의 영양을 주입하거나 너무 빠르게 주입하면 설사나 탈수를 유발할 수 있다.
[14, 16, 19, 20, 21, 22, 23, 25, 27, 29, 32]

⑪ 경관 영양 주입 시 대상자의 구강관리는 입안 건조와 갈증을 예방하기 위해 입안을 자주 청결히 하고, 입술보호제를 발라준다. 15, 20, 24, 36-1

⑫ 콧속에 분비물이 축적되기 쉬우므로 비위관 삽입 부위에 윤활제를 바른다. 20, 34

4. 경관 영양 돕는 방법

① 처방에 따라 영양액을 따뜻하게 준비한다. 1, 5, 15, 16, 17, 19, 23, 26, 28, 29, 37-1

② 대상자에게 식사시간임을 알리고 앉게 하거나 침상머리를 올린다. 만약 일어나지 못하면 오른쪽으로 눕힌다. 15, 26, 32

③ 위의 모양이 왼쪽으로 기울어져 있으므로 오른쪽으로 누우면 기도로의 역류 가능성이 줄어들고 중력에 의해 영양액이 잘 흘러내려간다. 30

④ 영양액이 중력에 의해 흘러 내려와 위장으로 들어가도록 위장보다 높은 위치에 건다. 18, 22, 25, 26, 28, 33, 35

⑤ 경관 영양 주입 시 비위관이 빠지거나 새는지 관찰한다.

⑥ 구토나 청색증이 나타나면 비위관을 잠근 후 관리책임자에게 알린다. 21, 22, 25, 29, 34, 35, 37-1

⑦ 비위관이 빠졌을 경우 요양보호사가 임의로 비위관을 밀어 넣거나 빼면 안 된다. 21, 22, 27, 28, 33, 34, 37-1

⑧ 비위관이 새거나 영양액이 역류될 때 비위관을 잠근 후 의료기관에 방문하게 하거나, 반드시 시설장 및 관리책임자, 간호사에게 연락해야 한다. 2, 3, 4, 7, 14, 26, 27, 29, 32

⑨ 경관 영양 주입 후 대상자가 상체를 높이고 30분 정도 앉아 있도록 돕는다. 16, 32, 37-1

■ 식사돕기 원칙과 방법

- 마른 음식을 먼저 제공한다.
  🔁 식사 전에 물을 먼저 마신다.

- 수분이 적은 음식을 제공한다.
  🔁 수분이 적은 음식은 삼간다.

- 삼키기 쉽도록 턱을 위로 들게 하여 식사를 제공한다.
  똑바로 누운 상태에서 음식을 제공한다.
  🔁 침대의 머리를 최대한 올리고 등에 베개를 대어 주고, 음식을 먹을 때는 약간 옆으로 앉게 한다.

- 고개를 뒤로 젖히고 음식을 입에 넣어 준다.
  턱을 들어 올린 후 식사를 제공한다.
  🔁 턱을 당기는 자세로 식사를 제공한다.

- 신맛이 강한 음식을 제공한다.
  입맛을 돋우기 위해 신맛 나는 음식을 먼저 준다.
  🔁 신맛이 강한 음식(자몽, 레몬 등)을 제공하면 사레에 걸릴 수 있다.

- 천천히 식사하도록 자주 질문을 한다.
  음식을 먹는 도중에는 간단한 대답만 할 수 있는 질문을 한다.
  🔁 질문을 하지 않는다.

- 고형 물질을 먼저 섭취하고 스프, 물 등을 먹인다.
  🔁 국이나 물, 차 등으로 먼저 목을 축이고 고형 물질 음식을 먹게 한다.

- 천식이나 구역질이 나타나면 음식량을 줄인다.
  🔁 식사에 더욱 주의를 기울인다.

- 대상자가 원하는 만큼의 양을 입에 넣어 준다.
  🔁 삼킬 수 있을 정도의 적은 양을 입에 넣어 준다.

- 대상자 스스로 식사할 수 있으면 자리를 비켜 준다.
  🔁 연하곤란, 사레, 질식, 불편한 점 등이 발생하지 않도록 관찰해야 한다.

- 빨대를 사용할 경우 대상자의 입에 빨대를 계속 꽂은 채로 식사를 돕는다.
  🔁 손가락 사이에 빨대를 고정한 후 대상자 입에 물린다.

- 정해진 시간에 음식을 빨리 먹도록 한다.
  🔁 천천히 식사하도록 한다.

- 일정한 속도로 계속 밥을 넣어 준다.
  🔁 완전히 삼켰는지 확인한 다음에 음식을 입에 넣어 준다.

- 질식 증상이 나타나면 쉬었다 먹인다.
  사레가 들리면 기다렸다가 다시 제공한다.
  🔁 사레가 들거나 질식하면 즉시 식사를 중단하고 보고한다.

- 식후 바로 눕도록 한다.
  - 🔁 상체를 높이고 30분 정도 앉아 있도록 돕는다.

- 한 가지 음식을 푸짐하게 제공한다.
  - 🔁 다양한 음식을 조금씩 준비한다.

- 어떤 음식이 나왔는지 미리 알려주지 않는다.
  - 🔁 미리 알려준다.

- 음식을 다 삼키기 전에 음식을 준다.
  - 🔁 다 삼킨 후에 음식을 준다.

- 입맛이 없는 경우에는 밥을 물에 말아서 준다.
  - 🔁 반찬의 색깔을 보기 좋게 담아내 식욕을 돋운다

- 국물은 구부러지지 않는 가는 빨대를 이용하여 스스로 마시게 한다.
  - 🔁 구부러지는 굵은 빨대를 이용한다.

- 입가에 흘린 음식물은 식사가 끝날 때까지 그대로 둔다.
  - 🔁 흘린 음식물은 바로 닦아 준다.

- 구강관리를 할 필요는 없다.
  - 🔁 식후 구강관리를 한다.

- 음식을 먼저 섭취한 후 국이나 물, 차 등을 제공한다.
  - 🔁 국이나 물, 차 먼저 섭취한 후 음식을 제공한다.

■ **경관 영양을 하는 대상자를 돕는 방법**

- 의식이 없는 경우에만 경관 영양을 한다.
  - 🔁 입으로 식사를 할 수 없고 영양공급이 불충분한 대상자인 경우에 경관 영양을 한다.

- 고농도의 진한 영양액을 준비한다.
  - 🔁 너무 진한 농도의 영양을 주입하면, 설사나 탈수를 유발할 수 있다.

- 비위관이 빠지면 즉시 밀어 넣는다.
  - 비위관이 막히거나 혼탁할 경우 세척을 위해 빼낸다.
  - 영양액이 역류되면 즉시 비위관을 제거한다.
  - 영양액이 역류하면 영양주머니를 높여 준다.
  - 🔁 간호사에게 연락해야 한다.

- 영양액은 뜨겁게 준비한다.
  - 🔁 따뜻하게 준비한다.

- 대상자가 의식이 없으면 식사에 대해 설명하지 않아도 된다.
  - 의식이 없으면 식사의 시작과 끝을 알리지 않아도 된다.
  - 🔁 의식이 없어도 식사 시작과 끝을 알린다.

- 침상머리를 낮춘다.
  - 🔁 침상머리를 올린다.

- 영양주머니는 하루에 한 번만 씻는다.
  🔁 사용 후 매번 씻는다.

- 영양액의 유효기간은 관찰하지 않는다.
  🔁 유효기간 이내의 것만 사용한다.

- 구강영양이 아니므로 입안 닦아내기는 할 필요 없다.
  🔁 입안 닦아내기를 해야 한다.

- 청색증이 나타나면 머리를 올려준다.
  청색증이 나타나면 천천히 주입한다.
  🔁 청색증이 나타나면 비위관을 잠근 후 관리책임자에게 연락해야 한다.

- 영양액 주입 후 알코올 솜으로 입안을 닦아 준다.
  🔁 거즈를 감은 설압자, 스펀지 브러시를 물에 적셔 사용한다.

- 경관 영양 주입 후에는 바로 누워 쉬도록 한다.
  🔁 상체를 높이고 30분 정도 앉아 있도록 돕는다.

- 영양주머니는 위장보다 낮은 위치에 건다.
  영양액 주머니는 대상자의 위장 높이와 같은 위치에 건다.
  🔁 위장보다 높은 위치에 건다.

 핵심 족집게 문제 ──────────────────────── • CARE WORKER

01 대상자의 식사 돕기 방법으로 옳지 <u>않은</u> 것은?
① 사레가 들면 즉시 중단하고 보고한다.
② 식욕부진이 있을 때는 반찬을 색깔별로 보기 좋게 담는다.
③ 침상에 누워 있는 대상자에게는 침상 머리를 30~60° 높인 후 음식을 제공한다.
④ 사레에 걸릴 수 있으므로 신 음식을 대상자에게 드시게 하면 안 된다.
⑤ 빨대를 사용할 경우 대상자의 입에 빨대를 계속 꽂은 채로 식사를 돕는다.

02 사레 걸리기 쉬운 대상자의 식사를 돕는 방법으로 옳지 <u>않은</u> 것은?
① 삼킬 수 있는 양을 조금씩 제공한다.
② 상체를 약간 앞으로 숙이고 턱을 당기는 자세를 취한다.
③ 완전히 삼켰는지 확인한 후 음식을 제공한다.
④ 국이나 물 등으로 먼저 목을 축인다.
⑤ 고개를 들고 머리를 뒤로 젖힌 상태로 먹인다.

정답 01 ⑤ 02 ⑤

32 투약 돕기

1. 기본원칙 [표준교재 233p]

① 투약 후 평소와는 다른 이상반응이 나타나는지 관찰한다. [18]

② 금식인 경우에도 혈압약 등 매일 투약해야 하는 약물은 반드시 투약해야 한다. [14, 16, 17, 28, 37-1]

③ 약국에서 가져온 상태로 투약되도록 돕는다.

④ 대상자의 신체 상태로 인해 약을 삼키지 못할 경우 요양보호사가 임의로 약을 갈거나 쪼개지 말고 약사나 의사에게 문의하여 지시에 따른다. [18, 29, 37-2]

⑤ 유효기간이 지났거나 확실하지 않은 약은 절대 사용하지 않는다. [18, 25]

⑥ 처방된 약 이외의 약을 섞어 주지 않는다. [15, 16, 18, 20]

⑦ 잘못 복용했을 경우 시설장이나 관리책임자에게 보고한다.

2. 경구약 돕기

① 빨대(물약 투약, 치아 착색 방지)를 사용한다. [16, 19]

② 대상자가 입으로 약을 삼킬 수 있는지, 금식인지, 오심이나 구토가 있는지를 확인한다.

③ 침상머리를 높이고 반좌위를 취하게 한다. [20, 37-2]

④ 대상자에게 투약 절차를 설명한다.

⑤ 준비된 약의 용량을 확인하고 오염되지 않도록 준비한다.

⑥ 가루약, 알약, 물약의 투약 방법에 따라 약을 준다. [15]

⑦ 입을 벌리게 하거나 질문을 하여 전부 투약되었는지 확인한다. [6, 12, 15, 37-1]

⑧ 약을 먹으면서 기침을 심하게 하거나 구토하면 시설장이나 간호사 등에게 보고한다. [25, 37-1]

3. 경구약 복용 시 주의점

① 가루약

㉠ 가루약은 숟가락을 사용하여 약간의 물에 녹인 후 투약한다. [13, 17, 19, 21, 25, 26, 28, 30, 36-1, 37-1]

㉡ 바늘을 제거한 주사기를 이용하여 녹인 가루약을 주입한다. [20, 34]

② 알약

    ㉠ 알약의 개수가 많은 경우에는 2~3번으로 나누어 투약한다. [15, 16, 17, 18, 19, 21, 23, 28, 36-2]

    ㉡ 대상자가 손을 떨거나 입안에 넣다가 떨어뜨려 약을 잃어버릴 우려가 있으면 직접 입안에 넣어준다. [16, 28, 29, 37-2]

    ㉢ 약을 삼키기 쉽게 충분히 물을 준다. [15, 25, 37-1]

    ㉣ 알약은 약병에서 약병 뚜껑으로 옮긴 후에 손으로 옮긴다. [17, 19, 21, 23, 32-1]

    ㉤ 손으로 만진 약은 약병에 다시 넣지 않는다. [9, 17, 19, 37-2]

③ 물약(시럽)

    ㉠ 계량컵을 눈높이로 들고 처방된 양만큼 따른 후 투약한다. [1, 18, 19, 36-1]

    ㉡ 물약을 사용하기 위해 약병 뚜껑을 열 때, 병뚜껑 안쪽이 위를 향하도록 놓는다. [2, 17, 23, 27, 28, 32-1, 33, 36-1]

    ㉢ 약병 안으로 세균이 들어갈 수 있기 때문에 병 안쪽에 손이 닿지 않도록 해야 한다. [36-1]

    ㉣ 약을 따르기 전에 약물을 흔들어 섞는다. [7, 11, 17, 27]

    ㉤ 색이 변하거나 혼탁한 물약, 용량보다 많이 따른 물약은 버린다. [15, 16, 18, 23, 32-1, 33, 36-1]

    ㉥ 라벨이 젖지 않도록 용액병의 라벨이 붙은 쪽을 잡는다. [18, 23, 32-1, 33, 36-1]

    ㉦ 라벨의 반대쪽 방향으로 용액을 따른다. [21, 27]

    ㉧ 병뚜껑을 닫기 전에 입구를 깨끗이 닦는다. [18]

    ㉨ 약의 용량이 적을 때는 바늘을 제거한 주사기를 사용한다. [5, 8, 17, 18, 19, 27]

4. 안약 투여

① 안약

    ㉠ 약병 겉면에 쓰인 대상자 이름과 약품의 유효기간, 점적 방울 수를 확인한다.

    ㉡ 멸균수나 생리식염수에 적신 멸균으로 눈 안쪽에서 바깥쪽으로 닦아준다. [32-2, 36-1, 37-1]

    ㉢ 안약 투여 시 아랫눈꺼풀(하안검) 밑부분에 멸균이나 거즈를 댄다. [32-2]

    ㉣ 대상자에게 천장을 보게 하고 대상자의 아랫눈꺼풀(하안검)을 아래로 부드럽게 당겨서 결막낭을 노출하여 아랫눈꺼풀(하안검)의 중앙이나 외측으로 1~2cm 높이에서 안약용액을 투여한다(하부 결막낭 중앙). [2, 16, 19, 32-2, 33, 37-1]

    ㉤ 점적이 끝난 후 비루관을 잠시 가볍게 눌러 안약이 코 안으로 흘러내려가는 것을 막아준다. [32-2, 35, 37-1]

② 안연고

    ㉠ 처음 나오는 것은 거즈로 닦아 버린다. [1, 14, 19, 30, 35, 36-1]

    ㉡ 아랫눈꺼풀(하안검)을 잡아당겨 아래 결막낭 위에 튜브를 놓고 안쪽에서 바깥쪽으로 안연고를 2cm 정도 짜 넣는다(하부 결막낭 중앙). [4, 7, 9, 10, 11, 13, 18, 19, 21, 22, 23, 26, 28, 29, 35, 36-1, 37-2]

    ㉢ 대상자에게 눈을 감고 안구를 움직이게 한다. [18, 35, 36-1]

    ㉣ 튜브를 멸균으로 닦고 뚜껑을 닫는다. [2, 18]

    ㉤ 눈꺼풀 밖으로 나온 연고는 멸균 생리식염수에 적신 멸균으로 닦아낸다. [18, 35, 36-1]

5. 귀약 투여

① 대상자가 치료할 귀를 위쪽으로 하여 귀약 투여에 편안한 자세를 취하도록 도와준다. [15, 27, 36-2]
② 면봉에 용액을 묻혀 대상자의 귓바퀴와 외이도를 깨끗하게 닦는다. [37-1, 37-2]
③ 손으로 약병을 따뜻하게 하거나 온수에 담근다. [11, 15, 20, 28, 34]
④ 귀 윗부분을 잡고 뒤쪽(후상방)으로 잡아당겨야 한다. [2, 4, 10, 12, 15, 17, 18, 24, 25, 27, 32, 34, 36-2, 37-2]
⑤ 이도 측면을 따라 정확한 방울 수의 약물을 점적한다. [25, 27, 37-2]
⑥ 귀 입구를 잠깐 부드럽게 눌러주고 약 5분간 누워있도록 한다. [17, 25, 34, 36-2, 37-2]
⑦ 작은 솜을 15~20분 동안 귀에 느슨하게 끼워 놓았다 제거한다. [15, 25, 27, 36-2, 37-2]

6. 주사주입 돕기

① 의복을 갈아입거나 대상자가 이동할 때에는 바늘이 빠지지 않도록 한다. [17, 32-1, 34]
② 수액 병은 항상 대상자의 심장보다 높게 유지한다. [1, 14, 16, 17, 24, 27, 32-1, 34]
③ 정맥주입 속도가 일정하게 유지되는지 확인한다. [16, 24, 27, 32-1, 36-2]
④ 주사 부위가 붉게 되거나, 붓거나, 통증이 있는 경우 조절기를 잠근 후 관리책임자에게 보고한다.
[3, 16, 17, 24, 27, 32-1, 32-2, 34, 36-2]
⑤ 간호사가 바늘을 제거한 후에는 1~2분간 알코올 솜으로 지그시 누르고, 비비면 멍이 들므로 절대 비비지 않는다. [8, 16, 17, 32-1, 34, 35, 36-2]
⑥ 주사 주입은 의료인의 고유 영역이므로 요양보호사는 주사 주입을 하지 않는다. [17, 24, 36-2]

7. 약 보관

① 모든 약물은 치매대상자, 아동, 애완동물의 손이 닿지 않는 곳에 보관한다.
② 유효기간이 지난 약물은 폐기한다. [21]
③ 치매대상자의 약은 안전한 곳에 보관하고 가능하면 약상자에 잠금장치를 한다.
④ 약의 종류별 보관 방법

알약	• 원래의 용기에 넣어 건조한 곳에 보관한다. [6, 21, 32, 35] • 햇빛을 피해 보관해야 약 성분이 변질되지 않는다.
가루약	가루약을 먹일 때 사용하는 물기가 없는 숟가락을 사용한다. [21, 23, 32, 35]
시럽제(물약)	• 서늘한 곳에 직사광선을 피해 보관한다. [19, 23, 32, 35, 37-1] • 오랫동안 먹지 않다가 다시 먹는다면 색깔이나 냄새를 확인하여 이전과 다르면 폐기한다. [37-1] • 약용기째 빨아 먹으면 침이 약에 섞여 들어가 변질될 수 있으므로 반드시 깨끗한 플라스틱 계량컵이나 스푼에 덜어 먹여야 한다. [4, 33, 37-1] • 꺼낸 시럽은 다시 병에 넣지 말고 버린다. [10, 21, 23, 33, 37-1]
안약, 귀약	투약 후 입구를 생리식염수로 잘 닦아 상온의 그늘진 곳에서 보관한다. [4, 23, 32, 35]

■ **대상자의 약 복용을 돕는 방법**

- 금식인 경우에는 혈압약을 복용하지 않아도 된다.
  🔁 금식이어도 혈압약은 복용해야 한다.

- 가루약을 입안에 넣고 물을 마신다.
  가루약은 직접 입에 넣어 준다.
  가루약은 숟가락에 따라서 투약한다.
  🔁 숟가락을 사용하여 물에 녹인 후 투약한다.

- 알약 개수가 많아도 한꺼번에 투약한다.
  알약의 개수가 많을 때는 약을 갈아서 투약한다.
  알약의 개수가 많아도 한꺼번에 먹게 한다.
  약의 종류가 많으면 분쇄하여 투약한다.
  🔁 알약의 개수가 많으면 2~3번에 나누어 투약한다.

- 용량이 많은 물약은 주사기를 이용하여 복용한다.
  🔁 용량이 적을 때 주사기를 이용한다.

- 손으로 만진 알약은 약병에 다시 넣는다.
  🔁 다시 넣지 않는다.

- 삼키기 힘든 알약은 뜨거운 물에 녹여서 먹인다.
  약을 삼키지 못할 경우 임의로 약을 갈거나 쪼갠다.
  큰 약은 쪼개서 복용하게 한다.
  🔁 약은 갈거나 쪼개지 말아야 한다.

- 유효기간이 지난 약은 냉장 보관한다.
  🔁 절대 사용하지 않는다.

- 잘못 복용했을 경우 관찰만 한다.
  복용한 약을 토하면 5분 후 다시 먹게 한다.
  🔁 시설장에게 보고한다.

- 술을 마신 후에도 약은 꼭 챙겨 먹는다.
  🔁 술과 함께 약 복용은 안 된다.

- 약병 뚜껑을 열 때 병뚜껑 안쪽이 아래로 향하도록 놓는다.
  🔁 안쪽이 위로 향하도록 놓는다.

- 금식 중에는 약을 투약하지 않는다.
  🔁 혈압약 등 매일 투여해야 하는 약물은 반드시 투약해야 한다.

- 약의 흡수를 돕기 위해 우유와 함께 복용한다.
  🔁 약은 물과 함께 복용한다.

- 여러 종류의 가루약은 한꺼번에 섞어서 투약한다.
  🔁 따로따로 투약한다.

- 용량보다 많이 따른 물약은 약병에 다시 넣는다.
  🔁 다시 넣지 않는다.

- 손을 떠는 경우 대상자가 스스로 먹을 수 있도록 손에 직접 준다.
  🔁 직접 입 안에 넣어준다.

- 캡슐은 껍질을 벗긴 후 가루만 투약한다.
  🔁 벗기지 않는다.

- 색이 변한 물약은 흔들어서 사용한다.
  🔁 버린다.

- 처방된 약 이외의 약은 섞어서 준다.
  🔁 섞어 주지 않는다.

- 약병에 손가락을 넣어 알약을 꺼낸다.
  🔁 약병에서 약뚜껑으로 옮긴 후에 손으로 옮긴다.

- 약을 먹인 후 물은 조금만 준다.
  🔁 물을 충분히 준다.

- 남은 알약은 다른 병에 넣어 냉장 보관한다.
  🔁 약병에 다시 넣지 않는다.

■ **물약을 투여할 때 돕기 방법**

- 물약 뚜껑은 엎어둔다.
  뚜껑의 위가 위로 가도록 놓고 계량컵을 눈높이로 든다.
  🔁 뚜껑의 위가 바닥으로 가도록 놓는다.

- 약은 라벨이 있는 쪽으로 붓는다.
  라벨이 붙은 쪽 방향으로 용액을 따른다.
  🔁 라벨의 반대쪽 방향으로 용액을 따른다.

- 약을 따른 후에 약물을 흔들어 섞은 후 보관한다.
  🔁 따르기 전에 섞는다.

- 병뚜껑을 씌우기 전에 복용량을 확인한다.
  🔁 약병 뚜껑을 열 때 복용량을 확인한다.

- 물약은 절대로 흔들지 않는다.
  🔁 흔들어 섞는다.

- 색이 변하거나 혼탁한 약물은 잘 흔들어 먹인다.
  🔁 변질된 약물은 버린다.

- 라벨이 붙은 반대쪽이 손바닥에 오도록 쥔다.
  🔁 라벨 붙은 쪽이 손바닥에 오도록 쥔다.

- 병뚜껑을 씌우기 전에 물수건으로 입구를 닦는다.
  🔄 거즈로 입구를 닦는다.

- 남은 약은 다시 부어 넣는다.
  🔄 남은 약은 버린다.

- 병뚜껑 안쪽이 바닥으로 가도록 놓는다.
  🔄 바닥이 아니라 위로 가도록 놓는다.

- 햇볕이 잘 드는 장소에 약을 보관한다.
  🔄 직사광선은 피한다.

■ 가루약을 거부하는 대상자의 복용 돕기

- 앙와위를 취한 후 입에 넣어준다.
  🔄 반와위를 취한다.

- 다른 약과 함께 먹인다.
  🔄 따로 먹인다.

- 눈을 감게 하고 입을 벌려서 억지로라도 먹인다.
  🔄 억지로 먹이는 것은 안 된다.

- 우유에 섞어서 먹인다.
  🔄 물로 먹인다.

■ 안연고를 투여하는 방법

- 개봉 후 처음 나오는 것부터 사용한다.
  🔄 처음 나오는 것은 거즈로 닦아 버린다.

- 상부결막낭의 바깥쪽에서 안쪽으로 2cm정도 짜 넣는다.
  🔄 안쪽에서 바깥쪽으로 짜 넣는다.

- 투여 후 눈은 감고 안구를 고정시킨다.
  🔄 안구를 움직이게 한다.

- 튜브를 깨끗한 종이수건으로 닦고 뚜껑을 닫는다.
  🔄 멸균 솜으로 닦는다.

- 눈 밖으로 나온 연고는 손으로 닦아 낸다.
  🔄 거즈로 닦아 버린다.

■ 귀약을 투여할 때 올바른 방법

- 귀를 아래쪽으로 하여 편안한 자세를 취하도록 한다.
  🔄 귀를 위쪽으로 한다.

- 귓바퀴를 후하방으로 잡아당겨 약물 투여가 쉽도록 한다.
  🔄 후상방으로 잡아당겨 투여한다.

- 이도 중앙에 정확한 방울 수의 약물을 점적한다.
  - 🈁 이도 측면에 점적한다.

- 뜨거운 물에 넣어 둔다.
  약병을 끓는 물에 잠깐 담근다.
  전자레인지에 넣고 데운다.
  차가운 상태로 바로 사용한다.
  - 🈁 손으로 약병을 따뜻하게 하거나 온수에 담근다.

- 햇빛이 드는 실온에 둔다.
  - 🈁 상온의 그늘진 곳에 둔다.

- 약을 투여한 후 귀지를 제거한다.
  - 🈁 귀지는 의료기관에 가서 제거한다.

- 점적 후 작은 솜을 1분 동안 귀에 끼워 놓았다가 제거한다.
  점적 후 작은 솜을 하루 동안 끼워 놓는다.
  - 🈁 점적 후 작은 솜을 15~20분 동안 귀에 끼워 놓았다가 제거한다.

■ **주사주입 돕기**

- 손목 부위를 문질러 준다.
  - 🈁 절대 비비지 않는다.

- 수액 주입 속도를 줄인다.
  - 🈁 속도를 일정하게 한다.

- 수액병을 대상자의 심장보다 낮게 내려준다.
  - 🈁 심장보다 높게 한다.

- 통증 부위를 냉찜질한다.
  주사 부위에 온찜질을 한다.
  - 🈁 냉·온찜질은 하면 안 된다.

- 조절기를 풀어 준 후 책임자에게 보고한다.
  - 🈁 조절기를 잠근 후 책임자에게 보고한다.

- 주사 부위에 이상이 있어도 그냥 둔다.
  - 🈁 관리책임자에게 보고한다.

- 주사 부위가 부은 경우 즉시 주삿바늘을 제거한다.
  - 🈁 요양보호사는 주사를 주입하거나 빼는 행위는 하지 않는다.

- 주삿바늘 제거 후 1분간 비빈다.
  - 🈁 비비지 않는다.

- 의복을 갈아입힐 때 주삿바늘을 빼 둔다.
  - 🈁 바늘이 빠지지 않도록 한다.

■ 약을 보관하는 방법

- 시럽의 경우 잘못 따른 약은 다시 병에 넣는다.
  🔁 병에 넣지 말고 버린다.

- 물약은 햇볕이 잘 드는 창가에 보관한다.
  🔁 서늘한 곳에 직사광선을 피해 보관한다.

- 알약은 냉장고에 보관한다.
  알약은 서늘한 곳에 보관한다.
  🔁 건조한 곳에 보관한다.

- 가루약을 먹일 때 물기가 있는 숟가락을 사용한다.
  🔁 물기가 없는 숟가락을 사용한다.

- 가루약은 습한 곳에 보관한다.
  🔁 건조한 곳에 보관한다.

- 안약은 냉장고에 보관한다.
  🔁 상온의 그늘진 곳에 보관한다.

핵심 족집게 문제 ————————————————————————• CARE WORKER

01 대상자의 투약을 돕는 방법으로 옳지 <u>않은</u> 것은?

① 처방된 이외의 약을 섞어 주지 않는다.
② 알약이 많은 경우에는 2~3번에 나누어 투약한다.
③ 대상자가 손을 떠는 경우 스스로 먹을 수 있도록 손에 직접 준다.
④ 용량이 적은 물약은 주사기를 이용한다.
⑤ 투약 후 질문을 하여 입안에 약이 남아 있는지 확인한다.

02 대상자의 경구약 복용 방법으로 옳지 <u>않은</u> 것은?

① 알약은 약 뚜껑에 따르고 다시 손으로 옮긴다.
② 물약의 용량이 적을 때는 바늘을 제거한 주사기를 사용한다.
③ 가루약은 숟가락에 물과 함께 녹인 후 투약한다.
④ 시럽은 계량컵을 눈높이에 맞춰 약을 따른다.
⑤ 남은 알약은 다른 병에 넣어 냉장 보관한다.

03 대상자에게 약을 투여할 때 옳지 <u>않은</u> 것은?

① 안연고는 하부 결막낭 위에 안쪽에서 바깥쪽으로 2cm 정도 짜 넣는다.

② 눈 밖으로 나온 안연고는 멸균 생리식염수에 적신 솜으로 닦아낸다.

③ 귀약 투여는 이도 중앙에 정확한 방울 수의 약물을 점적한다.

④ 귀약 투여는 귓바퀴를 후상방으로 잡아당겨서 투여한다.

⑤ 귀약 점적 후 귀 입구를 부드럽게 눌러 주고 5분간 누워 있게 한다.

04 수액을 맞고 있는 대상자의 손목이 부었을 때 대처 방법으로 옳은 것은?

① 조절기를 잠그고 시설 관계자에게 보고한다.

② 주삿바늘 제거 후 1분간 비빈다.

③ 주사 부위에 온찜질을 한다.

④ 수액 주입 속도를 줄인다.

⑤ 수액 병을 대상자의 심장보다 낮게 내려준다.

정답 01 ③ 02 ⑤ 03 ③ 04 ①

33 배설 관찰 및 화장실 이용 돕기

1. 배설 돕기 표준교재 240p

① 일반적 원칙 [1, 6, 20, 23, 24, 30]

㉠ 배설 요양보호의 일반적 원칙은 대상자가 처리할 수 있는 부분은 스스로 하도록 도와 대상자의 자존감을 높여주고 자립심을 키워주는 것이다. [20, 23, 24, 37−2]

㉡ 배설물을 치울 때 표정을 찡그리지 말고 대상자가 최대한 편안하도록 배려해야 한다. [6]

㉢ 배설할 때는 배설하는 모습이 보이지 않게 가려 주어 프라이버시를 지켜준다. [20]

㉣ 배설물은 오래 두지 말고 바로 깨끗이 치운다. [23]

㉤ 대상자가 변의를 느낄 때 요양보호사는 도움이 필요한 부분만을 도와준다. [30]

㉥ 항문은 앞에서 뒤로 닦아야 요로계 감염을 예방할 수 있다. [1, 23, 30]

㉦ 대상자의 요구를 최대한 반영하고 존중한다. [20, 24]

② 배설 상태 관찰

㉠ 배설 요구의 표현

언어적 표현	화장실에 가고 싶다고 말함
비언어적 표현	• 안절부절못함 [18, 22, 30, 32, 37−1] • 허리를 들썩임 [18, 22] • 손으로 배 또는 엉덩이를 가리키고 표정이 일그러짐 • 바지를 내리려고 함

㉡ 배설 시 관찰 내용 [16, 17]

배설 전	요의나 변의 유무, 하복부 팽만감, 이전 배설과의 간격, 배설 억제 [16, 17]
배설 중	통증, 불편함, 불안 정도, 배변 어려움, 배뇨 어려움 [16, 17]
배설 후	색깔, 혼탁 여부, 배설 시간, 잔뇨감, 잔변감, 배설량 [16, 17]

㉢ 대상자의 배설 요구 표현

• 머리를 자주 긁는 행위

• 손을 자꾸 입으로 가져가는 행위

- 웃옷을 벗는 행위
- 물을 마시지 않는 행위

2. 화장실 이용 돕기 표준교재 241p

① 기본원칙

ㄱ 손을 뻗으면 닿을 수 있는 위치에 있다가 필요하면 즉각 개입하여 낙상사고에 대비한다. 36-1

ㄴ 낙상사고를 예방하기 위해 대상자가 최대한 스스로 할 수 있게 하고 요양보호사는 보조가 필요한 부분만 도와준다. 14, 15, 18, 19, 21, 30, 36-1

ㄷ 화장실까지 가는 길에 불필요한 물건이나 발에 걸려 넘어질 우려가 있는 물건을 치워 넘어지지 않게 한다. 18, 32, 32-1, 34, 35, 36-1, 37-1

ㄹ 화장실은 밝고 바닥에 물기가 없게 한다. 15, 19, 21, 23, 32, 32-1, 34, 35, 36-1

ㅁ 밤에는 어두워 화장실을 찾기 어려우므로 화장실 표시등을 켜 두어 잘 찾을 수 있게 한다. 35, 37-2

ㅂ 변기 옆에 손잡이를 설치하여 필요시 잡게 한다. 18, 26, 32-1, 34, 35, 36-1, 37-2

ㅅ 응급상황을 알릴 수 있는 응급벨을 설치한다. 15, 23, 32

ㅇ 휠체어 사용 시 반드시 휠체어 잠금장치를 걸어 둔다. 15, 19, 21, 23

ㅈ 발이 걸리지 않도록 휠체어 발 받침대는 접어 올린다.

ㅊ 휠체어 이동 중 바퀴나 팔걸이에 옷 등이 끼이거나 걸리지 않도록 주의한다.

② 돕는 방법

ㄱ 침상 가까이에 휠체어를 놓는다.
- 편마비대상자의 경우, 건강한 쪽에 휠체어를 두고, 침대 난간에 빈틈없이 붙이거나, 30~45° 비스듬히 붙인다. 18, 36-2
- 옮기는 동안 대상자가 다치지 않도록 잠금장치를 걸어 휠체어를 고정하고, 발 받침대는 올려 둔다. 36-2

ㄴ 침대 한쪽의 난간을 내려 놓는다.

ㄷ 마비가 없는 대상자는 침대 가장자리에 걸터앉히고 마비가 있는 대상자는 대상자의 두 팔과 두 발이 안전하도록 모아 준다.

ㄹ 요양보호사의 한쪽 팔은 대상자의 어깨를 지지하고 다른 한쪽은 대상자의 모인 두 발의 무릎 쪽을 감싸 침대 끝으로 두 다리를 이동한다.

ㅁ 대상자의 허리와 엉덩이 사이에 두 손을 지지하여 침대 가장자리로 옮겨 앉게 한다.

ㅂ 대상자의 두 발이 바닥에 닿게 한다.

ㅅ 대상자를 갑자기 침대에서 일으키면 혈압이 떨어지고 어지러울 수 있으므로 대상자의 안전을 위해 잠시 침대에 앉아 있게 한다. 32-1

ㅇ 요양보호사는 대상자에게 건강한 손으로 휠체어의 팔걸이를 잡게 한다.

ㅈ 요양보호사는 무릎을 대상자의 다리 사이에 충분히 넣고 지지면을 확보한다.

ㅊ 양팔로 대상자의 겨드랑이 밑으로 등 뒤를 감싸 안아 반동을 이용하여 대상자를 세운다.

ㅋ 대상자의 몸을 회전시켜 휠체어에 앉힌다.

ㅌ 요양보호사는 휠체어 뒤쪽에 서서 대상자의 겨드랑이 사이로 두 팔을 넣고 대상자의 포개진 두 팔을 양손으로 감싸 휠체어 깊숙이 앉힌다. 36-2, 37-1

ㅍ 휠체어 발 받침대 위에 대상자의 발을 올려놓는다. 15

ㅎ 편마비대상자라면 건강한 쪽 손으로 불편한 쪽 손과 발을 움직여 스스로 자세를 잡도록 격려한다.

- 화장실로 이동한 후 휠체어의 잠금장치를 걸고 발 받침대를 접는다. 36-2, 37-1
- 양팔로 대상자의 겨드랑이를 감싸 안아 일으켜 세운 후 대상자의 몸을 회전시켜 변기에 앉힌다. 36-2
- 대상자는 요양보호사가 바로 옆에서 배설이 끝나기를 기다리는 것에 부담을 느끼고 수치심을 느낄 수 있으므로, 요양보호사는 대상자에게 의향을 물어 옆에 있을지 나가 있을지를 확인한다. 19, 21, 23, 36-2
- 요양보호사가 밖에서 기다려 주기를 원한다면 대상자에게 호출기를 주며 도움이 필요할 시 요청하도록 알린다. 3, 21, 26, 32-1, 34, 37-1
- 배설을 마친 후 대상자 스스로 할 수 없는 경우에는 뒤처리를 해 준 뒤 휠체어에 앉힌다. 37-1
- 배설물이 이상한 경우 시설장이나 간호사에게 보고한다.

■ **배설 요양보호의 일반적 원칙**

- 항문은 뒤에서 앞으로 닦는다.
  📋 항문은 앞에서 뒤로 닦는다.

- 배설을 하면 모아서 한꺼번에 치운다.
  📋 배설물은 바로 치운다.

- 낙상 예방을 위해 이동변기 사용을 적극 권유한다.
  📋 이동변기는 화장실에 가기 어려운 대상자의 배설을 도울 때 사용한다.

- 걸을 수 있는 대상자는 화장실에 혼자 가게 한다.
  📋 같이 간다.

- 요양보호사가 끝까지 닦아야 한다며 뒤처리를 해 준다.
  📋 대상자가 처리할 수 있는 부분은 스스로 하도록 돕는다.

■ **화장실 이용을 돕는 방법**

- 화장실은 밝고 바닥에 물기가 있어도 상관없다.
  화장실 조명을 어둡게 한다.
  📋 화장실의 바닥에 물기가 없게 한다.
  　조명을 적절히 밝혀 둔다.

- 휠체어 사용 시 잠금장치를 항상 열어 둔다.
  📋 걸어 둔다(잠가 둔다).

- 배뇨하는 동안 바로 옆에서 지켜본다.
  배설이 끝날 때까지 옆에서 대기한다.
  📋 호출기를 주며 도움이 필요하면 요청하도록 알린다.

- 휠체어 발 받침은 항상 내려 놓는다.
  📋 발 받침대를 접는다.

- 낙상 예방을 위해 처음부터 끝까지 도와준다.
  📋 최대한 스스로 할 수 있게 하고 요양보호사는 보조가 필요한 부분만 도와준다.

01 배설 요양보호의 일반적 원칙으로 옳지 <u>않은</u> 것은?

① 항문은 뒤에서 앞으로 닦는다.

② 배설 중에 관찰할 내용은 통증이다.

③ 대상자가 할 수 있는 부분은 스스로 하도록 돕는다.

④ 안절부절못하며 허리를 들썩이는 행위는 배설 욕구 표현이다.

⑤ 배설 전에 관찰할 내용은 이전 배설과의 간격이다.

02 대상자가 화장실을 이용할 때 돕는 방법으로 옳지 <u>않은</u> 것은?

① 처음부터 끝까지 대상자를 돕는다.

② 응급상황을 알릴 수 있는 벨을 설치한다.

③ 화장실은 밝고 바닥에 물기가 없게 한다.

④ 낙상 예방을 위해 변기 옆에 손잡이를 설치하여 필요시 잡도록 한다.

⑤ 휠체어는 대상자의 건강한 쪽으로 접근시킨다.

<u>정답</u> 01 ① 02 ①

34 침상배설 및 이동변기 돕기

1. 침상배설 돕기 표준교재 244p

① 기본원칙

ㄱ 침대에서 내려오지 못하는 대상자의 배뇨를 도울 때는 간이변기를 대준다. 26, 36-1

ㄴ 대상자가 변의를 호소할 때 즉시 배설할 수 있도록 도와준다. 24, 27

ㄷ 대상자가 변의가 있음에도 도움을 요청하지 않고 침상에서 실수하는 경우 배변 시간 간격을 가늠해 둔다. 26, 36-1

ㄹ 프라이버시 보호를 위해 배변 시 불필요한 노출을 방지하고 가려주며 편안한 상태에서 배설하게 한다.

ㅁ 대상자가 스스로 배설할 수 있도록 돕는다. 13, 14, 27

ㅂ 복부를 시계 방향으로 마사지를 시행하여 장운동이 활발해질 수 있게 한다. 24, 34, 36-1, 37-2

ㅅ 실수하는 경우 주의를 주거나 함으로써 심리적으로 위축되지 않도록 주의해야 한다. 19, 26, 27, 28

ㅇ 뒤처리를 할 때에는 앞(요도)에서 뒤(항문)로 닦아 감염을 예방한다. 19, 34, 35

ㅈ 문과 창문을 닫고 실내온도를 따뜻하게 한다. 17, 20, 25

② 돕는 순서 및 방법

ㄱ 가장 먼저 대상자를 확인하고 절차를 설명한 뒤 커튼이나 스크린으로 가린다. 9, 20, 22, 23, 26, 32-2

ㄴ 손 소독제로 손을 깨끗이 한 후 일회용 장갑을 착용한다.

ㄷ 변기는 따뜻한 물로 데워서 침대 옆이나 의자 위에 놓는다. 차가운 변기는 피부와 근육이 수축하여 변의가 감소될 수 있다. 1, 4, 5, 19, 26, 27, 28, 36-2, 37-1

ㄹ 배설 시 소리 나는 것을 방지하기 위해 변기 밑에(바닥) 화장지를 깔아둔다. 17, 18, 19, 28, 32-2

ㅁ TV나 음악을 틀어 심리적으로 안정을 돕는다. 2, 6, 9, 20, 26, 29, 36-2

ㅂ 방수포를 깐다. 18, 22, 23
- 대상자가 협조할 수 있는 경우 대상자를 바로 눕힌 상태로 무릎을 세우고 발에 힘을 주게 한 후 둔부를 조금 들게 한다. 한 손으로 대상자의 허리를 지지한 후 둔부 밑에 방수포를 깐다. 17, 23
- 대상자가 협조할 수 없는 경우 옆으로 돌려 눕힌 후 비교적 건강한 쪽에 방수포를 반 정도 말아서 깔고 다른 쪽으로 돌려 눕힌 후 말아진 방수포를 펼쳐서 깐다.

ㅅ 허리 아래 부분을 무릎덮개로 늘어뜨려 덮은 후 바지를 내린다. 17, 18, 19, 22, 23, 32-2, 34, 36-2

ⓞ 변기를 대준다.
- 대상자가 협조할 있는 경우 대상자의 둔부를 들어 올린 후 변기를 대준다. [20, 22]
- 대상자가 협조할 수 없는 경우 옆으로 돌려 눕게 돕는다. [20]

ⓩ 침대머리를 올려 주어 배에 힘을 주기 쉬운 자세를 취해 준다.
[5, 14, 17, 18, 20, 24, 26, 28, 29, 32-2, 34, 35, 36-1]

ⓩ 대상자가 원하는 경우 대상자 손 가까이에 화장지와 호출 벨을 두고 밖에서 기다린다. 밖에서 기다리면서 중간중간 대상자에게 말을 걸어 상태를 살핀다. [37-1]

ⓩ 배설이 끝난 것을 확인한 후 방에 들어가 무릎덮개를 걷어내고 침대머리를 낮춘다.

ⓔ 한 손으로 대상자의 허리를 들어 올리고 변기를 뺀다.

ⓟ 회음부와 둔부를 따뜻한 수건이나 물티슈로 앞에서 뒤로 잘 닦아 준다. 물기가 남아 있으면 대상자의 피부가 짓무르거나 피부 손상을 일으킬 수 있으므로, 마른 수건으로 물기를 닦아 준다. [29, 35]

ⓗ 방수포를 걷어낸다.
- 일회용 장갑을 벗고 대상자의 손도 배설물로 오염되었을 수 있기 때문에 씻게 한다. [29]
- 옷과 이불을 정리하고 프라이버시 보호를 위해 사용한 커튼과 스크린을 제거한다.
- 물과 비누로 손을 씻는다.
- 배설물에 특이사항이 있는 경우 시설장이나 간호사에게 보고한다. 이때 그 양상(색깔, 냄새, 특성 등)을 정확히 기록하여 보고해야 한다.

> **※ 시설장이나 간호사에게 배설물 상태를 보고해야 하는 경우**
> - 대상자의 소변이 탁하거나 뿌옇다.
> - 거품이 많이 난다. [24, 33]
> - 소변의 색이 진하다. [24, 33]
> - 소변 냄새가 심하다. [17, 18, 19, 24]
> - **소변에** 피가 섞여 나오거나 푸른빛의 소변이 나온다. [7]
> - **대변에** 피가 섞여 나와 선홍빛이거나 검붉다. [24, 33, 35]
> - **대변이** 심하게 묽거나, 대변에 점액질이 섞여 나온다. [33, 37-2]

2. 이동변기 사용 돕기 표준교재 247p

① 기본원칙
ⓒ 대상자가 변의를 호소할 때 즉시 배설할 수 있게 돕는다. [1, 9]
ⓒ 배설 시 불필요한 노출을 줄여 프라이버시를 보호하도록 한다. [8, 21]
ⓒ 대상자가 스스로 배설할 수 있도록 한다(배변, 배뇨 훈련 참여 격려).
ⓔ 배설이 어려울 때는 미지근한 물을 항문이나 요도에 끼얹어(괄약근과 주변 근육이 이완되도록) 변의를 자극한다. [1, 7, 13, 19, 20, 21, 22, 32, 36-2, 37-2]
ⓜ 이동변기는 매번 깨끗이 씻고 본체와 함께 서늘한 곳에 보관한다. [22, 25, 33, 34, 36-1, 37-2]

② 돕는 방법

　　㉠ 화장실까지 걷기는 어려운 대상자의 배설을 도울 때 사용한다.

　　㉡ 대상자를 확인하고 절차를 설명하여 거부감을 줄여주고, 대상자가 당황하지 않게 한다.

　　㉢ 수치심을 일으키지 않도록 커튼이나 스크린 등으로 가려준다. [25]

　　㉣ 침대 높이와 이동변기의 높이가 같도록 맞춘다. [14, 16, 18, 19, 20, 21, 22, 23, 27, 29, 32-1, 33, 34, 35, 37-2]

　　㉤ 이동식 변기 밑에 미끄럼 방지 매트를 깐다. [16, 18, 21, 22, 32-1, 33, 35, 36-1, 37-2]

　　㉥ 변기를 따뜻한 물(또는 따뜻한 수건)로 데워 둔다. [16, 29, 36-2]

　　㉦ 대상자의 다리를 내려 두 발이 바닥에 닿게 한다. [20, 23, 25, 27, 32-1, 35, 36-1, 37-2]

　　㉧ 편마비의 경우 이동변기는 건강한 쪽으로 침대 난간에 빈틈없이 붙이거나, 30~45° 비스듬히 붙인다.
　　　　[13, 18, 20, 22, 23, 27, 29, 32-1, 33, 34, 37-2]

　　㉨ 변기에 손잡이가 없는 경우에 요양보호사는 이동변기로부터 먼 발을 대상자 발 사이에 넣고 대상자를 일으
　　　켜 대상자 무릎을 이동변기 쪽으로 밀며 대상자 몸을 회전시켜 변기 앞에 세운다.

　　㉩ 화장지를 변기 안에 깔아주거나 음악을 틀어 준다. [18, 19, 20, 21, 23, 25]

　　㉪ 배설 중에는 하반신을 수건이나 무릎덮개로 덮어 준다. [27, 29, 32-1]

　　㉫ 밖에서 기다려주기를 원하면 호출 벨을 대상자 손 가까이 두어 배설이 끝나면 즉시 알리게 한다.

　　㉬ 대상자의 손의 잔변은 물과 비누로 씻게 하고, 배설 후 뒤처리를 스스로 하게 한다. [18, 36-1]

　　㉭ 이동변기 내에 있는 배설물을 배설 후 즉시 처리하고 환기한다. [16, 19, 29, 35]

　　※ 스스로 배설하는 대상자를 지켜보는 방법

　　• 대상자가 불쾌해하지 않도록 배려하면서 배설 시 불편하지 않은지 살펴본다.
　　• 조급해하지 않고 느긋하게 편안히 배설할 수 있는 환경을 조성한다.
　　• 배설 도중 혈압이 오르거나 쓰러지는 경우도 있으므로 잘 관찰한다.
　　• 옆에서 대기하고 있다가 배설 중 대상자가 요구하는 것이 있으면 도와준다.

■ **침상 배설을 돕는 방법**

- 변을 용이하게 배출하도록 침대를 수평으로 놓는다.
  편안하게 배설하도록 침상의 높이를 낮춰 준다.
  힘을 주기 쉽게 침대 머리를 낮춰 준다.
  🔁 침대 머리를 올려 준다.

- 차가운 변기를 대주어 변의를 자극한다.
  🔁 변기는 따뜻하게 한다.

- 대상자가 실수하면 주의를 준다.
  🔁 주의를 주면 안 된다.

- 요의나 변의를 호소할 때 참는 연습을 시킨다.
  변의를 호소할 때 참을 수 있도록 훈련을 한다.
  🔁 즉시 배설할 수 있도록 도와준다.

- 소변 냄새가 심한 경우 배설물을 즉시 버린다.
  변에 피가 섞여 있으면 즉시 버리고 기록한다.
  🔁 배설물에 특이사항이 있는 경우 시설장이나 간호사에게 보고한다.

- 배설 시 소리 나는 것을 방지하기 위해 변기에 물을 넣는다.
  심리적 안정을 위해 변기 속에 물을 채워 놓는다.
  🔁 변기 밑에 화장지를 깔아둔다.

- 피부에 좋지 않으므로 방수포를 깔지 않는다.
  🔁 방수포를 간다.

- 바지를 내린 후 허리 아래 부분을 무릎덮개로 덮는다.
  상의와 하의를 모두 탈의한다.
  🔁 허리 아래 부분을 무릎덮개로 늘어뜨려 덮은 후 바지를 내린다.

- 배변 중 창문을 열어 둔다.
  🔁 창문은 닫아 둔다.

- 허리를 들 수 있는 대상자는 옆으로 눕게 하여 돕는다.
  🔁 대상자의 둔부를 들어 올린 후 변기를 대준다. 허리를 들 수 없는 대상자는 옆으로 돌려 눕게 돕는다.

■ **이동변기 사용을 돕는 방법**

- 이동변기를 침대보다 높게 한다.
  🔁 침대와 같도록 맞춘다.

- 하체를 노출하여 무릎덮개를 덮어 준다.
  🔁 하반신을 수건이나 무릎덮개로 덮어 준다.

- 이동변기는 하루에 한 번 세척한다.
  🔲 매번 깨끗이 씻는다.

- 대상자의 두 발이 바닥에 닿지 않게 한다.
  🔲 바닥에 닿게 한다.

- 편안한 배설을 위해 변기를 차갑게 해 두어야 한다.
  🔲 변기를 따뜻하게 해 두어야 한다.

- 이동식 변기가 가득 차면 배설물을 버린다.
  🔲 배설 후 즉시 처리한다.

- 배설 시 전적으로 도와준다.
  🔲 최대한 스스로 배설할 수 있도록 한다.

- 편마비의 경우 이동식 좌변기는 불편한 쪽으로 30~45° 각도로 놓는다.
  🔲 건강한 쪽으로 놓는다.

- 배설 후 뒤처리를 전적으로 도와준다.
  🔲 최대한 스스로 하게 한다.

- 항문에 수시로 찬물을 끼얹어 자극한다.
  🔲 미지근한 물을 끼얹는다.

01 침상에서 대상자의 배설물을 시설장에게 보고하지 <u>않아도</u> 되는 경우는?

① 변이 굵게 나오는 경우
② 소변 냄새가 심한 경우
③ 소변의 색이 진한 경우
④ 소변에 거품이 많이 나고, 탁할 경우
⑤ 대변에 피가 섞여 선홍빛이거나 검붉은 경우

02 침상에서 배설하는 대상자를 돕는 순서는?

> 가. 방수포를 깐다.
> 나. 변기 밑에 화장지를 깔아 둔다.
> 다. 대상자의 둔부를 들어 올린 후 변기를 대준다.
> 라. 침대머리를 올려 주어 배에 힘을 주기 쉬운 자세를 취해 준다.
> 마. 허리 아래 부분을 무릎덮개로 덮은 후 바지를 내린다.

03 침상 배설을 돕는 방법으로 옳지 <u>않은</u> 것은?

① 침상에서 실수를 한 경우 배변 간격을 파악하여 변기를 대준다.
② 침대머리를 올려 주어 배에 힘을 주기 쉬운 자세를 취해 준다.
③ 복부 마사지를 하여 장운동이 활발해질 수 있도록 한다.
④ 바지를 내린 후 허리 아래 부분을 무릎덮개로 덮는다.
⑤ 스스로 할 수 있는 것은 스스로 하도록 한다.

04 대상자의 이동변기 사용을 돕는 방법으로 옳지 <u>않은</u> 것은?

① 수치심을 일으키지 않도록 스크린을 설치해 준다.
② 편마비 대상자의 경우 이동변기를 조절하여 두 발이 바닥에 닿게 한다.
③ 안전을 위해 변기 밑에 미끄럼방지매트를 깔아 준다.
④ 이동변기를 침대보다 높게 한다.
⑤ 편마비의 경우 이동변기는 건강한 쪽으로 30~45° 각도로 놓는다.

35 기저귀 사용 및 유치도뇨관 관리

1. 기저귀 사용 돕기 표준교재 249p

① 기본원칙

ㄱ 기저귀를 사용하는 경우

- 대소변을 전혀 가리지 못하는 경우
- 배설 욕구를 느끼지 못하는 경우
- 치매 등으로 실금이 빈번해서 부득이한 경우

ㄴ 소변을 실수했을 경우 신속하게 옷을 갈아입히고, 안정을 취한다. 29, 30, 32-2, 35

ㄷ 대상자가 몇 번 실금을 했다고 해서 기저귀를 쓰게 되면 기저귀에 의존성이 생긴다. 16, 20, 24, 27, 34, 36-1

ㄹ 기저귀를 사용하면 피부 손상과 욕창, 비뇨기계 감염이 잘 생기므로 배뇨, 배변시간에 맞추어 자주 살펴보고 젖었으면 속히 갈아준다. 6, 12, 32-1, 34, 36-1, 36-2

ㅁ 대상자의 프라이버시 보호를 위해 불필요한 노출은 피한다. 18, 20, 28

ㅂ 장기적으로 기저귀를 사용하는 경우 피부가 붉어지는지, 상처가 생기는지, 통증을 호소하는지 등을 살펴보고 욕창 예방 조치를 한다. 3, 7, 13, 30, 32-1, 32-2, 36-2

ㅅ 기저귀를 사용했던 대상자라고 해도 약간의 도움으로 대상자가 이동할 수 있으면 이동변기를, 허리를 들어 올릴 수 있다면 간이변기 사용을 시도해 본다. 36-1

② 돕는 방법

ㄱ 절차 설명 후, 스크린이나 커튼을 친다. 1

ㄴ 면 덮개를 이불 위에 덮은 후 이불은 다리 아래로 접어 내린다. 25, 37-1

ㄷ 면 덮개의 밑에서 윗옷을 허리까지 올리고 바지를 내린다. 30

ㄹ 허리를 들 수 있는 대상자는 무릎을 세우고 똑바로 누운 상태에서 허리를 들게 하여 교환한다. 5, 22, 23, 32-1, 37-2

ㅁ 허리를 들 수 없거나 협조가 불가능한 대상자일 경우 대상자를 옆으로 돌려 눕혀 기저귀를 교환한다. 22, 23, 27, 28, 32-1, 33, 35, 37-1

ㅂ 기저귀의 바깥 면(깨끗한 부분)이 보이도록 말아 넣는다. 18, 20, 25, 28, 32-1, 33, 35, 37-2

ㅅ 둔부 및 항문 부위, 회음부는 따뜻한 물티슈로 앞에서 뒤로 닦는다. 18, 20, 22, 23, 37-2

ㅇ 마른 수건으로 물기를 닦아 말리고 기저귀를 채운다. 15, 20, 22, 23, 25

ⓩ 둔부 주변 피부의 발적, 상처 등을 세심하게 살펴보고 가볍게 두드려 마사지한다.
　1, 6, 7, 10, 18, 21, 23, 25, 35, 36-1, 36-2, 37-1

ⓒ 옆으로 누운 상태에서 새 기저귀와 커버를 둔부 밑에 댄다.

ⓚ 새 기저귀로 둔부를 감싼다.

ⓣ 바로 눕히고 기저귀의 테이프를 붙인다.

ⓟ 기저귀가 뭉치지 않도록 잘 펴서 마무리한다.　36-2

ⓗ 바지를 입히고 침상 주름을 펴서 정리한다.
　• 면 덮개 위로 이불을 덮은 후 면 덮개를 뺀다.
　• 기저귀를 교환한 후 창문을 열어 환기하고 필요시 탈취제나 방향제를 사용한다.　30, 36-1, 37-2

2. 유치도뇨관의 소변주머니 관리　표준교재 251p

① 기본원칙

ⓐ 소변주머니를 방광 위치보다 높게 두지 않는다. 소변주머니가 높이 있으면 소변이 역류하여 감염의 원인이
된다.　1, 3, 4, 7, 8, 9, 15, 16, 20, 25, 29, 30, 35, 36-1, 36-2

ⓑ 소변량과 색깔을 2~3시간마다 확인한다.　15, 16, 19, 20, 36-1

ⓒ 연결관이 꺾여 있거나 눌려 소변이 소변주머니로 제대로 배출되지 못하면, 방광에 소변이 차서 아랫배에 팽
만감과 불편감이 있고 아플 수 있다.　3, 4, 5, 6, 8, 9, 10, 12, 13, 14, 22, 25, 27, 28, 32, 36-1, 37-2

ⓓ 요양보호사는 유치도뇨관의 교환 또는 삽입, 빼기, 방광세척 등은 절대로 하지 않는다. 방문간호사가 하거나
의료기관을 이용하도록 연계한다.　15, 16, 19, 25, 27, 28, 29, 32-2, 35, 37-1

ⓔ 유치도뇨관을 삽입하고 있어도 침대에서 자유로이 움직일 수 있으며, 보행도 가능하다.　16, 25, 27, 35, 36-2

ⓕ 금기 사항이 없는 한 수분 섭취를 권장한다.　16, 19, 22, 28, 29, 32-2, 35

ⓖ 유치도뇨관을 강제로 빼면 요도 점막이 손상되므로 심하게 당겨지지 않게 주의한다.　37-2

② 돕는 방법

ⓐ 유치도뇨관 삽입 대상자 이동 시 소변주머니는 반드시 아랫배보다 밑으로 가도록 들어야 한다.
　27, 28, 32-2, 33, 37-2

※ 소변주머니 비우기 방법
• 소변 배출구를 연다.
• 소변기에 소변을 받는다.
• 소변을 비우고 배출구를 잠근 후 알코올로 배출구를 소독한다.　32-2, 33, 36-1, 37-1, 37-2
• 소변 배출구를 제자리에 꽂는다.　32-2

ⓑ 유치도뇨관을 하고 있는 대상자가 소변을 보고 싶다고 할 때 먼저 해야 할 일은 아랫배에 팽만감이 있는지
확인하는 것이다.　34

ⓒ 소변 색이 이상하거나 탁해진 경우, 소변량이 적어진 경우, 소변이 도뇨관 밖으로 새는 경우에는 시설장이
나 간호사에게 보고한다.　15, 22, 27, 37-1, 37-2

ⓓ 지시가 있을 경우 수분 섭취량과 배설량을 확인하고 기록한다.　29

■ 기저귀 교환 방법

- 기저귀의 배설물을 밖으로 말아 넣는다.
  🔄 배설물을 안으로 말아 넣는다.

- 물티슈로 닦은 후 바로 기저귀를 채운다.
  🔄 마른 수건으로 닦는다.

- 대상자가 요구하면 바로 기저귀를 채워준다.
  🔄 기저귀에 의존성이 생기므로 꼭 필요한 경우에만 사용한다.

- 배설 실수에 대한 주의를 준다.
  🔄 주의를 주면 안 되고 신속히 기저귀를 갈아준다.

- 대상자의 요구사항은 무시한다.
  🔄 최대한 반영한다.

- 기저귀를 한번 사용하면 계속 채운다.
  🔄 부득이한 경우에 사용한다.

- 지정된 시간에만 기저귀를 교체한다.
  🔄 젖었으면 신속히 갈아준다.

- 대상자가 실금하면 바로 기저귀를 채운다.
  🔄 바로 기저귀를 사용하는 것은 좋지 않다.

- 환기를 위해 창문을 열고 기저귀를 교체한다.
  🔄 창문을 닫고 교체한다.

- 회음부를 물티슈로 뒤에서 앞으로 닦는다.
  🔄 마른 수건으로 앞에서 뒤로 닦는다.

- 기저귀를 깨끗이 갈아주기 위해서 최대한 신체 노출을 한다.
  🔄 대상자의 프라이버시 보호를 위해 불필요한 노출은 피한다.

- 협조가 불가능한 대상자는 똑바로 누운 상태로 갈아 준다.
  🔄 옆으로 누운 상태로 갈아 준다.

- 협조가 가능한 대상자는 옆으로 돌려 눕혀 갈아 준다.
  🔄 똑바로 누운 상태로 한다.

- 바지를 내린 후 면 덮개를 덮는다.
  🔄 면 덮개의 밑에서 윗옷을 허리까지 올리고 바지를 내린다.

- 오염 방지를 위해 상하의를 모두 벗긴다.
  🔄 하의만 벗긴다.

- 둔부 주변을 강한 압력으로 마사지한다.
  🔄 둔부 주변을 가볍게 두드려 마사지한다.

■ 유치도뇨관

- 유치도뇨관이 빠질 수 있으므로 침대에서 내려오지 못하게 한다.
  도뇨관이 빠지지 않도록 움직이지 못하게 한다.
  침대에서 움직이지 못하게 한다.
  🔁 침대에서 자유로이 움직일 수 있으며, 보행도 가능하다.

- 방광에 통증이 오면 즉시 유치도뇨관을 빼 준다.
  소변이 도뇨관 밖으로 새는 경우 즉시 교체한다.
  도뇨관이 막힌 경우 즉시 교체한다.
  소변색이 이상하거나 탁해진 경우 즉시 버린다.
  소변량이 감소하면 유치도뇨관을 팽팽하게 당겨준다.
  🔁 시설장이나 간호사에게 보고한다.

- 소변주머니는 소변이 가득 찰 때만 비운다.
  소변주머니는 하루에 한 번만 비운다.
  방광이 팽창하여 통증을 호소하면 하복부를 눌러 준다.
  소변주머니에 소변이 고이지 않을 경우 하복부를 눌러 준다.
  아랫배가 아프다고 호소할 때는 소변주머니를 비워 준다.
  소변 줄을 팽팽하게 당겨 준다.
  🔁 유치도뇨관이 막히거나 꼬여 있는지 확인한다.

- 소변주머니를 아랫배보다 위로 들게 한다.
  🔁 아랫배보다 밑으로 한다.

- 소변주머니는 방광 위치보다 높게 둔다.
  🔁 높게 두지 않는다.

- 소변량과 색깔은 하루에 한 번 확인한다.
  🔁 2~3시간마다 확인한다.

- 소변주머니를 비우고 배출구를 열어 놓는다.
  🔁 배출구를 잠근다.

- 수분 섭취를 제한한다.
  🔁 수분 섭취를 권장한다.

- 침상안정 시 침상 아래 고정 틀에 걸어 둔다.
  🔁 폴대에 걸어 둔다.

- 일회용 장갑은 사용하지 않는다.
  🔁 사용한다.

- 수분 섭취량과 배설량은 기록하지 않는다.
  🔁 확인 후 기록한다.

01 대상자가 기저귀를 사용할 때 돕는 방법으로 옳지 <u>않은</u> 것은?

① 협조가 가능한 대상자는 옆으로 돌려 눕혀 갈아 준다.

② 몇 번 실금을 했다고 해서 기저귀를 바로 사용하면 기저귀에 의존성이 높아진다.

③ 스스로 허리를 들 수 없는 경우 옆으로 돌려 눕혀 기저귀를 교환한다.

④ 물티슈로 닦은 후에 마른 수건으로 닦아 건조한다.

⑤ 둔부부터 꼬리뼈 부분까지 피부의 상태를 살핀다.

02 대상자가 유치도뇨관을 사용할 때 주의사항으로 옳지 <u>않은</u> 것은?

① 이동할 때에는 소변주머니를 아랫배보다 밑에 둔다.

② 금기 사항이 없으면 수분 섭취를 권장한다.

③ 소변량과 색깔을 매 2~3시간마다 확인한다.

④ 방광에 통증이 오면 즉시 유치도뇨관을 빼 준다.

⑤ 방광이 팽창하여 아랫배가 아프다고 호소할 때는 유치도뇨관이 막히거나 꼬여 있는지 확인한다.

36 구강 청결 돕기

표준교재 254p

1. 기본원칙

① 입안을 닦아낼 때 혀 안쪽이나 목젖을 자극하면 구토나 질식을 일으킬 수 있으므로 너무 깊숙이 닦지 않는다.

② 누워 있는 상태에서 양치질하는 것을 도와줄 때는 옆으로 누운 자세를 하게 해야 사레들리지 않고 안전하다.

2. 돕는 방법

① **입안 닦아내기** : 치아가 없거나 연하장애가 있는 대상자, 의식이 없는 대상자, 사레 들리기 쉬운 대상자 [18, 22]

  ㉠ 대상자가 앉은 자세나 옆으로 누운 자세를 취하게 한다. [20, 28, 33, 35, 37-1]

  ㉡ 부득이하게 똑바로 누운 자세일 때는 상반신을 높여준다. [14, 23, 26]

  ㉢ 목에서 가슴까지 수건을 대준다.

  ㉣ 거즈를 감은 설압자 또는 일회용 스펀지 브러시를 물에 적셔 사용한다. [20, 23, 26, 33, 35, 36-1, 37-1]

  ㉤ 먼저 윗니와 윗잇몸을 닦고 아랫니와 잇몸, 입천장, 혀, 볼 안쪽 순으로 닦는다. [20, 23, 26, 28, 33, 35]

  ㉥ 필요한 경우 구강청정제를 사용한다. [37-1]

  ㉦ 입안을 모두 닦아낸 뒤 수건으로 입 주변의 물기를 닦아내고 입술이 건조하지 않도록 입술보호제를 발라준다. [28, 33]

② **입안 헹구기** : 구강 건조를 막고, 음식물로 인한 질식을 예방하고, 타액이나 위액 분비를 촉진하여 식욕을 증진 [21, 29]

  ㉠ 앉은 자세를 취하게 하고 목에서 가슴까지 수건을 대준다.

  ㉡ 앉을 수 없는 대상자는 건강한 쪽을 아래로 한 자세를 취한다. [24]

  ㉢ 미지근한 물로 입안을 적신다. [24]

  ㉣ 컵을 사용하지 못할 경우 빨대 컵을 사용한다. [24]

③ **칫솔질하기**

  ㉠ 앉은 자세로 머리 부분을 앞으로 숙인 자세로 칫솔질한다. [22, 32-1]

  ㉡ 앉은 자세를 할 수 없는 경우, 옆으로 누운 자세로 하되 건강한 쪽이 아래로 가도록 한다. [16, 17]

  ㉢ 수건으로 턱 아래를 받쳐준다.

  ㉣ 미지근한 물로 입안을 헹구어 적신다. 컵을 사용하는 것이 어려울 경우 빨대 달린 컵을 사용하게 한다.

  ㉤ 칫솔을 45° 각도로 치아에 대고 잇몸에서 치아 쪽으로 3분간 세심하게 닦는다. [16, 25, 30, 32-1]

ⓗ 칫솔질을 할 때에는 치아뿐만 아니라 혀도 닦는다. [17, 22]

ⓢ 칫솔질을 한 후 치실을 사용한다. [16, 22, 25, 30]

ⓞ 입안에 물을 머금기 힘들어 할 경우에는 입을 반쯤 벌리게 하고 입안에 물을 부으면서 헹구고, 곡반의 오목한 면이 대상자의 턱밑에 가게 한 후 흘러내리는 물을 받아낸다.

ⓩ 입안이 깨끗해질 때까지 여러 번 헹군다. [22]

ⓩ 칫솔질을 할 때의 유의사항
- 치약을 칫솔모 위에서 눌러 짜서 치약이 솔 사이에 끼어 들어가게 한다. [32, 32-1]
- 치약의 양이 너무 많으면 입안에 거품이 가득 차서 칫솔질이 어렵고, 치약으로 인한 청량감 때문에 치아가 잘 닦였을 것이라고 오해하기 쉽다. [30]
- 칫솔질로 치아뿐 아니라 혀까지 잘 닦아준다.
- 칫솔을 옆으로 강하게 문지르면 잇몸이 닳아져 시리게 되므로 잇몸에서 치아 쪽으로 부드럽게 회전하면서 쓸어내린다. [16, 17, 22, 25, 32-1]
- 가능한 한 대상자 스스로 구강관리를 하게 하여 독립성을 증진한다.
- 혈액 응고 장애가 있는 대상자는 출혈 가능성이 있으므로 치실은 사용하지 않는다. [30]
- 칫솔질은 잠자기 전과 매 식사 후 30분 이내에 3분간 하도록 습관화한다.

④ 의치 빼기
ⓐ 부분의치는 클래스프(의치가 구강 내에서 움직이지 않게 하기 위한 것)를 손톱으로 끌어 올려 빼낸다.
ⓑ 위쪽 의치를 먼저 빼서 의치 용기에 넣는다. [3, 10, 15, 20, 28, 29, 32-2, 34, 37-2]
ⓒ 아래 의치를 잡고 왼쪽을 오른쪽보다 조금 낮게 하면서 돌려 빼서 의치 용기에 넣는다.

⑤ 의치 세척
ⓐ 칫솔이나 의치용 솔에 의치세정제를 묻혀 미온수로 의치를 닦는다. [4, 18, 24, 28, 29, 32-2, 34, 37-2]
ⓑ 세척할 때는 의치세정제를 사용하고, 주방세제를 대신 사용할 수 있다. [30]
ⓒ 의치는 변형이 되므로 뜨거운 물에 담그면 안 된다. [20, 21, 29, 34]
ⓓ 흐르는 미온수에 의치를 헹군다. [12, 15, 24, 29]
ⓔ 인공치아 사이, 인공치아와 의치 바닥 사이는 특히 주의하여 닦는다. [8, 28]

⑥ 의치 보관
ⓐ 잇몸에 대한 압박 자극을 해소하기 위해 자기 전에는 의치를 빼서 보관한다.
[13, 15, 18, 20, 21, 24, 28, 29, 32-2, 34, 36-2]
ⓑ 전체 의치인 경우 건조를 막기 위해서 위쪽과 아래쪽 의치를 맞추어서 보관한다. [16]
ⓒ 의치세정제나 찬물이 담긴 용기에 보관하여 의치의 변형을 막는다.
[2, 7, 9, 14, 15, 16, 20, 21, 24, 28, 29, 32-2, 37-2]
ⓓ 분실되지 않도록 용기에 담아 주의하여 닦는다. [1, 11, 16, 24]

⑦ 의치 끼우기
ⓐ 대상자의 구강 점막에 상처나 염증이 있는지 확인한다.
ⓑ 의치 삽입 전에 구강세정제와 미온수로 입을 충분히 헹군다. [18, 20, 37-2]
ⓒ 먼저 윗니부터 끼운다. [15, 21, 37-2]
ⓓ 끼울 때는 엄지와 검지로 잡아 엄지가 입안으로 들어가게 하여 한 번에 끼운다.

ⓜ 아랫니는 검지가 입안으로 향하게 하여 아래쪽으로 밀어넣는다. 이때, 잘못하여 삼키는 경우도 있으므로 인지 저하나 마비가 있는 경우 의치의 위치를 자주 확인한다.

ⓗ 대상자의 구강 점막 내 이상 증상이 발견되면 시설장이나 간호사에게 보고한다. [24, 35]

■ 입안 닦아내기 방법

- 똑바로 누운 자세로 상반신을 낮춘다.
  똑바로 누운 자세를 취하도록 한다.
  🔁 앉은 자세나 옆으로 누운 자세를 취하도록 한다.

- 혀 안쪽까지 깊숙이 닦는다.
  🔁 구토나 질식을 일으킬 수 있으므로 너무 깊숙이 닦지 않는다.

- 마른 브러쉬로 닦아 준다.
  🔁 물에 적셔 닦아 준다.

- 구토를 막기 위해 혀는 닦지 않는다.
  🔁 혀도 닦아 낸다.

- 입안을 물로 여러 번 헹군다.
  🔁 입안 닦아내기가 아니라 입안 행구기에 해당한다.

- 입천장, 혀, 볼 안쪽을 닦은 후 잇몸과 이를 닦는다.
  🔁 이와 잇몸을 닦은 후 입천장, 혀, 볼 안쪽을 닦는다.

- 치아가 없는 대상자에게만 실시한다.
  🔁 치아가 없거나 연하장애가 있는 대상자, 의식이 없는 대상자, 사레 들리기 쉬운 대상자 등에게 실시한다.

- 물에 적신 설압자로 입안을 닦아낸다.
  🔁 거즈를 감은 설압자를 사용한다.

■ 입안 헹구기를 돕는 방법

- 식사 중 수시로 입안을 헹군다.
  🔁 식사 전과 후에 입안을 헹군다.

- 앉을 수 없는 대상자는 건강한 쪽이 위로 한 자세를 취한다.
  🔁 건강한 쪽이 아래로 한 자세를 취한다.

- 입안 청결을 위해 뜨거운 물로 헹군다.
  🔁 미지근한 물로 헹군다.

- 입안이 헐었을 경우 연고를 발라 준다.
  🔁 시설장이나 간호사에게 보고한다.

■ **칫솔질 방법**

- 치실을 사용한 후 칫솔질을 한다.
  🔁 칫솔질을 한 후 치실을 사용한다.

- 앉는 자세가 불가능한 경우, 옆으로 누운 자세로 하되 마비된 쪽이 아래로 가도록 한다.
  마비가 없는 쪽을 위로 한 측위자세를 한다.
  🔁 건강한 쪽이 아래로 가도록 한다.

- 칫솔은 모가 딱딱한 것이 좋다.
  🔁 칫솔모가 부드러운 것을 사용한다.

- 치아에서 잇몸 방향으로 원을 그리듯이 닦는다.
  🔁 칫솔을 45° 각도로 치아에 대고 잇몸에서 치아 쪽으로 닦는다.

- 칫솔질을 할 때에는 치아만 닦는다.
  🔁 치아뿐만 아니라 혀도 닦는다.

- 침대에 똑바로 누운 채로 칫솔질을 한다.
  🔁 머리 부분을 앞으로 숙인 자세로 칫솔질을 한다.

- 구토를 막기 위해 혀는 닦지 않는다.
  🔁 혀도 닦는다.

- 치약을 묻힌 칫솔을 90° 각도로 치아에 대고 닦는다.
  🔁 45° 각도로 한다.

- 칫솔은 손에 쥐기 쉽게 자루가 가는 것을 사용한다.
  🔁 칫솔 자루가 굵은 것을 사용한다.

■ **의치를 착용하는 대상자를 돕는 방법**

- 아래쪽 의치를 먼저 빼서 용기에 넣는다.
  🔁 위쪽 의치를 먼저 빼서 용기에 넣는다.

- 소독을 위해 뜨거운 물로 헹군다.
  의치는 뜨거운 물에 씻는다.
  소독을 위해 햇빛에 말린다.
  🔁 흐르는 미온수에 의치를 헹군다.

- 냄새가 배지 않도록 보관용기의 뚜껑을 열어 둔다.
  🔁 닫아 둔다.

- 잇몸 보호를 위해 취침 중에도 의치를 착용한다.
  자기 전에 의치를 세척한 후 끼우고 잔다.
  🔁 자기 전에는 의치를 빼서 보관한다.

- 건조하게 말린 후 착용한다.
  🔁 구강세정제와 미온수로 입을 충분히 헹군 후 끼운다.

- 의치는 건조하게 보관한다.
  의치를 빼서 거즈에 감싸 보관한다.
  알코올로 소독해서 보관한다.
  의치는 물기가 없는 상태로 보관한다.
  🔖 의치세정제나 찬물이 담긴 용기에 보관한다.

- 위쪽과 아래쪽 의치를 따로 보관한다.
  🔖 맞추어서 보관한다.

- 분실을 예방하기 위해 보관 장소를 자주 바꾼다.
  🔖 바꾸지 않는다.

- 의치를 끼울 때는 아랫니를 먼저 끼운다.
  🔖 윗니부터 먼저 끼운다.

- 구강 점막에 염증이 있으면 구강세정제로 헹군다.
  🔖 시설장이나 간호사에게 보고한다.

- 인공치아와 의치 바닥 사이는 닦지 않는다.
  🔖 주의하여 닦는다.

01 다음 중 대상자의 구강 청결을 돕는 방법으로 옳지 <u>않은</u> 것은?

① 부득이하게 똑바로 누운 자세일 때는 상반신을 높여 준다.

② 컵을 사용하지 못할 경우 빨대 컵을 사용한다.

③ 앉을 수 없는 대상자는 건강한 쪽을 위로 한 자세를 취한다.

④ 먼저 윗니와 잇몸을 닦고 거즈를 바꾸어 아랫니와 잇몸, 입천장, 혀, 볼 안쪽을 닦아 낸다.

⑤ 거즈를 감은 설압자 또는 일회용 스펀지 브러시를 물에 적셔 사용한다.

02 대상자의 칫솔질 돕기 방법으로 옳지 <u>않은</u> 것은?

① 칫솔을 45° 각도로 치아에 대고 잇몸에서 치아 방향으로 닦는다.

② 칫솔질을 할 때에는 혀도 닦고, 칫솔질을 한 후 치실을 사용한다.

③ 칫솔은 모가 부드럽고 적당히 탄력 있는 것이 좋다.

④ 옆으로 누운 자세로 하되 불편한 쪽이 아래로 가도록 한다.

⑤ 입안이 깨끗해질 때까지 여러 번 헹군다.

03 의치를 착용하는 대상자를 돕는 방법으로 옳지 <u>않은</u> 것은?

① 위쪽 의치를 먼저 빼서 의치 용기에 넣는다.

② 의치의 변형을 막기 위해 세정제나 찬물이 담긴 용기에 보관한다.

③ 의치 삽입 전에 구강세정제로 입을 헹군다.

④ 자기 전에 의치를 세척한 후 끼우고 잔다.

⑤ 먼저 윗니부터 끼운다.

정답 01 ③ 02 ④ 03 ④

37

두발 · 손발 · 회음부 청결 돕기

1. 두발 청결 돕기 [표준교재 259p]

① 기본원칙

ㄱ 공복, 식후는 피한다. [24]

ㄴ 겨울에는 낮 시간대를 이용한다. [22]

ㄷ 머리를 감기 전에 대소변을 보게 한다. [20, 36-1]

ㄹ 귀지는 의료기관에 가서 제거하는 것이 안전하다. [20, 23]

② 돕는 방법

ㄱ 통 목욕 시 머리 감기기

- 실내온도(보통 20~23℃)를 따뜻하게 유지한다. [16, 22]
- 목욕 의자에 앉히고 머리 장신구를 제거하고 이물질이 있는지 확인한다.
- 귀에 물이 들어가지 않도록 귀막이 솜으로 양쪽 귀를 막는다. [5, 18, 20, 22, 24, 30]
- 따뜻한 물로 머리를 적신다.
- 머리와 두피를 손톱이 아닌 손가락 끝으로 마사지한 후 헹군다. [16, 20, 22, 23, 26, 29, 30, 33, 34, 36-1]
- 린스를 한 후 따뜻한 물로 머리를 충분히 헹군다.
- 양쪽 귀에서 귀막이 솜을 꺼낸다.
- 마른 수건으로 물기를 제거한 후 헤어드라이어로 머리를 말린다. [16, 22, 24, 26, 30, 36-1]

ㄴ 침대에서 머리 감기기(침상세발)

- 문과 창문을 닫고 실내온도를 따뜻하게 한다. [24, 32-1]
- 머리의 장신구를 제거하고 빗질한다.
- 베개를 치우고 침대 모서리에 머리가 오도록 몸을 비스듬히 한다. [18, 26, 29, 32, 32-1, 36-2]
- 방수포를 어깨 밑까지 깐다. [18, 20, 32, 32-1, 36-2]
- 어깨 아래 수건을 놓아 어깨 아래에서 가슴 위까지 감싼다. [23, 32-1, 36-2]
- 목욕담요를 덮고, 이불은 허리까지 접어 내린다. [26]
- 머리 밑에 패드를 대고 패드 끝을 물받이 양동이에 넣는다. [36-2]
- 패드가 없는 경우 신문지 여러 장을 안에 넣고 비닐포로 말아서 사용한다. [36-2]
- 솜으로 귀를 막고, 눈에 수건을 올려놓는다. [18, 23, 29, 32-1]
- 따뜻한 물로 머리를 적신다. [16]

- 소량의 샴푸를 머리와 두피에 묻혀 손가락 끝으로 마사지한다. [32]
- 린스를 한 후 따뜻한 물로 머리를 충분히 헹군다. [16, 23, 24, 26, 29, 32]
- 뒷머리는 목을 좌우로 돌리면서 헹군다. [16]
- 패드 밑에 수건을 넣어 물 빠짐을 조절하며 헹군다.
- 수건으로 머리의 물기를 닦고 패드를 제거한다.
- 양쪽 귀에서 귀막이 솜을 꺼내고 면봉을 이용하여 양쪽 귀의 물기를 제거한다. [29]
- 남아 있는 물기를 마른 수건으로 제거한 후 헤어드라이어로 머리를 말린다. [26, 32, 34, 36-1]

ⓒ 물 없이 두발 청결 돕기 : 물을 사용하기 어려운 상황에는 두발 전용 세정제를 사용한다. [36-1]

※ 두발 전용 세정제 사용 방법

- 세정제를 모발에 발라 거품을 낸 후 닦아낸다. [32-2, 35, 36-1, 37-2]
- 모발에 내용물이 충분히 적셔지도록 바른 후 거품이 나도록 머리를 마사지한다. [36-1, 37-2]
- 거품에 머리때와 기름기가 묻어나온다.
- 마른수건으로 충분히 닦아 말려준다. [36-1, 37-2]
- 즉시 사용할 수 있고 물이 없어도 머리카락을 깨끗하게 할 수 있다.
- 머리에 발라 거품을 내고, 수건으로 닦고 빗어준다.

ⓔ 머리 손질하기
- 머리카락이 엉켰을 경우에는 물을 적신 후에 큰 빗으로 빗어 준다. [3, 20, 25, 29, 34]
- 너무 세게 잡아당겨 대상자가 불편하지 않도록 한다. [20, 22, 25]
- 마비 등으로 누워있는 시간이 많은 대상자의 경우 머리가 짧아야 손질하기 쉽고 두피관리에 좋으나 대상자의 기호와 의견을 물어서 머리를 손질한다. [22, 29]
- 침대머리를 높이거나 가능하다면 대상자를 앉힌다. [29]
- 대상자의 어깨에 수건을 덮고 안경과 머리핀 등은 제거한다.
- 대상자의 머리카락을 잡고 두피에서부터 모발 끝 쪽으로 빗어 준다. [20, 22, 25, 29, 30, 34]
- 대상자에게 거울을 제공하여 자신의 머리 모양을 확인하게 한다.
- 모발과 두피에 상처 등 특이사항이 있는 경우 시설장이나 간호사 등에게 보고한다. [22, 29, 30, 34, 36-1]

2. 손 · 발 청결 돕기 표준교재 262p

① 기본원칙
ⓐ 노인의 피부는 건조하여 각질이 생기기 쉬우므로 오일이나 로션 등을 발라 주어야 한다. [4, 6, 8, 10, 30, 33]
ⓑ 피부에 자극을 주는 침구나 모직의류는 피한다. [33, 34, 36-2]
ⓒ 양말은 면제품을 사용하는 게 좋다. [37-1]

② 돕는 방법
ⓐ 따뜻한 물에 손과 발을 10~15분간 담가 온기를 느끼게 하면 혈액순환을 촉진하고 이물질을 쉽게 제거할 수 있다. [19, 22, 26, 30, 34, 37-1]
ⓑ 가능하면 대상자를 앉히거나 편안한 자세로 한다. [19, 22]
ⓒ 씻으면서 이불이나 바닥이 물에 젖지 않도록 방수포를 깔아둔다.
ⓓ 수용성 비누를 이용해 씻은 뒤 헹군다. [22, 36-2, 37-1]
ⓔ 수건으로 물기를 닦은 후 대야를 치운다.

ⓗ 손톱깎이를 이용하여 손톱은 둥글게, 발톱은 일자로 자른다.
[6, 15, 17, 19, 21, 22, 26, 29, 30, 32, 33, 34, 36-2, 37-1]

ⓢ 로션을 바르며 부드럽게 마사지를 한다. [15, 17, 26, 33]

ⓞ 손톱이나 발톱이 이상이 있을 경우 보고한다. [7, 15, 17, 19, 22, 26, 30, 32, 33, 34, 36-2, 37-1]

3. 회음부 청결 돕기 [표준교재 264p]

① 기본원칙

ⓐ 회음부나 음경을 닦을 때는 전용 수건, 거즈나 솜을 사용해야 한다. [18, 32-1, 36-1]

ⓑ 회음부는 요도, 질, 항문 순서로 되어있어 앞쪽에서 뒤쪽으로 닦아낸다.
[2, 4, 6, 7, 9, 11, 12, 14, 17, 18, 22, 28, 29, 32-2, 37-2]

ⓒ 회음부 청결관리를 할 때는 대상자가 수치심을 느끼거나 성희롱 문제가 발생할 수 있으므로 최대한 대상자 스스로 하도록 도와야 한다. [21, 22]

② 돕는 방법

ⓐ 커튼이나 스크린을 쳐서 개인 프라이버시가 보호되도록 한다. [18]

ⓑ 손 소독제로 손을 깨끗이 한 후 일회용 장갑을 착용한다. [32-2]

ⓒ 누워서(앙와위) 무릎을 세우게 하고, 목욕 담요를 마름모꼴로 펴서 몸과 다리를 덮는다.
[17, 18, 22, 28, 29, 32-2, 33, 36-1]

ⓓ 목욕 담요의 양쪽 아랫단 끝을 가까운 쪽 다리 안쪽으로 감고, 아랫단 가운데 부분은 회음부를 덮는다. [29]

ⓔ 둔부 밑에 방수포를 깔고 변기를 밀어 넣는다. [33]

ⓕ 따뜻한 물을 음부에 끼얹은 다음 물수건에 비눗물을 묻히고 닦는다. [17, 18, 22, 32-1, 33]

ⓖ 가볍게 짠 물수건으로 닦아 낸다. [17, 28, 32-1, 33]

ⓗ 남성은 음경을 수건으로 잡고, 겹치는 부분과 음낭의 뒷면도 잘 닦는다. [28, 32-1]

ⓘ 회음부에 분비물, 염증이 있으면 시설장이나 간호사 등에게 보고한다. [17, 22, 29, 32-2, 33, 36-1]

■ 머리감기기 방법
- 소리가 들릴 수 있도록 귀막이 솜으로 한쪽 귀만 막는다.
  답 귀에 물이 들어가지 않도록 양쪽 귀를 모두 막는다.

- 방수포를 엉덩이에서 발까지 깐다.
  답 방수포를 어깨 밑까지 깐다.

- 머리와 두피를 손톱으로 마사지한다.
  답 손가락 끝으로 마사지한다.

- 면봉으로 귀 안쪽 귀지를 제거한다.
  답 귀지는 의료기관에 가서 제거한다.

- 겨울에는 저녁 시간대를 이용한다.
  답 낮 시간대를 이용한다.

- 실내온도를 16~18℃ 정도로 유지한다.
  답 20~23℃ 정도로 유지한다.

- 긴장 완화를 위해 식후에 바로 머리를 감는다.
  답 공복, 식후는 피한다.

- 문과 창문을 열어 습기가 차지 않게 한다.
  답 문과 창문을 닫는다.

- 린스를 한 후 찬물로 머리를 헹군다.
  답 따뜻한 물로 머리를 헹군다.

- 마른 수건으로 물기를 제거한 후 자연건조한다.
  답 헤어드라이어로 머리를 말린다.

- 머리 감을 때는 찬물로 사용하고, 헹굴 때는 따뜻한 물로 한다.
  답 머리 감을 때와 헹굴 때 모두 따뜻한 물을 사용한다.

■ 침대에서 대상자의 머리를 감길 때 방법
- 베개를 받치고 침대 모서리에 머리가 오도록 한다.
  답 베개를 치운다.

- 수건으로 얼굴을 덮어 준다.
  답 어깨 아래 수건을 놓아 어깨 아래에서 가슴 위까지 감싼다.

- 침대보를 보호하기 위해 방수포를 허리 밑까지 깐다.
  답 어깨 밑까지 깐다.

- 50℃의 물을 사용한다.
  답 따뜻한 물을 사용한다.

- 눈과 귀를 솜으로 덮는다.
  - 솜으로 귀를 막고, 눈에는 수건을 올려 놓는다.

■ 머리 손질하는 방법

- 엉킨 부분은 가위로 잘라 준다.
  참빗으로 빗어 머리카락을 펴 준다.
  - 물을 적신 후에 큰 빗으로 빗어 준다.

- 대상자의 머리카락을 잡고 두피 방향으로 빗어 준다.
  - 두피에서부터 모발 끝 쪽으로 빗어 준다.

- 가족의 동의를 얻어 엉킨 머리카락을 자른다.
  머리를 짧게 잘라 손질이 쉽게 한다.
  - 대상자의 기호와 의견을 물어서 머리를 손질한다.

- 머리카락이 엉켰을 경우 힘껏 빗질한다.
  - 너무 세게 잡아당겨 대상자가 불편하지 않도록 한다.

- 두피에 상처가 있는 경우 연고를 발라 준다.
  - 시설장이나 간호사 등에게 보고한다.

■ 손 · 발 청결을 돕는 방법

- 발톱은 둥근 모양으로 자른다.
  손톱은 일자로 자른다.
  - 손톱은 둥글게, 발톱은 일자로 자른다.

- 무좀을 예방하기 위해 보습제는 바르지 않는다.
  로션은 바르지 않는다.
  - 로션을 바르며 부드럽게 마사지를 한다.

- 발톱이 살 안쪽으로 심하게 파고들었을 때는 연고를 발라 준다.
  발톱이 심하게 파고들었을 경우 바로 제거한다.
  손톱과 발톱의 이상 증상은 보고하지 않아도 된다.
  - 손 · 발톱의 이상은 바로 보고한다.

- 가능한 대상자를 눕혀서 돕는다.
  - 앉히거나 편안한 자세로 한다.

- 찬물에 손과 발을 10~15분간 담근다.
  - 따뜻한 물에 담근다.

- 지용성 비누를 사용한다.
  - 수용성 비누를 사용한다.

■ 회음부 청결 돕기 방법

- 아래쪽에서 위쪽으로 닦는다.
  🔖 앞쪽에서 뒤쪽으로 닦아낸다.

- 회음부는 '항문 → 질 → 요도' 순서로 닦는다.
  🔖 '요도 → 질 → 항문' 순서로 닦는다.

- 조명을 어둡게 한다.
  🔖 밝게 한다.

- 청결을 위해 본인 의사와 관계없이 씻긴다.
  🔖 대상자의 의견을 최대한 반영한다.

- 알콜솜으로 음부를 닦아 준다.
  🔖 전용 수건, 거즈나 솜을 사용해야 한다.

- 회음부에 염증이 있으면 연고를 발라 준다.
  🔖 시설장이나 간호사 등에게 보고한다.

- 의식이 없는 대상자일 경우 커튼이나 스크린은 필요하지 않다.
  🔖 의식이 없어도 커튼이나 스크린을 쳐서 개인 프라이버시가 보호되도록 한다.

- 반좌위 자세를 취하게 하고 대형 타월로 골반 쪽에서 무릎까지 덮는다.
  반좌위 자세를 취하게 하고 대형 타월로 배꼽에서 골반까지 덮어 준다.
  🔖 누워서(앙와위) 무릎을 세우게 하고 몸과 다리를 덮는다.

- 찬물을 음부로 흘려 준다.
  🔖 따뜻한 물을 흘려 준다.

- 40℃ 정도의 물을 음부에 끼얹은 다음 물수건에 비눗물을 묻힌다.
  🔖 따뜻한 물로 한다.

- 청결을 위해 전적으로 요양보호사가 닦아 준다.
  🔖 최대한 대상자 스스로 하도록 도와야 한다.

- 회음부를 닦을 때는 부드러운 때밀이 장갑을 사용한다.
  🔖 가볍게 짠 물수건으로 닦아낸다.

- 남성은 음경을 손으로 잡고 양쪽의 겹치는 부분까지 잘 닦아 준다.
  🔖 남성은 음경을 수건으로 잡는다.

01 대상자의 머리감기를 돕는 방법으로 옳지 <u>않은</u> 것은?

① 통목욕 시 : 귀막이 솜으로 양쪽 귀를 막는다.

② 통목욕 시 : 마른 수건으로 물기를 제거한 후 자연건조한다.

③ 침대 머리감기 : 베개를 치우고 침대 모서리에 머리가 오도록 한다.

④ 침대 머리감기 : 린스를 한 후 따뜻한 물로 머리를 충분히 헹군다.

⑤ 머리손질 : 머리카락을 잡고 두피에서부터 모발 끝 쪽으로 빗어 준다.

02 대상자의 손·발 청결을 돕는 방법으로 옳지 <u>않은</u> 것은?

① 따뜻한 물에 손과 발을 10~15분간 담근다.

② 가능하면 앉히거나 편안한 자세로 한다.

③ 손톱은 둥글게, 발톱은 일자로 자른다.

④ 손톱과 발톱의 이상 증상은 보고하지 않아도 된다.

⑤ 로션을 바르며 부드럽게 마사지를 한다.

03 여성 대상자의 회음부 청결 돕기 방법으로 옳지 <u>않은</u> 것은?

① 누워서(앙와위) 무릎을 세운 자세를 취하게 한다.

② 회음부는 '항문 → 질 → 요도' 순서로 닦는다.

③ 회음부를 닦을 때는 전용 수건이나 거즈를 사용한다.

④ 따뜻한 물을 음부에 끼얹은 다음 물수건에 비눗물을 묻힌다.

⑤ 회음부에 염증이 있으면 시설장에게 보고한다.

38 세수 · 면도 · 침상 청결 돕기

1. 세수 돕기 표준교재 265p

① 기본원칙

눈	• 눈곱이 없는 눈을 먼저 닦고, 안에서 밖으로 닦는다. 3, 4, 6, 9, 12, 14, 16, 18, 19, 22, 26, 28, 32, 35, 37-1 • 한번 사용한 수건의 면은 사용하지 않는다. 9, 18, 28
귀	• 정기적으로 면봉이나 귀이개로 귀 입구의 귀지를 닦아낸다. 28, 32, 35 • 귓바퀴나 귀의 뒷면도 따뜻한 물수건으로 닦아낸다. • 귀지는 의료기관에 가서 제거하는 것이 안전하다. 19, 20, 22, 26, 32, 33
코	• 비염 등이 발생하기 쉬우므로 세안 시 코 안을 깨끗이 닦고, 콧방울도 세심히 닦아 준다. 16, 19, 22, 28, 37-1 • 만약 코털이 코 밖으로 나와 있다면 깎아 준다. 16, 22, 26, 32, 35
입, 이마, 볼, 목	수건에 비누를 묻혀 입술과 주변을 깨끗이 닦은 후 이마와 볼, 목의 앞, 뒤를 골고루 세심하게 닦는다. 37-1

② 돕는 방법

㉠ 커튼이나 스크린을 사용한다.

㉡ 침대머리를 높이거나 반 앉은 자세로 한다. 19, 21

㉢ 부드럽고 깨끗한 수건을 따뜻한 물에 적셔 눈의 안쪽에서 바깥쪽으로 닦는다. 16, 18

㉣ 다른 쪽 눈을 닦을 때는 수건의 다른 면을 사용한다.

㉤ 눈 → 코 → 뺨 → 입 주위 → 이마 → 귀 → 목 순서로 닦는다. 18, 21, 24, 26, 28, 32, 35

㉥ 마른 수건을 이용해 얼굴에 남아 있는 물기를 제거하고 피부유연제(로션이나 오일)를 바른다. 18

㉦ 대상자가 원하면 거울을 볼 수 있게 돕고 면봉으로 귀 입구의 귀지를 닦아낸다. 18, 37-1

2. 면도 돕기 표준교재 267p

① 기본원칙

ㄱ 대상자가 가지고 있는 면도기의 사용방법에 맞추어 사용한다.

ㄴ 면도 전 따뜻한 물수건으로 덮어 건조함을 완화하고 폼클렌징으로 거품을 내 면도한다. 5, 15, 23, 24, 27

ㄷ 상처가 생겨 피가 날 경우 상처를 건드리지 않게 주의한다. 24

ㄹ 전기면도기를 사용하는 것이 안전하다. 28

② 돕는 방법

ㄱ 커튼이나 스크린을 사용한다.

ㄴ 침대머리를 높이거나 반 앉은 자세로 한다. 23

ㄷ 폼클렌징의 거품을 충분히 내고 귀밑에서 턱, 입 주위와 코밑에 거품을 발라 놓는다.

ㄹ 면도날은 얼굴 피부와 45° 정도의 각도를 유지한다. 15, 23, 24, 27, 28

ㅁ 짧게 나누어 일정한 속도로 면도한다.

ㅂ 피부 주름은 아래 방향으로 잡아당겨 면도한다. 15, 23, 24, 27, 28

ㅅ 귀밑에서 턱 쪽으로, 코밑에서 입 주위 순서로 진행한다. 23, 24, 27, 28

ㅇ 면도 후에 피부유연제(로션이나 크림)를 바른다. 15, 28

3. 침상 청결 등 쾌적한 환경 유지하기 표준교재 273p

① 침구는 부드럽고 땀 흡수가 잘되는 면제품이 제일 좋고, 정기적으로 세탁하고 햇볕에 말려야 한다.

② 더러워진 침구는 즉시 교환하며 침대 주위의 물건을 잘 정리해 청결하고 안전한 환경을 유지한다.

③ 쾌적한 환경 유지 방법

온도	• 적정 실내온도를 유지한다. • 땀과 손발 온도를 확인하여 의복과 실내 온도를 조절한다. • 방, 복도와 화장실의 온도는 일정하게 유지한다(혈압 상승 예방).
습도	• 쾌적한 습도를 유지한다(40~60%). 27 • 물은 공기보다 냉온에 대한 전도력이 커서 습도가 높으면 더욱 덥게 또는 춥게 느껴지므로 상황에 따라 습도를 적절히 조절한다.
환기	• 공기가 피부에 직접 닿아 피로나 한기를 느끼지 않게 주의한다. • 드레싱, 폐기물, 변기, 배설물 등의 냄새가 있을 때 반드시 환기한다.
채광	• 피로감과 불쾌감을 줄 수 있는 직사광선을 조절한다. • 스크린, 커튼을 이용하여 밝기를 조절한다.
조명	• 시력, 초점 조절력, 식별력, 어두운 곳에서의 적응력이 떨어지므로 조명은 밝게 한다. 27 • 복도, 화장실, 계단에 밝은 조명을 사용하여 사고를 예방한다. • 다른 사람의 숙면을 위해 밤에는 개인 등을 사용한다.
소음	수면장애, 불안과 흥분이 유발되지 않도록 소음을 줄인다.
실내구조	• 휠체어, 보행기, 지팡이를 사용할 수 있는 공간을 확보한다. • 현관이나 화장실의 문턱을 없앤다. • 문턱이 있으면 경사로를 설치하여 휠체어가 다닐 수 있게 한다. • 계단, 화장실, 복도에는 미끄럼 방지 매트, 안전손잡이를 설치한다. • 헛디디거나 넘어지지 않게 출입문, 바닥, 벽, 마루, 문, 선반에 색깔을 칠해 구분한다. 27 • 복도 벽에 손잡이를 설치한다.

④ 돕는 방법

　　㉠ 매트리스 위에 깨끗한 시트를 깔고, 시트 중앙선이 침대 중앙에 오도록 시트를 편다.

　　㉡ 머리 쪽의 시트 여분으로 각을 만든 후 매트리스 안으로 넣는다.

　　㉢ 필요한 경우에는 방수포를 깐다. 침대 밑으로 늘어진 부분은 매트리스 밑으로 넣는다. 이때 방수포 위에
　　　반시트를 덧깐다.

　　㉣ 커버를 씌운 담요나 이불을 펴서 정리한다.

■ **세수를 돕는 방법**

- 눈곱 낀 눈을 먼저 닦고 눈곱이 없는 눈을 닦아준다.
  깨끗한 수건으로 눈의 바깥쪽에서 안쪽으로 닦아준다.
  🔁 눈곱이 없는 눈을 먼저 닦고, 눈은 안에서 밖으로 닦는다.

- 면봉으로 귀 안쪽의 귀지를 제거한다.
  🔁 귀지는 의료기관에 가서 제거한다.

- 세안 시 코 안은 닦지 않는다.
  🔁 코 안을 깨끗이 닦는다.

- 코 밖으로 나와 있는 코털은 그대로 둔다.
  🔁 코털은 깎아 준다.

- 코 안쪽과 코볼은 닦지 않는다.
  🔁 닦는다.

- 얼굴에 남아 있는 물기를 제거하고 때때로 피부를 알코올로 소독한다.
  🔁 피부유연제(로션이나 오일)를 바른다.

- 대상자에게 거울을 보여주지 않는다.
  🔁 거울을 볼 수 있게 돕는다.

- 한 번 사용한 수건의 면은 계속 사용해도 무방하다.
  🔁 사용하지 않는다.

- 세수는 침상에 똑바로 누워서 한다.
  🔁 침대머리를 높이거나 반 앉은 자세로 한다.

■ **면도를 돕는 방법**

- 대상자를 침상에 반듯하게 눕힌다.
  🔁 침대머리를 높이거나 반 앉은 자세로 한다.

- 전기면도기는 피하고 1회용 면도기를 사용한다.
  🔁 전기면도기를 사용하는 것이 안전하다.

- 피부와 면도기 각도는 90°로 유지한다.
  🔁 45° 정도의 각도로 유지한다.

- 턱 쪽에서 귀밑으로 면도한다.
  🔁 귀밑에서 턱 쪽으로 면도한다.

- 면도 후에 따뜻한 물수건을 덮어준다.
  🔁 면도 전에 따뜻한 물수건을 덮어준다.

- 피부 주름은 위쪽으로 당기며 면도한다.
  🔁 아래 방향으로 당긴다.

- 면도하기 전에 찬 물수건으로 덮어 둔다.
   따뜻한 물수건으로 덮어 둔다.

- 면도 후에 로션은 바르지 않는다.
   로션이나 크림을 바른다.

- 상처가 생겨 피가 날 경우 손으로 신속하게 지혈한다.
   상처가 생겨 피가 날 경우 상처를 건드리지 않게 주의한다.

- 면도할 부위의 거품을 깨끗이 씻어 낸 후 면도한다.
   거품을 내 면도한다.

■ 안전한 환경 조성을 위한 관리방법

- 숙면을 위해 야간에는 조명을 켜지 않는다.
   조명은 켜 둔다.

- 욕실 바닥에 물을 뿌려 습도를 유지한다.
   물기를 없앤다.

- 의자는 발이 바닥에 닿지 않는 높이로 한다.
   발바닥이 바닥에 닿도록 한다.

- 대상자가 자주 쓰는 물품을 바닥에 늘어놓는다.
   가까운 곳에 둔다.

핵심 족집게 문제 ● CARE WORKER

01 세수 돕기 방법으로 옳지 <u>않은</u> 것은?

① 눈곱이 없는 눈을 먼저 닦고, 눈은 안에서 밖으로 닦는다.
② 귀지는 의료기관에 가서 제거한다.
③ 코 안을 깨끗이 닦고, 코 밖으로 나와 있는 코털을 깎아 준다.
④ '눈 → 코 → 입 주위 → 뺨 → 이마 → 목 → 귀' 순서로 닦는다.
⑤ 침대머리를 높이거나 반 앉은 자세로 한다.

02 대상자의 면도를 돕는 방법으로 옳지 <u>않은</u> 것은?

① 면도 전 따뜻한 물수건으로 덮어 둔다.
② 피부와 면도기 각도는 90°로 유지한다.
③ 주름진 피부는 아래 방향으로 잡아당기며 면도한다.
④ 귀밑에서 턱 쪽으로, 코밑에서 입 주위 순서로 진행한다.
⑤ 면도 후에 피부유연제(로션이나 크림)를 바른다.

정답 01 ④ 02 ②

39

목욕 돕기

표준교재 268p

1. 목욕의 효과

① 피부의 노폐물을 제거하여 몸을 청결하게 유지할 수 있다.
② 적당한 온도의 목욕물은 대상자의 긴장을 풀어주어 심신을 편안하게 하고 숙면에도 도움이 된다.
③ 전신의 신진대사를 촉진하며, 혈액순환을 돕는다.
④ 근육 및 관절의 이완을 돕는다.
⑤ 피부 문제 등 대상자의 전신을 꼼꼼히 살필 수 있다.

2. 대상자들이 목욕을 싫어하는 이유

① 옷이 없어질까 봐 걱정되어서
② 옷 속에 넣어둔 중요한 물건이 분실될까 걱정되어서
③ 배설 실수가 드러날까 봐 옷을 벗기 싫어서
④ 부끄러워서

3. 기본원칙

① 목욕물 온도는 따뜻하게(40℃ 내외), 보통 실내온도(20~23℃)로 맞춘다. 25, 27, 36-1
② 식사 직전·직후에는 목욕을 피한다. 20, 21, 22, 36-1
③ 목욕 전에 소변 또는 대변을 보도록 한다. 26
④ 욕조에 손잡이를 붙이거나 미끄럼 방지 매트를 깔아 안전사고를 예방한다.
⑤ 대상자가 스스로 하도록 하여 성취감을 경험하게 한다. 25
⑥ 목욕 중에는 대상자의 상태를 자주 확인하며 20~30분 이내로 목욕을 끝낸다. 20, 22, 23, 32-1
⑦ 체온 유지를 위해 따뜻한 물을 자주 뿌려준다. 16, 18, 27, 35
⑧ 치매노인일 경우 목욕을 거부할 때 강제로 목욕을 시키지 말고 부드러운 말로 유도한다. 18
⑨ 평소 좋아하는 것으로 화제를 돌려 목욕하도록 유도한다(세탁, 걸레 빨기, 손 씻기 등).

4. 돕는 방법 및 순서

① 통 목욕

ㄱ 요양보호사의 손등으로 물의 온도를 확인한다. [32-2]

ㄴ 옷 벗는 것을 돕는다.

ㄷ 대상자가 발끝에 물을 묻혀 미리 온도를 느껴보게 한다. [15, 23, 26, 27]

ㄹ 발, 다리, 팔, 몸통, 회음부 순서로 닦아낸다. [2, 4, 12, 15, 16, 21, 23, 26, 32-2, 37-2]

ㅁ 편마비대상자가 욕조에 들어가기 전에 욕조 턱 높이와 욕조 의자 높이를 맞추어 앉게 하고 건강한 쪽으로 안전손잡이를 잡게 한다. [32-1]

ㅂ 요양보호사는 대상자의 마비된 쪽 겨드랑이를 잡고 건강한 쪽 다리, 마비된 쪽 다리 순으로 옮겨 놓게 한다. [3, 6, 7, 11, 13, 14, 15, 19, 20, 21, 32-1, 37-2]

ㅅ 욕조에 있는 시간은 5분 정도로 한다. [21, 25, 26, 37-1, 37-2]

ㅇ 부력으로 불안정해지므로 등을 대고 안전하게 앉아 있도록 한다.

ㅈ 욕조에서 나오게 하여 목욕의자에 앉히고 머리를 감긴다. [32-1, 37-1]

ㅊ 정맥 혈액을 심장 쪽으로 보내기 위해 말초에서 중심(심장)으로 닦는다. [15, 20, 21, 25, 32-1, 34, 37-1]

ㅋ 샤워기의 물 온도를 확인한 후 비누거품을 닦아낸다.

ㅌ 목욕 후 한기를 느끼지 않도록 물기를 빨리 닦고 귀 뒤의 물기도 제거한다.

ㅍ 의자에 앉혀서 오일 등 피부유연제를 전신에 바르고 옷 입는 것을 돕는다. [2]

ㅎ 어지러움, 피로감이 있는지 대상자의 상태를 확인하고 따뜻한 우유, 차 등으로 수분을 섭취하고 휴식을 취하게 한다. [36-2, 37-1]

② 샤워 : 낙상의 위험이 있으므로 목욕의자를 이용하여 안전하게 앉은 자세로 하는 것이 바람직하다.

③ 침상 목욕

ㄱ 창문이나 방문을 닫아 따뜻하게 하며, 따뜻한 목욕물을 준비한다.

ㄴ 요양보호사 쪽의 침대 난간을 내린다.

ㄷ 대상자의 체위를 변경하고 침대 위에 방수포를 깐다.

ㄹ 대상자의 의복을 벗기고 목욕담요를 몸 위에 덮는다.

ㅁ 수건에 물을 적시고 짠 다음, 엄지장갑 모양이나 한 면씩 접어 사용하기 쉬운 모양으로 만든다.

ㅂ 눈, 코, 뺨, 입 주위, 이마, 귀, 목의 순서로 닦는다. [1, 5, 7, 11, 20, 33]

ㅅ 눈은 안쪽에서 바깥쪽으로 닦는다. [21]

ㅇ 한쪽 눈을 닦고 다른 쪽 눈을 닦을 때에는 수건의 다른 면을 사용한다. [33]

ㅈ 정맥 혈액을 심장 쪽으로 보내기 위해 양쪽 상지, 손목 쪽(손끝)에서 팔 쪽(겨드랑이 쪽)으로 닦는다. [9, 21, 24, 28, 30, 34, 36-1]

ㅊ 흉부와 복부
- 유방은 원을 그리듯이 닦는다. [10, 21, 24, 28, 36-1]
- 복부는 배꼽을 중심으로 시계 방향으로 닦는다. [4, 7, 8, 21, 24, 28, 30, 33, 36-1]
- 이는 장운동을 활발하게 하여 배변에 도움이 된다. [2]

ㅋ 양쪽 하지는 정맥 혈액을 심장 쪽으로 보내기 위해 무릎을 세워서 발꿈치나 무릎 뒤를 손으로 받치고 발끝에서 허벅지 쪽으로 닦는다. [21, 24, 28, 30, 34, 36-1]

ⓔ 등과 둔부는 옆으로 눕게 하여 목 뒤에서 둔부까지 닦는다. 30

ⓟ 회음부를 씻을 때에는 씻을 부위 이외의 부위는 가려 준다.

ⓗ 목욕을 마친 후 물을 마시게 하고 휴식을 취하게 한다. 1

■ 목욕 돕기 방법

- 목욕 시간은 1시간 이내로 한다.
  🔁 20~30분 이내로 목욕을 끝낸다.

- 사생활 존중을 위해 욕실문은 잠근다.
  🔁 욕실문은 닫아둔다.

- '회음부 → 몸통 → 팔 → 다리 → 발' 순서로 닦는다.
  🔁 '발 → 다리 → 팔 → 몸통 → 화음부' 순서로 닦는다.

- 불편한 발부터 욕조에 들어가도록 한다.
  🔁 건강한 쪽 다리부터 들어가도록 한다.

- 중심에서 말초 부위로 닦아 준다.
  🔁 말초에서 중심(심장)으로 닦는다.

- 욕조에 들어가기 전 대상자가 미리 온도를 확인할 필요는 없다.
  대상자가 욕조에 들어간 다음 물을 받는다.
  요양보호사가 미리 물의 온도를 확인한 후 욕조에 들어가게 한다.
  🔁 욕조에 들어가기 전에 대상자가 발끝에 물을 묻혀 미리 온도를 느껴보게 한다.

- 불쾌하거나 피로할 때도 목욕은 꼭 시킨다.
  열이 나는 대상자는 따뜻한 물에 입욕시킨다.
  🔁 따뜻한 우유, 차 등으로 수분을 섭취하고 휴식을 취하게 한다.

- 목욕 중에는 따뜻한 물을 뿌리지 않는다.
  🔁 따뜻한 물을 뿌려준다.

- 혈압이 낮은 대상자일 경우 뜨거운 물에 입욕시킨다.
  🔁 따뜻한 물에 입욕시킨다.

- 식사 직후에 목욕을 한다.
  🔁 식사 직전 · 직후에는 목욕을 피한다.

- 욕조에 20~30분 앉아있게 한다.
  🔁 5분 정도로 한다.

- 목욕 후에 대소변을 보게 한다.
  🔁 목욕 전에 대소변을 보게 한다.

- 실내온도를 30~40℃로 맞춘다.
  🔁 실내온도는 보통 20~23℃로 맞춘다.

■ 침상목욕을 할 때 돕는 방법

- 얼굴은 '이마 → 눈 → 코 → 입' 순서로 닦는다.
  ⤷ '눈 → 코 → 뺨 → 입 주위 → 이마 → 귀 → 목' 순서로 닦는다.

- 하지는 허벅지에서 발끝 쪽으로 닦는다.
  ⤷ 발끝에서 허벅지 쪽으로 닦는다.

- 유방은 위에서 아래로 닦는다.
  ⤷ 원을 그리듯이 닦는다.

- 복부는 배꼽을 중심으로 시계 반대 방향으로 닦는다.
  ⤷ 시계방향으로 닦는다.

- 눈은 바깥쪽에서 안쪽으로 닦는다.
  ⤷ 안쪽에서 바깥쪽으로 닦는다.

- 팔은 겨드랑이에서 손끝으로 닦는다.
  ⤷ 손끝에서 겨드랑이 쪽으로 닦는다.

 핵심 족집게 문제 —————————————————● CARE WORKER

01 대상자의 목욕 돕기 방법으로 옳지 <u>않은</u> 것은?

① 중심에서 말초 부위로 닦아준다.
② 목욕 시간은 20~30분 이내로 한다.
③ 헹구는 순서는 '발 → 다리 → 팔 → 몸통 → 회음부' 순으로 한다.
④ 복부는 배꼽을 중심으로 시계방향으로 닦는다.
⑤ 건강한 쪽 다리, 마비된 쪽 다리 순으로 옮겨 놓게 한다.

02 대상자가 침상목욕을 할 때 돕는 방법으로 옳지 <u>않은</u> 것은?

① '눈 → 코 → 뺨 → 입 주위 → 이마 → 귀 → 목' 순서로 닦는다.
② 상지는 손끝에서 겨드랑이 쪽으로 닦는다.
③ 하지는 허벅지에서 발끝 쪽으로 닦는다.
④ 복부는 배꼽을 중심으로 시계방향으로 닦는다.
⑤ 유방은 원을 그리듯이 닦는다.

정답 01 ① 02 ③

40 세수·옷 갈아입히기

표준교재 275p

1. 기본원칙

① 기분 상태, 안색, 통증, 어지러움, 열이 있는지 확인한다.

② 목욕수건 등을 몸에 걸쳐서 노출되는 부분을 최대한 적게 한다. 15

③ 편마비나 장애가 있는 경우, 옷을 벗을 때는 건강한 쪽부터 벗고 옷을 입을 때는 불편한 쪽부터 입힌다.
   15, 17, 18, 22

④ 옷의 색상, 개인의 생활 리듬을 고려하되, 상·하의가 분리되어 입고 벗기 쉬우며 가볍고 신축성이 좋은 옷을 선택하는 것이 좋다. 15, 18

2. 돕는 방법

① 상의 입히기

  ㉠ 체위 변경이 필요한 대상자 – 단추 있는 옷 입히기

    • 대상자의 마비된 쪽에 서서 상의의 한쪽 소매 끝에서 어깨선, 목선까지 모아 쥐고 악수하듯 대상자의 마비측 손을 잡는다.

    • 대상자의 마비된 쪽 손을 모아 쥐고 상의를 어깨 위까지 올려 입힌다.

    • 대상자를 건강한 쪽으로 돌아눕게 하고 등 뒤쪽에 펼쳐져 있는 상의의 소매 부분을 계단식으로 접어놓는다.

    • 마비된 쪽으로 대상자를 눕힌 후 등 아래쪽에 접혀 있는 상의를 펼친다.

    • 대상자의 건강한 쪽 손을 잡아 팔을 넣을 수 있도록 도와준다.

    • 단추를 잠근다.

  ㉡ 앉을 수 있는 대상자(편마비) – 단추 있는 옷 입히기

    • 입는 순서 : 불편한 팔 → 머리 → 건강한 팔 1, 17, 24, 32 – 1

    • 벗는 순서 : 건강한 팔 → 머리 → 불편한 팔 11, 17, 24, 28, 32 – 1

  ㉢ 체위 변경이 필요한 대상자 – 단추 없는 옷 입히기

    • 요양보호사는 대상자의 마비된 쪽 손을 잡고 대상자의 마비된 쪽 손부터 상의를 입힌다. 18

    • 상의의 머리 부분을 크게 벌려 입기에 편리하도록 하여 머리 쪽을 입힌다.

    • 남은 한쪽 소매를 건강한 쪽 어깨 위에 놓는다. 18

    • 입는 순서 : 불편한 팔 → 머리 → 건강한 팔 20, 32 – 2, 33, 34, 36 – 1

ㄹ 수액이 있는 대상자 - 단추있는 옷 입히기 　7, 13, 14, 23, 30, 32, 37 - 1

- 마비된 쪽 팔을 낀다.
- 대상자를 건강한 쪽으로 돌아눕게 하고 등 뒤쪽에 펼쳐져 있는 상의의 소매 부분을 계단식으로 접어 놓는다.
- 바로 누운 자세에서 수액을 먼저 건강한 쪽 소매의 안으로부터 밖으로 빼서 건다.
- 건강한 쪽 팔을 끼우고 단추를 잠근다.

② 상의 벗기기

ㄱ 체위 변경이 필요한 대상자(단추 없는 옷 벗기기)

- 대상자의 건강한 쪽 팔꿈치를 구부려 머리 방향으로 올리게 한다.
- 건강한 쪽 상의를 허리 쪽에서 겨드랑이까지 모아 쥔다.
- 대상자의 얼굴 쪽에서 시작하여 머리 쪽으로 옷을 벗긴다.
- 마비된 쪽 어깨 → 팔꿈치 → 손목 순으로 옷을 벗긴다.
- 대상자의 마비된 쪽 손목을 잡고 한쪽 팔을 벗긴 후 양팔을 편안하게 한다.
- 벗는 순서 : 건강한 팔 → 머리 → 불편한 팔 순 　9, 20, 21

ㄴ 수액이 있는 대상자(단추 있는 옷 벗기기)

- 건강한 쪽 팔(수액을 맞고 있는 팔)을 먼저 벗긴다.
- 수액을 빼서 건강한 쪽 팔 소매의 밖에서부터 안으로 뺀다.
- 수액을 건다.
- 마비된 쪽 팔을 벗긴다.

③ 하의 입히기

ㄱ 침대에 누워 지내는 대상자라도 엉덩이를 들어 올릴 수 있으면 두 다리를 모아(건강한 쪽 다리를 아래로) 무릎을 세우게 한다.

ㄴ 요양보호사는 바지의 한쪽 발목에서 허리 부분까지 모아 잡는다.

ㄷ 요양보호사의 한쪽 손은 마비된 쪽 발목을 잡고 다른 한쪽 손으로 마비된 쪽 발을 하의에 끼운다.

ㄹ 요양보호사는 건강한 쪽 바지의 허리 부분을 크게 벌린다.

ㅁ 대상자는 건강한 쪽 다리를 바지에 넣게 한다.

ㅂ 건강한 쪽 무릎을 세워 엉덩이를 들게 한다.

ㅅ 요양보호사는 바지의 양쪽 허리선을 잡고 올려서 입힌다.

④ 하의 벗기기 　35, 37 - 2

ㄱ 요양보호사는 침대의 난간을 내리고 대상자의 곁에 선다.

ㄴ 대상자의 두 다리를 모아 무릎을 세운다.

ㄷ 두 팔과 두 발을 바닥에 지지하고 엉덩이를 들어 올리게 한다.

ㄹ 요양보호사는 양손으로 대상자의 허리 부분 양옆을 모아 쥔다.

ㅁ 허리에서 엉덩이, 허벅지 순으로 바지를 내린다.

ㅂ 바지를 두 발목까지 내려놓고 건강한 쪽을 먼저 벗기고 마비된 쪽을 벗긴다. 　28

ㅅ 요양보호사는 한쪽 손을 오목하게 모아 마비된 쪽 발목 아래에 받치고 다른 한 손은 바지를 모아 쥔다.

ㅇ 발목 아래 받치고 있는 손을 펴면서 다리를 내려놓아 바지를 벗긴다.

※ 엉덩이를 들 수 없는 대상자의 하의를 갈아입힐 경우, 좌우로 체위를 변경하며 한쪽씩 벗긴다. 　36 - 2

■ 옷 갈아입히기

- 상 · 하의가 분리되지 않은 옷이 좋다.
  🔁 분리된 옷이 좋다.

- 노출되는 부분을 최대한 많게 한다.
  🔁 최대한 적게 하여 수치심을 느끼지 않게 한다.

- 편마비나 장애가 있는 경우, 옷을 입힐 때는 건강한 쪽부터 입힌다.
  편마비나 장애가 있는 경우, 옷을 벗을 때는 불편한 쪽부터 벗는다.
  🔁 '불편한 팔 → 머리 → 건강한 팔' 순으로 입는다.
  　 '건강한 팔 → 머리 → 불편한 팔' 순으로 벗긴다.

- 가볍고 신축성이 작은 옷이 좋다.
  🔁 많은 옷이 좋다.

- 수액이 있는 대상자의 상의를 입히는 방법은 '건강한 쪽 팔 → 수액주머니 → 마비된 쪽 팔' 순이다.
  🔁 '마비된 쪽 → 수액주머니 → 건강한 쪽' 순이다.

- 수액이 있는 대상자의 상의를 벗기는 방법은 '마비된 쪽 팔 → 수액주머니 → 건강한 쪽 팔' 순이다.
  🔁 '건강한 쪽 → 수액주머니 → 마비된 쪽' 순이다.

- 상의를 갈아입힐 때는 대상자의 건강한 쪽에 선다.
  🔁 불편한 쪽에 선다.

- 하의는 바지를 두 발목까지 내려놓고 불편한 쪽을 먼저 벗긴다.
  🔁 건강한 쪽을 먼저 벗기고 마비된 쪽을 벗긴다.

01 대상자의 옷 갈아입히기 방법으로 옳지 <u>않은</u> 것은?

① 상 · 하의가 분리되지 않은 옷이 좋다.
② 옷을 벗을 때는 건강한 쪽부터 벗고, 옷을 입힐 때는 불편한 쪽부터 입힌다.
③ 가볍고 신축성이 좋은 옷이 좋다.
④ 바지를 두 발목까지 내려놓은 후 건강한 쪽을 먼저 벗기고 마비된 쪽을 벗긴다.
⑤ 한쪽 손은 마비된 쪽 발목을 잡고 다른 한쪽 손으로 마비된 쪽 발을 하의에 끼운다.

──────────────────────────────

정답 01 ①

41 신체 정렬과 침대 위에서의 이동 돕기

1. 기본원칙과 신체 정렬 표준교재 281p

① 기본원칙

ㄱ 대상자의 신체상황, 안정도, 심리적인 측면 등을 고려한다. [1, 15]

ㄴ 대상자에게 동작을 설명하고 동의를 구한다. [15]

ㄷ 정상적인 움직임으로 신체에 해를 주지 않는다. [4, 12, 15]

ㄹ 적절한 신체사용법을 사용하여 실시한다. [15, 24]

② 올바른 신체 정렬 방법

ㄱ 신체 정렬은 신체를 움직일 때 뼈대 및 관절의 배열이나 각도 등이 자연스럽고, 편안한 위치에 있도록 하는 것이다.

ㄴ 요양보호사의 허리와 가슴 사이의 높이로(가슴 높이가 아님) 대상자의 몸 가까이에서 잡고 보조한다.
[3, 15, 18, 28, 32, 32-1]

ㄷ 대상자와 멀어질수록 요양보호사의 신체 손상 위험이 증가한다. [29]

ㄹ 안정성과 균형을 위하여 발을 적당히 벌리고 서서 한 발은 다른 발보다 약간 앞에 놓아 지지면을 넓힌다.
[2, 7, 8, 11, 15, 18, 29, 32, 32-1, 36-1]

ㅁ 무릎을 굽히고 중심을 낮게 한다. [4, 9, 11, 13, 15, 18, 28, 29, 32, 32-1, 36-1]

ㅂ 대상자 이동 시 다리와 몸통의 큰 근육을 사용한다. [15, 18, 28, 29, 32]

ㅅ 순간적인 동작은 피한다. [36-1]

2. 침대 위에서의 이동 돕기 표준교재 282p

① 침대 위에서의 이동 시 유의점

ㄱ 침대 위에서 이동 후 안면창백, 어지러움, 오심, 구토, 식은땀 등의 증상이 나타나면 원래 자세로 눕히고 시설장이나 간호사 등에게 보고한다. [12, 15, 18, 30]

ㄴ 대상자가 누워서 엉덩이를 들어 올리는 운동을 하는 이유는 침대 위에서 이동이나 보행 시 신체 안정에 도움이 되기 때문이다. [25, 33]

② 침대 머리 쪽으로 이동하기 방법 및 순서 [표준교재 282p]

　　㉠ 침대 매트를 수평으로 눕히고 베개를 머리 쪽으로 옮긴다. [1, 20, 29]

　　㉡ 대상자의 무릎을 세워 발바닥이 침대 바닥에 닿게 한다. [29]

　　㉢ 협조 가능한 대상자가 침대 발쪽으로 내려왔을 때 대상자는 침대 머리 쪽 난간을 잡고 요양보호사의 신호에
　　　맞춰 침상 머리 쪽으로 당긴다. [6, 17, 25, 27, 28, 36-2]

　　㉣ 대상자가 협조를 할 수 없는 경우 침상 양편에 한 사람씩 마주 서서 한쪽 팔은 어깨와 등 밑을, 다른 팔은 둔부
　　　와 대퇴를 지지하여 옮긴다. [5, 16, 19, 21, 24, 29]

　　㉤ 침대 커버와 옷을 펼쳐준다. [20, 29]

3. 침대 오른쪽 또는 왼쪽으로 이동하기 방법 및 순서 [표준교재 283p]

　※ 침상 목욕, 머리 감기기 등을 위해 침대 가장자리로 이동할 때도 적용된다.

　① 대상자를 이동시키고자 하는 쪽에 선다. [1, 15, 17, 22, 36-1]

　② 요양보호사는 대상자의 두 팔을 가슴 위에 포갠다. [15, 17, 22, 36-1]

　③ 상반신을 먼저 이동시킨 후 하반신을 이동시킨다. [15, 26]

　④ 목에서 겨드랑이 쪽과 허리 아래에 손을 넣어 상반신을 끌어당긴다. [17, 22, 37-1]

　⑤ 하반신은 허리와 엉덩이 밑을 받쳐서 이동시킨다. [3, 15, 17, 22, 36-1, 37-1]

　⑥ 머리에 베개를 받치고 침대 시트를 바르게 한다. [22]

　　㉠ 한꺼번에 많이 이동하려고 하지 말고 조금씩 나누어 이동한다. [15]

　　㉡ 대상자를 끌어당길 경우 피부가 손상되거나 통증을 유발할 수 있으므로 조금씩 들어서 이동시킨다.

4. 옆으로 눕히기 방법 및 순서 [32, 37-2]

　※ 체위 변경 등과 같이 자세를 바꿀 필요가 있을 때 시행한다.

　① 요양보호사가 돌려 눕히려고 하는 쪽에 선다. [16, 19, 25, 32]

　② 돌려 눕히려고 하는 쪽으로 머리를 돌린다. [19, 25, 32-2]

　③ 무릎을 세우고 옆으로 누웠을 때 팔이 몸에 눌리지 않도록 눕히려는 쪽의 손을 위로 올리거나 양손을 가슴에 포
　　개놓는다. [2, 16, 19, 28, 32, 32-2]

　④ 무릎을 굽히거나 돌려 눕는 방향과 반대쪽 발을 다른 쪽 발 위에 올려놓는다. [11, 19, 25, 32-2]

　⑤ 반대쪽 어깨와 엉덩이에 손을 대고, 옆으로 돌려 눕힌다. [9, 10, 16, 19, 25, 28, 30, 32, 32-2]

　⑥ 엉덩이를 뒤로 이동시키고, 아래쪽 어깨를 움직여 편안하게 해 준다. [16, 28, 32, 32-2]

　⑦ 필요하다면 베개를 등과 필요 부위에 받쳐준다. [32]

　⑧ 스스로 돌아누울 수 있는 대상자는 최소한만 돕는다.

　⑨ 반드시 대상자의 앞쪽에서 체위 변경을 해야 한다. 뒤쪽에서 체위 변경을 시도하면 대상자가 낙상발생 가능성에
　　대한 불안감을 가지게 되어 근육 긴장도가 증가하기 때문이다.

> ※ 돌아눕기 정상반응(표준교재 283p 그림 참조)
>
> • 시선이 먼저 향하고 얼굴, 어깨, 엉덩이 순으로 돌아 눕게 된다. [25]
> • 엉덩이를 뒤로 이동하면 엉덩관절과 무릎관절 모두 굽혀진다.
> • 마비된 대상자도 이러한 자세를 취하게 해야 자세가 안정되고 편안하다.

5. 일어나 앉기 방법 및 순서

① 누워서 일어나기 정상반응

　㉠ 돌아눕는 동작과 함께 앉을 수 있다.

　㉡ 몸통을 돌려 어깨와 상체를 일으켜 세울 때 배 근육이 수축하고 손을 짚어 팔은 펴고 무릎은 굽혀 일어난다.

② 편마비대상자인 경우 `37-1`

　㉠ 동작을 설명하고 대상자의 건강한 쪽에 선다. `19, 37-1`

　㉡ 대상자의 마비된 손을 가슴 위에 올려놓는다. `19, 37-1`

　㉢ 대상자의 양쪽 무릎을 굽혀 세운 후 어깨와 엉덩이 또는 넙다리를 지지하여 요양보호사 쪽으로(마비 측이 위로 오게) 돌려 눕힌다. `13, 19, 32, 37-1`

　㉣ 요양보호사의 팔을 대상자의 목 밑에 깊숙하게 넣어 손바닥으로 등과 어깨를 지지하고, 반대 손은 엉덩이 또는 넙다리를 지지하여 일으켜 앉힌다. `1, 26, 37-1`

　㉤ 이때 대상자가 건강한 손으로 짚고 일어날 수 있게 한다. `19, 23`

③ 사지마비 대상자인 경우 `표준교재 285p`

　㉠ 동작을 설명하고 대상자를 향하여 가까이 선다. `20, 33`

　㉡ 대상자의 마비된 양손은 가슴 위에 올려놓는다. `20, 33`

　㉢ 요양보호사의 한쪽 팔로 대상자의 목과 어깨 밑을 받쳐 지지한다. `33, 35`

　㉣ 요양보호사의 다른 손은 대상자의 가슴 위에 올려진 손을 지지한다.

　㉤ 대상자 어깨 밑에 위치한 손바닥으로 대상자의 상체를 밀어 올리면서 요양보호사 쪽으로 몸통을 돌려 일으켜 앉힌다. `20, 33`

　㉥ 두 다리를 편 상태에서 무리하게 똑바로 앉히고자 시도하면 넙다리뼈가 골절될 수 있다. `26`

④ 하반신마비 대상자인 경우 `표준교재 285p`

　㉠ 동작을 설명하고 대상자를 향하여 가까이 선다.

　㉡ 대상자의 양쪽 무릎을 굽혀주거나 편안하게 놓아둔다.

　㉢ 대상자가 일어나고자 하는 방향으로 상체를 돌려 손으로 짚고 일어날 수 있도록 어깨를 지지하여 준다.

　㉣ 필요 시 요양보호사는 한쪽 팔로 대상자의 어깨 밑을 받쳐준다.

　㉤ 대상자가 적당히 일어났을 때 무릎이 자연스럽게 굽혀질 수 있도록 해 준다.

　㉥ 하반신마비는 이완성마비인 경우가 많으므로 갑자기 무릎이 꺾여 넘어지는 것을 주의해야 한다.

⑤ 침대에 걸터앉기 `표준교재 286p`

　㉠ 동작을 설명하고 앉히고자 하는 쪽에서 대상자를 향하여 선다.

　㉡ 대상자 가까이 서서 돌려 눕히는 방법에 따라 돌려 눕힌다.

　㉢ 돌려 눕힌 자세에서 목과 어깨, 무릎을 지지한다.

　㉣ 다리를 침대 아래로 내리면서 어깨를 들어 올린다.

　㉤ 양쪽 발이 바닥에 닿도록 지지하여 자세가 안정되게 한다. `21`

6. 일으켜 세우기 표준교재 286p

① 앞에서 보조하는 경우(앞에서 보조하는 자세) 23, 25, 26, 28

  ※ 요양보호사의 허리 손상을 예방하는 방법(표준교재 286p 그림 참조)

  ㉠ 대상자는 침대에 가볍게 걸터앉아 발을 무릎보다 살짝 안쪽으로 옮겨준다.

  ㉡ 요양보호사는 자신의 무릎으로 대상자의 마비된 쪽 무릎 앞쪽에 대고 지지하여 준다. 23, 26

  ㉢ 양손은 허리를 잡아 지지하고 대상자의 상체를 앞으로 숙이며 천천히 일으켜 세운다.

  ㉣ 발목을 무릎보다 뒤쪽으로 옮긴다.

② 옆에서 보조하는 경우

  ㉠ 대상자를 침대 끝에 앉혀 양발을 무릎보다 조금 뒤쪽에 놓는다. 20

  ㉡ 대상자의 마비된 쪽 가까이에 서고, 발을 대상자의 마비된 발 바로 뒤에 놓는다. 20

  ㉢ 대상자의 마비된 대퇴부와 반대쪽 허리를 부축하여 일으켜 세운다. 20

  ㉣ 대상자가 양쪽 무릎을 펴서 일어서면 대퇴부에 있던 손을 대상자의 가슴 부위로 옮겨 대상자가 상체를 펴서 자세가 안정될 수 있게 한다. 20

■ **대상자의 체위 변경과 이동**

- 심리적인 측면을 고려하지 않는다.
  - 📋 대상자의 안정도, 심리적인 측면 등을 고려한다.

- 대상자에게 동작에 대한 설명은 하지 않는다.
  - 📋 설명하고 동의를 구한다.

- 정상적인 움직임은 무시한다.
  - 📋 신체에 해를 주지 않는다.

- 변경 속도는 가능한 빠르게 진행한다.
  대상자와 떨어져서 보조한다.
  - 📋 대상자의 몸 가까이에서 잡고 보조한다.

- 두발을 모으고 지지면을 좁힌다.
  - 📋 지지면을 넓힌다.

- 배에 힘을 주고 척추를 구부린다.
  무릎을 펴고 중심을 높게 한다.
  - 📋 무릎을 굽히고 중심을 낮게 한다.

- 대상자 이동 시 작은 근육을 사용한다.
  - 📋 다리와 몸통의 큰 근육을 사용한다.

- 양발을 붙이고 머리를 똑바로 세운다.
  - 📋 발을 적당히 벌리고 선다.

■ **침대 위에서 이동 돕기**

- 머리를 낮추고 다리는 올린다.
  - 📋 수평으로 눕히고 무릎을 세운다.

- 잠시 쉬었다가 이동한다.
  - 📋 요양보호사의 신호에 맞춰 이동한다.

■ **침대머리 쪽으로 이동 돕기**

- 침대 시트를 잡아서 끌어 올린다.
  양쪽 팔을 잡고 당겨 올린다.
  두 사람이 마주 보고 서서 들어 올린다.
  두 사람이 나란히 서서 들어 올린다.
  - 📋 마주 서서 어깨와 등 밑을, 둔부와 대퇴를 지지하여 옮긴다.

- 대상자가 양손으로 침대 머리 쪽 난간을 잡고 올라간다.
  배와 허리에 힘을 주고 양쪽 다리로 밀며 올라간다.
  대상자의 오른손으로 요양보호사의 목을 잡고 신호에 맞춰 올라간다.
  요양보호사가 침대 발 쪽에서 대상자의 두 다리를 밀며 올라간다.
  🔟 대상자는 침대 머리 쪽 난간을 잡고 요양보호사의 신호에 맞춰 침상 머리 쪽으로 당긴다.

■ 침대 오른쪽 또는 왼쪽으로 이동시키는 방법
- 요양보호사는 대상자의 이동하는 쪽 반대편에 선다.
  🔟 이동하고자 하는 쪽에 선다.

- 양손을 똑바로 놓는다.
  🔟 두 팔을 가슴 위에 포갠다.

- 어깨와 둔부를 밀어서 이동시킨다.
  🔟 목에서 겨드랑이 쪽과 허리 아래에 손을 넣어 상반신을 끌어당긴다.

- 몸통을 받쳐 한 번에 이동시킨다.
  🔟 '상체 → 하체' 순으로 이동한다.

■ 옆으로 돌려 눕히는 방법
- 요양보호사가 돌려 눕히려고 하는 반대쪽에 선다.
  🔟 돌려 눕히려고 하는 쪽에 선다.

- 머리는 돌려 눕히려고 하는 반대 방향으로 돌린다.
  🔟 돌려 눕히려고 하는 쪽으로 머리를 돌린다.

- 돌려 눕히는 쪽으로 손을 아래로 내린다.
  🔟 돌려 눕히려는 쪽의 손을 위로 올리거나 양손을 가슴에 포개 놓는다.

- 돌려 눕히는 앞쪽에서 팔과 무릎을 잡고 돌려 눕힌다.
  옆구리와 다리에 손을 대고 돌려 눕힌다.
  🔟 반대쪽 어깨와 엉덩이에 손을 대고, 옆으로 돌려 눕힌다.

- '허리 → 등 → 얼굴' 순서대로 돌려 눕힌다.
  🔟 '얼굴 → 어깨 → 엉덩이' 순이다.

■ 사지마비 대상자를 침대에서 일어나 앉히는 방법
- 두 다리를 편 상태에서 빠른 속도로 똑바로 앉힌다.
  🔟 두 다리를 편 상태에서 무리하게 똑바로 앉히고자 시도하면 넙다리 뼈가 골절될 수 있다.

- 요양보호사는 대상자로부터 멀리 선다.
  🔟 가까이 선다.

- 요양보호사는 환자의 등이 보이도록 돌려 일으켜 앉힌다.
  🔟 대상자의 상체를 밀어 올리면서 요양보호사 쪽으로 몸통을 돌려 일으켜 앉힌다.

- 대상자의 목을 지지하기 위해 양팔로 머리를 받치고 일으킨다.
  🔟 팔을 대상자의 목 밑을 받쳐 깊숙하게 넣은 후 손바닥으로 반대쪽 어깨 밑을 받쳐 준다.

01 대상자가 침대 아래쪽으로 미끄러져 내려가 있을 때 옮기는 순서는?

> 가. 침대 매트를 수평으로 눕힌다.
> 나. 베개를 머리 쪽에 옮긴다.
> 다. 침대 커버와 구겨진 옷을 잘 펼쳐 준다.
> 라. 침상 양편에 한 사람씩 마주 서서 한쪽 팔은 어깨와 등 밑을, 다른 팔은 둔부와 대퇴를 지지하여 옮긴다.

02 대상자가 침대 한 쪽으로 쏠려 있을 때 침대 중앙으로 이동시키는 순서는?

> 가. 대상자의 두 팔을 가슴 위에 포갠다.
> 나. 요양보호사는 이동하려는 쪽에 선다.
> 다. 목에서 겨드랑이 쪽과 허리 아래에 손을 넣어 상반신을 끌어당긴다.
> 라. 하반신은 허리와 엉덩이 밑을 받쳐서 이동시킨다.
> 마. 머리에 베개를 받치고 침대 시트를 바르게 한다.

03 대상자를 침상에서 옆으로 돌려 눕히려고 할 때 순서는?

> 가. 무릎을 세우고 팔을 가슴 위에 모은다.
> 나. 반대쪽 어깨와 엉덩이에 손을 대고 옆으로 돌려 눕힌다.
> 다. 요양보호사가 돌려 눕히려고 하는 쪽에 선다.
> 라. 엉덩이를 뒤로 이동시키고, 어깨를 움직여 편안하게 해준다.

04 편마비 대상자를 일어나 앉히는 순서는?

> 가. 대상자의 건강한 쪽에 요양보호사가 선다.
> 나. 마비된 손을 가슴에 올리고 양쪽 무릎을 세운다.
> 다. 건강한 쪽으로 돌아 눕혀 앉힌 후 침대 끝으로 이동한다.
> 라. 건강한 손을 짚고 일어나도록 한다.

05 편마비 대상자를 일으켜 세울 때 옆에서 보조하는 경우 올바른 순서는?

> 가. 대상자의 상체를 펴서 자세가 안정될 수 있도록 한다.
> 나. 요양보호사의 발을 대상자의 마비된 발 바로 뒤에 놓는다.
> 다. 대상자의 마비된 대퇴부와 반대쪽 허리를 부축하여 일으켜 세운다.
> 라. 대상자를 침대 끝에 앉혀 양발을 무릎보다 뒤쪽에 놓는다.

정답 01 가-나-라-다 02 나-가-다-라-마 03 다-가-나-라 04 가-나-다-라 05 라-나-다-가

42 침대에서의 체위 변경

표준교재 287p

1. 체위 변경의 목적

① 호흡기능이 원활해지고 폐확장이 촉진된다.

② 체위 변경을 통해 관절 강직과 변형을 예방한다. 8, 9, 10, 22

③ 부종과 혈전을 예방한다.

④ 혈액순환을 도와 욕창을 예방하고 피부 괴사를 방지한다. 1

⑤ 허리와 다리의 통증 등 고정된 자세로 인한 불편감을 줄인다.

2. 체위 변경 시 고려할 점

① 대상자의 몸을 잡고 체위 변경을 할 경우 관절 밑 부분을 지지해야 한다.

② 체위에 따라 들어간 부분이나 다리 사이를 베개나 수건으로 지지해 주면 편안하다.

③ 보통 2시간마다 체위를 변경하며, 욕창이 이미 발생한 경우 더 자주 변경해야 한다. 35

3. 기본 체위의 형태

① 바로 누운 자세(앙와위) : 휴식하거나 잠을 잘 때 자세

　㉠ 천장을 쳐다보며 똑바로 누운 자세이다.

　㉡ 대상자의 머리 밑에 작은 베개를 받쳐준다.

　㉢ 편안함을 위하여 무릎과 발목 밑에 동그랗게 말은 수건이나 작은 베개를 받쳐줄 수 있다.

　㉣ 고관절(엉덩관절)과 무릎관절 구축에 주의한다. 36-2

② 반 앉은 자세(반좌위) : 숨차거나 얼굴을 씻을 때, 식사 시나 위관 영양을 할 때 자세 2, 4, 20, 30, 37-2

　㉠ 천장을 보며 누운 상태에서 침상머리를 45° 정도 올린 자세이다.

　㉡ 등 뒤에 베개 두세 개를 사용하여 A자 형태로 받쳐 자세를 유지하거나, 베개 하나를 사용하여 목과 어깨 밑에 받쳐 바른 자세를 만들어 준다.

　㉢ 반좌위 자세로 체위 변경을 할 때 대상자가 미끄러져 내려가지 않도록 돕는 방법은 다리 쪽의 침대를 살짝 올려주는 것이다. 28, 36-1

③ **엎드린 자세(복위)** : 등에 상처가 있거나 등 근육을 쉬게 해줄 때 자세 [25]

    ㉠ 엎드린 상태에서 머리를 옆으로 돌린 자세를 하거나, 작은 베개 또는 수건 두 개를 말아서 얼굴 부위에 홈을 만들어 준다.

    ㉡ 대상자의 아랫배에 낮은 베개를 놓아 허리 앞굽음을 감소시켜 편안한 자세가 된다.

    ㉢ 아랫배와 발목 밑에 작은 배게 등을 받치면 허리와 넙다리의 긴장을 완화할 수 있다. [20, 24, 27, 32-1]

④ **옆으로 누운 자세(측위)** : 둔부의 압력을 피하거나 관장할 때 자세 [29]

    ㉠ 대상자의 머리, 몸통, 엉덩이를 바르게 정렬한 자세로 침대 가운데에 눕힌다.

    ㉡ 대상자의 엉덩관절과 무릎관절은 굽힘 자세가 되어야 한다.

    ㉢ 엉덩이를 뒤로 많이 이동시켜 주면 자세는 더욱 편안해진다.

    ㉣ 머리 아래 및 위에 있는 다리 밑에 베개를 받쳐 준다.

    ㉤ 대상자의 가슴 앞에 베개를 놓아 위에 있는 팔이 지지되게 한다.

    ㉥ 돌아눕기의 방법과 동일하게 돕는다.

    ㉦ 옆으로 누워 있는 편마비 대상자의 욕창 발생 부위는 복숭아뼈(종아리뼈 아래), 어깨뼈(봉우리돌기), 넙다리뼈 큰돌기, 넙다리뼈 안쪽, 관절 융기 등이다. [21, 24]

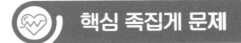

01 등에 상처가 있는 대상자가 엎드린 상태에서 발목 밑에 타월을 받치는 이유는?

① 허리의 긴장 완화   ② 무릎관절 구축예방

③ 척추 측만증 완화   ④ 척추 디스크 완화

⑤ 허리의 긴장 증가

02 옆으로 누워 있는 편마비 대상자의 욕창 발생 부위로 옳지 <u>않은</u> 것은?

① 복숭아뼈   ② 어깨뼈

③ 넓다리뼈 큰돌기   ④ 넓다리뼈 안쪽

⑤ 등

정답 01 ① 02 ③

43 휠체어 이동 돕기

표준교재 290p

1. 휠체어 다루는 법 표준교재 291p

① **잠금장치 사용법** : 휠체어 옆에서 손잡이를 잡고 한 손으로 잠금장치를 한다.

② **접는 법** 5, 11, 22, 33
ㄱ 잠금장치를 잠근다.
ㄴ 발 받침대를 올린다.
ㄷ 시트를 들어 올린다.
ㄹ 팔걸이를 접는다.

③ **펴는 법**
ㄱ 잠금장치를 잠근다.
ㄴ 팔걸이를 펼친다.
ㄷ 시트를 눌러 편다.

④ **발판 높낮이 조절 방법** : 스패너로 발판 밑의 볼트를 왼쪽으로 두세 바퀴 돌려 푼 후 발판을 좌우로 움직이며 대상자의 다리 길이에 맞추고 볼트를 오른쪽으로 돌려 조여 준다.

2. 기본원칙

① 요양보호사는 항상 대상자 가까이에서 지지한다.
② 몸 상태를 확인하고, 마비, 장애, 통증 등을 고려하여 안전이나 안락에 주의를 기울인다.
③ 이동에 대한 설명을 하고 대상자에게 협조를 구한다.

3. 휠체어 이동 시 작동법

① **문턱(도로 턱)을 오를 때** : 휠체어 뒤를 발로 조심스럽게 눌러 휠체어를 뒤쪽으로 기울이고 앞바퀴를 들어 문턱을 오른다. 9, 21, 28, 29

② **문턱(도로 턱)을 내려갈 때** : 휠체어를 뒤로 돌려 뒷바퀴를 먼저 내린 후 앞바퀴를 들어 내려간다. 8, 24, 32

③ 오르막길을 갈 때

　ⓐ 가급적 자세를 낮추고 다리에 힘을 주어 밀고 올라간다.

　ⓑ 대상자의 체중이 많이 나가거나 경사도가 큰 경우 지그재그로 밀고 올라가는 것도 방법이다.

　　11, 16, 18, 22, 28, 37-2

④ 내리막길을 갈 때

　ⓐ 휠체어를 뒤로 돌려 지그재그로 내려간다.　2, 4, 10, 28, 33

　ⓑ 요양보호사는 반드시 고개를 뒤로 돌려 가고자 하는 방향을 살펴야 한다.

⑤ 울퉁불퉁한 길 : 휠체어 앞바퀴를 들어 올려 뒤로 젖힌 상태에서 이동한다.

　　3, 12, 14, 15, 19, 20, 27, 28, 29, 30, 32-2, 37-1

⑥ 엘리베이터 타고 내리기 : 엘리베이터에 탈 때는 뒤로, 내릴 때는 앞으로 향한다.　6, 7, 14, 17, 23, 26, 27, 28

4. 침대에서 휠체어로 옮기기 순서　표준교재 294p　36-1

① 대상자에게 휠체어로 옮겨 앉는 것에 대하여 설명한다.

② 대상자의 건강한 쪽을 침대 난간에 붙이거나 또는 30~45° 비스듬히 놓은 다음 반드시 잠금장치를 잠근다.

　　19, 21, 24, 27, 28, 29, 36-1, 37-1

　※ 대상자를 이동할 때 바지를 잡고 움직이면 하의가 엉덩이에 끼여서 불편을 호소할 수 있으므로 반드시 살펴야 한다(근육 긴장을 증가시키며, 안전과 편안함을 방해한다).

③ 발 받침대는 다리가 걸리지 않도록 젖혀 놓는다.

④ 대상자의 양발, 휠체어 앞쪽 바닥을 지지하게 한다.

⑤ 요양보호사의 무릎으로 대상자의 마비 측 무릎을 지지하여 준다.　24, 29

⑥ 대상자가 건강한 쪽 손으로 고정된 휠체어 팔걸이를 잡게 한다.　24, 29, 36-1

⑦ 요양보호사 쪽으로 허리를 굽히면서 양발을 축으로 하여 몸을 회전하여 휠체어에 앉힌다(이때 "일어섭니다." 또는 "하나, 둘, 셋" 등의 말을 한다).　24

⑧ 대상자의 뒤에서 겨드랑이 밑으로 요양보호사의 손을 넣어 의자 깊숙이 앉힌다.　29, 36-1

⑨ 앉힌 후 발 받침대를 펴고 발을 받침대에 올려놓는다.　36-1

5. 휠체어에서 침대로 옮기기 순서　표준교재 295p

① 대상자에게 휠체어에서 침대로 옮겨 앉는 방법에 대해 설명한다.

② 대상자의 건강한 쪽이 침대와 평행이 되거나 또는 30~45° 비스듬히 되도록 휠체어를 두고 잠금장치를 잠근다.

　　15, 18, 19, 21, 29

　※ 휠체어에서 침대로 이동할 때 마비 측이 침대 쪽으로 향하면 넘어져 부상을 입을 수 있으며, 침대로 올라가는 것이 힘들어진다.

③ 요양보호사는 휠체어 발 받침대를 올리고, 발을 바닥에 내려놓아 대상자 발이 바닥을 지지하게 한다.

④ 요양보호사 무릎으로 대상자의 마비 측 무릎을 지지한 상태에서 대상자가 허리를 굽혀서 건강한 손으로 침대를 지지하게 한다.　32

⑤ 요양보호사는 대상자 겨드랑이 밑으로 손을 넣어 허리와 등을 지지하고 일으켜 앉힌다.

⑥ 다리를 들어 올려 침대에 눕힌다.

6. 바닥에서 휠체어로 옮기기 순서 표준교재 296p 36-2, 35

① 대상자에게 바닥에서 휠체어로 옮겨 앉는 방법에 대해 설명한다.
② 대상자 가까이에 휠체어를 가져와 잠금장치를 잠근다. 15, 23
③ 대상자가 바닥에 무릎을 대고 휠체어를 잡게 한다. 15, 18
④ 양쪽 무릎을 꿇고 엉덩이를 들어 허리를 편다. 18, 23
⑤ 요양보호사는 대상자 뒤에서 허리와 어깨를 지지하여 준다. 18, 23
⑥ 대상자 건강한 쪽 무릎을 세워 천천히 일어나도록 도와준다. 15, 18, 23, 24
⑦ 건강한 쪽 무릎을 세워 휠체어에 앉힌다. 15, 18, 23

7. 휠체어에서 바닥으로 옮기기 순서 표준교재 296p 34

① 휠체어의 잠금장치를 잠그고 발 받침대를 올려 발을 바닥에 내려놓는다.
② 대상자의 마비 측 옆에서 어깨와 몸통을 지지(부축)해 준다.
③ 대상자가 건강한 손으로 바닥을 짚게 한다.
④ 건강한 다리에 힘을 주어 바닥에 내려앉게 한다.

8. 두 사람이 대상자를 옮기기 표준교재 297p

① 휠체어에서 침대로 옮기기 순서
  ㉠ 대상자에게 휠체어에서 침대로 옮기는 방법에 대해 설명한다.
  ㉡ 휠체어는 침대에 평행하게 붙여 놓고 잠금장치를 잠근다.
  ㉢ 키가 크고 힘센 사람이 대상자 뒤쪽에 서고, 다른 한 사람은 대상자 다리 바깥쪽에 선다.
  ㉣ 대상자의 팔을 굽혀 마주 잡게 한다.
  ㉤ 뒤쪽에 선 사람은 대상자의 양쪽 겨드랑이 아래로 팔을 넣어 대상자의 팔을 안쪽에서 바깥쪽으로 잡는다.
  37-2
  ㉥ 다리 쪽에 선 사람은 한 손은 대상자의 종아리 아래, 다른 한 손은 넓적다리 밑에 넣고 안정된 자세를 취한다.
  37-2
  ㉦ 하나, 둘, 셋 구령과 함께 들어 올린다.

② 침대에서 침대로 옮기기 순서 표준교재 297p
  ㉠ 대상자에게 침대에서 침대로 옮기는 방법에 대해 설명한다.
  ㉡ 대상자의 두 팔을 가슴에 모아 준다.
  ㉢ 대상자의 두 다리를 모으고 무릎을 세운다.
  ㉣ 한 사람은 어깨를 잡고 손을 허리 아래에 넣어 지지하고, 다른 한 사람은 허리 아래와 두 무릎 밑을 지지한다.
  21
  ㉤ 대상자를 침대에서 침대로 옮길 때는 양쪽 침대 높이를 같게 맞추고 미끄러짐이 좋은 자세변환용 시트에 대상자를 올려 이동하고자 하는 침대로 밀어서 옮기는 것이 좀 더 안전하고 편리하다.

※ 대상자를 옮길 때는 대상자의 의학적 상태와 금기증을 숙지해야 한다.

- 옮길 때 손상을 방지할 수 있는 특수한 장비를 사용하는 것을 권장한다.
- 대상자를 옮길 때 대상자와 보호사 둘 다 예상치 못한 근골격계 손상을 입을 수 있으므로 다음과 같은 사항을 고려해야 한다.
  - 어느 정도까지 도움이 필요한지를 파악해야 한다.
  - 대상자의 몸집과 몸무게를 고려해야 한다.
  - 대상자의 움직일 수 있는 능력과 협조 의지, 이해력 등을 고려해야 한다.
  - 대상자를 옮길 때 선택한 이동기법이 병적 상태에 영향을 미치는지 고려해야 한다.

9. 휠체어에서 이동변기로 옮기기 순서　표준교재 298p

① 대상자에게 휠체어에서 이동변기로 이동하는 방법에 대해 설명한다.
② 휠체어의 잠금장치를 잠근다.　3, 7
③ 이동변기를 대상자의 건강한 쪽에 오도록 하여, 휠체어와 약 30~45°로 비스듬히 놓는다.　17, 30
④ 휠체어의 발 받침대를 접고 대상자의 두 발을 바닥에 지지하게 하며, 요양보호사는 대상자의 앞에 선다.　8
⑤ 요양보호사는 대상자의 무릎과 허리를 지지한다.　5
⑥ 대상자의 건강한 손으로 변기의 먼 쪽 손잡이를 잡게 한다.
⑦ 대상자의 상체를 펴면서 건강한 다리에 힘을 주어 엉덩이를 이동시켜 앉힌다.

10. 휠체어에서 자동차로 옮기기 순서　표준교재 299p　32-1, 35, 36-2

① 대상자에게 휠체어에서 자동차로 이동하는 방법에 대해 설명한다.
② 자동차의 뒷문을 열고 휠체어를 자동차와 평행하게 놓거나 약간 비스듬히 놓고, 자동차 안전벨트를 푼다.
③ 휠체어 잠금장치를 고정하고 발판을 접은 후 대상자의 양쪽 발이 바닥을 지지할 수 있도록 내려놓는다.
④ 요양보호사 무릎으로 대상자의 마비 측 무릎을 잘 지지하고 대상자를 일으켜 대상자의 엉덩이부터 자동차 시트에 앉게 한다.　13, 22, 25
⑤ 대상자 다리를 한쪽씩 올려놓은 후 대상자의 엉덩이 또는 상체를 좌우로 이동시켜 자동차 시트에 깊숙이 앉게 한다.　22
⑥ 대상자와 동승하는 경우에는 반드시 대상자 옆자리에 앉아서 도와야 한다.

11. 자동차에서 휠체어로 옮기기 순서　표준교재 299p

① 대상자에게 자동차에서 휠체어로 이동하는 방법에 대해 설명한다.
② 휠체어를 내려 편 후 대상자 쪽 문으로 다가가 자동차와 평행하거나 조금 비스듬하게 놓고 잠금장치를 잠근다.
③ 자동차 문을 열고 자동차 안전벨트를 푼다.
④ 한쪽 팔로 대상자의 어깨를 지지하면서 대상자 다리부터 밖으로 내린다.
⑤ 대상자의 양쪽 발이 충분히 바닥을 지지하게 하고 요양보호사의 무릎으로 대상자의 마비 측 무릎을 지지하면서 일으켜 휠체어로 돌려 앉힌다.

01 휠체어를 접는 순서는?

가. 팔걸이를 잡아 접는다.
나. 시트 가운데를 잡고 들어 올린다.
다. 발 받침대를 올린다.
라. 잠금 장치를 한다.

02 대상자를 휠체어로 이동시킬 때 이동 방법으로 바르게 연결된 것은?

① 문턱 오르기 : 뒷바퀴를 들고 오르기
② 언덕 오르기 : 자세를 높여서 직진으로 밀고 가기
③ 언덕 내려가기 : 뒷걸음으로 내려가기
④ 울퉁불퉁한 길 : 휠체어를 뒤로 돌려서 이동하기
⑤ 문턱 내려가기 : 앞바퀴를 들고 내려가기

03 편마비 대상자를 침대에서 휠체어로 옮기는 방법으로 옳은 것은?

① 휠체어를 마비된 쪽으로 30~45° 비스듬히 둔다.
② 잠금 장치를 풀어 놓는다.
③ 요양보호사의 무릎으로 대상자의 마비 측 무릎을 지지한다.
④ 마비된 쪽 손으로 휠체어 팔걸이를 잡도록 한다.
⑤ 요양보호사의 몸을 똑바로 세우고 회전시켜 휠체어에 앉힌다.

04 대상자를 바닥에서 휠체어로 옮기는 순서는?

가. 대상자는 바닥에 무릎을 대고 휠체어를 잡는다.
나. 휠체어의 잠금장치를 잠근다.
다. 대상자의 건강한 쪽 무릎을 세워 천천히 일어나 휠체어에 앉힌다.
라. 대상자의 뒤에서 허리를 잡아 주고 다른 한 손은 어깨를 지지해 준다.
마. 대상자의 한 손은 휠체어를 잡고 양쪽 무릎을 꿇고 엉덩이를 들어 허리를 편다.

05 편마비 대상자를 휠체어에서 자동차로 이동 시 올바른 방법은?

① 휠체어를 자동차 문 정면으로 놓는다.
② 휠체어의 잠금 장치를 열고 대상자의 양 발을 바닥에 내려놓는다.
③ 요양보호사의 무릎으로 대상자의 건강한 무릎을 지지해 준다.
④ 대상자의 엉덩이부터 자동차 시트에 앉게 한다.
⑤ 마비 측 다리부터 자동차 안으로 올려 놓는다.

정답 01 라-다-나-가 02 ⑤ 03 ③ 04 나-가-마-라-다 05 ④

과목 03 요양보호각론

보행·이송 돕기

1. 보행 돕기 표준교재 300p

① 선 자세에서 균형 잡기 [3, 7, 23, 30]

    ㉠ 고정된 손잡이를 잡고 약 3분간 서 있을 수 있도록 연습시킨다. [23]

    ㉡ 이때 요양보호사는 대상자의 불편한 쪽의 몸을 받쳐 준다. [23, 30]

    ㉢ 서 있는 동작이 가능하면 전후좌우로 천천히 체중을 이동하거나 가볍게 제자리걸음을 해서 균형 잡는 연습을 시킨다. [3, 7, 23]

② 보행 벨트 사용하기

    ㉠ 보행 벨트 : 이동(침대에서 휠체어로, 휠체어에서 침대로) 시 사용하는 보조도구이다.

    ㉡ 대상자의 허리 부분(벨트 부분)에 맞춰 벨트를 묶는다. [22, 27, 32, 35, 37-1]

    ㉢ 보행 전에 벨트나 끈이 풀리지 않았는지 확인한다.

    ㉣ 요양보호사는 대상자의 불편한 쪽 뒤에 서서 벨트 손잡이를 잡는다. [22, 27, 29, 32, 35, 37-1]

③ 성인용 보행기 사용 돕기

    ㉠ 보행기 점검

        • 미끄러지지 않는 양말과 신발을 신도록 돕는다.

        • 펼친 후에 잠김 버튼이 채워져 있는지를 확인한다. [29]

        • 보행기는 대상자의 팔꿈치가 약 30°로 구부러지도록 대상자 둔부 높이로 조절한다.
        [4, 6, 9, 14, 17, 28, 29, 33]

    ㉡ 보행기 사용법 [9, 12, 24, 29]

        • 보행기 앞에 바른 자세로 선다.

        • 보행기를 앞으로 한 걸음 정도 옮긴다. [29]

        • 먼저 옮긴 발이 나간 지점까지 나머지 발을 옮기게 한다. [33]

        • 요양보호사는 대상자의 뒤쪽에 서서 보행 벨트를 잡고 걷는다.

        • 혼자 보행기를 사용할 수 있다면 대상자의 손이 닿는 곳에 보행기를 둔다.

        ※ 한쪽 다리만 약한 대상자 [4, 11, 17, 23, 29, 32-2, 33, 36-1]

        • 약한 다리와 보행기를 함께 앞으로 한걸음 정도 옮긴다.
        • 일단 체중을 보행기와 손상된 다리 쪽에 실으면서 건강한 다리를 앞으로 옮긴다.

④ 지팡이 이용 보행 돕기 표준교재 302p

ㄱ 지팡이 길이 결정 방법
- 지팡이를 한 걸음 앞에 놓았을 때 팔꿈치가 약 30° 구부러지는 정도 13, 18
- 지팡이의 손잡이가 대상자의 둔부 높이 18
- 평소 신는 신발을 신고 똑바로 섰을 때 손목 높이 9, 11, 12

ㄴ 지팡이 보행 방법
- 지팡이 종류 및 지팡이의 고무 받침이 닳지 않았는지 확인한다. 7, 10
- 미끄러지지 않는 양말과 신발을 신도록 돕는다.
- 낙상의 위험이 있는 물건을 치운다.
- 대상자의 건강한 쪽 손으로 지팡이를 잡고 선다.
- 지팡이를 사용하는 쪽 발의 새끼발가락으로부터 앞 15cm, 옆 15cm 지점에 지팡이 끝을 놓는다. 19, 26, 34
- 마비 쪽 다리를 앞으로 옮겨 놓는다.
- 건강한 쪽 다리를 옮겨 놓는다.

ㄷ 지팡이 이용 보행 돕기

옆에서 보조하기	• 지팡이를 쥐지 않은 옆쪽에 위치하여 겨드랑이에 손을 넣어 보조한다. 3, 24, 28 • 대상자가 넘어지지 않도록 잡고 대상자와 호흡을 맞춰 보행한다.
뒤에서 보조하기	• 대상자의 뒤쪽에 위치하여 한 손은 대상자의 허리 부위를 지지한다. • 다른 한 손은 대상자의 어깨 부위를 지지하며 대상자와 호흡을 맞춰 보행한다.

⑤ 지팡이 보행
ㄱ 계단을 오를 때 순서 : 지팡이 → 건강한 다리 → 마비된 다리 1, 6, 8, 11, 12, 15, 18, 22, 27, 29, 33, 36-2
ㄴ 평지를 이동하거나 계단을 내려갈 때 : 지팡이 → 마비된 다리 → 건강한 다리
2, 5, 7, 10, 14, 16, 17, 18, 19, 20, 21, 23, 25, 29, 30, 32-1, 37-2

2. 이송 돕기 표준교재 305p

① 기본원칙
ㄱ 순환 평가, 기도 확보, 호흡 평가를 실시하고 들것이나 기타 응급장비를 사용한다.
ㄴ 이차 손상과 기존 상태 악화를 방지하기 위해 이송 순서와 계획을 수립한다.
ㄷ 대상자에게 설명하여, 가능하면 이송 시에 대상자가 협조하게 한다.
ㄹ 무리하게, 혼자서 대상자를 옮기려 하지 말고, 필요시 주변 사람에게 요청하여 도움을 받는다.
ㅁ 대상자의 움직임을 최소로 하여 이송한다.

② 외상이 없을 경우 들어 올리기
ㄱ 밀고 당길 수 없는 대상자는 들어 올린다.
ㄴ 대상자의 체중이 요양보호사의 양쪽 발에 골고루 나누어 실리도록 등을 곧게 펴게 하고 무릎을 굽힌다.
ㄷ 요양보호사는 대상자 쪽으로 바짝 붙어서 손 전체를 이용하여 대상자를 잡는다.
ㄹ 요양보호사의 한쪽 발을 다른 쪽 발보다 약간 앞쪽에 위치하게 하고 발에 단단히 힘을 준 다음 대상자를 들어 올린다.

③ 외상이 의심될 경우 들어 올리기 순서 [36-2]

　㉠ 척추고정판을 대상자 바로 옆에 놓고 대상자의 몸을 요양보호사 쪽으로 돌린다. [11]

　㉡ 척추고정판을 대상자 밑에 넣는다.

　㉢ 척추고정판 중앙에 대상자를 놓고, 무릎, 손목과 엉덩이, 위팔(가슴 부위) 순서로 고정한 뒤, 2인 이상이 힘을 합쳐 들어올린다. [6, 23, 32-1, 34]

④ 1인이 부축하기 : 요양보호사가 대상자의 손상되지 않은 쪽에 서서 대상자의 손상되지 않은 쪽 팔을 요양보호사의 어깨에 걸치게 하고 대상자의 손목을 잡고 이송한다.

■ 선 자세에서 균형을 잡는 방법

- 전후좌우로 빠르게 이동한다.
  360°로 몸을 회전하도록 한다.
   천천히 체중을 이동한다.

- 빠른 속도로 제자리걸음을 한다.
   가볍게 제자리걸음을 한다.

- 대상자의 건강한 쪽 몸을 받쳐준다.
   불편한 쪽의 몸을 받쳐준다.

핵심 족집게 문제 ————————————————— • CARE WORKER

01 **오른쪽 다리만 약한 대상자의 보행기 사용법으로 올바른 것은?**

① 보행기 – 왼쪽 다리 – 오른쪽 다리
② 보행기와 오른쪽 다리 – 왼쪽 다리
③ 보행기 – 오른쪽 다리 – 왼쪽다리
④ 오른쪽 다리 – 왼쪽 다리 – 보행기
⑤ 보행기와 왼쪽 다리 – 오른쪽 다리

02 **우측 편마비 대상자가 지팡이를 이용하여 보행할 때 돕는 방법으로 옳은 것은?**

① 대상자의 오른쪽 손으로 지팡이를 잡게 한다.
② 계단을 내려갈 대는 지팡이 – 왼쪽 다리 – 오른쪽 다리 순으로 내려간다.
③ 계단을 올라갈 때는 지팡이 – 오른쪽 다리 – 왼쪽 다리 순으로 올라간다.
④ 평지를 걸어갈 때는 지팡이 – 왼쪽 다리 – 오른쪽 다리 순으로 걸어간다.
⑤ 옆에서 보조할 때 요양보호사는 대상자의 오른쪽에 위치하여 보조한다.

03 대상자가 균형을 잃고 낙상하여 골절이 의심될 때 이송을 돕는 방법으로 옳은 것은?

① 척추고정판에 고정 후 이송한다.

② 대상자를 업어서 이송한다.

③ 허리를 감싸 부축하여 이송한다.

④ 대상자를 안아 올려서 이송한다.

⑤ 휠체어에 앉힌 후 이송한다.

04 대상자의 보행 돕기 방법으로 옳지 않은 것은?

① 선 자세에서 균형을 잡는 방법은 고정된 손잡이를 잡고 약 3분간 서 있도록 한다.

② 오른쪽 편마비 대상자가 평지를 걸을 때 지팡이를 이용하여 걷는 순서는 지팡이 – 오른발 – 왼발이다.

③ 옆에서 보조할 때 지팡이를 쥐는 옆쪽에 위치하여 겨드랑이에 손을 넣어 보행한다.

④ 지팡이 길이는 팔꿈치 각도가 약 30° 정도 구부러지고 손잡이는 둔부 높이이다.

⑤ 지팡이를 놓는 위치는 새끼발가락으로부터 앞 15cm, 옆 15cm 지점이다.

정답 01 ② 02 ⑤ 03 ① 04 ③

45

감염병 질환 예방

표준교재 306p

1. 감염(미생물이 몸속에 침입해 수가 증식한 것)

① 감염 발생 부위의 증상

ㄱ 후끈후끈한 열감, 발적, 통증, 부종(붓는 것), 삼출액 증가

ㄴ 들에 나갔다가 벌레에 물려 피부가 가렵고 빨갛게 부어올랐을 때 의심되는 질환(피부감염) 23

② 호흡기계 감염 증상

ㄱ 인후통(인두와 후두 감염 시 인후통이 발생할 수 있음)

ㄴ 기침, 객담, 호흡 곤란 등 15, 19

③ 요로 감염 : 하부 복통, 배뇨통, 급박뇨, 소변 색의 변화, 빈뇨, 잔뇨감, 야뇨, 악취가 심하게 나는 소변, 요도 분비물, 요도 소양감(가려움증), 발열, 오한, 옆구리 부위의 통증, 오심, 구토, 간혹 설사

④ 전신 증상 : 안면홍조(얼굴이 빨갛게 달아오름), 발열, 발진, 피곤, 의욕 상실, 두통, 근육통, 빈맥(100회 이상/분), 식욕 저하, 탈수 등

※ 탈수 증상 36 - 1, 37 - 1

- 심한 갈증
- 소변 횟수 감소
- 피곤함과 무기력함
- 마른 피부와 혀
- 전신의 혼동

2. 감염 예방 방법

① 손 씻기

ㄱ 감염 예방에 가장 기본적이고 효과적인 방법 1, 16, 17, 30

ㄴ 손 씻기 방법

- 흐르는 미온수로 손을 적시고, 일정량의 항균 액체 비누를 바른다(일반적인 바 형태의 고체 비누는 세균에 감염될 수 있다). 24, 33
- 비누와 물이 손의 모든 표면에 묻도록 한다.
- 손바닥과 손바닥을 마주대고 문지른다.

- 손바닥과 손등을 마주대고 문질러 준다.
- 손바닥을 마주대고 손깍지를 끼고 문질러 준다.
- 손가락을 마주잡고 문질러 준다.
- 엄지손가락을 다른 편 손바닥으로 돌려주면서 문질러 준다.
- 손가락을 반대쪽 손바닥에 놓고 문지르며 손톱 밑을 깨끗하게 한다.
- 흐르는 온수로 비누를 헹구어 낸다. 24
- 일회용 수건 등으로 손의 물기를 제거한다. 3, 24

※ 젖은 수건에는 세균이 서식할 수 있으므로 사용한 수건은 세탁하여 건조한 후 다시 사용한다.

ⓒ 손을 반드시 씻어야 하는 경우
- 음식 만지기 전 후 : 날 음식을 만지고 나서(쇠고기, 돼지고기, 닭고기, 생선, 기타 해산물 등)
- 가공 안 된 우유 및 유제품을 만질 때
- 씻지 않은 과일과 채소를 만질 때
- 행주를 사용한 후 주방 및 화장실을 청소할 때
- 배변 후, 화장실 변기 손잡이와 수도꼭지를 만졌을 때
- 오래된 책과 돈을 만졌을 때
- 컴퓨터, 키보드, 마우스 등을 사용했을 때
- 가족들이 자주 사용하는 전화기 및 아이들이 가지고 노는 장난감을 만졌을 때
- 애완동물을 만졌을 때
- 흙, 정수하지 않은 물, 먼지, 곤충을 만졌을 때

② 분비물 처리
ⓖ 배설물을 확인할 때는 반드시 장갑을 착용한다. 5, 11, 28, 29
ⓛ 오염된 세탁물은 장갑을 끼고 격리 장소에 따로 배출한다. 17, 28, 29, 32
ⓒ 배설물이 묻은 의류나 물건은 따로 세탁하거나 씻는다. 16, 17, 23, 29, 32, 32-2, 33, 34, 37-2
ⓔ 혈액이 묻었을 때는 찬물로 닦고 더운물로 헹군다. 6, 10, 14, 17, 23, 27, 28, 29, 32, 32-2, 34, 35, 37-2
ⓜ 장갑을 끼고 배설물을 만진 경우에도 물과 비누로 손을 씻는다. 17, 18, 23, 37-2

③ 대상자 위생관리
ⓖ 목욕은 대상자의 피부에 있는 미생물을 제거하고 균의 전파를 줄이며 기분을 상쾌하게 한다. 6, 8
ⓛ 대상자 침구에서 땀이나 분비물이 많아지면 미생물이 번식해 감염의 요인이 된다.

④ 요양보호사 위생관리
ⓖ 청결을 위해 매일 샤워나 목욕을 한다. 18, 23
ⓛ 자주 칫솔질을 하여 치아의 건강을 유지한다.
ⓒ 손을 자주 씻는다.
ⓔ 세균감염 예방을 위해 로션을 발라 보습한다. 17, 18
ⓜ 손톱 밑은 균이 많으므로 손톱은 짧게 깎고 손을 자주 씻는다.
ⓗ 가운이나 신발을 깨끗하게 유지한다. 18
ⓢ 분비물에 오염된 물품은 정해진 곳에 버린다. 18
ⓞ 필요시 보호 장구(마스크, 가운, 장갑 등)를 착용하고, 일회용 보호 장구를 사용한 후에는 재사용하지 말고 버린다. 23, 33

⑤ 흡인 물품 관리

ㄱ 흡인 : 기도의 분비물을 배출하지 못하거나 연하를 못하여 생기는 코와 입의 가래나 분비물을 제거하는 것이다. [1]

ㄴ 흡인병은 분비물을 버리고, 1일 1회 이상 깨끗이 닦는다. [15, 16, 20, 25, 28, 32, 35, 36-2]

ㄷ 한 번 사용한 카테터는 분비물이 빠질 수 있게 물에 담가 놓는다. [9, 15, 16, 20, 25, 27, 28, 33, 35]

ㄹ 사용한 카테터는 흐르는 물에 씻는다. [20, 25, 27, 36-2]

ㅁ 전용 냄비에 소독할 컵과 카테터를 넣고 충분히 잠길 정도의 물을 붓고 15분 이상 끓여서 소독한다. [15, 16, 25, 32, 36-2]

ㅂ 소독한 컵은 건져서 자연 건조한다. [15, 20, 25]

ㅅ 카테터 등 고무 제품은 15분 이상 끓인 후 쟁반에 널어서 그늘에서 말린다. [15, 16, 20, 25, 27, 35, 37-2]

ㅇ 흡인은 의료인이 실시하는 것이 원칙이다.

■ 손 씻기

- 반지를 낀 상태로 씻는다.
  🔁 빼고 씻는다.

- 세수 대야에 따뜻한 물을 받아 씻는다.
  🔁 흐르는 온수로 씻는다.

- 손톱 밑을 따로 씻을 필요는 없다.
  🔁 손톱 밑도 씻는다.

- 손을 씻은 후 물기는 자연건조시킨다.
  🔁 일회용 수건 등으로 손의 물기를 제거한다.

- 손바닥만 비누로 씻는다.
  🔁 손바닥과 손등, 손깍지를 씻는다.

- 오물이 묻었을 경우 고체 비누로 씻는다.
  🔁 항균 액체 비누를 바른다. 고체 비누는 세균에 감염될 수 있다.

- 마지막은 찬물로 헹군다.
  🔁 흐르는 온수로 헹군다.

■ 감염 예방 방법

- 배설물이 묻은 의류와 일반 세탁물을 함께 세탁한다.
  🔁 따로 세탁하거나 씻는다.

- 장갑을 착용하기 때문에 손을 자주 씻지 않아도 된다.
  장갑을 끼고 배설물을 만진 경우에는 손을 씻을 필요가 없다.
  🔁 물과 비누로 손을 씻는다.

- 혈액이 묻은 물품은 바로 삶아서 세탁한다.
  🔁 찬물로 닦고 더운물로 헹군다.

- 세균 감염 예방을 위해 손에 로션을 바르지 않는다.
  🔁 로션을 발라 보습한다.

- 가운이나 신발은 한 달에 한 번 세탁한다.
  🔁 깨끗하게 유지한다.

- 분비물에 오염된 장갑은 세탁하여 사용한다.
  🔁 정해진 곳에 버린다.

- 배설물을 확인할 때는 장갑을 착용하지 않는다.
  🔁 반드시 장갑을 착용한다.

- 오염된 세탁물은 모아서 한꺼번에 세탁한다.
  🔁 장갑을 끼고 격리 장소에 따로 배출한다.

■ 흡인 물품관리 방법

- 한 번 사용한 카테터는 흐르는 물에 바로 씻는다.
  카테터는 하루에 한 번 교환한다.
  한 번 사용한 카테터는 버린다.
  한 번 사용한 카테터는 말려 둔다.
  📑 흐르는 물에 씻는다.

- 흡인병은 1일 2회 이상 세척 후 삶는다.
  흡인병은 이틀에 한 번씩 깨끗이 닦는다.
  흡인병은 흡인을 할 때마다 소독한다.
  📑 1일 1회 이상 깨끗이 닦는다.

- 물은 아주 조금만 넣고 끓인다.
  📑 충분히 잠길 정도의 물을 넣고 끓인다.

- 소독한 컵은 마른 수건으로 물기를 닦는다.
  소독한 컵은 건져서 바로 사용한다.
  소독한 컵은 물에 담근 채 식혀서 사용한다.
  📑 건져서 자연건조한다.

- 고무 카테터는 삶은 후 햇볕에 말린다.
  📑 그늘에서 말린다.

- 흡인병은 분비물이 가득 찰 때 버리고 깨끗이 닦는다.
  흡인병은 가득 차면 비우고 닦는다.
  📑 흡인 후 바로 비우고 닦는다.

 핵심 족집게 문제 ————————————————————— • CARE WORKER

01 호흡기 감염의 증상으로 옳은 것은?
① 인후통, 기침, 호흡곤란　　　　② 배뇨통, 소변색 변화
③ 복통　　　　　　　　　　　　④ 치통
⑤ 배뇨장애

02 대상자를 돌볼 때 감염 예방 방법으로 옳지 않은 것은?
① 분비물에 오염된 장갑은 깨끗이 세척하여 재사용한다.
② 가장 효과적인 예방법은 손 씻기이다.
③ 요양보호사는 청결을 위해 매일 샤워나 목욕을 한다.
④ 혈액이 묻은 의류는 찬물로 닦고 더운물로 헹군다.
⑤ 사용한 카테터는 15분 이상 끓인 후 쟁반에 널어 그늘에서 말린다.

정답 01 ① 02 ①

복지용구 사용

표준교재 311p

1. 복지용구 대여 또는 구입

대여 품목(8종)	구입 품목(11종)
가. 수동휠체어 13, 30	가. 이동변기 14
나. 전동침대	나. 목욕의자
다. 수동침대 21, 30	다. 성인용 보행기 19, 30
라. 이동욕조 24	라. 안전손잡이 14
마. 목욕리프트	마. 미끄럼 방지 용품(미끄럼 방지 매트, 미끄럼 방지액, 미끄럼 방지 양말)
바. 배회감지기 18, 30	바. 간이변기(간이대변기 · 소변기) 16
사. 경사로 30	사. 지팡이
아. 욕창 예방 매트리스	아. 욕창 예방방석
	자. 자세변환용구
	차. 요실금팬티
	카. 욕창 예방 매트리스

※ 구입 또는 대여는 욕창 예방 매트리스가 유일하다.

2. 수동휠체어 표준교재 311p

① 선정 시 고려 사항

　㉠ 표면이 거칠고, 딱딱한 쿠션은 욕창을 유발할 수 있다.

　㉡ 휠체어 표면의 날카로운 부분이 없어야 한다.

　㉢ 휠체어의 안장 양쪽 끝이나 바퀴 부위에 대상자의 옷이나 손가락이 낄 염려가 없어야 한다.

② 사용 시 주의 사항

　㉠ 잠금장치 사용 : 휠체어를 사용하지 않을 때는 반드시 잠금장치를 잠가둔다.

　㉡ 보관

　　• 타이어 뒷바퀴 공기압이 너무 낮으면 잘 굴러가지 않고 잠금장치 기능이 약해지며, 공기압이 너무 높으면 진동 흡수가 잘되지 않는다. 그러므로 적정 공기압을 유지해야 한다. 6, 14, 22, 26, 36 – 1

　　• 휠체어 타이어의 적정 공기압은 엄지로 힘껏 눌렀을 때 0.5cm 정도 들어가는 상태이다.

　　• 타이어 공기압은 잠금장치 작동과 밀접한 관계가 있으므로 항상 적당한 공기압을 유지해야 한다.

　　• 각종 볼트가 헐겁지 않은지 수시로 점검한다.

- 접은 상태에서 보관한다. 22
- 잠금장치 조절 : 잠금장치가 고정되지 않을 때는 타이어 공기압을 확인하고 공기압이 정상이라면 휠체어 뒷주머니에 있는 스패너로 잠금장치 고정 볼트를 조절한 후 고정하여 준다. 36-1
- 휠체어 발판 높이 조절 : 휠체어를 뒤로 눕히고 휠체어 뒷주머니에 있는 스패너로 볼트를 왼쪽으로 2~3 바퀴 돌려 푼 후 발판을 좌우로 돌려 움직여 길이를 조절한다. 조절되었다면 볼트를 오른쪽으로 힘줘 돌려 조여 준다.

 ⓒ 소독 방법
- 소독용 알코올을 적신 천으로 깨끗하게 닦아 청결한 상태를 유지한다.
- 바퀴, 구동장치, 다리 지지대, 발판 등은 청결한 물에서 닦거나 물걸레질을 한다.
- 가동 부분은 말린 후에 윤활 처리한다.

3. 욕창 예방 매트리스 표준교재 314p

① 체중으로 인한 압력을 분산하고 통풍을 원활하게 하기 위해 사용한다. 26, 35

② 선정 시 고려 사항
 ㉠ 욕창 예방 매트리스를 감싼 보호 덮개가 있어야 한다.
 ㉡ 등과 엉덩이 밑에 손을 넣어 부양하는지(매트리스 공기압)를 확인한다. 33
 ㉢ 공기가 일정 간격으로 교대로 주입되었다가 배기되는지 확인한다.
 ㉣ 보온성, 통기성, 탄력성, 흡습성 등이 뛰어나야 한다.

③ 사용 시 주의 사항
 ㉠ 욕창 예방 매트리스는 열을 발산하는 제품(찜질기 등)과 함께 사용하지 않는다. 33
 ㉡ 하루에 한 번은 기구의 정상 동작을 확인한다. 33

④ 소독 방법
 ㉠ 매트리스 셀은 공기를 빼고 흐르는 물로 씻고 말린다. 22, 33
 ㉡ 매트리스 커버는 흐르는 물로 씻거나 세탁해서 말린다.

4. 욕창 예방 방석 표준교재 315p

① 욕창 예방 방석을 소독할 때는 공기를 빼고 흐르는 물로 씻고 건조시킨다.
② 방석 커버는 자주 세탁한다.

5. 침대

① 선정 시 고려 사항
 ㉠ 프레임은 견고해야 하며 녹이 나지 않아야 한다.
 ㉡ 등 부위 또는 다리 부분의 높낮이를 조절할 수 있어야 한다.
 ㉢ 낙상 방지를 위해 침대 난간이 부착되어야 한다.
 ㉣ 침대는 고정 장치가 달린 바퀴, 수액병 거치대, 매트리스, 식탁을 갖추고 있어야 한다.
 ㉤ 크랭크 손잡이는 침대의 다리판 쪽에 위치해야 하며, 사용하지 않을 경우에는 안전을 위하여 안으로 들어가는 수납 방식이어야 한다. 16, 17

② 사용 전 준비 사항

  ⊙ 바퀴가 구르지 않도록 잠금장치는 항상 잠가둬야 한다. [11, 22]

  ⓛ 대상자가 침대에서 떨어지지 않도록 침대 난간을 세워 고정시킨다. [17, 32-1]

  ⓒ 등판, 다리판의 상승 및 하강 시 깔거나 덮고 있는 이불이 끼이지 않도록 정리한다.

③ 조작 방법 및 순서

  ⊙ 등판, 다리판 각도 조절 : 크랭크 손잡이를 펴서 오른쪽으로 회전시키면 등판, 다리판이 올라가고, 왼쪽으로 회전시키면 내려간다.

  ⓛ 침대 난간 : 올리거나 내릴 경우 잘 고정되었는지, 대상자의 신체 부위가 끼이지 않았는지 확인해야 한다.

  ⓒ 바퀴 : 침대 이동 및 고정 시 필요하며, 개별 잠금장치가 있어 페달을 발로 밟아서 고정하거나 해제한다.

④ 사용 중 주의 사항

  ⊙ 다른 곳으로 이동할 경우 양쪽 측면 난간을 올린다. [16]

  ⓛ 침대 난간을 잡고 침대를 움직이지 않는다. [16, 32-1]

  ⓒ 침대 난간 설치 시 칸막이 사이에 손을 넣지 않는다.

  ⓔ 잠금장치를 잠근 상태에서 강제로 이동하지 않는다. [16]

  ⓜ 등판, 다리판 작동 손잡이는 너무 빨리 작동하지 않는다. [16]

  ⓗ 크랭크 손잡이는 회전 방향 표시에 따라 작동시킨다.

  ⓢ 크랭크 손잡이 회전이 멈춘 상태에서 강제로 회전시키지 않는다. [13, 16]

  ⓞ 제품에 충격을 가하지 않는다.

⑤ 사용 후 보관 및 관리 방법

  ⊙ 습기가 있는 곳에 보관하지 않는다.

  ⓛ 상온에서 보관한다.

  ⓒ 사용하지 않을 때에는 높낮이를 가장 낮은 위치에 오도록 한다.

⑥ 안전한 침대 사용법

  ⊙ 낙상을 예방하기 위해 대상자가 침대 위에 있을 때는 항상 침대 난간을 올려 놓아야 한다. [17]

  ⓛ 대상자가 침대 난간에 기대지 않게 해야 한다.

  ⓒ 침대와 침대 난간을 고정하는 볼트 등을 항상 확인하여 흔들리지 않게 해야 한다. [17, 32-1]

  ⓔ 침대 바퀴는 항상 고정되어 있어야 침대가 흔들려서 발생하는 낙상사고를 예방할 수 있다. [17]

  ⓜ 부착된 식탁을 사용하지 않을 때는 안전하게 접어놓는다. [17, 32-1]

  ⓗ 생활용품을 잡으려고 대상자가 손을 뻗어 넘어지는 경우가 있으므로 자주 사용하는 물건은 가까이 둔다.

⑦ 침대 소독 방법

  ⊙ 소독액을 적신 천으로 깨끗하게 닦는다.

  ⓛ 매트리스 커버는 흐르는 물로 씻거나 세탁하여 말린다.

6. 지팡이

① **지팡이 선정 시 고려 사항** : 지팡이를 사용하는 쪽 발의 새끼발가락으로부터 바깥쪽 15cm 지점에 지팡이로 바닥을 짚은 상태에서 팔꿈치를 20~30° 정도 구부린 높이

② 지팡이의 종류 : 사점 지팡이, T자형 지팡이, 접이형 지팡이, 캐나디안 팔꿈치 신전 목발, 겨드랑이 목발

한발 지팡이	• 작고 간단하고 가볍다. • 다른 보조도구와 비교하여 균형감각 등을 향상시키는 데 좋다. • 지팡이 중 안정성은 가장 떨어진다.
네발 지팡이	• 대상자가 설 수 있어야 사용할 수 있다. • 일반 지팡이보다 기저면이 넓어 손이나 팔을 이용해서 체중을 지지하는 데에 도움을 줄 수 있다.

③ 사용 시 주의 사항

㉠ 지팡이 바닥 끝 고무의 닳은 정도(상태)를 수시로 확인한다. [32]

㉡ 지팡이 높이 조절용 버튼과 고정 볼트가 잘 고정되어 있는지 확인한다.

7. 성인용 보행기

① 선정 시 고려 사항

㉠ 바퀴가 부착된 보행보조기에는 몸 앞 또는 좌우에 잡을 수 있는 손잡이가 있어야 한다.

㉡ 바퀴가 부착된 보행보조기에는 잠금장치가 있어야 한다.

㉢ 의자 기능이 추가된 보행보조기는 탈부착형 수납공간을 갖추고, 바퀴의 회전 각도를 조절할 수 있는 기능이 있어야 한다.

② 성인용 보행기의 종류

일반 보행기	• 대체로 안정성이 높다. • 팔과 손을 이용하므로 다리의 체중 부하 없이 이동할 수 있다. • 느린 걸음으로 걸어야 한다.
보행보조차(실버카)	• 의자와 바구니가 달린 것이 특징이다. • 어느 정도 균형감각과 보행능력이 있는 대상자가 사용해야 한다. • 쉴 수 있는 의자와 간단한 물건을 담을 수 있는 바구니가 있다. • 잠금장치 손잡이가 있다. 안전을 위해 반드시 점검해야 한다. [16] • 손과 팔 지지대는 체중 지지 기능이 거의 없다.
보행차	• 체중을 지지하고 균형을 잡아주기 때문에 **지팡이보다 안정적으로 걸을 수 있다.** • 뒤로 잘 넘어지는 사람이나 뇌졸중으로 반신마비가 된 사람은 오히려 사용하지 않거나 사용에 신중해야 한다. [22] • 지팡이로 걷는 연습을 하기 바로 전 단계에서도 사용한다.

③ **사용 시 주의사항** : 보행기가 갑자기 꺾이면서 넘어지는 사고 사례가 보고되고 있으므로 고정이 잘되어 있는지 반드시 확인한다.

8. 이동변기

① 선정 시 고려 사항

㉠ 대소변 받이(변기통)는 탈부착하여 청소할 수 있어야 한다.

㉡ 편안히 오랫동안 앉아있을 수 있도록 팔걸이와 등받이가 있어야 한다. [34]

㉢ 물로 세척을 하거나 소독약으로 소독할 수 있는 재질이어야 한다.

㉣ 뜨거운 물로 세척한 후 건조 보관할 수 있어야 한다. [32-2]

㉤ 대상자의 무게를 충분히 견딜 수 있도록 튼튼해야 한다.

② 사용 시 주의 사항

    ㉠ 가볍기 때문에 미끄러지거나 넘어지는 것에 주의해야 한다.

    ㉡ 사용 전 네 개의 다리가 지면에 완전히 고정되어 있는지 확인한다.

    ㉢ 변기 한쪽 손잡이만 잡고 일어서지 말아야 하며, 덮개에 기대지 않는다.

    ㉣ 좌변기 시트에 올라서지 않는다.

    ㉤ 변기통이 있는지 확인하고 사용한다.

    ㉥ 서늘한 곳에 보관한다.

9. 간이변기

① 이동이 불편한 대상자가 침상에서 용변을 해결하기 위해 사용한다. 35

② 오염물이 간이변기 외부로 누출되지 않아야 한다.

③ 열탕으로 소독할 수 있도록 충분한 내열성이 있어야 한다. 37-1

④ 소변기는 소변량을 측정할 수 있도록 눈금이 있어야 하며, 소변색을 볼 수 있도록 흰색이거나 투명해야 한다.

10. 안전손잡이

① 거동이 불편한 대상자의 자립성 향상과 신체 균형 유지를 주어 낙상을 예방한다. 36-2

② 선정 시 고려 사항

    ㉠ 미끄럼 방지 기능이 있어야 한다.

    ㉡ 돌출부가 있어야 한다.

    ㉢ 편리성 및 안전성을 갖추어야 한다.

③ 안전손잡이 사용 시 주의 사항

    ㉠ 사용 전 점검해야 한다.

    ㉡ 벽과 안전손잡이 사이에 팔이 끼이지 않도록 주의해야 한다.

11. 목욕의자

① 불편한 대상자를 목욕시킬 때나 머리를 감길 때 대상자의 자세를 유지해준다. 35

② 선정 시 고려 사항

    ㉠ 잘 일어나지 못하는 대상자는 일으키기 쉬운 높이의 의자가 좋다.

    ㉡ 앉는 면이 높지 않은 것이 좋다.

    ㉢ 등받이가 높게 되어 있고 팔걸이가 있으며, 기대어 앉아도 넘어지지 않는 안정적인 것이 좋다. 27, 37-2

    ㉣ 엉덩이 부위는 미끄러지지 않는 재질이어야 한다. 27

    ㉤ 의자 부분에 구멍이 있거나 홈이 파여 있어 물이 흐를 수 있어야 한다. 27

    ㉥ 움직임이 불편한 대상자는 등받이와 팔걸이가 있어야 한다.

    ㉦ 다리 밑부분은 미끄러지지 않는 재질이어야 한다. 다만, 바퀴가 부착된 목욕의자에는 모든 바퀴에 잠금장치가
       있어야 한다.

    ㉧ 소재는 대상자의 무게를 충분히 견딜 수 있도록 튼튼하게 만들어야 한다.

③ 사용 시 주의 사항

    ㉠ 의자의 배면 각도를 미리 조정한다.

    ㉡ 대상자를 목욕탕으로 이동하여 목욕의자에 앉힌다.

    ㉢ 목욕의자 사용 시 반드시 팔걸이를 펴서 대상자가 넘어지지 않게 한다.

    ㉣ 앉은 채로 샤워를 하고 샤워 후에는 수건으로 물기를 닦아 준다.

    ㉤ 목욕의자는 가볍기 때문에 욕실에서 사용할 경우 목욕의자가 미끄러져 대상자가 넘어질 수 있으므로 주의해야 한다.

④ **소독 방법** : 소독액 또는 비눗칠로 깨끗하게 씻어 말린다.

12. 자세변환 용구

① **자세변환용 시트**

    ㉠ 신체 아래에 쉽게 깔 수 있어야 한다.

    ㉡ 마찰이 적은 재료여야 한다.

    ㉢ 깔았을 때 자세가 불편하지 않은 정도의 높이여야 한다.

② **자세변환용 쿠션**

    ㉠ 쿠션에 부착된 지퍼는 신체와 접촉되지 않도록 감춰져 있어야 한다.

    ㉡ 내부 충전재가 커버 밖으로 나오지 않아야 하며, 딱딱하지 않아야 한다.

    ㉢ 너무 미끄럽지 않아야 한다.

    ㉣ 커버를 분리해서 세척, 소독할 수 있고, 변색되지 않는 것이어야 한다. 34

13. 목욕리프트

① 감전 예방을 위해 충전용 배터리만 목욕리프트의 전원으로 사용해야 한다. 37-1

② 녹이 슬지 않는 재질이어야 한다.

③ 등받이 각도가 조절되어야 한다.

④ 높낮이가 자동으로 조정되어야 한다.

⑤ 대상자의 무게를 지탱할 수 있어야 한다.

⑥ 사용 시에 인체 및 주위에 유해함이 없고 안전한 구조여야 한다.

14. 이동욕조

① 접거나 공기를 빼서 보관할 수 있어 편리하다. 23

② **선정 시 고려 사항**

    ㉠ 날카로운 돌출부 및 가장자리가 없어야 한다. 23

    ㉡ 인체에 접촉하는 면은 매끄럽고 사용상 해로운 결점이 없어야 한다.

    ㉢ 배수밸브의 조작이 간편해야 한다. 23

    ㉣ 이동욕조 표면은 미끄럼 방지가 되어 있어야 한다. 23

③ **사용 시 주의 사항**

　㉠ 평평하고 이물질 없는 장소에서 사용한다. ⟦ 5. 23 ⟧

　㉡ 욕조를 잡고 일어나거나 앉지 않는다.

　㉢ 한 번에 한 사람만 사용한다.

　㉣ 강한 물리적 압력이 가해지거나 송곳, 날카로운 도구가 닿지 않게 한다.

　㉤ 응급상황 발생 시에는 배수밸브를 열어 즉시 물을 뺀다.

④ **소독 방법** : 사용한 후에는 세제 또는 소독제를 사용하여 흐르는 물로 깨끗이 씻어 말린다.

15. 미끄럼 방지 용품

① 미끄럼 방지 매트를 사용할 때는 걸려 넘어지지 않도록 주의한다.
② 미끄럼 방지액은 욕실의 바닥에 물기를 완전히 제거한 후 골고루 발라 준다.

16. 요실금 팬티 　표준교재 327p

일반 섬유 팬티에 방수패드가 부착된 형태이며 세탁 후 반복 사용이 가능하다.

17. 배회감지기 　표준교재 328p

① 치매증상이 있거나 배회 또는 길 잃음 등 문제행동을 보이는 대상자의 실종을 미연에 방지하기 위해 사용한다.
　⟦ 22 ⟧
② 수시로 전원 및 작동 상태를 확인한다. ⟦ 29 ⟧
③ 종류는 위성항법장치형과 매트형이 있으며, 매트형 배회감지기는 침대나 방바닥에 설치한다. ⟦ 32-2 ⟧

18. 경사로 　표준교재 328p

① 휠체어를 이용하는 대상자의 이동을 돕기 위한 이동식 경사로이다.
② 안정되고 균형이 잘 이루어졌는지 확인해야 한다. ⟦ 25 ⟧

■ **침대 사용 방법**

• 침대 난간을 잡고 침대를 이동시킨다.
  🔁 침대를 움직이지 않는다.

• 침대를 이동할 때 잠금장치를 고정시킨 상태에서 이동한다.
  🔁 잠금장치를 잠근 상태에서 강제로 이동하지 않는다.

• 침대를 이용할 때 침대 난간을 내려놓는다.
  🔁 난간을 올린다.

• 등판, 다리판이 빨리 하강하도록 작동시킨다.
  🔁 빨리 하강하도록 작동하지 않는다.

• 난간을 고정하는 볼트는 확인하지 않는다.
  🔁 확인한다.

• 부착된 식탁은 항상 올려 둔다.
  🔁 안전하게 접어 놓는다.

• 침대바퀴의 브레이크는 풀어 둔다.
  🔁 침대바퀴는 항상 고정한다.

■ **이동욕조 선정 시 고려사항**

• 모서리에 각져 있다.
  🔁 날카로운 돌출부 및 가장자리가 없어야 한다.

• 물을 빼는 배수밸브 조작이 어렵다.
  🔁 조작이 간편하다.

• 즉시 물이 빠지지 않아야 한다.
  🔁 즉시 물이 빠져야 한다.

• 편 상태로 보관한다.
  🔁 접거나 공기를 빼서 보관한다.

01 다음 중 노인장기요양보험 급여로 대여할 수 없는 복지용구는?

① 간이변기   ② 배회감지기
③ 수동침대   ④ 수동 휠체어
⑤ 이동욕조

02 복지용구에 대한 설명으로 옳은 것을 모두 고른 것은?

> 가. 욕창예방 매트리스는 체중으로 인한 압력을 분산시키고 통풍을 원활하게 하기 위해 사용한다.
> 나. 욕창예방 매트리스는 공기를 빼고 흐르는 물로 씻어 건조시킨다.
> 다. 휠체어 잠금장치가 원활하게 작동하기 위해 점검해야 하는 것은 타이어 공기압이다.
> 라. 노인장기요양급여로 구입할 수 있는 복지용구는 성인용 보행기, 안전손잡이이다.
> 마. 보행보조차(실버카)의 안전한 사용을 위해 반드시 점검해야 하는 부분은 손잡이 잠금장치이다.

① 가, 나, 다, 라   ② 나, 다, 라, 마
③ 다, 라, 마   ④ 나, 마
⑤ 가, 나, 다, 라, 마

03 심신기능이 저하되어 일상생활이 어려운 대상자에게 지원하는 복지용구에 대한 설명으로 옳은 것을 고르면?

> 가. 대용 경사로 선정 시 고려해야 할 사항은 균형감이다.
> 나. 길을 잃었을 때 실종을 방지하기 위해 사용하는 복지용구는 배회감지기이다.
> 다. 이동욕조 선정 시 고려사항은 표면에 미끄럼방지가 되어 있는가이다.
> 라. 목욕의자는 앉는 자리가 미끄럽지 않은 의자가 적절하다.
> 마. 안전한 침대 사용을 위해 크랭크 손잡이를 사용하지 않을 때에는 안으로 접어 넣는다.

① 가, 나, 다   ② 나, 다, 라, 마
③ 가, 다, 라, 마   ④ 나, 다, 마
⑤ 가, 나, 다, 라, 마

정답 01 ① 02 ⑤ 03 ⑤

47 안전 관리

표준교재 329p

1. 낙상 표준교재 329p

① **낙상 예방의 중요성** : 낙상으로 인한 사망, 입원, 중증 손상으로 삶의 질이 현저하게 감소하는 문제가 발생할 수 있으므로 낙상 예방을 위한 관리는 매우 중요하다.

② **돕는 방법**

　㉠ 낙상 발생 후 일어날 수 없는 경우

　　• 119에 전화한다.

　　• 절대 뼈를 맞추거나 이동시키거나 움직이지 않게 하고 의료진이 올 때까지 대상자를 지킨다. 13

　㉡ 낙상 발생 후 일어날 수 있는 경우

　　• 낙상한 대상자를 발견했을 때는 일어나게 해서는 안 되며 진정시켜야 한다. 13, 26

　　• 일어나기를 시도하기 전에 대상자에게 다친 곳과 아픈 곳이 있는지를 먼저 확인한다.

　　• 다음 순서대로 일어나기를 시도할 수 있도록 돕는다. 37-2

> 1단계 : 옆쪽으로 눕고 위쪽에 있는 다리를 구부린 후, 양 팔꿈치나 양손으로 몸을 일으킨다.
> 2단계 : 의자나 다른 튼튼한 가구에 양손을 올려놓고 몸을 당겨 무릎을 꿇게 한다.
> 3단계 : 물체를 잡은 상태에서 힘이 있는 쪽 다리를 앞으로 놓게 한다.
> 4단계 : 천천히 일으킨다.
> 5단계 : 조심스럽게 돌려서 앉힌다.

③ **낙상 유발 위험 요인** 33, 36-1

　㉠ 보행 장애가 있는 질환을 알고 있는 사람

　㉡ 기립성 저혈압이 있는 경우 36-1

　㉢ 약물을 4가지 이상 복용하고 있는 사람

　㉣ 발에 이상이 있거나 적절한 신발을 착용하지 않는 사람 33

　㉤ 시력이 떨어져 있는 사람 33

　㉥ 집안에 다음과 같은 낙상 위험 요인이 있는 경우

　　• 집안이 정리가 안 되어 어지럽거나 전등이 희미한 경우

　　• 보조기구(지팡이, 목발 등)들의 크기나 형태가 맞지 않을 때

　　• 공간이 손상을 유발하도록 디자인된 경우

④ 낙상을 일으키는 요인

신체적 요인	운동장애나 심장질환, 빈혈, 시력저하, 반사작용 느려짐, 진정제, 이뇨제, 혈압강하제 사용, 야뇨증, 근력 감퇴 9, 10, 18, 22, 28
환경적 요인	집안 환경이나 외부환경 등(미끄러운 마룻바닥, 난간 없는 계단, 부적절한 조도, 평평하지 않은 마룻바닥, 고정되지 않은 매트) 1, 4, 16, 18, 22
행동적 요인	지나친 음주나 개인의 활동량 저하 등

⑤ 낙상을 예방하는 방법
　㉠ 약물 복용에 대해 의사에게 확인받고, 과음 삼가기
　㉡ 시력이 나빠지면 자신에게 맞는 안경 쓰기
　㉢ 집안 환경을 안전하게 만들기
　㉣ 하지 근력 강화를 위해 꾸준히 운동하기 32 - 1

⑥ 가정에서의 낙상 예방 주의 사항

> ㉠ 화장실의 타일 바닥, 방과 거실의 장판, 마룻바닥에서 미끄러지지 않도록 주의해야 한다. 24, 32 - 1
> ㉡ 화장실에서 나올 때 물기가 있으면 바로 닦아 제거한다. 9, 15
> ㉢ 변기 옆과 욕조 벽에 손잡이를 설치한다. 15
> ㉣ 화장실 문 앞 카펫이나 깔개는 밑부분에 미끄럼 방지가 되어 있는 것을 사용한다.
> ㉤ 방이나 거실, 주방의 물기나 기름기 등을 바로 닦아 제거한다.
> ㉥ 부엌 싱크대나 가스레인지 근처의 바닥에는 미끄러지지 않도록 고무매트를 깔아 놓는다.
> ㉦ 바닥 타일과 장판은 미끄럼 방지 처리가 되어 있는 제품만을 사용한다.
> ㉧ 욕조와 샤워실에는 미끄럼 방지 스티커를 붙이거나 바닥 미끄럼 방지 매트를 사용할 수 있다.
> ㉨ 가능하면 모든 방과 현관의 문턱을 제거한다. 11, 15, 16, 18, 21, 34
> ㉩ 바닥에 전선, 물체, 헝겊, 수건, 이불, 박스, 높이가 낮은 가구 등이 있으면, 보행 시 발에 걸리적거리지 않게 치운다. 4, 5, 7, 16, 21, 28, 35
> ㉠ 침실, 욕실, 모서리 등을 어둡지 않게 한다. 15, 18, 25, 34
> ㉧ 조명이 어둡거나 전구가 나가면 바로 교체하며, LED 등의 밝은 조명으로 교체한다.
> ㉨ 가급적 계단보다는 엘리베이터를 이용한다. 34
> ㉩ 계단 주위에는 물체나 장애물이 없도록 깨끗이 치우고, 조명을 밝게 한다. 21, 24, 25, 28
> * 취침 시 침대 높이를 최대한 낮춘다. 15, 18, 21, 24, 28, 30, 32 - 1
> * 침대에서 취침할 때 바로 옆에 바로 조명을 켤 수 있도록 준비해 둔다.
> * 침대 난간을 올리고 취침하게 한다. 16, 18, 21, 24, 25, 28, 34, 35
> * 갑자기 자세를 바꾸거나 움직이지 말고 천천히 움직이는 것을 생활화한다. 30
> * 꼭 맞는 신발, 바닥에 미끄럼 방지 처리가 된 신발을 신게 한다. 35
> * 욕실에서 신발을 신게 하고, 샤워기, 욕조의 안팎, 화장실 근처에 손잡이를 설치한다.
> * 발에 맞는 낮고 넓은 굽과 고무바닥으로 된 신발을 신고, 헐겁게 늘어지거나 긴 옷은 가구나 문고리 등에 걸릴 수 있으므로 피한다. 32 - 1, 34, 35
> * 현기증이나 정신혼란을 일으킬 수 있는 약물의 복용은 피한다.
> * 균형을 유지하고 근력을 강화할 수 있는 운동을 하고 고관절 보호대를 착용한다.

2. 화재 표준교재 332p

① 화재예방을 위한 습관

ⓐ 콘센트 하나에 여러 개의 전열기구 플러그를 꽂지 않는다. 21, 23

ⓑ 음식을 조리(특히 기름 사용)하는 중에는 주방을 떠나지 않는다. 17, 20, 21, 23, 25, 32-2

ⓒ 성냥, 라이터, 양초 등은 노인과 어린이의 손이 닿지 않게 보관한다. 21, 23

ⓓ 난로 곁에는 불이 붙는 물건을 치우고 세탁물 등을 널어놓지 않는다. 23

ⓔ 소화기가 비치된 장소를 알아 두고 사용법을 익힌다. 16, 23

ⓕ 자리를 떠날 때는 전기, 가스, 석유, 전기기구 등이 꺼졌는지 확인한다. 21

ⓖ 안전을 위해 사전점검을 생활화하고, 대피 훈련을 철저히 한다. 21

② 대피 훈련 시 챙겨야 할 내용

ⓐ 대피 방법과 대피해서 만나는 장소를 사전에 약속한다.

ⓑ 피할 때 가져가야 할 중요 물건 목록을 작성하고 챙길 사람을 정한다.

ⓒ 비상 연락 전화번호와 연락할 사람을 정한다.

ⓓ 문틈을 막을 때 필요한 청테이프 또는 수건을 준비한다.

ⓔ 외부 대피 시 사용할 수건 등 물품을 준비한다.

③ 화재를 감지하는 방법

ⓐ 눈 : 연기가 보이고 따가워진다. 사용하지 않는 전열기구 코드가 빠져 있는지, 가스레인지 중간 벨브가 잠겨 있는지 확인한다.

ⓑ 귀 : 사람들의 아우성, 비상벨, 평소에 나지 않던 소리가 난다.

ⓒ 코 : 무엇인가 타는 냄새가 난다.

ⓓ 손 : 열기를 느끼기 위해 가까이서 온도를 느껴본다.

④ 화재 시 대처하는 방법

ⓐ 연기나 불이 난 것을 보면 '불이야'라고 소리치거나 비상벨을 눌러 주변에 알린다.

ⓑ 가장 먼저 하던 행동을 멈추고 상황을 신속하게 파악한다. 18, 22, 26

ⓒ 불길이 천정까지 닿지 않은 불이라면 소화기나 물 양동이를 활용하여 신속히 끈다. 18

　• 소화기를 실내에서 사용할 때는 문을 등지고 소화기 분말을 쏜다.

　• 순서 : 안전핀을 뽑는다 → 노즐을 잡고 불 쪽으로 향한다 → 손잡이를 움켜쥔다 → 분말을 고루 쏜다 35

ⓓ 옷에 불이 붙으면 하던 일을 멈추고, 얼굴의 화상을 막고 연기가 폐로 들어가지 않도록 얼굴(특히, 눈, 코, 입)을 가리고 바닥에 뒹굴며 불을 끈다.

※ 하던 일을 멈춘다 → 눈, 코, 입 보호 → 엎드린다 － 뒹군다 36-1

ⓔ 불길이 커져 불을 끄기 어려운 경우 신속히 대피한다. 18, 22, 26, 34

　• 세대 밖으로 대피가 어려운 경우 경량칸막이를 부수고 이웃집으로 대피하거나 완강기를 이용하여 창문으로 내려가는 방법, 실내 대피공간으로 대피하였다가 불이 꺼진 후 나오는 방법 등을 활용한다.

　• 우선순위 : 비상구 활용 － 완강기 활용 － 경량칸막이 활용 － 실내 대피공간 활용

⑤ 화재 시 대피 요령

　　㉠ 계단을 이용해 이동한다(엘리베이터 사용 금지). 24, 26, 32 – 1, 36 – 1, 37 – 1

　　㉡ 아래층으로 대피할 수 없는 경우 옥상으로 대피한다.

　　㉢ 대피할 경우 젖은 수건 등으로 코와 입을 막고 낮은 자세로 대피한다. 19, 22, 24, 32 – 1, 34, 36 – 1, 37 – 1

　　㉣ 대피한 경우에는 바람이 불어오는 쪽에서 구조를 기다린다. 19, 22, 24, 26, 36 – 1, 37 – 1

　　㉤ 연기가 방 안에 들어오지 못하도록 문틈을 물에 적신 옷이나 이불로 막는다.

　　㉥ 바닥에 엎드려 기어 나온다. 26, 32 – 1

　　㉦ 야간 화재 시 실내가 컴컴하여 방향을 알기 힘들므로, 한쪽 손으로 벽을 짚고 조심스럽게 발을 옮겨 밖으로 나간다. 32 – 1, 34, 37 – 1

　　　• 손수건, 옷 등을 이용하여 호흡기(코와 입)를 보호한다.

　　　• 자세를 낮춘다.

　　　• 다른 손으로는 벽을 짚는다.

　　　• 한 방향으로 신속하게 이동하여 밖으로 대피한다.

　　　※ 벽을 짚은 손을 바꾸면 오히려 더 깊은 실내로 들어갈 수 있으므로 벽을 짚은 손을 바꾸지 않는다.

3. 수해와 태풍 표준교재 334p

① 수해 발생 시 대처 방법

　　㉠ 물이 집 안으로 밀려오는 경우 모래주머니로 막는다. 36 – 2

　　㉡ 상수도의 오염에 대비하여 욕조에 물을 받아 둔다.

　　㉢ 필요시 전기차단기를 내리고 가스 밸브를 잠근다. 36 – 2

　　㉣ 성냥불이나 라이터를 사용하지 말고, 창문을 열어 환기를 한다. 36 – 2

　　㉤ 가스와 전기는 기술자의 안전조사가 끝난 후 사용한다. 36 – 2

② 태풍 오기 전 대비 방법

　　㉠ 폭우 시 대피할 장소를 알아 둔다.

　　㉡ 비상용품은 챙겨 나갈 수 있도록 한곳에 놓아두고, 유효기간 내의 물품으로 교체해 둔다.

　　㉢ 상수도 공급 중단을 대비해 욕실 등에 미리 물을 받아 둔다.

③ 태풍 발생 중 대처 방법

　　㉠ 침수가 우려되는 경우 지하에서 나온다.

　　㉡ 실내에서는 출입문과 창문을 모두 닫고 잠근다. 일단 창문을 모두 닫은 후에는 창문에서 최대한 떨어진 곳에 머문다.

　　㉢ 가스 누출 2차 피해가 생길 수 있으므로 가스는 잠가 두고, 폭우가 심할 경우 감전 위험이 있으므로 전기 제품도 가급적 쓰지 않는다.

　　㉣ 차량 이동 중이라면 속도를 줄인다.

　　㉤ 하천변, 산길, 공사장, 가로등, 신호등, 전신주 근처, 방파제 옆으로 이동하지 않는다.

4. 지진

① 지진 발생 전 대비 방법

- ㉠ 무거운 그릇은 식탁 위에 놓아 둔다. [37-1]
- ㉡ 깨지기 쉬운 물건은 선반 위에 보관한다. [37-1]
- ㉢ 응급처치 방법을 알아 두어 비상시에 대처한다. [37-1]
- ㉣ 크고 견고한 구조물의 아래 또는 옆으로 피난하여 몸을 웅크린다.
- ㉤ 집 주위에 대피할 수 있는 공터, 학교, 공원 등을 미리 알아 둔다.

② 지진발생 중 대비 방법

- ㉠ 지진으로 흔들리는 동안은 식탁 밑으로 내려가 몸을 보호하고, 탁자 다리를 꼭 잡는다. [26, 29, 32]
- ㉡ 흔들림이 멈추면 전기와 가스를 차단하고, 문을 열어 출구를 확보한다. [32, 37-1]
- ㉢ 건물 밖으로 나갈 때는 계단을 이용하여 신속하게 이동한다(엘리베이터 사용 금지). [32]
- ㉣ 건물 밖에서는 가방이나 손으로 머리를 보호하며 건물과 거리를 두고 주위를 살피며 대피한다.
- ㉤ 신속하게 운동장이나 공원 등 넓은 공간으로 대피한다.
- ㉥ 라디오나 공공기관의 안내 방송 등 올바른 정보에 따라 행동한다. [37-1]

5. 정전

① 정전에 대비해 손전등을 미리 준비해 둔다.
② 전기기기 동시 사용을 자제하고 별도의 전용 콘센트를 사용한다.
③ 정전이 될 때는 누전차단기의 이상 유무를 확인한다.
④ 정전이 복구된 후 가전제품은 시간 간격을 두고 하나씩 사용한다. [32]
⑤ 냉동식품을 점검한다.
⑥ 고기 등의 빛깔이 변했거나 냄새가 난다고 판단되면 버린다.
⑦ 인공호흡기나 흡인기를 사용할 때는 정전에 대비하기 위해 보조전원장치를 마련해 둔다. [36-2]

6. 전기사고 표준교재 338p

① 전기기구를 사용하기 전에 설명서를 잘 읽어 조작법을 익힌다.
② 전기가 통하는 느낌을 받으면 즉시 사용을 중단하고 확인한다. [12, 16]
③ 전선이 벗겨져 있는지 살펴보고 이상이 있으면 사용하지 않는다. [33, 37-2]
④ 하나의 콘센트에 여러 개의 전기코드를 꽂지 않도록 한다. [16, 32, 33, 37-2]
⑤ 의료기기는 접지용 3핀 플러그를 사용한다. [33, 37-2]
⑥ 콘센트에서 플러그를 뺄 때는 플러그를 꼭 잡고 똑바로 빼야 코드와 플러그가 손상되지 않는다.
  [16, 30, 33, 37-2]
⑦ 전기가 꼭 필요한 샤워장 등에서는 콘센트에 보호용 커버를 씌워 사용한다. [16, 30, 37-2]
⑧ 전기기구 물품 세척 시나 수선 시에는 절대 전기를 연결하지 않는다. [33]
⑨ 만일 전기 쇼크를 입으면 전류가 차단될 때까지 다른 사람이 닿지 않도록 해야 한다. [16, 32-2]
⑩ 장기요양기관에서 직원과 요양보호 대상자에게 안전교육을 해야 한다.

■ **낙상을 예방하는 방법**

- 침대 높이를 높게 한다.
  🔁 최대한 낮춘다.

- 계단에 손잡이를 없앤다.
  🔁 손잡이를 설치한다.

- 침실의 야간등은 꺼둔다.
  🔁 어둡지 않게 한다.

- 거실의 문턱은 그대로 둔다.
  🔁 문턱을 제거한다.

- 침대 난간을 내린다.
  🔁 침대 난간을 올린다.

- 문턱을 낮춘다.
  🔁 문턱을 제거한다.

- 계단에 작은 깔개를 놓아둔다.
  🔁 물체나 장해물이 없도록 깨끗이 치운다.

- 실내에서 슬리퍼를 신는다.
  🔁 미끄럼방지 처리가 된 신발을 신게 한다.

- 마룻바닥에 왁스를 칠한다.
  🔁 미끄럼방지 처리가 되어 있는 제품만을 사용한다.

- 바퀴 달린 의자를 제공한다.
  🔁 바퀴가 없는 의자를 제공한다.

- 수면 시 조명을 모두 끈다.
  🔁 어둡지 않게 한다.

- 계단에 직사광선이 직접 들어오게 한다.
  🔁 조명을 밝게 한다.

- 거실이나 바닥에 물건을 쌓아 놓는다.
  🔁 걸리적거리지 않게 치운다.

- 통로에는 조명을 꺼둔다.
  🔁 어둡지 않게 한다.

■ 화재예방을 위한 방법

- 난로 곁에는 세탁물을 널어놓는다.
  📖 난로 곁에는 불이 붙는 물건을 치우고 세탁물 등을 널어놓지 않는다.

- 화재가 발생했던 일을 상기시키고 자주 주의를 준다.
  📖 상기나 주의를 주면 안 된다.

- 주방에 가까이 가지 못하게 한다.
  음식의 조리를 못하게 한다.
  📖 조리 하는 중에는 주방을 떠나지 않는다.

- 취급상의 안전수칙은 무시한다.
  📖 안전을 위해 사전점검을 생활화한다.

- 하나의 콘센트에 여러 개의 플러그를 함께 쓴다.
  📖 꽂지 않는다.

- 정전에 대비해 라이터, 양초 등은 손이 닿는 곳에 둔다.
  📖 손이 닿지 않게 보관한다.

- 소화기 놓는 장소를 자주 바꾼다.
  📖 장소를 알아 두고 사용법을 익힌다.

- 휴대용 가스레인지를 사용하게 한다.
  📖 사용하지 않는다.

■ 화재 대피

- 119에 연락하고 대기한다.
  119가 도착할 때까지 기다린다.
  일어서서 천천히 대피한다.
  📖 신속히 대피한다.

- 환풍기를 돌린다.
  📖 돌리면 안 된다.

- 화재가 난 쪽 창문을 열어둔다.
  📖 화재가 나지 않은 쪽 창문을 연다.

- 화재의 규모가 큰 경우 소화기로 진압한다.
  📖 불길이 커져 불을 끄기 어려운 경우 신속히 대피한다.

- 가스가 방출되는 경우 손으로 코를 막고 대피한다.
  📖 젖은 수건 등으로 코를 막는다.

- 엘리베이터를 이용하여 대피한다.
  📖 계단을 이용해 이동한다.

■ 지진 발생 시 행동요령

- 욕조 안으로 들어가 머리를 숙이고 앉는다.
  침대 위에 편안한 자세로 누워 있는다.
  부엌 찬장 밑으로 들어가 손으로 머리를 감싼다.
  휠체어 옆에서 손잡이를 꼭 잡고 기다린다.
  🔒 식탁 밑으로 내려가 몸을 보호하고, 탁자 다리를 꼭 잡는다.

■ 전기사고를 예방하는 방법

- 전기 쇼크 입은 대상자는 흔들어 의식을 확인한다.
  🔒 전류가 차단될 때까지 다른 사람이 닿지 않도록 해야 한다.

- 하나의 콘센트에 여러 개의 전기코드를 꽂는다.
  🔒 꽂지 않도록 한다.

- 플러그를 뺄 때는 코드를 당겨 뺀다.
  🔒 플러그를 꼭 잡고 똑바로 뺀다.

- 세면대, 샤워장에서는 콘센트에 있는 보호용 커버를 벗긴다.
  🔒 보호용 커버를 씌워 사용한다.

01 대상자의 낙상을 일으키는 요인 중 잘못 연결된 것은?

① 신체적 요인 : 진정제, 이뇨제
② 신체적 요인 : 시력 저하, 반사작용 느려짐
③ 환경적 요인 : 야뇨증, 난간 없는 계단
④ 환경적 요인 : 고정되지 않은 매트, 미끄러운 마룻바닥
⑤ 행동적 요인 : 지나친 음주나 개인의 활동량 저하

02 실내에서 화재 발생 시 대처순서(RACE)로 옳은 것은?

> 가. 전기기구 스위치를 끄고, 창문과 문을 닫는다.
> 나. 위험에 처한 대상자를 즉시 구조한다.
> 다. 화재 경보를 가동시킨다.
> 라. 소화기구를 사용하여 불을 끈다.

03 낙상을 예방하는 방법으로 옳은 것을 고르면?

> 가. 욕실 바닥의 물기는 즉시 닦는다.
> 나. 욕실에서 낙상한 대상자를 발견했을 때 가장 먼저 해야 할 일은 몸을 움직이지 못하게 한다.
> 다. 팔걸이가 있는 변기를 사용한다.
> 라. 바닥에 흐트러진 물건들을 치운다.
> 마. 밤에는 침대 난간을 올린다.

① 가, 나, 다   ② 나, 다, 라, 마
③ 가, 다, 라, 마   ④ 나, 다. 마
⑤ 가, 나, 다, 라, 마

정답 01 ① 02 나-다-가-라 03 ⑤

과목 03 요양보호각론

48 일상생활 지원과 식사 준비

표준교재 311p

1. 일상생활 지원의 원칙 표준교재 339p

① 일상생활이란 취사, 청소 및 주변정돈, 세탁을 의미한다.

② 대상자의 질환 및 특성, 욕구를 충분히 파악하여 지원한다. 14, 18

③ 대상자의 생활방식과 가치관을 존중하며 요양보호사의 방식을 따르도록 강요해서는 안 된다.

④ 대상자와 신뢰 관계를 형성하고, 대상자의 안전을 최우선하여 배려한다.

⑤ 대상자의 잔존 능력을 파악하여 스스로 할 수 있는 것은 최대한 스스로 하도록 격려하고 스스로 할 수 없는 것은 요양보호사가 지원한다.

⑥ 서비스에 대해서는 요양보호사의 판단으로 결정하지 않으며 반드시 대상자에게 충분히 설명하고 동의를 얻는다. 24

⑦ 인지능력이 없는 대상자에게는 가급적 보호자에게 설명하고 동의를 얻는다. 24

⑧ 물품은 대상자의 동의를 얻어 사용하고 함부로 옮기거나 버리지 않는다. 18

⑨ 서비스 제공에 대해 상세하게 기록한다. 6

⑩ 환경오염을 최소화하기 위해 일회용품 사용을 가급적 자제한다. 18

2. 일상생활 지원의 중요성

① **신체활동 지원** : 세면 도움, 머리 감기기, 몸 단장, 배설 도움, 식사 도움, 목욕 도움, 체위 변경 도움 등과 같이 대상자의 신체에 관한 직접적인 도움을 의미한다.

② **일상생활 지원**
  ㉠ 신체활동을 지원하는 데 필요한 조건이나 수단을 마련하기 위한 간접적인 활동이다.
  ㉡ 요양보호사가 제공하는 서비스는 대상자에게만 제한하여 제공한다는 원칙에도 불구하고 동거 가족의 취사, 청소, 세탁요구로 인한 갈등은 여전히 존재한다.
  ㉢ 기관장 및 요양보호사는 대상자 및 가족에게 제도를 잘 설명하고 이해를 구해야 한다. 4, 20, 27

③ **일상생활 지원의 중요성**
  ㉠ 신체활동 지원과 일상생활 지원은 밀접한 관련이 있다. 15
  ㉡ 일상생활 지원 없이 신체활동 지원을 제대로 수행할 수 없고, 일상생활 지원이 적절하게 이루어져야만 신체활동 지원이 안정적으로 유지될 수 있다. 15

ⓒ 신체활동 지원이 필요하지 않은 대상자에게는 일상생활 지원만 제공한다. [15]

ⓔ 신체활동 지원이 필요한 대상자에게는 신체활동 지원과 일상생활 지원을 함께 제공한다. [15]

ⓜ 취사, 세탁, 청소 등의 일상생활 지원이 요양보호사의 전문성을 저하시키는 것처럼 인식되는 부분도 있으나 일상생활 지원이야말로 대상자가 자립적으로 생활하는 데 중요한 역할을 한다.

3. 식사 준비 표준교재 341p

① 기본원칙

ㄱ 식단은 대상자와 함께 정한다.

ㄴ 식사와 관련된 특이사항에 대해 기록해 둔다.

ㄷ 한 번에 섭취할 수 있는 양만큼씩 나누어 준비해 둔다.

ㄹ 식재료 구매는 대상자와 충분히 상의한 후 결정한다. [20, 24]

ㅁ 식재료를 구입한 영수증과 잔돈을 대상자에게 전달한다.

② 식재료 구매 수칙

ㄱ 필요량만 구매한다.

ㄴ 식재료 구매 시 반드시 유통기한을 확인한다.

ㄷ 식재료 구매 시 영양표시를 확인한다.

ㄹ 식재료 구매 시 보관 방법 및 보관 상태를 확인한다.

ㅁ 식재료 구입 후 냉장·냉동보관한다.

③ 조리 방법

ㄱ 식재료 준비

- 저작능력이 저하된 대상자는 부드러운 재료를 선택하고 작은 크기로 잘게 썰어서 준비한다.
- 연하능력이 저하된 대상자는 부드럽게 삼킬 수 있도록 재료를 푹 끓이거나, 다지거나, 믹서에 갈아서 준비한다. [16, 36-1]
- 한 번에 많이 먹지 못하는 경우 소량씩 나누어 섭취할 수 있도록 준비한다.
- 가능한 한 짜지 않게 조리한다.
- 딱딱하고 자극적인 음식은 피한다.

ㄴ 조리 방법

볶기	채소는 살짝 데쳐서 볶으면 기름도 적게 들고 색깔도 선명하게 유지된다.
삶기	채소는 삶으면 부드러워져 먹기 쉽고, 육류는 오래 삶으면 부드러워지나 생선은 반대로 오래 삶으면 질기고 딱딱해진다. [16, 36-1]
튀기기	기름기가 적은 조리 방법을 선택하는 것이 바람직하다.
무침	식욕을 돋우기 위해 식초나 소스로 무침을 하면 도움이 된다. [1, 17]
찜	처음에는 센 불에 가열하다가 약한 불로 오래 가열한다. [36-2]
굽기	오래 구우면 수분이 모두 빠져나가 딱딱해지기 때문에 적당히 굽는다.

■ 일상생활 지원 돕기 방법

- 대상자 질환의 특성만 중요시하고 욕구는 전혀 배려하지 않는다.
  📑 질환 및 특성, 욕구를 충분히 파악하여 지원한다.

- 물품은 알아서 요양보호사가 적당히 쓴다.
  📑 동의를 얻어 사용한다.

- 무조건 보호자에게 설명하고 동의를 받는다.
  📑 가급적 보호자에게 설명한다.

- 위생을 위해 일회용품을 사용한다.
  📑 환경오염을 최소화하기 위해 가급적 자제한다.

- 대상자 손자의 간식을 사다 주었다.
  대상자 아들의 보험료를 대신 내 주었다.
  대상자가 가꾸는 텃밭에 물을 주었다.
  가족이 추가로 요구한 사항이 있는지 확인한다.
  대상자 가족의 식사를 차려 주었다.
  📑 일상생활 지원은 대상자에게만 제한하여 제공하며, 대상자 및 가족에게 제도를 잘 설명하고 이해를 구해야 한다.

- 일상생활 지원은 신체활동 지원과 전혀 무관하다.
  일상생활 지원은 신체활동을 지원하는 직접적인 서비스 활동이다.
  📑 신체활동을 지원하는 데 필요한 조건이나 수단을 마련하기 위한 간접적인 활동이다.

- 일상생활 지원은 전문성을 저하시킨다.
  📑 대상자가 자립적으로 생활하는 데 중요한 역할을 한다.

- 신체활동 지원은 일상생활 지원을 필요로 하지 않는다.
  📑 신체활동 지원과 일상생활 지원을 함께 제공한다.

 핵심 족집게 문제 ────────────────── • CARE WORKER

01 대상자에 대한 일상생활 지원에 관한 내용으로 옳지 않은 것은?

① 대상자에게 조리해 줄 음식 재료를 사다 주었다.

② 상한 음식은 대상자의 동의를 받고 버린다.

③ 일상생활 지원은 신체활동을 지원하는 직접적인 서비스 활동이다.

④ 일상 업무를 대행하기 전에 해당 업무를 대행할 수 있는지 확인한다.

⑤ 일상생활 지원이 적절히 이루어져야만 신체활동 지원이 안정적으로 유지된다.

정답 01 ③

49 노인의 영양관리와 식사관리

표준교재 344p

1. 영양관리의 중요성

① 영양관리 시 고려해야 할 노인의 특성

　㉠ 에너지 요구량 감소

　　• 나이가 들면 기초대사량(생명 유지에 필요한 최소의 열량, 약 1,440kcal)이 감소하고 에너지 요구량이 줄어들게 된다.

　　• 에너지 과잉 섭취를 피하고 건강 체중을 유지하도록 적정한 식사량을 제공한다.

　　• 건강한 성인은 체질량지수를 25 이하로 조절하도록 권장한다.

　　• 노인에게는 비만 예방이나 관리보다 영양불량을 더욱 신경 써서 식사를 제공해야 한다.

　㉡ 체질량지수(BMI) : 체중(kg)을 키의 제곱(m^2)으로 나눈 값

　㉢ 소화능력 감소 및 식욕저하

　　• 식사를 조금씩 자주 섭취하는 것이 좋다.

　　• 식욕이 저하되지 않도록 다양한 향미, 색, 모양 등의 식재료를 제공한다.

　㉣ 치아 손실 및 씹기 장애

　　• 식재료를 부드럽게 조리한다.

　　• 크기를 작게 하여 섭취를 돕는다.

　　• 부드러우면서도 바삭하거나 아삭한 질감을 활용한다.

　㉤ 감각기능 저하

　　• 미각, 후각 등의 기능 저하로 짜게 먹을 수가 있으므로 싱겁게 조리한다.

　　• 다양한 향신료를 사용하여 입맛을 잃지 않게 한다. 37-1

　㉥ 침 분비 감소 : 약간의 국물이 있는 조리법을 선택한다.

　㉦ 장 운동성 감소 : 변비 예방을 위해 식이섬유가 풍부한 잡곡, 채소를 섭취할 수 있도록 한다.

② 영양관리 시 고려해야 할 영양소

　㉠ 영양요구량에 과잉되거나 부족함이 없도록 한다.

　㉡ 노인의 영양문제

　　• 열량 과잉 또는 영양 부족 노인들이 많다.

　　• 노인 결식률이 높다.

　　• 체중 과다 및 저체중 노인의 비율이 높다.

- 혈청 지질 수준이 높아지고 있다.
- 지방 섭취량이 증가하고 나트륨 섭취가 과다하다.
- 만성퇴행성질환과 활동 제한이 있다.

ⓒ 에너지 요구량이 감소하므로 열량은 과잉으로 섭취되지 않도록 한다.

ⓔ 소화가 잘되는 양질의 단백질 식품을 선택한다. **예** 두부, 생선, 지방을 제거한 육류, 우유 등

ⓜ 단순당이 많은 음식은 피하고 식이섬유나 전분이 풍부한 채소와 잡곡밥 등의 복합당질을 이용한다.

ⓗ 동물성 포화지방산이나 콜레스테롤 함량이 많은 식품은 제한한다. ⌐25⌐

ⓢ 필수지방산이 부족하지 않게 한다.

ⓞ 지질 성분 유지를 위해 콜레스테롤이 적은 식품, 식이섬유, 식물성 기름, 적당한 운동이 도움이 된다.

필수지방산	신체의 정상적인 유지, 생리적 기능에 필수적이지만 체내에서 합성되지 않거나 합성되는 양이 부족하여 반드시 식사를 통해 섭취해야 하는 지방산으로 등푸른생선, 들기름, 잣기름 등에 많다.
포화지방산	주로 동물성 기름에 많고 식물성 기름 중에는 야자유, 팜유 등에 많다. 동물성 포화지방산이 많은 식품은 삼겹살, 갈비, 꽃등심, 닭껍질 등이다.
콜레스테롤	세포막, 신경조직 등의 구성성분으로 우리 몸에 꼭 필요한 물질이다. 많은 양을 섭취하면 혈관 벽에 쌓여 동맥경화증 및 심혈관질환의 위험인자가 될 수 있다. ※ 콜레스테롤이 많은 식품 : 삼겹살, 갈비, 새우, 명란젓, 곱창, 달걀 노른자, 간

ⓩ 다양한 색의 식품(컬러 푸드)은 맛과 향이 풍부하며, 하루 최소 5가지 이상의 다양한 채소를 먹도록 권장하고 있다.

※ 5색 컬러 푸드의 예

- 검은콩, 검은깨, 검은쌀 등
- 당근, 호박, 고구마, 감, 바나나 등
- 시금치, 깻잎, 부추, 브로콜리 등
- 마늘, 양파, 양배추, 도라지 등
- 토마토, 딸기, 석류, 파프리카, 복분자 등

ⓩ 수분을 충분히 섭취하도록 하여 탈수를 방지해야 한다.

2. 식사관리의 중요성

① 노인의 건강문제

ㄱ 적절한 식사관리를 해야만 영양의 과잉이나 부족을 방지할 수 있다.

ㄴ 우리나라 국민 사망 원인 1위는 암이고 그 다음은 심장 질환과 뇌혈관 질환이다.

ㄷ 특히 노인의 질병과 사망 원인의 다수가 식생활과 관련이 있으므로 적절한 식사관리가 매우 중요하다.

② 신체구성 변화

ㄱ 체지방 증가, 근육량 감소, 기초대사량 저하 등으로 지방이 과잉 축적된다.

ㄴ 골격 내 무기질 함량은 감소하여 골다공증 위험이 증가한다.

ㄷ 65세 이상 노인이 가장 많이 앓은 질병 : 고혈압, 치주질환, 급성 기관지염 순

③ 소화기능의 저하

ㄱ 치아 손실이나 불량은 씹기 장애를 초래, 영양불량의 원인이 된다.

ㄴ 침의 분비 감소, 연하 기능의 저하로 인한 삼킴 장애로 영양불량이 발생한다.

ㄷ 대장의 운동성 감소는 변비를 유발한다.

④ **미각의 변화** : 혀의 미뢰 수가 30~50% 감소되어 나트륨 과잉 섭취 위험이 증가한다.

⑤ **식생활 문제**

ⓐ 노인의 질병과 사망 원인의 다수가 식생활과 관련이 있으므로 적절한 식사관리가 중요하다.

ⓑ 노인에게 일반적으로 나타나는 식생활문제

  • 주로 밥과 김치 또는 한두 가지 반찬으로 식사한다.

  • 제때 식사를 하지 않으며 아침을 거르거나 한두 끼니에 몰아서 과식을 하게 된다.

  • 짜게 먹는다.

  • 오래된 식품을 먹고, 음식 보관의 안전성이 떨어진다.

  • 우유 및 유제품류를 잘 섭취하지 않아 칼슘 섭취가 부족하다.

3. 식사관리의 기본원칙

① 노인을 위한 식사관리의 기본원칙 중 가장 중요한 것은 규칙적인 세끼 식사이다.

② 한 번에 충분한 식사량을 섭취하지 못하는 경우에는 식사 사이에 간식을 제공하여 보충한다.

③ 기본적인 식사관리 고려 사항

ⓐ 개인차에 대한 고려

ⓑ 미각 및 기호 변화 고려

ⓒ 약물 복용

  • 고혈압 약은 비타민 B_6 결핍을 초래

  • 이뇨제는 칼슘, 아연, 마그네슘 등의 무기질 흡수를 방해

  • 약물의 종류에 따라 부족한 영양소가 없도록 주의

4. 식사계획의 원칙

① **노인을 위한 영양소 섭취 기준**

ⓐ 에너지 필요 추정량을 기준으로 한 기준 에너지에 따라 세끼 식사를 계획하고 점심 식사만 제공하는 경우에는 기준 에너지의 1/3을 기준으로 한다.

ⓑ 탄수화물의 에너지 섭취 비율은 55~65% 범위 내에서 계획하고 당류를 과잉 섭취하지 않게 하며 식이섬유는 노인에 대한 충분섭취량으로 남성은 1일 25g, 여성은 20g 섭취하게 한다.

ⓒ 식이섬유가 많은 식품 : 건미역, 고구마줄기, 고사리, 표고버섯, 김, 검정콩, 잡곡류, 옥수수, 시래기나물(데친 것)

ⓓ 체중당 단백질 필요량은 성인과 동일하므로 1일 단백질 평균필요량인 남성 45g, 여성 40g을 제공한다.

ⓔ 지질의 에너지 섭취 비율은 15~30% 범위 내에서 필수지방산이 부족하지 않게 하고, 오메가-3 지방산 섭취를 위해서 등푸른 생선을 주 2회 정도 섭취하며 음식을 조리할 때 오메가-6 지방산이 많은 식품인 참기름, 옥수수기름, 들깨나 들기름 등의 식물성 기름을 이용한다.

ⓕ 비타민과 무기질은 충분히 섭취하되 상한 섭취량이 정해진 영양소의 경우 음식으로 섭취하는 경우를 제외하고 보충제를 섭취할 때 과잉 복용하지 않도록 주의해야 한다.

② **식사 구성안과 식품 구성 자전거**

ⓐ 식사 구성안

  • 일반인이 영양가를 계산하지 않고도 영양소 섭취 기준을 충족할 수 있도록 식품군별 대표 식품과 섭취 횟수를 이용하여 식사의 기본 구성개념을 설명한 것이다.

- 식품의 영양소 함량, 특정 식품이 영양소 섭취에 기여하는 정도, 식사 패턴 등을 고려하여 6가지 식품군으로 분류하였다.
ⓛ 식품 구성 자전거
  - 균형 잡힌 식사를 하도록 6가지 식품군이 차지하는 중요성과 양을 일반인이 이해하고 실제 식생활에서 쉽게 사용할 수 있도록 그림으로 표시한 것이다.
  - 식품 구성 자전거는 6가지 식품군 중 과잉 섭취를 주의해야 하는 유지 · 당류를 제외한 5가지 식품군을 매일 골고루 필요한 만큼 먹어 균형 잡힌 식사를 해야 한다는 의미를 전달한다.
ⓒ 6가지 식품군 구성안을 이용한 식사계획 원칙

곡류(탄수화물)	매일 2~4회 섭취하여 에너지를 공급한다. 예 잡곡밥, 통밀빵, 감자, 고구마 등
고기 · 생선 · 달걀 · 콩류 (단백질)	매일 3~4회 섭취하여 근육량과 면역력을 증진한다. 예 콩밥, 두부, 비지 등 콩으로 만든 음식 권장
채소류(비타민과 무기질)	매 끼니 두 가지 이상 섭취하여 신체기능을 조절한다.
과일류(비타민과 무기질)	매일 1~2개 섭취하여 기능을 조절한다.
우유 · 유제품류(칼슘)	매일 1~2잔을 섭취하여 뼈와 치아를 튼튼하게 한다.
물(수분)	매일 8잔 이상 마셔 노폐물을 배출한다.

③ 식품군별 대표식품의 1인 1회 분량 : 1인 1회 분량은 '우리나라 사람들이 통상적으로 한 번에 섭취하는 양'이며 한 번에 반드시 섭취해야 하는 정확한 양은 아니다.

④ 노인을 위한 권장 식사 패턴과 식사계획
  ㉠ 식품군별 권장 섭취 횟수를 세끼의 식사와 간식에 배분한 후 음식과 식재료 분량을 정한다.
  ㉡ 채소류는 비타민과 무기질 및 식이섬유 섭취를 위해 매 끼니 2회 이상 섭취하는 것이 좋다.

⑤ 식단 계획의 실제(식단 구성의 비교)

구분	권장해요	권장하지 않아요
식사	잡곡밥, 뭇국, 콩나물무침, 시금치나물, 조기구이, 배추김치	쌀밥, 뭇국, 배추김치
간식	사과, 우유	고구마
이유	식사에 밥(곡류), 뭇국(채소류), 조기구이(생선류), 채소 반찬 2가지와 배추김치를 제공하고, 간식으로 과일과 우유를 제공하여 5가지 식품군을 골고루 섭취할 수 있다.	식사 내용이 밥(곡류)과 뭇국(채소류), 배추김치(채소류)이고 간식은 고구마(곡류)로 2가지 식품군만 섭취하게 된다.

5. 어르신을 위한 식생활지침

① 보건복지부에서는 '어르신을 위한 식생활지침'을 발표하여 노인의 건강 증진을 위한 연구 및 교육에 활용하고 있다.

- 각 식품군을 매일 골고루 먹자.
- 짠 음식을 피하고 싱겁게 먹자.
- 1일 나트륨 목표섭취량은 2g이다.
- 식사는 규칙적이고 안전하게 하자.
- 물은 많이 마시고 술은 적게 마시자.
- 활동량을 늘리고 건강한 체중을 갖자.

② 국민 공통 식생활지침(2016, 보건복지부)

- 쌀, 잡곡, 채소, 과일, 우유 · 유제품, 육류, 생선, 달걀, 콩류 등 다양한 식품을 섭취하자.
- 아침밥을 꼭 먹자.
- 과식을 피하고 활동량을 늘리자.
- 덜 짜게, 덜 달게, 덜 기름지게 먹자.
- 단 음료 대신 물을 충분히 마시자.
- 술자리를 피하자.
- 음식은 위생적으로, 필요한 만큼만 마련하자.
- 우리 식재료를 활용한 식생활을 즐기자.
- 가족과 함께 하는 식사 횟수를 늘리자.

01 노인의 영양관리에 관한 내용으로 옳지 <u>않은</u> 것은?

① 열량 과잉 또는 영양 부족 노인들이 많다.

② 혈청지질 수준이 높아지고 있다.

③ 노인 결식률이 낮다.

④ 지방 섭취량이 증가하고 나트륨 섭취가 과다하다.

⑤ 만성퇴행성질환과 활동제한이 있다.

02 노인의 영양요구량에 과잉되거나 부족함이 없도록 영양관리 시 고려해야 할 영양소로 옳지 <u>않은</u> 것은?

① 에너지 요구량이 감소하므로 열량은 과잉으로 섭취되지 않도록 한다.

② 소화가 잘되는 양질의 단백질 식품인 두부, 생선, 우유 등을 선택한다.

③ 동물성 포화지방산이나 콜레스테롤 함량이 많은 식품은 제한한다.

④ 지질성분을 유지를 위해 식이섬유, 식물성 기름을 섭취한다.

⑤ 복합당질은 피하고, 단순당이 많은 음식을 이용한다.

03 노인을 위한 영양소섭취 기준과 식사계획 원칙이 <u>아닌</u> 것은?

① 식이섬유가 많은 표고버섯, 김, 검정콩, 잡곡류를 제공한다.

② 오메가−3 지방산 섭취를 위해서 등푸른 생선을 주 2회 정도 섭취한다.

③ 생선·달걀·콩류는 매일 3~4회 섭취하여 근육량과 면역력을 증진한다.

④ 뼈와 치아를 상하게 하므로 칼슘이 들어 있는 우유 등은 제한한다.

⑤ 비타민 등 보충제를 섭취할 때 과잉 복용하지 않도록 주의해야 한다.

정답 01 ③ 02 ⑤ 03 ④

주요 질환별 식사관리

1. 당뇨병 대상자의 식사관리 표준교재 361p 1, 11, 27

① 식사관리는 정상 혈당 유지, 적정 체중 유지, 합병증 예방 및 지연을 목표로 한다. 27
② 과식하지 않는다.
③ 단순당질 섭취를 피하고, 복합당질의 식품을 선택한다.
  ㉠ 흰밥보다는 잡곡밥이 좋다. 27
  ㉡ 과일주스보다는 생과일이나 생채소가 좋다.
  ㉢ 조리 시 설탕, 물엿, 케첩 등의 양념을 줄인다. 1, 11, 27
④ 탄수화물(당질)＝단순당질＋복합당질
  ㉠ 단순당질 : 쉽게 흡수되어 혈당을 급격히 상승시키는 설탕, 엿, 꿀 등
  ㉡ 복합당질 : 단당류가 여러 개 결합되어 만들어진 것으로 전분, 식이섬유, 올리고당류 등으로 단순당질에 비해 혈당을 서서히 올림
  ㉢ 혈당지수가 낮은 식품 : 보리밥, 우유, 사과, 당면 등 27
  ※ 혈당지수(GI : GlycemicIndex) : 포도당 100을 기준으로 음식이 혈당을 빠르게 올리는 정도를 알려주는 수치 34

혈당지수가 높은 식품 (GI 수치 70 이상)	혈당지수가 낮은 식품 (GI 수치 55 이하)
포도당(100), 바게트빵(92), 찹쌀밥(92)	현미밥(55), 바나나(52), 포도(46)
흰밥(86), 도넛(86), 떡(85), 감자(85), 우동(85)	오렌지(42), 딸기(40), 사과(38), 배(38)
늙은호박(75), 수박(72), 빵(70), 고구마(61)	양배추(26), 우유(27), 미역(16), 콩(18)

⑤ 지방 섭취를 줄인다. 27
⑥ 비타민과 무기질을 충분히 섭취한다.
⑦ 여러 가지 종류의 채소와 과일을 골고루 섭취한다.
⑧ 술을 제한한다.
⑨ 일정한 시간에 식사를 규칙적으로 한다.
⑩ 저혈당 대처 방법
  ㉠ 저혈당은 당뇨병 치료 중 제시간에 식사를 못하거나 당질이 부족하면 나타날 수 있다.
  ㉡ 혈당이 급격히 낮아져 힘이 빠지고, 어지럽고, 식은땀이 나고, 심장박동이 빨라진다.
  ㉢ 증세가 나타나면 즉시 과일, 주스, 우유 1컵 또는 설탕이나 꿀 1~2수저를 섭취한다.

⑪ 당뇨병 식사관리의 기본 목표

    ㉠ 정상에 가까운 혈당 유지

    ㉡ 적절한 혈중 지질농도 유지

    ㉢ 적정 체중 유지

    ㉣ 합병증을 예방하거나 최대한 지연

    ㉤ 적절한 영양 상태 유지

2. 고혈압 대상자의 식사관리 표준교재 363p

① 소금 섭취를 줄인다.

    ㉠ 젓갈류, 장아찌, 소금에 절인 생선 등을 피한다. 21

    ㉡ 가공된 육류(햄, 소시지 등)를 되도록 적게 섭취한다. 18, 21, 25

    ㉢ 국이나 찌개의 양을 적게 하고 국물은 되도록 적게 섭취한다. 9, 15, 16, 21

    ㉣ 소금 대신 저염간장, 식초, 겨자, 레몬, 후추 등을 사용하여 맛을 낸다.

② 칼륨을 충분히 섭취한다.

    ㉠ 칼륨은 나트륨을 체외로 배설하게 하여 혈압을 낮추는 효과가 있다.

    ㉡ 칼륨이 많은 식품인 통밀, 고구마, 돼지고기, 고등어, 바나나, 오렌지, 사과, 신선한 생선이나 시금치, 버섯, 우유, 땅콩, 호두 등을 자주 섭취한다. 14, 19, 21, 25, 33

③ 동물성 지방 섭취를 줄인다.

    ㉠ 조리 시 눈에 보이는 지방(소기름, 돼지기름, 닭 껍질 등)을 제거한다. 18

    ㉡ 기름 사용량을 가급적 적게 한다. 18, 21, 25

④ 자연식품을 이용한다.

⑤ 가능한 한 복합당질을 섭취하고 섬유소를 충분히 섭취한다.

⑥ 지나친 단백질의 섭취는 피하고 양질의 단백질을 섭취한다.

⑦ 카페인 함유 음료, 알코올 섭취를 제한한다.

⑧ 적정 체중을 유지한다.

⑨ 피토케미컬이 함유된 채소, 과일 섭취를 증가시킨다. 14

이런 식품을 선택하세요	가급적 드시지 않는 것이 좋아요
• 보리밥, 현미밥, 잡곡밥 • 생선, 콩류, 두부, 저지방 우유, 두유 35 • 사과, 감자, 호박, 무 • 식이섬유 함유 식품 : 녹황색 채소, 해조류, 버섯류, 과일류	• 젓갈류, 장아찌류, 된장, 간장류 35 • 기름이 많은 쇠고기, 돼지고기, 동물 내장 • 가공식품(햄, 베이컨) • 조개류, 새우, 오징어, 정어리 • 카페인 음료, 술

3. 씹기장애와 삼킴장애 대상자의 식사관리

① 고기나 생선, 콩 반찬을 매일 먹자.

② 채소 반찬을 매일 먹자.

③ 유제품과 과일을 매일 먹자.

④ 음식을 부드럽게 조리해서 먹자. 36-1

⑤ 음식을 잘게 잘라서 먹자.

⑥ 바른 자세로 식사하자.

⑦ 천천히 꼭꼭 씹어 보자.

⑧ 물은 천천히 조금씩 나누어 마시자.

⑨ 식사 후에는 양치질을 잘 하자.

⑩ **식사 시 주의사항**

  ㉠ 밥을 국이나 물에 말아 먹지 않는다.

  ㉡ 국수류는 적당한 크기로 잘라서 먹는다.

  ㉢ 떡류는 잘게 잘라 천천히 먹는다.

  ㉣ 과일의 과육을 숟가락으로 긁어 먹게 한다. 36-1

  ㉤ 유제품류는 마시는 형태보다 떠먹는 형태를 선택한다.

  ㉥ 앉은 자세에서 턱은 몸쪽으로 약간 당긴다. 36-1

  ㉦ 한 번에 조금씩 먹고 여러 번 삼키는 연습을 한다.

  ㉧ 작은 숟가락을 사용하여 천천히 식사하고 식사 도중에 이야기하지 않는다. 36-1

  ㉨ 식사 후 바로 눕지 말고 약 30분 정도 똑바로 앉는다. 36-1

4. 변비 대상자의 식사관리 표준교재 366p

① **변비에 도움이 되는 식사 원칙** 1, 4, 15, 19, 22, 29

  ㉠ 식이섬유를 충분히 섭취한다.

  • 식이섬유는 대변 용적을 크게 하고 장의 연동운동을 촉진하여 배변을 돕는다.

  • 가급적 도정 과정을 적게 거친 통곡류 및 감자류, 생채소 섭취를 증가시킨다.

  • 과일 통조림이나 주스 대신 생과일 섭취를 권장한다.

  • 해조류, 견과류의 섭취를 증가시킨다.

  ㉡ 식이섬유의 흡수가 잘되도록 충분한 물(하루 8잔 이상)을 마신다.

  ㉢ 규칙적인 식사와 배변 습관을 갖는다.

  ㉣ 매일 적절한 운동을 한다.

② **변비 완화에 도움이 되는 식품** 15, 19, 22

  ㉠ 곡류 : 현미, 보리, 고구마, 감자, 통밀, 옥수수 등

  ㉡ 콩류 : 검정콩, 강낭콩, 된장, 완두콩 등

  ㉢ 채소류 : 무청, 양배추, 배추, 상추, 오이, 부추 등

  ㉣ 과일류 : 참외, 자두, 무화과, 배, 사과, 바나나 등

  ㉤ 해조류 : 미역, 김, 미역줄기, 파래 등

  ㉥ 견과류 : 호두, 땅콩, 해바라기씨 등

③ **칼슘보충제 복용과 변비**

  ㉠ 칼슘보충제를 복용하면 식품으로 같은 양의 칼슘을 섭취할 때보다 변비가 되기 쉬우므로 적당량의 식이섬유를 섭취하고 충분한 수분과 함께 복용해야 한다.

  ㉡ 우유나 요구르트와 같은 유제품을 함께 먹으면 도움이 된다.

④ **변비 대상자에게 섭취를 제한해야 할 식품** : 홍차, 커피, 녹차

5. 골다공증 대상자의 식사관리

① 골다공증 예방을 위하여 칼슘을 충분히 섭취한다.

② 칼슘은 뼈의 건강에 중요한 역할을 하는 영양소이며 우유, 요구르트, 치즈, 멸치, 뱅어포, 미역, 두부 등에 많이 함유되어 있다.

　㉠ 우유 및 유제품은 하루 1회 이상 섭취한다.

　㉡ 콩이나 두부 요리(두부 구이, 두부 샐러드, 두부 채소 무침 등)를 섭취한다.

　㉢ 색이 진한 녹색 채소와 해조류를 충분히 섭취한다(무청, 시금치, 미역, 다시마 등).

③ 커피나 탄산음료는 체내에서 칼슘의 흡수를 방해하므로 섭취를 줄인다.

④ 걷기, 산책, 등산 등의 체중이 실리는 운동 등 적절한 신체활동은 골다공증 예방에 도움이 된다.

■ 고혈압 대상자의 식사관리

• 젓갈류, 장아찌 등을 제공한다.
  🔁 젓갈류, 장아찌 등은 피한다.

• 햄, 버섯, 간 고등어를 먹는다.
  🔁 가공된 육류, 절인 생선 등은 피한다.

• 저지방 우유, 라면, 시금치를 먹는다.
  🔁 라면은 피한다.

• 시금치, 저지방 우유, 명란젓을 먹는다.
  🔁 명란젓은 피한다.

• 눈에 보이는 육류의 지방은 그냥 먹어도 된다.
  🔁 지방을 제거한다.

• 튀김, 부침 요리를 많이 먹는다.
  🔁 섭취를 제한한다.

• 기름은 넣어서 조리한다.
  🔁 기름은 가급적 적게 한다.

• 육가공품을 많이 섭취한다.
  🔁 적게 섭취한다.

• 국, 찌개 등의 국물 섭취를 늘린다.
  🔁 국물은 적게 섭취한다.

01 **주요 질환별 식사관리로 옳지 않은 것은?**

① 당뇨병 대상자는 단순당질 섭취를 피하고, 복합당질의 식품을 선택한다.

② 고혈압 대상자는 신선한 생선이나 두부 등을 자주 섭취한다.

③ 골다공증 대상자는 커피나 탄산음료를 섭취한다.

④ 변비 대상자는 통곡류 및 감자류, 생채소를 섭취한다.

⑤ 씹고 삼키기 어려운 대상자는 고기나 생선, 콩 반찬을 매일 먹는다.

02 **변비 대상자에게 섭취를 제한해야 하는 식품은?**

① 바나나   ② 녹차, 커피

③ 고구마   ④ 미역

⑤ 옥수수

정답 01 ③   02 ②

51 식품 · 식기 · 주방의 위생관리

1. 식품의 위생관리 [표준교재 368p]

① 기본원칙

ㄱ 모든 식품은 유통기한을 확인한다.

ㄴ 유통기한이 지난 식품이나 부패·변질된 음식은 발견 즉시 대상자에게 설명한 후 폐기한다. [1]

ㄷ 냉동식품을 해동했을 경우는 다시 냉동하지 않으며, 뚜껑 또는 포장을 개봉한 식품이 남았을 경우는 다른 용기에 담아 냉장 또는 냉동보관하고 가급적 빠른시간 내에 사용한다.

ㄹ 조리된 음식이 남았을 경우는 냉장보관 하되 가급적 빨리 먹는다.

ㅁ 식품을 다루기 전과 후에는 반드시 손을 깨끗하게 씻는다. [20]

② 식품의 보관방법

ㄱ 닭고기, 쇠고기, 돼지고기, 생선류, 어패류는 하루 이내에 사용할 경우만 냉장보관하고, 그 외에는 모두 냉동보관 한다.

ㄴ 두부, 달걀, 어묵, 우유 등은 항상 냉장보관 한다. [26]

ㄷ 생선과 조개류

• 생선은 내장과 머리를 제거한 뒤 흐르는 찬물로 씻어 소금물에 담근 후 물기를 제거하여 한 끼 먹을 분량씩 싸서 밀폐봉투에 넣어 냉동보관한다. [26, 37-1]

• 조개류는 바로 사용하지 않을 때는 물에 담가두는 것보다 신문지에 싸서 냉동보관하거나 냉장보관한다.

ㄹ 채소

• 시금치 등 잎채소는 세워서 보관한다.

• 흙이 묻은 채로 보관하려면 물을 뿌린 신문지에 싸두고, 씻은 것은 밀폐봉투에 넣어 채소실에 보관한다.

• 감자는 냉장보관을 피하고, 신문지에 하나씩 포장하여 서늘하고 그늘진 곳에 둔다.

• 껍질을 벗긴 감자는 누렇게 변하지 않도록 식초물에 담가 냉장실에 보관한다. [32-1]

• 고구마는 냉장보관을 피하고, 신문지와 고구마를 층층이 쌓아 올려 보관한다.

• 토마토는 깨끗하게 세척하여 물기를 제거한 후 용기에 키친타월을 깔고 그 위에 보관한다.

ㅁ 데친 채소

• 한 번씩 먹을 만큼 밀폐용기에 담아 냉동보관한다.

ⓑ 육류
- 육류는 하루 정도만 보관할 경우는 저온실에, 오래 두려면 냉동실에 보관한다.
- 육류는 잘게 썰면 표면적이 커져 세균이 증식하기 쉬우므로 오래 두고 먹으려면 덩어리째로 보관한다.
- 육류를 보관할 때 표면에 식용유를 살짝 바르면 색이 변하거나 맛이 떨어지는 것을 방지할 수 있다.
- 육류를 냉동 보관할 때는 냉동실의 냉기가 내려오는 제일 위 칸이나 온도변화가 적은 냉동실 안쪽에 넣어둔다.
- 닭고기는 육류 중에서 가장 상하기 쉬우므로 냉장보관 시 술과 소금으로 밑간을 해두면 좀 더 오래 보관할 수 있다.

ⓢ 달걀
- 신선도를 유지하기 위해 숨구멍 있는 둥근 부분이 위로, 뾰족한 부분이 아래로 향하게 놓는다.
- 물로 씻으면 보호막이 제거되어 변질되기 쉬우므로 비비면서 씻지 않고 조리 직전에 씻어서 사용한다.
  [26, 28, 37 - 1]

ⓞ 과일
- 파인애플, 멜론, 오렌지, 바나나 등 열대과일은 실온에 보관하고 대부분의 과일은 냉장실의 채소실에 보관한다. [28]
- 수박은 적당한 크기로 잘라서 밀폐용기에 넣어 냉장보관한다.
- 포도는 물기를 제거한 후 신문지 등으로 싸서 밀폐용기에 넣어 냉장보관 오래두고 먹으려면 씻지 않은 상태에서 신문지에 싸서 채소실에 보관한다.
- 블루베리는 냉동보관한다.
- 복숭아는 신문지나 종이에 싸서 바람이 잘 통하는 실내에 보관한다.
  ※ 후숙과일 : 토마토, 복숭아, 무화과, 황금향, 바나나, 망고, 키위, 아보카도 등 [32]

③ 냉장보관, 냉동보관

냉장보관	• 식품은 미생물의 증식이 억제되는 0~10℃의 저온에서 보관한다. • 냉장실 온도는 5℃ 이하로 유지한다. • 냉장실에 음식을 보관할 때는 냉기의 순환을 방해하지 않도록 용기 사이를 띄워 놓는다. [28] • 조리한 음식과 날 음식은 구분하고, 밀폐용기에 넣거나 포장하여 세균의 오염을 막는다.
냉동보관	• 냉동실의 내부온도는 -15℃ 이하로 유지한다. • 냉기의 순환을 방해하지 않도록 음식 간에 공간을 두어야 한다. [20, 28] • 냉동이 필요한 제품은 배달 즉시 냉동실에 넣어야 하며, 꺼낼 때는 사용할 만큼만 꺼내 사용한다. • 냉동보관 시에는 수분을 차단할 수 있는 용기에 넣어야 하며, 냉동식품은 원래의 포장상태로 저장하는 것이 좋다.

④ 안전한 식품 섭취를 위한 5가지 방법
ⓖ 청결 유지
- 식품을 다루기 전과 조리하는 중간 중간에 손을 자주 씻는다.
- 손씻기는 가장 손쉽고 경제적이며 효과적인 감염 예방법이다.
- 식품 조리에 사용하는 모든 기구는 깨끗이 세척하고 소독한다.

    © 익히지 않은 음식과 익힌 음식의 분리
- 익히지 않은 육류, 가금류, 해산물을 다른 식품과 분리한다.
- 익히지 않은 음식과 익힌 음식 간의 접촉을 피하기 위하여 별도의 용기에 담아 보관한다.
- 칼이나 도마 등의 조리기구는 가열 식품용과 비가열 식품용으로 구분하여 따로 사용한다.
- 도마와 칼은 어류용, 육류용, 채소·과일용으로 구분하여 사용한다.
- 도마와 칼이 1개씩밖에 없을 경우에는 채소·과일 → 육류 → 생선류 → 닭고기 순으로 사용한다.

    © 완전히 익히기
- 적절하게 가열하면 유해한 미생물은 대부분 사멸한다.
- 음식의 심부 온도를 75℃ 이상 가열하면 안전하게 식품을 섭취할 수 있다. 37-1

    ② 안전한 온도에서 보관하기
- 조리한 식품을 실온에 2시간 이상 방치하지 않는다.
- 조리한 식품 및 부패하기 쉬운 식품은 즉시 냉장고에 보관(5℃ 이하)한다.
- 조리한 식품은 먹기 전에 뜨겁게 데운다.
- 냉장고 안이라도 식품을 장기간 보관하지 않는다.
- 냉동식품은 실온에서 해동하지 않는다. 37-1
- 식품별 냉장고의 보관위치 : 상단에 조리된 음식 중간에 육류·어패류, 하단에 채소·과일을 위치시킨다.

    © 안전한 물과 원재료 사용하기
- 채소·과일 세척법은 물에 약 3분 정도 담가 흐르는 물에 깨끗이 씻는다.
- 유통기한이 지난 식품은 절대 사용하지 않는다.

⑤ **식중독**
    ③ 식중독은 원인 물질에 따라 세균성식중독, 바이러스성식중독, 화학성식중독, 자연독식중독으로 분류되며, 전체 식중독의 70%가 세균성식중독이다.
    © 자연독식중독은 발생 빈도는 가장 낮으나 사망률이 높다. 복어, 독버섯 등이 이에 속한다.
    © 예방법
- 손씻기 : 손은 비누를 사용하여 손가락 사이사이 손등까지 골고루 흐르는 물로 20초 이상 씻기
- 익혀먹기 : 음식물은 중심부 온도가 74℃, 1분 이상 조리하여 속까지 충분히 익혀 먹기
- 끓여먹기 : 물은 끓여서 마시기

2. 식기 및 주방의 위생관리 표준교재 375p

① **기본원칙**
    ③ 장마철은 식중독 발병의 위험이 높아지기 때문에 식기 및 주방 위생을 철저히 한다.
    © 여름철에는 남은 음식물 즉시 처리하고 식기를 닦는다.
    © 한 번 사용한 식기는 바로 세척하고 관리한다.

② 위생관리 방법

싱크대 배수구	• 소다와 식초를 배수구에 부어놓으면 악취가 사라진다.
찬장 또는 싱크대	• 냄새나 곰팡이가 발생한 경우에는 희석한 알코올로 닦는다.
냉장실	• 채소박스나 선반 등은 꺼내어 주방용 세정제로 닦고, 소다나 식초를 따뜻한 물에 타서 닦아낸다. • 소독용 알코올이나 맥주를 헝겊에 묻혀 닦아주면 더러움은 물론 악취도 없어진다. • 숯이나 탄 빵 조각, 커피, 녹차 티백을 냉장실에 두면 탈취제 역할을 한다. 32-2
수세미와 행주	• 수세미는 스펀지형보다 그물형이 위생적이다. 8 • 행주는 젖은 행주와 마른 행주를 구분해서 용도에 맞게 사용하고, 사용하지 않을 때는 바짝 말려 둔다. 28
그릇 및 조리기구	• 행주로 닦지 말고 물기가 건조되도록 어긋나게 엎어 놓는다. 9 • 유리그릇은 뜨거운 상태에서 찬물에 담그면 깨질 위험이 있다. 28
고무장갑	• 조리용과 비조리용을 구분하여 사용한다. 4, 6 • 사용 후에는 뒤집어 세제로 깨끗이 씻고 손가락 부분 사이사이까지 세심하게 씻어서 말린다. 2
플라스틱 용기	• 밀폐용기에서 냄새가 날 경우, 사용한 녹차티백을 2~3개 넣고 뜨거운 물을 부어 하루 정도 두었다가 닦는다. 28
설거지	• 기름기가 적고 음식물이 덜 묻은 그릇부터 설거지한다. 12, 28 • 기름기가 많은 그릇은 휴지로 기름기를 제거한 후 설거지한다. 11, 28 • 유리컵 → 수저 → 기름기가 적은 밥그릇, 국그릇 → 반찬 그릇 → 기름 두른 프라이팬 등의 순서로 설거지한다. 3, 16, 19

■ **식품 위생관리 방법**

- 냉동식품은 실온에서 해동한다.
  🔁 냉장실에서 해동한다.

- 달걀은 물로 깨끗이 씻어 냉장 보관한다.
  🔁 물로 비비면서 씻지 않는다.

- 해동한 냉동식품은 다시 냉동하여 사용한다.
  🔁 다시 냉동하지 않는다.

- 열대과일은 냉장실 야채실에 보관한다.
  🔁 열대과일은 실온에 보관하고, 대부분의 과일은 냉장실의 채소실에 보관한다.

■ **주방의 위생관리 방법**

- 유리그릇은 끓는 물에 소독한 후 바로 찬물에 담근다.
  🔁 뜨거운 상태에서 찬물에 담그면 깨질 위험이 있다.

- 행주는 사용하지 않을 때는 물에 담가놓는다.
  🔁 바짝 말려 둔다.

- 음식물이 많이 묻은 그릇부터 설거지한다.
  🔁 음식물이 덜 묻은 그릇부터 설거지한다.

- 냄새가 나는 밀폐용기는 하루 정도 물을 부어 놓는다.
  🔁 사용한 녹차 티백을 넣고 뜨거운 물을 부어 하루 정도 두었다가 닦는다.

01 식품의 위생관리 방법으로 옳지 않은 것은?

① 두부, 달걀, 어묵, 우유 등은 항상 냉동보관한다.

② 기름기가 많은 그릇은 종이타월로 기름기를 제거한 후 세척한다.

③ 생선, 어패류를 오래도록 냉장보관해서 먹으면 식중독을 일으키기 쉽다.

④ 달걀은 비벼 씻어서 보관하면 식중독을 일으키기 쉽다.

⑤ 음식을 냉장실에 보관할 때는 간격을 띄워 놓는다.

02 주방 식기를 닦는 순서로 옳은 것은?

① 후라이팬 → 반찬그릇 → 밥그릇 · 국그릇 → 수저류 → 유리컵

② 유리컵 → 반찬그릇 → 밥그릇 · 국그릇 → 후라이팬 → 수저류

③ 수저류 → 유리컵 → 밥그릇 · 국그릇 → 반찬그릇 → 후라이팬

④ 유리컵 → 수저류 → 밥그릇 · 국그릇 → 반찬그릇 → 후라이팬

⑤ 유리컵 → 밥그릇 · 국그릇 → 반찬그릇 → 수저류 → 후라이팬

정답 01 ① 02 ④

52 의복 및 침상 청결 관리

표준교재 378p

1. 의복관리

① 기본원칙

ㄱ 더러워진 의류는 애벌빨래하여 세탁물 주머니에 넣고 세탁한다.

ㄴ 얼룩이나 더러움이 심한 것은 즉시 세탁한다. [17]

ㄷ 새로 구입한 의류는 한 번 세탁한 후 입는다. [2, 17, 23]

ㄹ 감염이 의심되는 대상자의 의류는 다른 사람의 의류와 구분하여 세탁한다.

ㅁ 의류를 버릴 때에는 대상자에게 반드시 동의를 구한다. [17, 23]

② 의복의 선택 및 관리

ㄱ 가볍고 느슨하며 보온성이 좋아야 한다.

ㄴ 입고 벗는 것이 쉬워야 한다. [26]

ㄷ 노인의 체형에 맞는 디자인이어야 한다. [26]

ㄹ 움직이는 데 불편하지 않고, 장식은 과도하지 않아야 한다. [26]

ㅁ 저녁 외출 시 교통사고를 방지하기 위해 부분적이라도 밝은색이 들어간 옷이 좋다. [26]

ㅂ 신발은 굽이 낮고, 폭이 좁지 않으며, 뒤가 막혀있는 것으로 미끄럼 방지 처리가 되어있어야 한다.

ㅅ 속옷조건 [4]

- 입어서 기분이 좋은 것
- 피부를 자극하지 않는 재질일 것
- 갈아입기 쉬울 것
- 흡습성이 좋은 소재일 것

2. 침상 청결관리 표준교재 379p

① 기본원칙

ㄱ 침상을 정돈할 때, 생활공간 변경은 반드시 대상자의 동의를 구한다. [17]

ㄴ 넘어지지 않도록 전기 코드 등 발에 걸리는 물건을 치운다.

ㄷ 대상자에게 필요한 물품이나 요양보호에 필요한 물품은 손이 닿는 위치에 두고 나머지는 잘 치워 둔다.

ㄹ 물건을 찾기 쉽게 정리하고 용기에 들어있는 물건의 이름을 적어 두어 찾기 쉽게 한다.

② 침구의 선택 및 정리

이불	• 두껍고 무거운 것은 피한다. 16, 21
	• 부드러우며 보습성이 있는 것을 선택한다. 5, 6, 23
	• 이불커버는 감촉이 좋은 면제품이 좋다. 28
	• 햇볕에 말리면 자외선에 의한 살균 효과가 있다. 37 − 1
	• 이불을 건조시키면 면이 팽창하여 보온성이 증가한다.
	• 건조시간은 오전 10시~오후 2시가 좋고, 양모, 오리털 등의 이불은 그늘에서 말린다. 22, 27, 28, 34, 37 − 1
	• 담요나 이불 등은 적어도 한 달에 한 번씩은 세탁 · 교체한다. 16, 27
요(매트리스)	• 단단하고, 탄력성과 지지력이 뛰어나며 습기를 배출할 수 있다. 34, 37 − 1
	• 너무 푹신하면 자세가 나빠지고 피로해지기 쉽다. 21, 22, 23, 28, 37 − 1
	• 각종 유해한 세균이나 집진드기가 발생하기 쉽기 때문에 최소한 한 달에 한 번씩은 말린다.
리넨류 (시트, 베개커버 등)	• 시트는 주름이 생기지 않고 한 장으로 요(매트리스)를 덮을 수 있는 크기여야 한다.
	• 시트의 소재는 튼튼하고 흡습성이 좋은 옅은 색의 면이 좋다. 16, 23, 37 − 1
	• 시트의 크기는 요(매트리스) 밑에 접어 넣을 수 있는 크기를 사용한다. 21
	• 소재가 두껍고 풀을 먹이거나 재봉선이 있는 것은 창의 원인이 되므로 피한다. 22, 23, 27, 28, 29, 34
	• 와상 대상자는 침구를 반듯하고 팽팽하게 펴준다. 27
	• 더러워진 시트는 수시로 교환하고, 환기한다. 27, 34
베개	• 습기를 흡수하지 않고, 열에 강하며 촉감이 좋은 재질을 사용한다. 7, 16, 18, 21, 22, 27, 28, 34
	• 푹신한 베개는 경추 곡선 유지 안 되고 딱딱한 베개는 혈액순환에 방해된다.
	• 메밀껍질이나 식물의 종자로 만들어진 베개가 좋다. 18, 37 − 1
	• 베개는 2~3개 정도를 준비한다. 18
	• 베개는 척추와 머리가 수평이 되는 높이가 좋다. 3, 8, 16, 18, 21
	• 폭은 어깨 폭에 20~30cm를 더한다. 23
	• 감염대상자는 모포와 베개에 커버를 씌워 커버만 매일 교환한다. 18, 22, 27

■ 의복 및 침상 청결관리

- 얼룩이 심한 옷은 나중에 모아서 세탁한다.
  📖 즉시 세탁한다.

- 새로 구입한 옷은 한 번 입고 세탁한다.
  📖 한 번 세탁 후 입는다.

- 속옷은 2~3일에 한 번 갈아입는다.
  📖 매일 갈아입는다.

- 의류를 버릴 때는 대상자 동의 없이 버린다.
  📖 반드시 동의를 구한다.

- 이불은 두껍고 무거운 것이 좋다.
  📖 두껍고 무거운 것은 피하고, 부드러우며 보습성이 있는 것을 선택한다.

- 오리털 이불은 햇볕에 말린다.
  📖 그늘에서 말린다.

- 담요나 이불은 일주일에 한번 세탁 · 교환한다.
  📖 한 달에 한 번씩 세탁 · 교환한다.

- 습기와 열을 흡수하는 재질의 이불이 적합하다.
  📖 부드러우며 보습성이 있는 것을 선택한다.

- 요는 푹신하고 습기를 잘 흡수해야 한다.
  📖 습기를 배출할 수 있는 것을 선택한다.

- 베개는 습기와 열을 흡수하는 것이 좋다.
  📖 습기를 흡수하지 않고, 열에 강하며 촉감이 좋은 재질을 사용한다.

- 베개 높이는 머리가 척추보다 조금 높은 것이 좋다.
  📖 수평인 것이 좋다.

- 베개의 폭은 어깨 폭과 같아야 한다.
  📖 어깨 폭에 20~30cm를 더한 것이 좋다.

- 베개는 1개만 사용해야 한다.
  📖 2~3개 정도만 사용한다.

- 감염 대상자의 경우는 모포와 베개를 매일 교환한다.
  📖 커버만 매일 교환한다.

- 메밀껍질이나 식물의 종자로 만들어진 베개는 딱딱하므로 좋지 않다.
  📖 메밀껍질이나 식물의 종자로 만들어진 베개가 좋다. 딱딱한 베개는 혈액순환에 방해가 된다.

- 매트리스는 푹신한 것이 좋다.
  📖 너무 푹신하면 자세가 나빠지고 피로해지기 쉽다.

- 시트의 크기는 매트리스와 같게 한다.
   요(매트리스) 밑에 접어 넣을 수 있는 크기를 사용한다.

- 시트는 재봉선이 있는 두꺼운 소재가 좋다.
  시트는 풀을 먹이거나 두꺼운 것이 좋다.
  무명시트는 풀을 먹여 사용한다.
   풀을 먹이거나 재봉선이 있는 것은 욕창의 원인이 되므로 피한다.

- 침대 시트가 젖었을 때에는 체위 변경을 한다.
  더러워진 시트는 일주일에 한 번씩 교환한다.
   수시로 교환한다.

핵심 족집게 문제 — CARE WORKER

01 대상자의 의복 및 침상 청결 관리에 대한 내용으로 옳지 않은 것은?
① 습기와 열을 흡수하는 재질의 이불이 적합하다.
② 오리털 이불은 그늘에서 말린다.
③ 욕창 예방을 위해 시트의 주름을 반듯하고 팽팽하게 펴준다.
④ 이불 커버는 감촉이 좋은 면제품을 선택한다.
⑤ 감염대상자의 베개는 커버만 매일 교환한다.

02 대상자의 의류 및 침구류를 관리하는 방법으로 옳지 않은 것은?
① 대상자의 생활 공간은 동의를 얻어 정리정돈한다.
② 야간 외출 시 밝은 색의 겉옷을 입힌다.
③ 혈액이 묻은 경우 뜨거운 물에 비벼서 찬물로 헹군다.
④ 베개 높이는 척추와 머리가 수평이 되게 한다.
⑤ 시트는 흡습성이 좋은 옅은 색의 면이 좋다.

53 세탁하기

표준교재 381p

1. 세탁하기 기본원칙 표준교재 381p

① 수선이 필요한 경우는 수선 후 세탁한다. [16]

② 세탁 시간은 섬유의 종류나 오염의 정도에 따라 조절한다. [16]

③ 오염이 심할 경우 불리거나 부분세탁을 병행하는 것이 좋다.

④ 세탁물은 옷감의 종류와 색상, 세탁 방법에 따라 분류하여 세탁하고 손질한다. [7]

2. 세탁 방법

① 불리기 : 오염이 심한 경우는 분해효소나 바이오 세정 성분이 들어있는 세제나 고형비누로 가볍게 문지른 후에 불린다. [16]

② 애벌빨래

㉠ 얼룩이 묻었을 때 비비는 것은 좋지 않다.

㉡ 얼룩이 생긴 즉시 빨리 처리하여 얼룩이 남지 않도록 한다. [16]

㉢ 의복과 옷감에 생긴 얼룩을 제거하는 방법

커피	식초와 주방세제를 1 : 1 비율로 섞어서 칫솔로 얼룩부분을 살살 문질러 제거한 후 충분히 헹구거나 탄산수에 10분 정도 담가둔 후 세탁한다. [20, 25]
땀	• 재빨리 처리하는 것이 좋다. [18] • 겨드랑이와 같이 얼룩이 심한 부위는 온수에 과탄산소다와 주방세제를 1:1로 넣어 2~3시간 담가둔 후 헹군다. [20, 37-2]
립스틱	클렌징폼, 아세톤을 묻혀서 버터와 얼룩을 지운 후 중성세제로 세탁한다. [18, 20, 37-2]
파운데이션	알코올이 함유된 화장수, 스킨을 화장에 적셔 얼룩을 톡톡 두드려 준다. [18]
튀김기름	주용 세제를 몇 방울 떨어뜨리고 비벼서 제거한다. [18, 25]
혈액이나 체액	찬물로 닦고 더운물로 헹군다. [18, 20, 25, 30]

③ 본 세탁
　　㉠ 물세탁 기호

95℃	40℃	30℃ 중성	손세탁 30℃ 중성	(물세탁 안 됨 기호)
• 95℃ 물로 세탁 • 세탁기, 손세탁 가능 • 삶을 수 있음 • 세제 종류 제한 없음	• 40℃ 물로 세탁 • 세탁기로 약하게 세탁 또는 약하게 손세탁 가능 • 세제 종류 제한 없음	• 30℃ 물로 세탁 • 세탁기로 약하게 세탁 또는 약하게 손세탁 가능 • 중성세제 사용 19	• 30℃ 물로 세탁 • 세탁기 사용불가 • 약하게 손세탁 가능 • 중성세제 사용	• 물세탁 안 됨

　　㉡ 드라이클리닝 표시

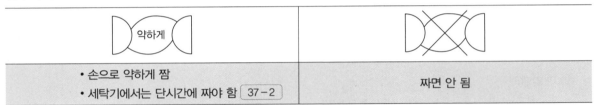

드라이	드라이 석유계	드라이 (X 표시)
드라이클리닝 가능	석유계용제로 드라이클리닝 가능	드라이클리닝 불가함

④ 삶기 : 먼저 세탁하고 나서 합성세제나 비눗물에 세탁물이 반쯤 잠길 정도로 넣고 삶는다. 1, 12, 25
　　㉠ 옷감이 상할 수 있으므로 삶을 때는 뚜껑을 덮고 삶아야 한다. 25, 37-2
　　㉡ 삶는 도중 색이 빠질 우려가 있는 의류는 비닐봉투에 각각 넣어 묶은 후 삶는다.

⑤ 탈수하기

약하게	짜면 안 됨
• 손으로 약하게 짬 • 세탁기에서는 단시간에 짜야 함 37-2	짜면 안 됨

⑥ 헹구기 : 냄새가 심한 세탁물은 헹군 다음 붕산수에 담가두었다가 헹구지 않고 탈수하여 말리면 냄새가 없어진다. 30, 37-2

⑦ 건조하기
　　㉠ 종류별 건조방법

흰색 면직물	햇볕에 건조하는 것이 살균효과가 있다. 17, 28
합성섬유 의류, 색상·무늬가 있는 의류	햇볕에 말리면 변색될 수 있으므로 그늘에서 말린다. 13, 28, 30
니트류(스웨터 등)	통기성이 좋은 곳에서 채반 등에 펴서 말린다. 17, 28
청바지류	주머니 부분이 잘 마르고 색이 바래지 않게 뒤집어서 말린다. 10, 11, 28

ⓒ 건조 표시

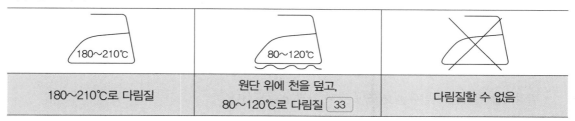			
옷걸이	옷걸이	뉘어서	뉘어서
• 햇볕에 건조 • 옷걸이에 걸어서 건조 [16]	• 그늘에서 건조 • 옷걸이에 걸어서 건조 [15, 16, 28]	• 햇볕에 건조 • 뉘어서 건조	• 그늘에서 건조 • 뉘어서 건조 [22]
흰색 면직물	합성섬유 의류	흰색 니트류	색상 있는 니트류

⑧ 세탁 후 관리 표준교재 385p

ⓐ 의복 정리
- 건조가 끝난 의복류는 계절 및 용도별로 분류해 놓으면 편리하다. [23]
- 사용빈도가 적은 의복은 수납해 두는 것이 좋다. [23]
- 수납장소를 기록해 두거나 겉에서 봐도 알기 쉽게 해둔다.
- 옷장에는 내의나 수건을 정리하여 이름표를 붙여 둔다.
- 매일 사용하는 의복류나 물건은 바퀴가 있는 끌차에 정돈해 두어 침대 옆에 두면 편리하다.

ⓑ 다림질
- 다리미가 앞으로 나갈 때는 뒤에 힘을 주고 뒤로 보낼 때는 앞에 힘을 준다. [6, 17]
- 풀 먹인 천이나 스프레이식 풀을 사용할 때는 천을 깔고 다린다.
- 다림질 표시기호

180~210℃	80~120℃	
180~210℃로 다림질	원단 위에 천을 덮고, 80~120℃로 다림질 [33]	다림질할 수 없음

ⓒ 보관하기
- 해충의 피해나 곰팡이에 의해 손상되고 보관 중 변질, 변색될 수 있으므로 2시간 이상 직사광선을 쏘인다.
- 의류나 침구가 눅눅해졌으면 건조하고 맑게 갠 날 그늘에서 바람을 쏘인다.
- 맑은 날이라도 비가 막 그친 후에는 지면에서 습기가 올라오므로 바람을 쏘이는 데에는 적합하지 않다.
- 양복장이나 서랍장에 방습제를 넣으면 습기 차는 것을 방지할 수 있다.
- 방습제는 실리카겔이나 염화칼슘을 주로 사용한다.
- 모섬유나 견섬유와 같이 흡습성이 큰 천연섬유는 방충제를 넣어 둔다. [20, 36-1]
- 방충제에는 장뇌, 나프탈렌, 파라디클로로벤젠 등이 있다. [20]
- 종류가 다른 방충제를 함께 넣으면 화학변화를 일으켜 옷감이 변색, 변질되므로 한 가지씩만 사용한다. [8, 20]
- 방충제는 공기보다 무거우므로 보관용기의 위쪽 구석에 넣어 둔다. [17, 20, 23]
- 방충제의 포장지를 벗긴 다음 천이나 신문지에 싸서 넣는다. [20]

■ **세탁 방법**

- 오염의 정도와 상관없이 한꺼번에 모아 세탁한다.
  얼룩이 묻은 옷은 전체 세탁을 한 후 얼룩을 제거한다.
  부분적으로 오염이 심한 옷은 불린 후 본 세탁한다.
  📋 오염이 심할 때에는 불리거나 부분세탁을 병행하는 것이 좋다.

- 세탁 시간이 길수록 때가 잘 빠진다.
  📋 섬유의 종류나 오염의 정도에 따라 조절한다.

- 간단한 수선은 세탁 후 수선한다.
  📋 수선 후 세탁한다.

- 땀 얼룩은 벤젠을 거즈에 적셔 가볍게 두드린다.
  땀 얼룩은 천천히 세탁해도 된다.
  📋 재빨리 처리하는 것이 좋으며 온수에 과탄산소다와 주방세제를 1:1로 넣어 2~3시간 담가둔 후 헹군다.

- 파운데이션 얼룩은 치약으로 제거한다.
  파운데이션 얼룩은 주방용 세제로 제거한 후 세탁한다.
  📋 알코올이 함유된 화장수, 스킨을 화장솜에 적셔 얼룩을 톡톡 두드려 준다.

- 립스틱 얼룩은 거즈에 식초를 묻혀 제거한다.
  립스틱 얼룩은 벤젠으로 제거한 후 세탁한다.
  📋 클렌징폼, 아세톤을 묻혀서 버터와 얼룩을 지운 후 중성세제로 세탁한다.

- 튀김기름 얼룩은 휘발유를 거즈에 적셔 가볍게 두드린다.
  📋 주방용 세제를 몇 방울 떨어뜨리고 비벼서 제거한다.

- 세탁물에 실금, 하혈이 있으면 재빨리 세탁한다.
  📋 이상이 있으면 보고한다.

- 혈흔이 묻은 옷은 뜨거운 물에 세탁한다.
  📋 찬물로 닦고 더운물로 헹군다.

- 커피 얼룩이 묻은 스웨터는 삶아서 빤다.
  📋 탄산수에 10분 정도 담가둔 후 세탁한다.

- 옷이 푹 잠기도록 비눗물을 넣어서 삶는다.
  📋 반쯤 잠길 정도로 넣고 삶는다.

- 새로 구입한 의류는 한 번 입은 후 세탁한다.
  📋 한 번 세탁 후 입는다.

- 자주 입는 옷은 서랍의 깊은 곳에 보관한다.
  📋 바퀴가 있는 끌차에 정돈해 두어 침대 옆에 두면 편리하다.

- 낡은 의류는 요양보호사가 판단하여 버린다.
  📋 대상자의 동의를 구한다.

- 니트류는 옷걸이에 걸어서 말린다.
  - 🔁 통기성이 좋은 채판에 펴서 말린다.

- 흰색 면직물은 그늘에서 말린다.
  - 🔁 햇볕에 건조한다.

- 다림질할 때 다리미가 앞으로 나갈 경우에는 앞에 힘을 준다.
  - 🔁 뒤에 힘을 준다.

- 다림질할 때 다리미를 뒤로 보낼 경우에는 뒤에 힘을 준다.
  - 🔁 앞에 힘을 준다.

- 방충제는 장롱의 아래쪽 구석에 넣어 둔다.
  방충제는 보관용기의 아래쪽 구석에 넣어둔다.
  - 🔁 공기보다 무거우므로 보관용기의 위쪽 구석에 넣어 둔다.

- 방충제는 두 가지 이상 사용한다.
  - 🔁 옷감이 변색, 변질되므로 한 가지씩만 사용한다.

- 견섬유는 옷감이 상하기 쉬우므로 방충제를 넣지 않는다.
  - 🔁 모섬유나 견섬유와 같이 흡습성이 큰 천연섬유는 방충제를 넣어 둔다.

- 방충제는 구입 후 포장을 뜯지 않고 그대로 사용한다.
  - 🔁 포장지를 벗긴 다음 천이나 신문지에 싸서 넣는다.

01 의복을 세탁하는 방법으로 옳지 않은 것은?

① 혈흔의 경우 찬물로 빨고 따뜻한 물로 헹군 후 소독한다.

② 커피가 묻은 경우 표백제가 들어 있는 세제를 사용한다.

③ 부분오염의 경우 즉시 처리하여 얼룩이 남지 않도록 한다.

④ 면직물 속옷은 삶기 전에 먼저 세탁한다.

⑤ 삶을 때 뚜껑을 열고 삶는다.

02 대상자의 의복을 관리하는 방법으로 옳지 않은 것은?

① 방충제는 두 가지 이상 사용한다.

② 옷의 용도와 종류별로 분류하여 수납한다.

③ 다림질은 앞으로 나갈 때는 뒤에 힘을 주고 뒤로 보낼 때는 앞에 힘을 준다.

④ 방충제로 나프탈렌, 장뇌를 사용한다.

⑤ 방충제는 옷보다 위쪽에 넣어 둔다.

03 대상자의 의복을 건조하는 방법으로 옳지 않은 것은?

① 흰색 면직물은 그늘에서 말린다.

② 청바지류는 뒤집어서 말린다.

③ 색상이 있는 의류는 변색이 될 수 있으므로 그늘에서 말린다.

④ 니트류는 채반에 펴서 말린다.

⑤ 파란색 나일론 블라우스는 그늘에서 말린다.

54 외출동행 및 일상업무 대행

표준교재 387p

1. 외출동행 표준교재 387p

① 기본원칙

㉠ 대상자의 욕구를 확인하여 사전에 외출계획을 세운다. [26, 34, 35]

㉡ 목적지에 대한 정보를 충분히 파악하여 필요한 사항 및 준비물을 점검한다. [29, 32-2]

㉢ 외출 후에는 대상자의 만족 정도를 확인한다.

㉣ 대상자 및 가족의 지나친 요구는 시설장 및 관리책임자에게 보고·조절한다.

② 외출동행 방법

동행 전	• 대상자의 외출 목적을 파악하고 상황에 맞게 외출준비를 돕는다. [28, 26] • 외출 장소를 정확하게 파악하고, 교통정보 및 교통수단 등을 숙지한다. • 대상자의 신체상태 등을 고려하여 이동보조기구 및 장비를 점검한다. [26, 36-1] • 외출에 필요한 준비물과 개인 소지품을 확인한다. [29] • 병원진료 시 신분증 등을 준비하며, 항상 다니는 병원과 대상자의 건강 상태, 복약 상태를 보호자에게 확인한다. [21, 26, 36-1]
동행 중	• 예기치 못한 외부 요인이 있는 경우는 대상자 및 가족과 상의하여 상황에 맞게 대처한다. [35] • 차량을 이용할 때는 대상자의 몸을 요양보호사와 밀착시켜 안전하게 오르내리게 하고, 승차를 지원하되 무릎과 허리에 부담이 가지 않게 한다. [29, 34]
동행 후	• 외출 시 착용한 소지품 및 의복 등을 제자리에 보관한다. • 외출동행이 의도한 대로 만족스러웠는지를 확인한다. [9, 34, 35]

2. 일상업무 대행

① 정의 : 업무 대행이란 물품구매, 약 타기, 은행, 관공서 가기 등을 대신해 주는 것을 말한다. 37-1
② 업무 대행 방법

대행 전	• 업무를 대행할 수 있는지 먼저 확인하고, 업무대행 전 준비해야 할 정보나 자료, 경비를 점검한다. 33 • 대상자에게 충분한 정보를 제공하고, 필요한 사항에 대해 협조 · 요구한다. 23, 36-2
대행 중	• 업무 대행 경과를 수시로 확인시켜 신뢰감을 형성한다. 36-3 • 대상자의 요구가 있을 경우에는 대상자와 업무 담당자를 연계한다. 21 • 업무 대행 중 요양보호사는 자신의 사적인 업무를 병행하지 않는다. 17, 21, 23, 26, 32-1, 33
대행 후	• 진행 과정 및 처리 결과를 알기 쉽게 전달한다. • 만족스러운지를 확인한다. 17, 21, 32-1 • 불만족하여 재요청할 때에는 충분히 상의하여 진행한다. 17, 21, 23, 36-2

3. 정보 제공

제공 전	• 어떤 정보에 대해 관심이 있는지 파악한다. • 해당 정보를 구하는 다양한 방법을 알아본다. • 대상자의 개인특성을 고려하여 자료를 수집하고, 수집한 자료는 알기 쉽게 정리하여 전달한다.
제공 중	정보를 제공할 때는 대상자의 개인특성을 고려하여 전달하고, 충분히 인지할 수 있도록 시간적 여유를 가진다.
제공 후	관심이 있는 정보에 대해 대상자가 충분히 이해했는지 확인하고 추가로 알고 싶은 정보가 더 있는지 알아본다.

기출 오답 바로잡기 ────────────────────────── • CARE WORKER

■ 일상 업무 대행

- 외출 장소 및 시간은 요양보호사가 정한다.
  📋 대상자의 욕구를 확인한다.

- 대상자의 모든 요구를 다 들어준다.
  📋 대상자의 지나친 요구는 시설장 및 관리책임자에게 보고 · 조절한다.

- 요양보호사가 아는 병원으로 모시고 간다.
  📋 항상 다니는 병원으로 간다.

- 은행 업무 대행 시 불만족하여 재요청할 시에는 서비스 비용을 추가로 요구한다.
  약 타기 업무 대행 시 경비에 서비스 비용을 추가하여 요구한다.
  📋 요양보호사 본연의 업무이므로 서비스 비용을 추가하면 안 된다.

- 은행 업무 대행 시 요양보호사의 사적인 업무를 함께 본다.
  약 타기 업무 대행 중, 진료 중에 요양보호사의 사적인 업무를 본다.
  📋 사적인 업무를 병행하지 않는다.

- 약 타기 업무에 불만족하여 재요청할 시에는 정중히 거절한다.
  📋 충분히 상의하여 진행한다.

- 약 타기 업무 대행 후 처리 결과만 전달한다.
  📋 진행 과정 및 처리 결과를 알기 쉽게 전달한다.

- 업무처리 결과가 만족스러운지 확인하지 않는다.
  📋 확인한다.

- 물품 구입 요청 시에 예산에 상관없이 질 좋은 상품으로 구입한다.
  📋 예산의 범위 내에서 구매하고 변동 시 사전 협의한다.

 핵심 족집게 문제 ────────────────────────── • CARE WORKER

01 대상자의 업무 대행 시 요양보호사의 태도로 옳지 <u>않은</u> 것은?

① 은행 업무 대행 시는 대상자에게 충분한 정보를 제공하고 사전 협의한다.
② 업무 대행 후에는 업무처리 결과가 만족스러운지 확인한다.
③ 물품 구입을 요청하였을 때 물품 구입 전 보호자의 동의를 구한다.
④ 약 구입 요청 시, 약물 구매 전에 처방전과 약값을 준비한다.
⑤ 병원방문 동행 시 동행 전에 이동보조기구를 점검한다.

정답 01 ③

55 안전하고 쾌적한 주거환경 관리

표준교재 390p

1. 안전한 주거환경 조성 표준교재 390p

① 기본원칙

㉠ 대상자와 가족의 희망사항을 고려하여 환경을 조성한다.

㉡ 일상생활동작(ADL : 일상생활을 영위하는 데 필요한 기본적인 신체활동)에 맞게 기능적이며 자립성을 높일 수 있는 환경을 조성한다.

㉢ 자연재해, 화재, 비상사태에 대비하여 안전한 환경을 만든다.

㉣ 사생활을 존중하면서 사람들과 교류할 수 있는 공간을 만든다.

㉤ 주택 개·보수를 할 때는 경제적인 상황을 포함해 대상자가 더 편안하게 지낼 수 있는 환경을 조성한다.

② 안전한 주거환경 조성

현관	• 현관에 계단이나 문턱이 있으면 경사로를 설치한다. [24] • 휠체어가 쉽게 통과할 수 있게 입구의 폭을 넓힌다. [19] • 조명은 현관 밖과 발밑을 비출 수 있게 설치한다. [32-1, 35] • 문고리는 열고 닫기가 용이하도록 막대형으로 설치한다. [24, 32-1, 35] • 현관에서 안전하게 신발을 신고 벗을 수 있도록 의자를 놓아 둔다. [19] • 복도에는 짐이나 신문 등 장애물을 두지 않고, 야간에는 조명을 켜 둔다. [19]
거실	• 출입구의 문턱을 없앤다. [1, 35] • 햇볕이 잘 들고 가족들의 모습과 목소리가 가까운 곳이 좋다. • 전기코드는 벽 쪽에 고정시킨다. [32-1] • 거실 바닥은 평편하게 하고, 가능한 한 물건을 두지 않는다. [24, 32-1] • 독거노인 응급안전시스템 설치 : 독거노인 가정에 화재, 가스감지센서 및 응급호출기 등을 설치하여 응급상황에 상시 대응하고 안전을 확인하기 위한 시스템을 설치한다.
대상자의 방	• 조용하고 햇빛이 잘 비치는 남향 또는 남동향이 좋다. • 화장실이나 욕실은 가깝게 하고, 출입구의 문턱을 없앤다. [32-1] • 대상자가 자주 쓰는 물품은 항상 손이 닿는 위치에 둔다. [3] • 햇빛을 차단하지 않도록 창가에 물건을 두지 말고, 커튼은 얇은 것과 두꺼운 것을 병용하여 온도, 채광, 소음 등을 조절한다. [24, 36-2] • 사고나 재해 시 호출이 용이하도록 비상벨 등을 설치한다. [8, 10]

부엌, 식당	• 싱크대 및 가스레인지는 대상자의 손이 닿는 높이로 조정하고, 일상생활에 자주 사용하는 물건은 손이 쉽게 닿는 곳에 정돈한다. • 식탁은 휠체어에 앉아서도 이용할 수 있는 것으로 하고, 높이는 대상자의 앉은키와 휠체어의 높이를 고려하며, 높이는 식사하기 편하도록 다리 간격이 넓은 것으로 선택한다. 35 • 식탁보는 빨기 쉽고, 더러움이 눈에 띄는 밝은 색으로 하며, 발에 밟히지 않는 길이로 조절한다.
화장실, 욕실	• 출입문의 문턱을 없앤다. • 넘어질 경우에 대비하여 문은 깨지지 않는 재질로 한다. • 안전손잡이는 대상자가 쓰기 편한 쪽이나 마비가 없는 쪽, 양변기 옆과 세면대 옆 등에 설치한다. • 높이가 낮은 욕조가 사용하기 편하며, 욕조 바닥에 미끄럼 방지 매트를 깔면 낙상을 예방할 수 있다. 35 • 사용하지 않는 낮에는 환기한다. 14 • 화장실 및 욕실 사용 후에는 바닥의 물기를 닦아 넘어지지 않게 한다. 24
계단	• 계단의 가장자리는 미끄러지지 않게 고무 등으로 대고, 계단과 복도에 안전손잡이를 설치한다. • 안전손잡이 사이에 의복이 끼거나 걸리지 않게 한다. • 일직선의 계단은 오르고 내리는 데에 부담이 크므로 한 번 쉴 수 있는 장소가 있으면 좋다. 19 • 계단을 내려갈 때 그림자가 생기지 않게 발밑에 조명을 설치한다.

2. 쾌적한 주거환경 조성 표준교재 393p

환기	• 환기는 하루에 2~3시간 간격으로 3번, 최소한 10~30분 환기한다. • 환기할 때는 바람이 대상자에게 직접 닿지 않도록 주의한다(간접환기). 11, 27, 29, 32-2, 36-2
실내온도	• 실내온도는 여름은 22~25℃, 겨울은 18~22℃가 쾌적하다. 32-2 • 국소난방보다는 전체난방이 바람직하다. 27, 29, 32-2, 36-2 • 목욕 전·후에는 외풍이 없게 하고, 실내 기온을 따뜻하게 유지한다. • 겨울에는 실내 난방이 필요하며, 보조 난방 기구를 갖추면 좋다.
실내습도	• 습도는 40~60%가 적합하다. 2, 25, 29, 32-2, 36-2 • 습도가 너무 낮으면 호흡기 점막과 피부를 건조시키고 땀 증발을 가속시켜 오한이 생긴다. 32 • 습도가 너무 높으면 불쾌감을 느끼게 한다. • 대상자들은 많은 시간을 가정이나 요양시설 내부에서 생활하므로 하루 20~30분간 햇볕을 쐬면 멜라토닌이 형성되어 숙면에 도움이 된다.
소음	• 소음이 지나치면 수면방해, 정신적 불안 등 건강에도 악영향을 미치므로 큰 소리가 나지 않게 주의한다.
채광	• 자연채광은 밝고 습도가 낮으며 자외선에 의한 살균효과가 있다. 10 • 채광에 의한 직사광선이 눈에 닿으면 각막에 장애를 초래하는 경우도 있으므로 커튼, 발, 블라인드 등을 사용한다. 7, 27, 32-2
조명	• 계단높이를 잘 볼 수 있도록 천장에 조명을 설치한다. 13 • 이동 시 발의 움직임을 볼 수 있게 무릎 아래쪽에 보조등을 달면 안전사고 예방에 도움이 된다. 29 • 배설물 등을 치울 때는 간접 조명보다는 배설물 확인이 쉬운 직접 조명으로 전체를 환하게 한다. 5 • 각종 가구에 문을 여닫을 때에 작동하는 점멸등을 다는 것도 좋다. • 야간에는 화장실, 계단, 복도 등 넘어질 위험이 있는 장소에는 조명을 켜 둔다. 29 • 조명을 어느 한 곳만 지나치게 밝게 하면 밝은 곳에서 어두운 곳으로 이동할 때 눈동자가 조명 밝기에 적응하지 못해 어두운 곳을 더욱 어둡게 느껴 낙상할 위험이 높다.

3. 청결한 주거환경 조성 표준교재 395p

① 기본원칙

　ㄱ 대상자가 자주 사용하는 물건을 옮길 때에는 사전에 충분히 설명하여 동의를 얻고, 변경된 위치를 대상자에게 알려준다.

　ㄴ 대상자의 물건을 함부로 처분하거나 옮기지 않는다.

　ㄷ 대상자가 이동 시 넘어지지 않도록 전기코드 등 발끝에 걸리는 물건을 잘 치운다.

　ㄹ 화재가 나지 않도록 가스레인지 주변에는 인화성 물질을 놓지 않으며, 창틀이나 문턱 등 먼지가 쌓이기 쉬운 곳을 자주 청소하고, 삐걱거리는 문은 기름칠해서 잘 여닫히게 한다.

② 청소하기

침실	• 실내 청소를 할 때는 진공청소기나 젖은 걸레로 먼지를 제거한다. • 쓰레기가 많은 경우 빗자루에 물을 묻혀 조심스럽게 닦아낸다. • 침구는 아침에 정리하고, 낮에는 활동할 수 있는 환경을 만든다. • 가족이나 대상자에게 동의를 구한 후 창문이나 문을 열어서 자주 환기를 시킨다.
화장실	• 사용하지 않는 낮 시간은 충분히 환기를 시킨다. 7 • 바닥은 일주일에 한 번 이상 소독제와 솔을 이용하여 닦아준다. • 양변기에 물때가 끼었을 때는 솔에 식초를 묻혀 변기 안쪽을 닦는다. 5, 10, 20 • 화장실 배수구는 뚜껑을 솔로 씻고 물때를 씻어낸 뒤 소독제를 희석한 물을 부어준다. 20
쓰레기관리	• 쓰레기는 분리배출 후 정리한다. • 쓰레기통은 비울 때마다 물로 씻어 잘 건조시킨다. 20 • 냄새가 나는 경우에는 식초로 닦아낸 후 물로 헹군다. • 음식물 쓰레기는 발생한 당일에 치운다. 20 • 쓰레기통 냄새 제거는 알코올을 뿌려주면 냄새가 제거된다.
주방	• 개수대와 수납장, 배수구, 식기선반, 냉장고, 용기는 정리 후 깨끗이 닦아내고 잘 말린다.

③ 물품 및 주변 정돈

　ㄱ 물건의 위치를 옮기거나 주변을 정돈할 때는 반드시 대상자나 가족의 동의를 얻는다.

　ㄴ 귀중품은 대상자나 가족의 책임하에서 정리·정돈한다.

　ㄷ 계절과 기온의 변화에 따라 필요한 물건을 정리하여 이용하기 편하게 한다.

■ **안전한 주거환경**

- 현관입구를 좁게 한다.
  🔁 입구의 폭을 넓힌다.

- 현관은 경계를 위해 문턱을 설치한다.
  🔁 문턱이 있으면 경사로를 설치한다.

- 계단은 일직선으로 설치한다.
  🔁 일직선의 계단은 오르고 내리는 데에 부담이 크므로 한 번 쉴 수 있는 장소가 있으면 좋다.

- 화장실은 안을 볼 수 있는 유리문으로 설치한다.
  🔁 문은 깨지지 않는 재질로 한다.

- 방의 조명은 어둡게 한다.
  🔁 밝게 한다.

- 창가에 여러 개의 작은 화분을 올려 놓는다.
  🔁 햇빛을 차단하지 않도록 창가에 물건을 두지 않는다.

- 습도 유지를 위해 화장실 바닥에 물을 뿌려 놓는다.
  🔁 바닥의 물기를 닦아 넘어지지 않게 한다.

- 자주 쓰는 물건은 바닥에 늘어놓는다.
  🔁 항상 손이 닿는 위치에 둔다.

- 거실의 출입구의 문턱을 낮춘다.
  🔁 출입구의 문턱을 없앤다.

- 전체난방보다는 국소난방이 좋다.
  🔁 국소난방보다는 전체난방이 좋다.

- 환기 시에는 바람이 대상자에게 직접 닿도록 한다.
  🔁 직접 닿지 않도록 주의한다.

■ **주거환경을 위한 방법**

- 양변기에 물때가 끼었을 경우는 철 수세미로 닦아낸다.
  🔁 솔에 식초를 묻혀 변기 안쪽을 닦는다.

- 화장실 배수구는 락스 원액을 부어준다.
  🔁 소독제를 희석한 물을 부어준다.

- 먼지가 많이 날릴 경우 빗자루로 쓸어 제거해 준다.
  🔁 진공청소기나 젖은 걸레로 먼지를 제거한다.

- 음식물 쓰레기는 모아 두었다가 일주일에 한 번 버린다.
  🔁 음식물 쓰레기는 발생한 당일에 치운다.

01 대상자의 안전하고 쾌적한 실내 환경을 조성하는 방법으로 옳지 <u>않은</u> 것은?

① 현관문의 손잡이는 막대형으로 설치한다.

② 실내는 커튼으로 직사광선을 조절한다.

③ 양변기에 물때가 끼었을 경우는 철 수세미로 닦아낸다.

④ 현관에는 의자를 놓아 둔다.

⑤ 쓰레기통은 깨끗이 물로 씻어 잘 건조시킨다.

56 효과적인 의사소통과 정서 지원

표준교재 397p

1. 의사소통의 필요성 표준교재 398p

① 대상자 및 가족과의 신뢰관계 형성에 도움을 준다.
② 요양보호서비스에 필요한 정보를 원활하게 수집할 수 있다.
③ 대상자를 깊이 이해하고, 서비스의 질을 향상할 수 있다.
④ 자신의 생각과 감정을 효과적으로 표현하여 좋은 관계를 형성할 수 있다.
⑤ 타 전문직과의 원활한 업무 협조에 도움이 된다.

2. 의사소통의 유형 표준교재 399p

① 메라비언의 법칙에서 상대방과의 의사소통에 영향을 미치는 요소
　㉠ 중요한 순서 : 비언어적 요소(얼굴표정 등 시각적 요소) → 음성(목소리 등, 청각적 요소) → 언어적 요소(말의 내용) 15, 16

비언어적 요소(시각적 요소) 55%	표정, 용모, 복장, 자세, 동작 등
음성(청각적 요소) 38%	크기, 억양, 속도 등
언어적 요소(말의 내용) 7%	말의 내용, 표현력 등

　㉡ 언어적 의사소통

언어적 의사소통	• 언어적 의사소통은 자신의 생각이나 감정을 말이나 글로 표현하는 것이다. • 대상자, 가족과 의사소통할 때 명확하고 이해하기 쉬운 용어를 사용해야 한다. 37-2
비언어적 의사소통	• 비언어적 의사소통은 몸짓, 표정, 행동, 자세, 옷차림 등으로 표현하는 것이다. 15, 16, 17 • 때로는 언어적 의사소통보다 더 중요하게 활용될 때가 있다. 모든 의사소통에는 비언어적 의사소통이 존재하며 감정적, 정서적 부분이 크게 작용한다.

ⓒ 비언어적 의사소통기법

구분	바람직한 태도	바람직하지 않은 태도
얼굴 표정	• 따뜻하고 배려하는 표정 [18, 27] • 다양하며 생기있는 표정 • 자연스럽고 여유 있는 입모양 [37-2] • 간간히 적절하게 짓는 미소 [37-2]	• 눈썹 치켜세우기 • 하품 [17] • 입술을 깨물거나 꼭 다문 입 [22] • 부적절하고 희미한 미소 [26] • 지나친 머리 끄덕임 [26]
자세	• 팔과 손을 자연스럽게 놓고 상황에 따라 적절한 자세 [37-2] • 대상자를 향해 약간 기울인 자세 [13, 22, 26, 27, 35] • 관심을 보이며 편안한 자세	• 팔짱끼기 [17, 22, 37-2] • 대상자로부터 비껴 앉는 자세 • 계속해서 손을 움직이는 태도 • 의자에서 몸을 흔드는 태도 • 몸을 앞으로 구부리는 태도 • 입에 손이나 손가락을 대는 것 • 손가락으로 지적하는 행위 [35]
눈맞춤	• 직접적인 눈맞춤 [1, 17] • 대상자와 같은 눈높이 [27, 33] • 적절한 시선의 움직임 [37-2]	• 눈을 마주하기를 피하는 것 • 대상자보다 높거나 낮은 눈높이 • 시선을 한 곳에 고정하는 것 [26, 27, 35]
어조	• 크지 않은 목소리 [27] • 분명한 발음 • 온화한 목소리 • 대상자의 느낌과 정서에 반응하는 어조 • 적절한 말 속도	• 우물대거나 너무 작은 목소리 • 주저하는 어조 • 너무 잦은 문법적 실수 • 너무 긴 침묵 [17, 22, 26, 35] • 들뜬 듯한 목소리 • 너무 높은 목소리 • 너무 빠르거나 느린 목소리 • 신경질적인 웃음 • 잦은 헛기침 [17] • 큰 소리로 말하기 [22]

3. 효과적인 의사소통 방법 [표준교재 402p]

① 라포 형성

ⓐ 라포(apport)란 '마음의 유대'라는 뜻으로 서로의 마음이 연결된 상태, 즉 두 사람 사이의 상호신뢰 관계를 나타내며, 의사소통의 기본이다.

ⓑ 라포가 형성된 사람들의 관계에서는 무슨 일이라도 털어놓고 말할 수 있다.

② **경청** : 다른 사람의 말을 주의 깊게 들으며 공감하는 능력

ⓐ 좋은 경청이란

• 상대방이 말하려고 하는 의미를 잘 파악하고 이해하는 것이다. [36-2]

• 좋은 경청자가 되기 위해서는 상대방에게 집중할 수 있는 훈련이 필요하다. [4, 6, 19]

ⓑ 경청의 방법

• 혼자서 대화를 독점하지 않고, 말하는 순서를 지킨다.

• 상대방의 말을 가로채거나 이야기를 가로막지 않는다. [36-1]

• 의견이 다르더라도 일단 수용한다. [32-2, 36-1]

• 논쟁에서는 먼저 상대방의 주장을 들어준다.

- 시선을 맞추며, 귀로만 듣지 말고 오감을 동원해 적극적으로 듣는다.
- 흥분하지 않고, 비판적 태도를 버린다.
- 상대방이 말하는 의미를 이해한다.
- 단어 이외의 보이는 표현에도 신경을 쓴다.
- 상대방이 말하는 동안 경청하고 있다는 것을 표현한다. 5, 9, 10

ⓒ 경청을 방해하는 것
- 대충 미루어 짐작하고, 충분히 듣지 않은 상태에서 조언한다. 11, 36-1
- 끊임없이 비교한다.
- 미리 대답을 준비한다. 13, 36-1
- 듣고 싶지 않은 말을 걸러낸다.
- 상대방의 말을 반박하고 논쟁하기 위해서 듣는다.
- 상대방의 말을 나 자신의 경험에 맞춘다. 32-2, 34, 36-1
- 마음에 들지 않는 경우 슬쩍 넘어가며 대화의 본질을 회피한다.

③ 공감

ㄱ 공감능력은 '나는 당신의 상황을 알고, 당신의 기분을 이해한다.'처럼 다른 사람의 상황이나 기분을 같이 느낄 수 있는 능력을 말한다.

ⓛ 바람직한 공감은 상대방의 말에 충분히 귀를 기울이고 그 말을 자신의 말로 요약해서 다시 반복해 주는 것이다. 22, 28, 29, 32, 32-1, 32-2, 33, 36-1

예 대상자 : "세월이 어떻게 가는지 삶의 의미를 모르겠어요."
요양보호사 : "요즘 많이 힘들고 외로우신가 봐요." 29

어떤 반응을 보이는가는 어떻게 듣고 있는가를 알려줍니다. 공감적 반응을 골라보세요.

01 대상자 : "요양보호사님은 나를 어린애 취급하는 것 같은데, 나를 성인으로 대해주세요. 양치질하라, 속옷 갈아입어라, 머리 빗어라 명령하고, 하지 않으면 신경질 내잖아요."
① 요양보호사 : "그런 식으로 말하지 마세요. 할머니는 어린아이처럼 스스로 못 챙기고 계시잖아요."
② 요양보호사 : "할머니가 말씀하시는 게 옳을지도 몰라요. 사실 저도 할머니를 성인으로 인정하고 그런 일들은 신경 쓰고 싶지 않거든요."
③ 요양보호사 : "제가 할머니의 개인위생에 대해 일일이 간섭하는 듯해서 성가시고 화 나셨군요." 8, 14, 21

02 대상자 : "지난번 요양보호사가 더 잘했는데…"
① 요양보호사 : "그렇게 그 요양보호사가 잘했으면 그분 모셔다 드릴까요? 전 그 요양보호사와는 달라요."
② 요양보호사 : "지난번 요양보호사님이 일을 참 잘하셨나 봐요. 마음에 안 드시는 게 있으시면 말씀해 주세요." 5, 19, 25
③ 요양보호사 : "할머니께서 그렇게 말씀하시니 기분이 안 좋네요. 그런 말씀은 되도록 하지 않으셨으면 좋겠어요."

03 대상자 : "아이고, 여기저기 너무 아파. 갈수록 더 아픈 것 같아."
① 요양보호사 : "연세가 있으신데 아픈 것은 당연하지요. 그동안 잘 참으셨잖아요."
② 요양보호사 : "건강하게 사시고 싶은데 아프시니까 많이 힘드시죠." 9, 12, 16, 19, 21, 26
③ 요양보호사 : "아프시면 병원에 가서 검사받고 치료해야 돼요. 얼른 저와 병원에 가요."

정답 : 01 ③ 02 ② 03 ②

④ 말하기

　　㉠ 효과적인 말하기

효과적인 말하기	• 자신의 감정에 솔직해진다. [28] • 상대방의 말을 수용하고 자신의 생각을 정리한다. • 의사전달을 분명하게 한다. • 비판적인 단어를 사용하지 않는다. [28] • 특정 상대를 지칭하거나 비판하지 않는다. • 부정적인 비교를 하지 않는다. • 나쁜 내용을 회고하거나 상기시키지 않는다. [28, 34] • 상대방을 위협하는 말을 하지 않는다. • 상대방을 감정적으로 공격하지 않는다. • 편안하고 이완된 자세를 취한다. [28]
효과적인 말하기를 방해하는 경우	• 자신이 모든 일에 전문가임을 주장한다. [28, 32-2, 34] • 자신에게는 잘못이 없고 항상 옳다고 주장한다. [34] • 부족하고 자신감 없는 태도를 보인다. • 자신은 보호받아야 한다고 생각한다. • 자신은 완벽한 사람이므로 비난을 받지 않아야 한다고 생각한다.

　　㉡ 나 – 전달법 [32, 32-1, 32-2, 33, 34, 35, 36-2, 37-1]

나 – 전달법	• 상대방을 비난하지 않고 상대방의 행동이 나에게 미친 영향에 초점을 맞추어 이야기하는 　표현법이다. • 나의 생각이나 감정을 전달할 때는 나를 주어로 말한다. • 상대방의 행동과 상황을 그대로 비난없이 그대로 말한다. • 상대방의 행동이 나에게 미치는 영향을 구체적으로 말한다. • 그 상황에 대해 내가 느끼는 바를 솔직하게 말한다. [4] • 원하는 바를 명확하게 말한다. • 전달할 말을 전한 후 상대방의 말을 잘 듣는다.
주의점	• 부정적 정서를 강조하지 않는다. • 상대방에게 교훈을 주는 데 열중하여 말하는 사람의 본심을 전달할 기회를 놓치지 말아야 　한다. • 감정을 폭발적으로 드러내지 않는다. • 상대를 평가하지 않는 태도가 필요하다. • 나 – 전달법으로 말하고 나서 다시 수용적 태도(경청)를 취한다.

나 – 전달법의 예시

01 함께 홍보물을 배포하기 위해 만나기로 한 동료가 약속시간에 늦을 때
　• 행동, 상황을 있는 그대로 비난 없이 → "약속시간이 지켜지지 않으면"
　• 그 행동이 나에게 미친 영향 → "함께 일하는 데 지장이 있고"
　• 그 상황에서 내가 느끼는 바를 진솔하게 → "기다리는 동안 걱정하고 조바심이 났어요." [17]
　• 원하는 바를 구체적으로 → "앞으로는 약속시간을 잘 지켜주기 바랍니다." [17]

02 중요한 전화를 기다리고 있는데 동료 요양보호사가 통화를 길게 한다.
　• 행동 : "당신의 통화가 길어지면"
　• 영향 : "나에게 걸려올 중요한 전화를 받지 못하게 될까봐"
　• 느낌 : "조바심도 나고 걱정이 돼요."
　• 바람 : "통화를 짧게 해줬으면 좋겠어요."

03 재가 어르신의 집에 가보니 식탁 위에 밥 먹은 그릇을 그대로 두어 밥풀이 말라붙어 있을 때
- 행동 : "식탁 위에 다 드신 그릇을 그대로 두니"
- 영향 : "밥풀이 말라붙어"
- 느낌 : "설거지하기가 힘들어요."
- 바램 : "다 잡수신 그릇은 싱크대에 담가 두셨으면 해요."

04 대화를 나누는데 나의 말에 반응이 없는 동료 요양보호사에게
- 행동 : "내가 말할 때 당신이 다른 곳을 보고 있으면"
- 영향 : "당신이 내 이야기를 어디까지 들었는지 알 수도 없고"
- 느낌 : "아무 말을 안하니 제가 답답해요." [5, 13]
- 바램 : "당신과 더 친밀하게 이야기 나누고 싶어요."

⑤ 침묵

ㄱ 침묵은 어떤 말보다 중요한 역할을 할 때가 있다.

ㄴ 긍정적이고 수용적인 침묵은 가치 있는 치료적 도구로 작용한다.

ㄷ 대상자로 하여금 말할 수 있는 용기를 준다.

ㄹ 요양보호사와 대상자 모두에게 생각을 정리할 시간을 준다. [20]

⑥ 수용

ㄱ 상대방의 표현을 비판 없이 있는 그대로 받아들이는 것으로 단순한 동의나 칭찬과는 다르다. [17]

ㄴ 대상자는 긴장이 감소되고 안도감을 느끼며 자신감이 증진된다.

ㄷ 요양보호사는 대상자에게 충고하거나 답을 주려하지 말고 감정, 태도를 수용하면서 지지한다.

4. 말벗하기

① 요양보호사와 대상자 간의 의사소통의 출발점이며, 대상자가 요양보호사를 '말벗'으로 받아들일 때 원활한 의사소통이 이루어진다.

② 대상자와 말벗하는 방법

ㄱ 대상자의 신체적, 심리적, 사회적 특성을 이해한다. [6, 19]

ㄴ 대상자의 개인적 특성, 질병, 생활력 등을 이해하고 존중한다.

ㄷ 대상자의 삶을 옳고 그름, 좋고 싫음으로 판단하지 않는다. [19, 25]

ㄹ '차이와 다양성'으로 수용하는 마음이 필요하다.

ㅁ 대상자와 과도한 의존관계를 형성하지 않도록 한다. [4, 19, 25]

ㅂ 대상자를 아이처럼 대하거나 친밀하다는 이유로 반말이나 명령조의 언어를 사용해서는 안 된다. [19, 25]

ㅅ 대상자의 기분이나 감정에 주의를 기울인다. [25, 36-1, 36-2]

01 이○○ 어르신이 평소와 달리 식사도 잘 하지 않고 TV도 보는 둥 마는 둥 하며 시무룩하다. 요양보호사는 어르신의 안색을 살피면서 평소와 다른 점이 있는지 살펴보지만 특이사항은 없었다.

요양보호사 : "어르신, 오늘은 날씨가 아주 좋아요."

대상자 : "그런가 보네…"

요양보호사: "네, 바람도 안 불고 날씨가 얼마나 따뜻한지 몰라요.", "햇살도 좋은데 밖에 나가서 걸어 보실래요?"(증산완화보조) 8, 16, 17

- 어르신이 평소와 달리 의욕이 없고 무기력할 때에는 날씨와 같이 편안한 주제로 이야기를 시작해 본다.
- 어르신이 반응을 보이면 바로 공감을 표시하고 내용에 대해 관심을 표현한다.
- 외출은 어르신에게 흥미나 관심을 유발하여 기분 전환을 꾀함으로써 결과적으로 어르신의 증상 완화까지 이끌어 낼 수 있다.

02 김○○ 어르신이 열이 나는데도 외출을 하겠다고 고집하신다.

어르신 : "손자 생일 선물을 사주기로 약속했어요. 나를 좀 ○○마트에 데려가 줘요."

요양보호사 : "손자가 아주 좋아하겠어요. (아무렇지도 않은 듯 안색을 살피며) 열이 좀 있으시네요?" 1, 30

어르신 : "○○마트에 선물 사러 내가 꼭 가야 하는데…"

요양보호사 : "열이 있으시니까 가족에게 연락하고 ○○ 마트에는 제가 대신 다녀오는 것은 어떨까요?"

- 어르신이 무리한 요구를 한다고 해서 바로 거절하지 말고, 먼저 공감을 표시한다. 그 후 열이 있음을 전달하여 관심을 표현하고, 대신 마트에 다녀오겠다고 전함으로써 어르신의 뜻을 존중하고 있다는 안심과 신뢰감을 줄 수 있다.

03 박○○ 어르신은 돌아가신 배우자 때문에 잠을 못 주무셨다고 아침부터 기분이 저조하시다.

어르신 : "영감님이 돌아가신 후엔 도둑이 들까봐 겁도 나고… 잠을 잘 못 자…"

요양보호사: "많이 무서우셨어요? (손을 잡으며) 잠을 못 주무셔서 피곤하시겠어요." 5, 15

어르신 : "영감님 기일도 다가오고 요 며칠 잠을 설치고 있어."

요양보호사 : "할아버지 생각이 많이 나시나 봐요?" 28

어르신 : "영감이 돌아가시기 전까지는 늘 문단속을 하고 잠자리를 살펴 주었거든."

요양보호사 : "할아버지가 자상하신 분이셨네요. 할아버지를 한번 뵙고 싶어요. 사진 가지고 계시면 보여주실 수 있나요? (감정공감) 17, 23, 24

요양보호사 : "잠을 못 주무셔서 몸이 무거우시죠? 제가 따뜻한 물로 발을 씻겨 드릴게요(증상완화 보조). 식사하고 산책하면 밤에 주무시는 데 도움이 될 것 같아요." 16

- 불안해하는 어르신의 손을 잡아주며 먼저 공감을 표현한다.
- 내용에 대해 관심을 표현하면서 어르신이 더 편안하게 이야기를 할 수 있게끔 한다.
- 나아가 영감님의 사진을 보고 싶다고 적극적인 청취를 하면서 반복해서 관심과 공감을 표현한다.
- 내용에 대한 이야기를 충분히 경청한 후, 따뜻한 물로 발을 씻겨드리며 증상 완화를 돕고, 산책하면 숙면에 도움이 된다는 정보도 제공한다.

■ 비언어적 의사소통
- 입술을 깨물거나 꼭 다문 입, 팔짱 끼기, 너무 긴 침묵, 큰소리로 말하기, 시선을 한 곳에 고정하기, 희미한 미소, 습관적인 머리 끄덕임
  🔖 위 사항들은 비언어적 표현의 바람직하지 않은 의사소통 태도이다.

■ 경청의 방법
- 끊임없이 비교한다, 미리 대답을 준비한다, 듣고 싶지 않은 말을 걸러낸다, 충분히 듣지 않을 상태에서 조언한다.
  🔖 위 사항들은 경청을 방해하는 지문이다.

■ 말하기
- 비판적인 단어를 사용한다.
  🔖 사용하지 않는다.

- 자신이 전문가임을 강하게 주장한다.
  🔖 주장하지 않는다.

- 자신의 감정을 최대한 숨긴다.
  🔖 감정에 솔직해진다.

- 대상자의 과오를 상기시킨다.
  🔖 상기시키지 않는다.

■ 말벗하기
- 대상자의 삶을 옳고 그름, 좋고 싫음으로 판단한다.
  대상자의 삶을 주관적으로 판단한다.
  🔖 판단하지 않는다.

- 친밀감을 위해 반말을 사용한다.
  🔖 반말을 사용해서는 안 된다.

- 상호의존 관계를 형성한다.
  🔖 형성하지 않도록 한다.

- 대상자의 신체적 특성만 이해한다.
  🔖 신체적, 심리적, 사회적 특성을 이해한다.

01 의사소통 시 영향을 미치는 순서로 바르게 나열한 것은?

① 언어 → 얼굴표정 → 목소리
② 목소리 → 얼굴표정 → 언어
③ 얼굴표정 → 목소리 → 언어
④ 목소리 → 언어 → 얼굴표정
⑤ 언어 → 목소리 → 얼굴표정

02 다음 중 의사소통의 비언어적 표현으로 바람직하지 <u>않은</u> 것은?

① 직접적인 눈 맞춤
② 눈물, 침묵
③ 목소리 크기
④ 대상자를 향해 약간 기울인 자세
⑤ 팔짱끼기

03 동료 요양보호사가 대상자의 식사를 돕던 중 잠시 전화한다며 자리를 비우고는 돌아오지 않고 있다. 이때 나-전달법 방식으로 대답한 것은?

① 통화 좀 그만하세요.
② 언제까지 기다려야 하나요?
③ 같이 일하기 힘드네요.
④ 제가 드릴 테니 편하게 통화하세요.
⑤ 식사가 늦어져 기다리시는 어르신이 걱정이 되네요.

04 대상자가 젖은 옷을 벗지 않으려고 할 때 나-전달법 방식으로 대답한 것은?

① "다른 사람 불러 드릴게요."
② "감기 걸려요. 얼른 갈아입으세요."
③ "어르신이 옷 갈아입기를 싫어하니 제가 걱정이 되네요."
④ "왜 저를 힘들게 하세요?"
⑤ "제게 불만이 있으면 말씀하세요."

05 대상자가 식사 후에 양치질을 거부할 때 나-전달법으로 옳은 것은?

① "제게 불만이 있으신가 봐요."
② "내가 맘에 들지 않나요?"
③ "왜 식사를 하고 나서 양치질을 않죠?"
④ "양치질을 않으시면 간식을 주지 않을 거예요."
⑤ "어르신이 양치질을 하지 않으려고 하니 제가 힘드네요."

06 얼굴에 검버섯이 있는 치매대상자의 말에 수용적 반응을 나타내는 요양보호사의 대답으로 옳은 것은?

> 대상자 : "얼굴에 거뭇거뭇한 벌레가 기어 다니는 것 같아. 징그럽고 무서워 죽겠어."
>
> 요양보호사 : (   )

① "어디에 벌레가 있어요?"

② "얼굴이 거뭇거뭇해서 두려우셨어요?"

③ "그것은 벌레가 아니라 검버섯이에요."

④ "피부과 치료를 받으면 다 나아요."

⑤ "벌레는 누구에게나 있으니까 괜찮아요."

57 상황별 의사소통 및 여가활동 돕기

1. 상황별 의사소통 : 의사소통 장애가 없는 경우 표준교재 410p

① 대상자와의 의사소통

ㄱ 대상자의 말하는 속도에 맞춘다.

ㄴ 명확하고 이해하기 쉬운 언어를 사용한다.

ㄷ 너무 작거나 크게 말하지 않는다.

ㄹ 본인을 소개할 때는 이름, 소속, 역할 등을 전달한다.

ㅁ 대상자는 이름으로 호칭하는 것이 원칙이나 대상자의 동의하에 어르신 등으로 부른다.

② 가족과의 의사소통

ㄱ 대상자에 대한 정보는 수시로 주고받는다. 10

ㄴ 가족과 의견이 상충될 때는 시설장에게 보고한다.

ㄷ 대상자의 부정적인 행동이나 그에 대한 느낌을 전달할 때는 직설적으로 하지 않는다.

③ 관련 전문직 및 시설장과의 의사소통

ㄱ 타 전문직 및 시설장의 업무를 이해하고 존중하는 태도를 갖는다.

ㄴ 대상자의 상황에 따라 관련 전문직, 시설장과 의사소통을 원활히 한다.

ㄷ 대상자의 이상 상태는 시설장 혹은 관리책임자에게 즉시 정확하게 보고한다.

2. 상황별 의사소통 : 의사소통장애가 있는 경우 표준교재 410p

① 노인성 난청

- 정면에서 대상자의 눈을 보며 이야기한다. 6, 7, 12, 17, 22, 24, 25, 29
- 어깨를 다독이거나 눈짓으로 신호를 주면서 이야기를 시작한다. 36-1, 37-1
- 입 모양으로 이야기를 알 수 있도록 입을 크게 벌리며 정확하게 말한다. 11, 17, 20, 22, 24,29, 35, 36-1, 37-1
- 몸짓, 얼굴표정 등으로 의미 전달을 돕는다. 9, 14, 16, 17, 19, 27, 29, 36-1
- 말의 의미를 이해할 때까지 반복해서 설명한다. 22, 26, 28, 29, 33
- 천천히 차분하게 이야기한다. 1, 17, 20, 22, 24, 26
- 보청기의 입력은 크게, 출력은 낮게 조절한다. 17, 20, 22, 25, 26, 29
- 보청기를 사용할 때는 건전지와 전원 스위치가 작동하는지 확인한다.

- 밝은 방에서 입 모양을 볼 수 있도록 시선을 맞추며 말한다. 25, 33
- 의사소통을 위해 정보를 충분히 제공한다. 20, 25, 26
- 청각 상실에 대한 체험을 통하여 대상자를 더 많이 이해하고자 노력한다.

② 시각장애　표준교재 411p

- 대상자의 정면에서 이야기한다. 19, 24, 27, 29, 30, 37-1
- 여기, 이쪽 등 지시대명사를 사용하지 않고, 사물의 위치를 정확히 시계방향으로 설명한다.
  2, 19, 20, 27, 28, 30, 32-1, 35, 37-1
- 대상자를 중심으로 오른쪽, 왼쪽(좌우방향) 등 정확한 방향을 지시하며 설명한다.
  16, 19, 27, 28, 30, 32-1, 34, 36-1, 37-1
- 만나고 헤어질 때 요양보호사가 먼저 말을 건네고 악수를 청한다. 13, 16, 20, 27, 30, 35
- 이해하기 쉬운 언어를 사용하고 천천히 정확하게 말한다.
- 이미지가 전달하기 어려운 형태나 사물 등은 촉각으로 이해시킨다. 14, 20, 34, 35
- 대상자와 보행할 때에는 요양보호사가 반 보 앞으로 나와 대상자의 팔을 끄는 듯한 자세가 좋다. 16
- 대상자가 읽고 싶어하는 것을 읽어주고 고유명사 등은 자세히 설명한다.
- 대필하게 되는 경우에는 정확하게 받아쓰고 내용을 다시 확인한다.

③ 언어장애　표준교재 412p

- 대상자와 이야기할 때는 얼굴과 눈을 응시하며 천천히 말한다. 24, 28, 36-1
- 대화에 주의를 기울이고, 소음이 있는 곳을 피한다. 27, 37-2
- 면담을 할 때는 앉아서 하고, 질문에 대한 답변이 끝나기 전에 다음 질문을 하지 않는다. 37-2
- 대상자의 말이 끝날 때까지 기다리면서 고개를 끄덕여 듣고 있음을 알린다.
- 알아듣고 이해가 된 경우에는 "예", "아니요" 등으로 짧게 대답한다. 28, 36-1
- 눈을 깜빡이거나 고개를 끄덕여 대답하게 한다. 24
- 실물, 그림판, 문자판 등을 이용한다. 27, 36-1
- 잘 표현하였을 때는 칭찬과 더불어 긍정적 공감을 비언어적으로 표현해 준다. 13

④ 판단력, 이해력장애 : 어떤 일이 발생해도 그 일의 성격을 제대로 이해하지 못하며, 상대방과 대화를 해도 말하는 의미를 올바로 이해하지 못한다. 20, 30

- 어려운 표현을 사용하지 않고 짧은 문장으로 천천히 이야기한다. 17, 19, 21, 25
- 몸짓, 손짓을 이용해 천천히 이야기한다. 17, 19, 21, 25, 27, 32, 36-2
- 실물, 그림판, 문자판을 이용한다. 14, 17, 19, 21, 25, 28, 32
- 불쾌감을 주는 언어를 쓰거나 아이처럼 취급하여 반말하지 않는다. 17, 19

⑤ 주의력결핍장애 [표준교재 413p]

- 대상자와 눈을 맞춘다. [24]
- 명확하고 간단하게 단계적으로 제시한다. [4, 9, 10, 26, 29, 32-2, 37-2]
- 구체적이고 익숙한 사물에 대하여 대화한다. [17, 20, 26, 32-2, 37-2]
- **목표를 인식하고 단순한 활동을 먼저 제시한다.** [24, 32-2]
- **주의력에 영향을 주는 환경적 자극을 최대한 줄인다.** [8, 20, 24, 29, 32-2, 37-2]
- 주변 사람들에게 이해를 구한다. [26]
- 메시지를 천천히, 조용히 반복한다. [18, 20, 24, 26, 29, 32-2, 37-2]

⑥ 지남력장애 [표준교재 413p] [30]

- 대상자의 이름과 존칭을 함께 사용한다. [21, 22, 27, 29, 36-2]
- 대상자를 일관성 있게 대하도록 노력한다. [27]
- 시간, 장소, 사람, 날짜, 달력, 시계 등을 자주 인식시킨다. [3, 8, 15, 16, 21, 22, 27, 29, 35, 36-2]
- 모든 물품에 **이름표를 붙이고** 주의사항을 그림이나 문자로 적어서 제시한다. [18, 21, 22, 29, 37-1]

3. 여가활동의 필요성 [표준교재 414p]

① 신체적 기능 감소를 예방한다.
② 노후 적응, 심리적 안정감, 생활만족도를 높인다.
③ 시간을 효율적으로 활용하여 자기 효능감을 높이고 긍정적 영향을 준다.
④ 자기발전에 도움이 되며 정신적 건강에 좋다.

4. 여가활동의 유형 [표준교재 414p]

유형	내용
자기계발 활동 [5, 9, 12, 14, 17, 19, 20, 29, 34]	책읽기, 독서교실, 그림그리기, 서예교실, 시낭송, 악기연주, 백일장, 민요교실, 창작활동, 글짓기
가족중심 활동 [1]	가족 소풍, 가족과의 대화, 외식 나들이
종교참여 활동	교회, 사찰, 성당 가기
사교오락 활동 [4, 8, 26, 32]	영화, 연극, 음악회, 전시회, 노래교실
운동 활동	체조, 가벼운 산책
소일 활동 [2, 6, 12, 16, 18, 23]	텃밭 야채 가꾸기, 식물가꾸기, 신문 보기, 텔레비전 시청, 종이접기, 퍼즐놀이

5. 노인의 여가활동 돕기 표준교재 415p

① 거동이 불편하거나 인지기능이 저하된 대상자를 위한 여가활동 프로그램은 어렵지 않고 흥미를 느낄 수 있는
   것으로 하여야 한다(예 시낭송). 24. 30

② 대상자 스스로가 적극적으로 여가활동에 참여할 수 있도록 동기를 부여한다.

③ 대상자의 욕구에 맞는 여가활동을 지원한다.

④ 요양시설에서도 가능한 한 단체보다는 개인의 욕구에 맞게 프로그램을 선택할 수 있도록 배려한다.

⑤ 대상자의 신체적 기능이나 상태에 맞는 개별적인 프로그램을 지원한다. 24

⑥ 대상자의 성격, 선호 등에 따라 개인적 차이를 고려하여 지원한다.

⑦ 대상자에게 여가활동에 대해 충분히 설명하고 동의를 얻어야 한다.

■ 노인성 난청이 있는 대상자와 의사소통 방법
- 대상자의 뒤 혹은 옆에서 큰 소리로 말한다.
  🔁 정면에서 대상자의 눈을 보며 이야기한다.

- 빠르게 아주 큰 목소리로 말한다.
  🔁 천천히 차분한 목소리로 말한다.

- 보청기의 입력은 낮게, 출력은 크게 조절한다.
  🔁 입력은 크게, 출력은 낮게 조절한다.

- 의사소통을 위한 정보제공 시간을 짧게 한다.
  🔁 충분히 제공한다.

- 입을 작게 벌리며 속삭이듯 말한다.
  🔁 입을 크게 벌리며 정확하게 말한다.

- 이야기는 되풀이하지 않는다.
  🔁 말의 의미를 이해할 때까지 반복해서 설명한다.

- 조명이 어두운 실내에서 대화한다.
  🔁 밝은 방에서 대화한다.

- 굳은 표정으로 차분하게 말한다.
  🔁 밝은 표정으로 말한다.

■ 시각장애 대상자와 의사소통 방법
- 대상자와 눈이 마주쳤을 때 대화를 시도한다.
  대상자 옆에 서서 이야기한다.
  대상자 뒤에서 이야기한다.
  🔁 대상자의 정면에서 이야기한다.

- 여기, 이쪽 등으로 정확히 방향을 제시해 준다.
  여기, 이쪽 등 지시대명사를 사용한다.
  🔁 여기, 이쪽 등 지시대명사를 사용하지 않는다.

- 요양보호사를 중심으로 오른쪽, 왼쪽을 실행한다.
  🔁 대상자를 중심으로 한다.

- 말을 건네기 전에 먼저 신체접촉을 한다.
  🔁 말을 건넨 후에 신체접촉을 한다.

- 대상자와 보행 시에는 요양보호사가 반 보 뒤에서 걷는다.
  🔁 반 보 앞으로 나와 대상자의 팔을 끄는 듯한 자세가 좋다.

- 몸짓, 얼굴 표정 등으로 이야기 전달을 돕는다.
  🔁 난청의 경우이다.

- 소음이 있는 곳에서 대화한다.
  - 📋 조용한 곳에서 대화한다.

- 처음 접하는 사물은 자세히 설명한다.
  - 📋 촉각으로 이해시킨다.

- 대상자가 먼저 악수할 때까지 기다린다.
  - 📋 요양보호사가 먼저 말을 건네고 악수를 청한다.

■ 언어장애 대상자와 의사소통 방법

- 음악을 틀어 편안하게 해준다.
  - 📋 소음이 있는 곳을 피한다.

- 안정감을 주기 위해 옆에서 이야기한다.
  눈을 피하면서 이야기한다.
  - 📋 얼굴과 눈을 응시하며 천천히 말한다.

- 대상자의 말에 짐작하여 대답한다.
  대상자의 말에 길고 자세하게 대답한다.
  - 📋 "예", "아니요" 등으로 짧게 대답한다.

- 귀에 대고 천천히 또박또박 말한다.
  날짜, 달력, 시계 등을 자주 인식시킨다.
  - 📋 지남력장애가 있는 경우에 해당한다.

- 몸짓, 얼굴표정 등으로 이야기 전달을 돕는다.
  입을 크게 벌리며 말한다.
  - 📋 난청이 있는 경우에 해당한다.

■ 판단력, 이해력장애 대상자와 의사소통 방법

- 친근감 있게 반말로 이야기한다.
  친근감을 위해 반말을 한다.
  - 📋 반말을 하지 않는다.

- 몸짓, 손짓은 사용하지 않는다.
  - 📋 몸짓, 손짓을 사용한다.

- 빠르게 반복하며 말한다.
  - 📋 천천히 말한다.

- 긴 문장으로 말한다.
  - 📋 짧은 문장으로 말한다.

- 정면에서 큰소리로 말한다.
  - 📋 너무 작거나 크게 말하지 않는다.

- 추상적 언어를 사용해 이야기한다.
  - 📋 명확하고 이해하기 쉬운 용어로 이야기한다.

- 소음이 있는 곳에서 대화한다.
  - 📋 조용한 곳에서 대화한다.

- 대상자의 뒤에서 이야기한다.
  - 📋 대상자의 정면에서 이야기한다.

■ 주의력장애 대상자와 대화하는 방법

- 그림을 이용하여 이해를 돕는다.
  - 📋 언어, 판단력장애가 있는 경우에 해당한다.

- 매번 새로운 사물에 대하여 이야기한다.
  - 📋 구체적이고 익숙한 사물에 대하여 대화한다.

- 복잡한 이야기를 한다.
  - 📋 명확하고 간단하게 이야기한다.

- 대상자의 특성에 대해 주위 사람들에게 비밀로 한다.
  - 📋 주변 사람들에게 이해를 구한다.

- 메시지는 빠르게, 크게 반복한다.
  - 📋 천천히, 조용히 반복한다.

■ 지남력장애 대상자와 대화하는 방법

- 복잡하고 다양한 자극을 준다.
  - 📋 자극을 최대한 줄인다.

- 모든 물품을 색상으로 구분시킨다.
  - 📋 이름표를 붙이고 주의사항을 그림이나 문자로 적어서 제시한다.

- 친근감을 위해 별명을 사용한다.
  - 📋 이름과 존칭을 함께 사용한다.

- 주변 환경을 자주 바꿔준다.
  - 📋 환경 변화 자극은 최소화한다.

- 대상자를 일관성 없이 대한다.
  - 📋 일관성 있게 대한다.

- 사람, 시간, 장소를 자주 바꾼다.
  - 📋 사람, 시간, 장소를 자주 인식시킨다.

■ 상태별 여가활동

- 거동이 불편한 대상자에게 흥미를 느끼지 않아도 된다.
  인지기능이 저하된 대상자는 미로 찾기를 시킨다.
  우울증 대상자에게 조용한 책을 읽게 한다.
  - 📋 어렵지 않고 흥미를 느낄 수 있는 것이어야 한다(예 시낭송).

• 신체기능저하 대상자에게 등산을 시킨다.
   체조, 산책이 적당하다.

• 치매대상자는 매번 새로운 길로 산책을 시킨다.
   익숙한 길로 산책을 한다.

핵심 족집게 문제 —————————————————————————————• CARE WORKER

01 노인성 난청이 있는 대상자와의 의사소통 방법으로 옳지 않은 것은?

① 몸짓, 얼굴표정으로 이야기 전달을 돕는다.
② 대상자의 의사소통 유형을 미리 숙지한다.
③ 보청기의 입력은 낮게 출력은 높게 한다.
④ 말의 의미를 이해할 때까지 반복해서 설명한다.
⑤ 눈짓으로 신호를 주면서 이야기를 시작한다.

02 시각장애 대상자와의 대화방법으로 옳지 않은 것은?

① 신체 접촉을 하기 전에 먼저 말을 건네어 알게 한다.
② 사물의 위치를 시계방향으로 설명한다.
③ 대상자와 보행 시에는 요양보호사가 반 보 뒤에서 걷는다.
④ 만나고 헤어질 때 요양보호사가 먼저 말을 건네고 악수를 청한다.
⑤ 왼쪽, 오른쪽 등 정확한 방향지시를 한다.

03 알아듣기는 하나 말을 할 수 없는 대상자와의 의사소통 방법으로 옳지 않은 것은?

① 눈을 깜빡이거나 고개를 끄덕여 대답하게 한다.
② 질문에 대한 답변이 끝나기 전에 다음 질문을 하지 않는다.
③ 그림판, 문자판을 이용하여 표현하게 한다.
④ 알아들을 경우 "예, 아니오."라고 짧게 대답한다.
⑤ 몸짓, 얼굴표정 등으로 이야기 전달을 돕는다.

정답 01 ③ 02 ③ 03 ⑤

04 이해력, 판단력장애가 있는 대상자와의 의사소통 방법으로 옳지 <u>않은</u> 것은?

① 어떤 일이 발생해도 그 일의 성격을 제대로 이해한다.

② 어려운 표현을 사용하지 않고 짧은 문장으로 천천히 이야기한다.

③ 아이처럼 취급하여 반말을 하지 않는다.

④ 몸짓, 손짓을 이용해 천천히 상대의 속도에 맞추어 이야기한다.

⑤ 실물, 그림판, 문자판 등을 이용하여 이해를 돕는다.

05 주의력장애 대상자와 이야기하는 방법으로 옳지 <u>않은</u> 것은?

① 대상자와 눈을 맞춘다.

② 구체적이고 익숙한 사물에 대하여 대화한다.

③ 환경적 자극을 최대한 줄인다.

④ 그림을 이용하여 이해를 돕는다.

⑤ 메시지를 천천히 반복하며 단계적으로 제시한다.

06 지남력장애가 있는 대상자와 의사소통하는 방법으로 옳지 <u>않은</u> 것은?

① 낮 동안에 새로운 정보를 자주 인식시킨다.

② 대상자의 이름과 존칭을 함께 사용한다.

③ 모든 물품에 이름표를 붙인다.

④ 시간, 장소, 사람, 날짜, 달력, 시계 등을 자주 인식시킨다.

⑤ 대상자를 일관성 있게 대한다.

07 다음은 대상자의 의사소통 장애에 대한 설명으로 옳지 <u>않은</u> 것은?

① 지남력장애 : 시간, 장소, 사람, 날짜를 기억하지 못하는 증상이 나타난다.

② 주의력장애 : 환경적 자극을 최대한 줄이고, 메시지를 천천히, 조용히 반복한다.

③ 판단력장애 : 일의 성격을 제대로 이해하지 못하며, 말하는 의미를 올바로 이해하지 못한다.

④ 언어장애 : 알아듣기는 하나 말을 할 수 없는 경우와 말을 잊어버린다.

⑤ 시각장애 : 몸짓, 얼굴 표정 등으로 의미 전달을 돕는다.

08 다음 중 여가활동의 유형이 잘못 짝지어진 것은?

① 소일 활동 : 텃밭 가꾸기, 종이접기와 퍼즐놀이, 신문보기, TV보기

② 가족중심 활동 : 절, 교회, 성당 가기

③ 사교오락 활동 : 노래교실, 전시회, 음악회

④ 자기계발 활동 : 서예, 책읽기, 그림그리기 , 장구 배우기, 글짓기

⑤ 운동 활동 : 산책, 체조

정답 04 ① 05 ④ 06 ① 07 ⑤ 08 ②

58 요양보호 기록

표준교재 416p

1. 요양보호 기록의 목적 표준교재 416p

① 질 높은 서비스를 제공하는 데 도움이 된다.
② 요양보호사의 활동을 입증할 수 있다. [18]
③ 요양보호서비스의 연속성을 유지할 수 있다. [3, 9, 14, 35]
④ 전문가와의 업무협조 및 의사소통을 원활하게 한다. [1, 4, 8, 11, 16, 19, 21, 30, 35, 36-1]
⑤ 요양보호서비스의 내용과 방법에 대한 지도 및 관리에 도움이 된다.
⑥ 가족과 정보공유를 통해 의사소통을 원활하게 한다. [35]
　　㉠ 기록 공개를 요구하는 사례가 증가하고 있다.
　　㉡ 요양보호사는 기록이 공개될 수 있다는 것을 염두에 두고 기록해야 한다.
　　㉢ 불필요한 개인정보는 기록하지 않는다.
⑦ 요양보호서비스의 표준화와 요양보호사의 책임성을 높인다. [1, 11, 13]
⑧ 요양보호사가 기록을 어려워하는 이유
　　㉠ 글을 쓰는 것 자체에 대한 부담 [36-1]
　　㉡ 업무 부담
　　㉢ 기록 할 시간의 부족
　　㉣ 기록하는 방법에 대한 이해 부족

2. 요양보호 기록 방법 표준교재 418p

① 요양보호 기록의 종류

구분	주요기록	관련직종	
		요양보호사	타 전문직
상담일지	상담내용 및 결과 [33]		○
욕구사정	대상자의 욕구사정 [33]		○
급여제공계획서	서비스의 목표, 내용, 횟수 등		○
장기요양급여 제공기록지	서비스 제공 내용 및 시간 [29, 33]	○	○

구분	주요기록	관련직종	
		요양보호사	타 전문직
상태기록지	섭취, 배설, 목욕 등 상태 [33]	○	○
사고보고서 [20]	사고 내용과 대응 결과 [33]	○	○
방문일지	대상자 방문 시 각종 상담내용		○
사례회의록	사례회의 검토 내용 및 결과		○
인수인계서	인수인계업무 내용	○	○
간호일지	대상자 상태평가 및 간호처치		○

㉠ 장기요양급여 제공기록지
- 대상자에게 제공한 서비스의 내용과 시간, 특이사항을 기입한 것이다. [15, 24, 27, 29]
- 재가급여 전자관리 시스템은 장기요양요원이 수급자의 가정을 방문하여 제공하는 급여 제공 내용을 RFID를 이용하여 국민건강보험공단에 실시간으로 전송하고 이를 급여 제공 내용으로 인정하여 급여비용 청구와 자동으로 연계하는 관리체계이다. [30]
- 재가급여전자관리시스템 업무절차 : 태그신청 및 부착 → 사용자 등록 → 스마트장기요양앱(APP) 설치 → 급여 내용 전송 → 청구 및 심사
- 24시간 방문요양하는 경우 종료 전송 시 2가지 주의사항
  - 시작 전송으로부터 24시간 경과 후부터 30분 이내에는 종료 전송하여야 한다.
    예 4월 3일 07 : 00 시작전송 → 4월 4일 07 : 30 이내로 종료 전송하여야 한다.
  - 종료 전송 시 1, 440분을 분배해서 입력해야 한다.
    예 신체활동 지원 : 1,000분, 가사 및 일상생활 지원 : 440분

㉡ 상태기록지 : 배설, 목욕, 식사섭취, 수분섭취, 체위 변경, 외출 등의 상태 및 제공 내용을 기록하는 것이다.
㉢ 사고보고서
- 사고보고서는 관리책임자가 작성하는 경우도 있지만 요양보호사가 작성할 수도 있다.
- 사고보고서는 사고가 발생한 시점에서 시간의 흐름에 따라 사고의 내용, 경과, 결과에 대해 정확하게 기록하여야 한다.
㉣ 인수인계서
- 요양보호사가 퇴직, 휴직 등으로 인하여 업무를 그만둘 때는 직원 간의 업무 인수인계가 이루어진다.
- 인수인계서는 수급자명, 급여제공내용, 유의사항 등이 포함된다.

② **요양보호 기록의 원칙** 표준교재 424p
㉠ 객관적인 사실을 있는 그대로 기록한다. 요양보호사의 주관적인 내용은 피해야 한다. [15, 16, 17, 25, 28, 32-1]
㉡ 육하원칙을 바탕으로 필요한 사항을 빠뜨리지 않고 정확하게 기록하는 것이 중요하다. [13, 16, 17]
㉢ 서비스의 과정과 결과를 정확하게 기록한다. 요양보호사의 활동과 효과를 입증할 수 있도록 서비스 중심으로 기록한다. [15, 16, 17, 28]
㉣ 기록을 미루지 않고, 신속하게 작성한다. [15, 16, 17, 23, 32-1]
㉤ 공식화된 용어를 사용한다.
㉥ 간단명료하게 기록한다. [6, 17, 28]
㉦ 장황하고 우회적으로 표현하지 말고, 초점이 분명하고 간결하고 명확하게 작성한다. [16, 32-1]

ⓘ 기록자를 명확하게 한다. 기록을 정정할 때는 지우거나 덧칠을 하지 말고 밑줄을 긋고 빨간 펜으로 정정한 후 서명을 한다. 17

ⓩ 애매한 표현은 피하고 구체적으로 기록한다. 25, 28, 29, 32, 33, 37-1
  - 많이 → ○장, ○잔, ○킬로미터
  - 오래전 → ○년 전, ○개월 전
  - 오랜만에 → ○년 만에, ○일 만에
  - 심하다. [상태] → 피부박리 5cm×8cm
    例 오전 10시에 바나나 한 개를 다 드셨다.

③ **요양보호 기록 시 주의사항** 표준교재 426p
  ㉠ 개인정보 보호 : 기록은 반드시 잠금장치가 되어있는 장소에 보관하고 관리책임자를 정해 둔다.
  ㉡ 비밀 유지 : 업무상 알게 된 정보에 대해서는 외부에 유출하지 않도록 특별히 조심한다. 5

④ **사생활 존중**
  ㉠ 대상자에 관한 정보를 수집할 때는 반드시 대상자의 동의를 얻어야 한다. 28
  ㉡ 문제해결을 위한 목적이라도 대상자나 가족이 승인하지 않은 정보는 기록해서는 안 된다.
  ㉢ 요양보호서비스와 직접 관련이 없는 정보는 요양보호사 마음대로 기록해서는 안 된다.

3. 각종 기록지 양식

장기요양 급여제공기록지 포함내용 1, 12, 19, 21, 33 : 수급자 인적사항, 장기요양등급, 장기요양인정번호, 장기요양기관명 및 기호, 서비스 제공 일자, 서비스 시작 시간 및 종료 시간 등

제공기록지	유의사항
방문요양	• 일정관리란, 서비스 제공란에 날짜 및 급여제공 시간을 기록 • 변화상태란에 ✓표를 하고, 배변변화란은 실수 횟수를 기록 • 특이사항란은 급여제공 시 확인한 사항 및 조치사항 등을 기록(혈액투석 받으러 병원 동행함) • 5등급 수급자에게 방문요양을 제공하는 경우 인지활동지원란에 급여제공시간을 기록, 특이사항란에 프로그램 운영내용을 자세히 기록
방문목욕	• 차량 이용인 경우 차량 내 또는 가정 내 목욕 해당 사항에 ✓표를 하고, 차량번호를 기록 • 상태확인란은 목욕 전·후 해당 사항을 확인한 경우 ✓표
주·야간 보호	• 이동서비스를 제공한 경우 ✓표를 하고 차량번호를 기록 • 목욕을 제공한 경우 소요시간을 분 단위로 기록 • 식사는 종류 및 섭취량 해당 번호에 ✓표 • 화장실 이용하기는 급여제공시간 동안의 소변·대변 총횟수를 기록 • 신체·인지기능 향상 프로그램은 제공한 프로그램명을 기록

■ **요양보호 기록의 목적**

- 동료 요양보호사와 정보를 공유하기 위하여 기록을 작성한다.
  🔁 전문가와의 업무 협조 및 의사소통을 원활하게 하기 위해 작성한다.

- 요양보호서비스의 객관성에 기여한다.
  🔁 표준화에 기여한다.

- 대상자의 책임성을 제고한다.
  🔁 요양보호사의 책임성을 제고한다.

- 요양보호사를 평가하기 위하여 작성한다.
  🔁 요양보호사의 활동을 입증하기 위하여 작성한다.

- 기록하는 습관을 가지기 위하여 작성한다.
  🔁 질 높은 서비스를 제공하기 위하여 작성한다.

- 대상자의 사생활을 기록한다.
  🔁 사생활은 기록하지 않는다.

■ **요양보호 기록의 원칙**

- 애매한 표현은 피하고 상세하게 기록한다.
  그날 일을 자세하게 기록한다.
  장황하고 우회적으로 표현한다.
  🔁 간단명료하게 기록한다.

- 한꺼번에 모아서 기록한다.
  🔁 그때그때 신속하게 작성한다.

- 서비스의 과정만 정확하게 기록한다.
  서비스의 결과만 정확히 기록한다.
  🔁 과정과 결과를 정확하게 기록한다.

- 주관적인 판단을 토대로 작성한다.
  🔁 객관적인 사실을 토대로 작성한다.

- 보호자의 동의를 구한 후 기록한다.
  🔁 대상자의 동의를 구한다.

- 정정 시 지우거나 덧칠한다.
  🔁 밑줄을 긋고 빨간 펜으로 정정한 후 서명한다.

- 대상자에게 기록 내용을 공개하지 않는다.
  🔁 대상자가 요구하면 공개한다.

- '식탁에 오래된 빵이 있다.'와 같이 작성한다.
  🔁 '식탁에 1주일이 된 빵이 있다.'와 같이 자세히 작성한다.

- 한참을 산책하였다.
  - 📋 1km 또는 20분 산책했다.

- '며칠 만에 대변을 시원하게 보았다.'와 같이 작성한다.
  - 📋 '3일 만에 대변을 시원하게 보았다.'와 같이 자세히 작성한다.

- '청소하는데 오래 걸렸다.'와 같이 작성한다.
  - 📋 '청소하는데 30분 걸렸다.'와 같이 작성한다.

■ 급여제공기록지를 작성하는 방법

- 세부 서비스별로 제공시간을 '시간' 단위로 기재한다.
  - 📋 분 단위로 기록한다.

- 기록지 작성 후 기관장의 서명을 받는다.
  - 📋 종사자가 서명한다.

- 개인정보를 위해 수급자 성명은 쓰지 않는다.
  - 📋 인적사항을 기록한다.

- 특이사항은 주관적으로 판단하여 기록한다.
  - 📋 객관적으로 판단한다.

핵심 족집게 문제 ─────────────────────── • CARE WORKER

01 요양보호 업무기록의 목적으로 옳지 <u>않은</u> 것은?

① 요양보호사를 평가하기 위해
② 서비스의 연속성을 유지하기 위해
③ 전문가와의 업무협조 및 의사소통을 위해
④ 서비스를 표준화하기 위해
⑤ 가족과 정보공유를 통해 의사소통을 원활히 하기 위해

02 다음 중 요양보호사 기록에 대한 내용으로 바르게 짝지어진 것은?

① 장기요양급여제공기록지 : 서비스 제공 내용 및 시간, 특이사항
② 급여제공계획서 : 사고 내용과 대응 결과
③ 상태기록지 : 서비스의 목표, 내용, 횟수, 제공 시작과 종료 시간
④ 사고보고서 : 상담 내용 및 결과
⑤ 사례회의록 : 대상자 상태평가 및 간호처치

03 다음 중 요양보호사의 업무기록 방법으로 옳지 <u>않은</u> 것은?

① 객관적인 사실을 기록한다.
② 육하원칙을 바탕으로 기록한다.
③ 기록을 미루지 않고 신속하게 작성한다.
④ "며칠 만에 대변을 시원하게 보았다."라고 기록한다.
⑤ 서비스의 과정과 결과를 정확하게 기록한다.

정답 01 ① 02 ① 03 ④

336 요양보호사 핵심요약정리노트 필기 · 실기

59 업무보고 및 업무회의

표준교재 436p

1. 업무보고의 중요성 표준교재 436p

① 요양보호서비스의 질을 높일 수 있다. 36-2
② 타 전문직과의 업무협조 및 의사소통을 원활하게 한다. 16
③ 사고에 신속 대응할 수 있으며, 대상자나 기관의 피해를 최소화한다. 16

2. 업무보고 방법

① 업무보고 원칙
ㄱ 객관적인 사실을 보고한다. 4, 16, 23, 32-2, 34, 36-1
ㄴ 육하원칙에 따라 보고한다. 5, 10, 16, 36-1
ㄷ 신속하게 보고한다. 3, 8, 23, 25
ㄹ 보고내용이 중복되지 않게 한다. 6, 9, 11, 16, 23, 25, 32-2, 34

② 업무보고 시기
ㄱ 대상자의 상태에 변화가 있을 때 15, 24
ㄴ 서비스를 추가하거나 변경할 필요가 있을 때 15
ㄷ 새로운 정보를 파악했을 때 5, 15
ㄹ 새로운 업무방법을 찾았을 때 15
ㅁ 업무를 잘못 수행했을 때 15, 32-2
ㅂ 사고가 발생했을 때

③ 업무보고 형식

구두보고	• 상황이 급하거나 사안이 가벼울 때 많이 이용한다. 18, 34, 35 • 결론부터 보고하고, 경과와 상태, 원인 등을 보고한다. • 신속하게 보고할 수 있다는 장점, 정확한 기록을 남길 수 없다는 단점이 있다. • 상황이 급할 때는 구두보고를 먼저 하고, 나중에 서면보고로 보완한다. 36-1
서면보고 32, 37-2	• 보고내용이 복잡하거나 숫자나 지표가 필요한 경우 이용한다. 32-2 • 정확성을 필요로 할 때 이용한다. 20, 22, 25, 26 • 자료를 보존할 필요가 있을 때 이용한다. 34 • 정기 업무보고(일일, 주간, 월간보고), 사건보고가 있다. 20, 22, 26 • 정확한 기록을 남길 수 있는 있는 장점, 신속하게 보고할 수 없다는 단점이 있다.
전산망 보고	• 능숙하게 사용할 수 있으면 시간을 절약할 수 있고 편리하다는 장점이 있다. • 구두보고와 같이 실시간으로 확인할 수 있고, 서면보고와 같이 기록으로 남길 수 있다는 장점을 동시에 가지고 있다.

3. 업무회의 표준교재 440p

① 사례회의

   ㉠ 대상자의 상황과 제공되는 서비스를 점검하고 평가하여 대상자의 욕구에 맞는 서비스를 제공하기 위한 회의이다. 2, 37-2

   ㉡ 재가장기요양기관에서의 사례회의는 기관장, 사회복지사, 요양보호사 간 회의가 일반적이다.

   ㉢ 사례회의 목적 32-1

      • 대상자에게 제공되는 서비스의 질을 지속적으로 관리한다. 34

      • 대상자에 대한 정보 교환과 요양보호의 목표를 공유하고, 서비스의 질을 향상시킨다.

      • 대상자에 대한 서비스제공 계획의 타당성을 검토하여 서비스 내용을 조정한다. 36-2

      • 대상자와 관계된 직종들의 역할 분담을 명확히 한다.

   ㉣ 사례회의 절차

      • 발표자가 해결해야 할 문제에 초점을 맞추어 사례개요를 설명한다.

      • 해결해야 할 문제에 대해 참가자의 의견을 듣는다.

      • 회의 결과 및 향후 계획을 논의한다.

      • 회의록을 작성하고 참가자들로부터 서명을 받는다.

② 월례회의(간담회)

   ㉠ 요양보호사들이 정보와 경험을 서로 공유한다. 16

   ㉡ 요양보호사들의 업무 준수사항을 전달한다. 16

   ㉢ 요양보호사들의 애로사항을 듣기 위해 개최한다. 16

   ㉣ 간담회라는 명칭으로 불리기도 한다. 16

   ㉤ 월례회의 특징

      • 관리자가 요양보호사의 업무와 관련된 정보와 업무 준수사항 등을 전달

      • 요양보호사가 대상자에 대한 요양보호와 관련된 정보, 예를 들어 대상자의 건강, 사고 등에 대한 정보를 전달

      • 관리자가 요양보호사로부터 기관운영, 인사, 복리후생에 대해 의견 및 애로사항을 정취

■ 업무보고의 중요성

- 업무보고가 대상자나 기관의 사고 피해를 줄일 수 없다.
  - 🗒 피해를 최소화한다.

- 요양보호사의 주관적 판단으로 정확하게 보고한다.
  - 🗒 객관적 사실로 정확하게 보고한다.

- 보고 내용이 중복되더라도 정확히 한다.
  - 🗒 중복되지 않게 한다.

- 타 전문직과의 협조 및 의사소통을 원활하게 하지 않는다.
  - 🗒 원활하게 한다.

- 보고는 육하원칙에 따르지 않아도 된다.
  - 🗒 육하원칙에 따라 보고한다.

■ 업무보고의 방법

- 대상자의 사생활을 기록한다.
  - 🗒 불필요한 사생활은 기록하지 않는다.

- 요양보호사의 의견을 기록한다.
  - 🗒 객관적인 사실을 기록한다.

- 서비스가 종결된 이후 한꺼번에 기록한다.
  - 🗒 그때그때 신속하게 기록한다.

- 중요한 부분은 반복하여 작성한다.
  - 🗒 중복되지 않게 한다.

- 주관적 사실을 보고한다.
  - 🗒 객관적인 사실을 보고한다.

- 중요한 사안은 기록하고 보고하지 않는다.
  - 🗒 기록 및 보고한다.

- 대상자의 상태가 평상시와 다를 때에만 보고한다.
  - 🗒 서비스 추가 및 변경, 새로운 정보 파악, 새로운 업무방법, 잘못된 업무 수행, 사고 발생 시 보고한다.

- 업무보고는 천천히 해도 된다.
  - 🗒 신속하게 보고한다.

- 정확성이 필요한 내용은 구두로 보고한다.
  - 🗒 서면보고로 한다.

- 업무 중 느낀 점을 기록하여 보고한다.
  - 🗒 사실을 있는 그대로 기록 · 보고한다.

01 요양보호사의 업무보고에 관한 설명으로 옳지 <u>않은</u> 것은?

① 서비스의 시작과 끝을 기록한다.

② 보고 내용이 중복되지 않도록 한다.

③ 요양보호사의 주관적 판단으로 정확하게 보고한다.

④ 업무보고는 타 전문직과의 협조 및 의사소통을 원활하게 할 수 있다.

⑤ 예기치 못한 사고 시 즉시 시설장에게 보고한다.

정답 01 ③

60 치매대상자의 일상생활 지원 (약물요법 · 식사 · 배설 돕기)

1. 약물요법 표준교재 442p

① 약물복용의 중요성

㉠ 약물을 복용하여 증상을 늦추면 치매증상으로 고생하는 기간이 줄어들며, 가족들에게도 수발 부담이 줄어들 수 있다.

㉡ 약물을 바꾸거나 용량을 늘렸을 때는 부작용이 나타나는지 면밀히 관찰하고 메모하여, 병원에 갈 때 가져가야 한다. 34, 36-1

② 투여 약물의 종류

인지기능개선제	병의 완치라기보다는 악화를 지연하기 위해 투여한다.
정신행동증상개선제	망상, 환각, 우울, 공격성 등 다양한 정신행동 증상을 개선하기 위해 처방된 약물을 투여한다.

2. 일상생활 돕기 기본 원칙

① 일상생활지원의 목적

㉠ 대상자 상태를 정확히 파악한다.

㉡ 남아있는 정신기능을 최대한 활용한다.

㉢ 정상적인 신체기능으로 최대한 복귀한다.

㉣ 대상자에게 의미 있는 환경을 조성한다.

② 기본원칙

㉠ 따뜻하게 응대하고 치매대상자를 존중한다.

- 정면에서 야단치거나 부정하거나 무시하지 않는다.
- 대상자의 생활 자체를 소중히 여기고 환경을 바꾸지 않는다. 15, 35, 37-2

㉡ 규칙적인 생활을 하게 한다.

- 대상자의 혼란을 경감시키고 정신적 안정에 도움이 된다.
- 병을 조기 발견하는 데 도움이 된다.
- 대상자에게 맞는 일정을 만들어 규칙적인 생활을 하게 한다. 1, 15, 35

ⓒ 대상자에게 남아있는 기능을 최대한 살린다.

- 할 수 있는 일은 <u>스스로</u> 하도록 하여 남아있는 기능을 유지한다. 3, 15, 35
- 습관적으로 해오던 일들을 할 수 있게 한다. 36-2, 37-2

ⓔ 상황에 맞는 요양보호기술을 익혀 제공한다.

ⓜ 항상 안전에 주의한다. 37-2

3. 식사돕기

① 기본 원칙

ⓐ 의치가 잘 고정되어 있는지 확인한다.

ⓑ 당뇨병이나 고혈압 음식은 접근할 수 없는 장소에 해당 음식을 둔다.

ⓒ 그릇은 접시보다는 사발을 사용하여 덜 흘리게 한다. 11, 32-1

ⓓ 투명한 유리제품보다는 색깔이 있는 플라스틱 제품을 사용하는 것이 좋다. 10, 20, 25, 27, 32, 37-2

ⓜ 소금이나 간장을 식탁 위에 두지 않는다. 20, 25, 32-1

ⓗ 씹는 행위를 잊어버린 치매대상자에게는 다음 사항을 주의해야 한다.

- 질식의 위험성이 있는 작고 딱딱한 사탕이나 땅콩, 팝콘 등은 삼간다.
- 고기를 갈아서 제공한다. 15, 16, 17
- 반숙된 계란, 과일 통조림 등을 갈아서 제공한다.

ⓢ 치매대상자가 물과 같은 묽은 음식에 사레가 자주 걸리면 좀 더 걸쭉한 액체음식을 제공한다. 2, 35

ⓞ 치매대상자가 졸려하거나 초조해하는 경우 식사를 제공하지 않는다. 20, 27, 32

ⓩ 치매대상자가 식사를 하지 않으려고 할 때 식사하는 방법을 순서대로 가르쳐 준다. 34

② 치매대상자가 식사를 하지 않으려고 할 때 확인할 사항

- 입안의 상처가 있는가?
- 틀니가 잘 맞지 않는가? 36-2
- 복용하는 약의 부작용으로 식욕이 떨어진 것인가?
- 대상자가 수저의 사용법을 잊었는가?
- 시력에 문제가 있어 음식에 혼란을 느끼는가?
- 음식에 대한 인식이 불가능한 상태인가?

③ 돕는 방법

식사 전	• 치매대상자는 뜨거운 음식에 대한 판단력이 부족하기 때문에, 식사 전에 음식 온도를 요양보호사가 미리 확인한다. 8, 18, 25 • 대상자가 음식을 손으로 먹거나 흘리는 등에 대비하여 비닐 식탁보나 식탁용 매트를 깔아준다. 7 • 턱받이보다는 앞치마를 입힌다. 32, 32-1 • 음식을 잘게 잘라서 부드럽게 조리한다. 15, 20, 27, 36-2
식사 중	• 물을 마실 때 흘릴 경우에는 빨대와 플라스틱 덮개가 부착된 컵을 사용한다. 4, 15, 32 • 손잡이가 크거나 손잡이에 고무를 붙인 약간 무거운 숟가락을 쥐어준다. 5, 6, 7, 9, 12, 14, 15, 20, 27, 28, 32, 32-1, 35, 36-2 • 대상자의 혼란 예방을 위하여, 한 가지 음식을 먹고 난 후 다른 음식을 내어놓는다. 25 • 숟가락으로 떠먹이는 치매대상자는 한 번에 조금씩 먹이고 음식을 삼킬 때까지 충분히 기다린다. 15

식사 후	• 섭취한 음식의 종류와 양을 정확히 기록한다. • 치매대상자가 식사하지 않아 체중이 감소하면 의료진에게 알리고 그 원인을 파악한다. 7, 9, 11 • 체중감소 이유를 발견하지 못한 경우에는 치매대상자가 평소 좋아하는 음식이나, 걸쭉한 형태의 고열량 액체 음식을 제공한다. • 필요시 처방된 비타민과 단백질을 포함한 약을 주기도 한다.

④ 치매대상자의 식사 시 고려할 점

   ㉠ 대상자의 식사습관과 음식에 대한 기호를 최대한 반영하기

      예 즐겨 먹던 반찬과 간식 제공하기

   ㉡ 안정된 식사 분위기를 조성하기 27

      예 조용한 음악틀기, 텔레비전 끄기

   ㉢ 규칙적인 일과에 따라 식사하기 25, 35

      예 같은 장소, 같은 시간, 같은 식사도구

   ㉣ 식탁에 앉으면, 바로 식사하도록 준비하기

      예 컵에 미리 물을 담아놓기, 생선 등의 가시, 뼈는 미리 제거해주기

4. 배설돕기 표준교재 446p

① 대상자가 화장실에 가고 싶을 때 보이는 비언어적 신호 19

   ㉠ 바지의 뒷부분을 움켜잡고 있다.

   ㉡ 옷을 올린다.

   ㉢ 구석진 곳을 찾는다.

   ㉣ 대중 앞에서 옷을 벗으려고 한다.

   ㉤ 서성이면서 안절부절못한다.

② 기본원칙

   ㉠ 요의나 변의를 느끼지 못하면 배설기록지를 기록하여 배설시간과 양 등의 습관을 파악한다.

   ㉡ 치매대상자의 방을 화장실에서 가까운 곳에 배정한다. 9

   ㉢ 화장실 위치를 알기 쉽게 표시해 둔다. 20

   ㉣ 화장실에서 옷을 쉽게 벗을 수 있도록 벨트나 단추 대신 조이지 않는 고무줄 바지를 입도록 하고 세탁하기 편하고 빨리 마르는 옷감이 좋다.

   ㉤ 낮에는 가능하면 기저귀를 사용하지 않는 것이 좋다. 16

   ㉥ 야간에 화장실 이용이 위험할 때는 시트나 등받이가 있는 이동변기를 사용하게 한다. 25

   ㉦ 대소변을 잘 가렸을 때는 칭찬을 해주고, 실금한 경우에도 괜찮다고 말한다. 15, 16

③ 돕는 방법

공통 적용	• 식사 전, 외출 전에 화장실 이용을 유도하며 강요하지 않는다. 15, 16 • 하루 식사량과 수분 섭취량은 적당량을 유지한다. 16, 23, 25, 32 – 1 • 배뇨곤란이 있는 경우 야간에 수분섭취를 제한한다. 32 – 1 • 요양보호사가 뒤처리하는 손동작을 보여주며 스스로 하게 한다. 6, 8, 10, 16 • 뒤처리 후에는 아무 일도 없었던 것처럼 행동한다.

실금 한 경우	• 민감하게 반응하지 않고, 비난하거나 화를 내지 않는다. [17, 25] • 가능한 한 빨리 더러워진 옷을 갈아입힌다. [4, 17, 25, 29] • 실금한 피부는 씻긴다. [17] • 환기를 자주 시키고 요와 이불을 잘 말려서 실금 후 냄새를 관리한다. [17] • 배설상황을 기록하여 배설리듬을 확인한다. • 배뇨관리로는 소변을 볼 때 방광을 확실히 비우게 하기 위해 배뇨 후, 허리를 구부리고 아랫배(치골상부)를 눌러준다. [8, 18, 23, 32-1] • 요실금이 있으면 배뇨 스케줄에 따라 계획된 배뇨 훈련을 시행해 본다. [16, 32-1, 32-2] • 낮에는 2시간, 밤에는 4시간 간격으로 배뇨하게 한다. [15, 16, 17, 23] • 변실금이나 설사를 하는 경우, 의료인과 상의한 후 원인을 확인하고 대변이 무르지 않도록 섬유질 섭취를 조절한다.
변비인 경우	• 섬유질이 많은 음식과 하루 1,500~2,000cc 정도의 충분한 수분을 섭취한다. • 일정한 시간 간격으로 변기에 앉혀 배변을 유도한다. • 손바닥을 이용하여 배를 가볍게 마사지하여 불편감을 줄여준다. • 관장은 의료행위이므로 간호사가 수행해야 한다.

변비의 원인

• 운동 부족
• 섬유질 섭취 부족
• 수분 섭취 부족
• 알루미늄이나 칼슘이 포함된 제산제 또는 진통소염제 복용

변비 해소에 좋은 식품

• 섬유질이 많은 식품 : 사과, 빨간 무, 옥수수, 콩, 자두, 딸기, 곡류, 빵, 감자껍질
• 발효식품 : 식초에 담근 양배추, 이스트가 많이든 빵, 토마토주스, 요구르트, 푸른 잎 채소

■ **치매대상자 일상생활 돕기**
- 새로운 환경으로 자주 바꾸어 준다.
  📖 환경을 바꾸지 않는다.

- 요양보호사의 일상생활에 맞추어 일정을 짠다.
  📖 대상자에게 맞춘다.

- 일상생활을 처음부터 끝까지 요양보호한다.
  📖 할 수 있는 일은 스스로 하도록 하여 대상자의 남아있는 기능을 최대한 살린다.

- 모든 치매대상자에게 일률적인 요양보호를 적용한다.
  📖 상황에 맞는 요양보호기술을 익혀 제공한다.

■ **치매대상자 식사 돕기 방법**
- 음식은 한꺼번에 갈아서 제공한다.
  📖 씹는 행위를 잊어버린 치매대상자에게는 고기를 갈아서 제공한다.

- 예쁜 유리그릇에 음식을 담아준다.
  📖 색깔이 있는 플라스틱 제품을 사용하는 것이 좋다.

- 물은 스스로 마시도록 주전자를 옆에 둔다.
  📖 빨대와 플라스틱 덮개가 부착된 컵을 사용한다.

- 소금이나 간장을 식탁 위에 올려둔다.
  📖 두지 않는다.

- 음식은 크게 썰어서 드시게 한다.
  📖 잘게 잘라서 부드럽게 조리한다.

- 여러 가지 음식을 한꺼번에 내어 놓는다.
  📖 한 가지 음식을 먹고 난 후 다른 음식을 내어 놓는다.

- 숟가락으로 떠먹일 때는 한 번에 수북하게 떠서 제공한다.
  📖 한 번에 조금씩 먹이고 음식을 삼킬 때까지 충분히 기다린다.

- 음식이 입안에 있을 때 또다시 음식을 먹인다.
  📖 다 삼킨 것을 확인하고 먹인다.

- 음식을 원할 때마다 제공한다.
  📖 규칙적인 시간에 식사를 제공한다.

- TV를 켜서 즐겁게 식사하도록 한다.
  📖 안정된 식사 분위기를 조성한다(조용한 음악 틀기, 텔레비전 끄기).

- 졸려하더라도 규칙적으로 식사를 하도록 한다.
  📖 졸려하거나 초조해하는 경우 식사를 제공하지 않는다.

■ 치매대상자 배설 돕기 방법

- 낮에는 가능한 기저귀를 채운다.
  - 📒 사용하지 않는 것이 좋다.

- 실금한 경우에는 민감하게 반응한다.
  - 📒 괜찮다고 말한다.

- 외출 전에는 반드시 화장실을 다녀오도록 강요한다.
  식사 전후에는 매번 변기에 앉혀 변을 보게 한다.
  취침 전에는 반드시 화장실에 다녀오도록 한다.
  - 📒 식사 전, 외출 전에 화장실 이용을 유도하되 강요하지 않는다.

- 배뇨훈련 시 낮에는 4시간 간격으로 한다.
  - 📒 낮에는 2시간, 밤에는 4시간 간격으로 한다.

- 정해진 시간에 배설을 하도록 강요한다.
  - 📒 배뇨 스케줄에 따라 계획된 배뇨 훈련을 시행해 본다.

- 화장실을 잘 찾지 못하면 화장실이 있는 곳을 큰 목소리로 알려준다.
  화장실 방향을 손짓으로 가리켜준다.
  - 📒 화장실 위치를 알기 쉽게 표시해 둔다.

- 변기의 경우 수시로 변기에 앉혀 배변을 유도한다.
  - 📒 일정한 시간 간격으로 변기에 앉혀 배변을 유도한다.

- 벨트와 단추가 있는 바지를 입힌다.
  - 📒 벨트나 단추 대신 조이지 않는 고무줄 바지를 입도록 한다.

- 실금한 경우 정해진 시간에만 환기를 시킨다.
  - 📒 환기를 자주 시킨다.

- 실금한 경우 옷을 천천히 갈아입힌다.
  - 📒 더러워진 옷은 빨리 갈아입힌다.

- 실금한 경우 실금한 피부는 씻기지 않는다.
  - 📒 실금한 피부는 씻긴다.

- 실금한 경우 즉시 기저귀를 채운다.
  - 📒 가능한 자제한다.

- 실금한 경우 하루 동안 수분 섭취를 제한한다.
  - 📒 하루 식사량과 수분 섭취량은 적당량을 유지한다.

- 실금한 경우 실금이 반복되지 않도록 주의를 준다.
  실금한 경우 당황하지 않게 그대로 둔다.
  - 📒 민감하게 반응하지 말고, 비난하거나 화를 내지 않는다.

01 치매대상자를 대하는 태도로 옳지 <u>않은</u> 것은?

① 할 수 있는 일은 스스로 하도록 한다.
② 생활 자체를 소중히 여기고 환경을 바꾸지 않는다.
③ 요양보호사의 일상생활에 맞추어 일정을 짠다.
④ 대상자에게 남아 있는 기능을 최대한 살린다.
⑤ 상황에 맞는 요양보호 기술을 익혀 제공한다.

02 치매대상자의 식사 돕기 방법으로 옳지 <u>않은</u> 것은?

① 씹는 행위를 잊어버린 치매대상자에게는 고기를 갈아서 제공한다.
② 색깔이 있는 유리그릇에 담아 제공한다.
③ 숟가락을 인지할 수 있도록 약간 무거운 것을 쥐어 준다.
④ 음식의 온도를 식사 전에 미리 확인한다.
⑤ 치매대상자가 식사를 하지 않아 체중이 감소하면 의료진에게 알린다.

03 치매대상자의 배설 돕기 방법으로 옳지 <u>않은</u> 것은?

① 바지 뒷부분을 잡고 안절부절 못하며, 구석진 곳을 찾을 때는 화장실로 안내한다.
② 기저귀를 교환하지 않겠다고 할 때 "개운해질 거예요." 하며 긍정의 표현을 한다.
③ 화장실 문에 '화장실'이라고 써서 붙여 놓는다.
④ 실금한 경우에는 민감하게 반응한다.
⑤ 요양보호사가 뒤처리하는 손동작을 보여주며 스스로 하게 한다.

04 치매대상자의 배설관리 방법으로 옳지 <u>않은</u> 것은?

① 더러워진 옷을 갈아입히고 안정시킨다.
② 요실금이 있는 경우 허리를 구부리고 아랫배를 눌러준다.
③ 요실금이 나타날 때는 배뇨 훈련을 시도한다.
④ 낮에는 4시간, 밤에는 2시간 간격으로 배뇨하게 한다.
⑤ 초기 치매대상자는 안전을 위해 야간에는 이동식 변기를 사용한다.

정답 01 ③ 02 ② 03 ④ 04 ④

61 치매대상자의 일상생활 지원 (위생 · 운동 · 안전 돕기)

1. 개인위생 돕기 표준교재 449p

① 목욕 표준교재 449p

기본원칙	• 조용히 부드럽게 대한다. • 목욕을 강요하지 말고 목욕과정을 단순화한다. 2, 17 • 일정한 시간에 정해진 방법에 따라 목욕을 하여 치매대상자의 거부감을 줄인다. • 치매대상자는 뜨겁거나 차가운 것에 대한 판단력이 떨어지기 때문에 요양보호사가 미리 목욕물 온도를 확인한다. 17, 20, 22 • 욕조 바닥에 미끄럼 방지 매트를 깔아준다. 11, 22 • 치매대상자를 욕실 내에 혼자 머무르게 하지 않는다. 20, 22 • 치매대상자가 욕조에 들어갈 때는 반드시 옆에서 부축한다.
돕는 방법	• 대상자가 해야 할 일을 한 가지씩 제시하고 정중하게 대한다. • 물에 대한 거부반응을 보일 때는 작은 그릇에 물을 떠서 장난치게 한다. 7, 17 • 목욕을 거부할 때 대상자 및 요양보호사의 안전을 위해 혼자서 목욕을 시키지 않는다. • 욕조에서 미끄러지더라도 다치지 않도록 발목 정도 높이의 물을 미리 받아 둔다. 20 • 욕조에 적당량의 물을 받아 둔 후 들어가게 하고, 조금씩 채운다. 20 • 운동실조증이 있는 치매대상자는 샤워보다는 욕조에서 목욕하는 것이 안전하다. 20, 22 • 욕조 시설이 없으면 샤워실 내에 지지대를 설치 또는 목욕의자 사용한다.

② 구강위생 표준교재 450p

기본원칙	• 부드러운 칫솔을 사용한다. 19 • 치약은 삼켜도 상관없는 어린이용을 사용한다. 8 • 의치는 하루에 6~7시간 정도 제거하여 잇몸에 무리를 주지 않게 한다. • 의치가 잘 맞지 않으면 치과의사에게 교정을 의뢰한다.
돕는 방법	• 거울을 보고 칫솔질을 하게 하거나, 옆에서 한 동작씩 시범 보여준다. • 양치한 물을 뱉지 않는 경우, 입안에 칫솔이나 숟가락을 넣고 말을 건네어 물이 뱉어지게 한다. 19 • 스스로 양치질할 수 있는 치매대상자가 양치질을 거부할 경우 물치약이나 2% 생리식염수로 적신 거즈를 감은 설압자 또는 일회용 스펀지 브러시에 묻혀 치아와 입안을 닦아 치석 생성을 예방한다. • 의치는 변형이 되지 않도록 의치 보관 용기에 물을 넣어 담가 둔다. 19 • 치아가 없는 치매대상자는 식후에 물이나 차를 마시게 한다. 19

	누워서 지내는 치매대상자의 구강위생관리

- 칫솔 또는 면봉으로 이와 이사이, 잇몸을 닦는다.
- 부리가 긴 주전자로 입 아래쪽으로 50~60cc의 따뜻한 물을 넣어준다.
- 입안의 물을 받아 낼 그릇을 대상자의 볼에 대고 밀착시켜, 입안의 물이 흘러 내리도록 해 뱉어내게 한다.

③ 옷 입기 표준교재 451p

기본원칙	• 계절에 맞는 옷을 제공한다. 3 • 몸에 꼭 끼지 않고, 빨래하기 쉬운 옷을 제공한다. 19, 25 • 색깔이 요란하지 않고 장식이 없는 옷을 선택한다. 5, 19, 25 • 시간이 걸려도 혼자 입도록 격려한다. 3, 10, 25 • 옆에서 지켜보고, 앉아서 입게 한다. 25
돕는 방법	• 치매대상자가 옷을 순서대로 입지 못하는 경우 속옷부터 입는 순서대로 옷을 정리해 놓아준다. 25 • 치매대상자가 옷 입는 것을 거부하면 다투지 말고 잠시 기다린 뒤 다시 시도하거나 목욕시간을 이용하여 갈아입힌다. 2, 9 • 단추를 제대로 채우지 못하는 경우 단추 대신 부착용 접착 천으로 된 옷을 이용한다. 19 • 앞뒤를 구분하지 못하는 경우 뒤바꿔 입어도 무방한 옷을 입게 한다. • 자신의 옷이 아니라고 하면, 옷 라벨에 이름을 써 둔다. • 한가지 옷만 입겠다고 고집하면 보호자와 상의 후에 동일한 옷을 여벌로 구매한다. 29

2. 운동 돕기 표준교재 452p

기본원칙	• 현재의 운동기능을 파악하고 운동을 선택한다. 18 • 친숙해진 뒤 운동을 시켜야 한다. • 모든 운동은 머리 쪽에서 시작하여 다리 쪽으로 진행한다. 18, 32-2 • 운동량은 점차 늘린다. • 운동 도중에 문제가 발생하면 시설장이나 간호사 등에게 알린다.
돕는 방법	• 일반적으로 산책이 가장 간편하고 효과적인 운동이다. 18 • 서서히 걷는 시간을 늘리는 것이 좋다. 32-2 • 매일 같은 시간대에 같은 길을 걸으면서 일정한 순서대로 풍경들을 말해주면 혼란을 막고 초조감을 줄일 수 있다. 2, 12, 32-2 • 균형을 잡을 수 있으면 앉은 자세보다 선 자세에서 운동시킨다. 18 • 가능하면, 치매대상자 스스로 운동하도록 유도한다. 18

※ 치매대상자에게 운동이 중요한 이유

- 규칙적으로 운동하는 치매대상자는 운동하지 않는 치매대상자보다 안정적이며, 운동기능이 더 오래 보존된다.
- 치매가 진행되면 근육이 굳어져 관절의 움직임이 둔해진다.
- 손발 관절을 가능한 범위에서 천천히 움직이게 하여 관절이 굳는 것을 예방한다.

3. 안전과 사고예방 표준교재 453p

① 기본원칙

　㉠ 감각 및 기능적인 손상을 고려하여 치매대상자의 환경을 바꾼다.

　㉡ 치매대상자에게 안내를 위해서 시계, 달력, 신문 등과 같은 단순한 단서를 이용한다.

　㉢ 치매대상자가 언어에 대한 이해가 떨어지면, 글로 쓰인 단서보다는 그림을 사용한다.

　㉣ 어두워지기 전에 희미한 불을 켜둔다.

　㉤ 치매대상자가 지나친 자극을 받지 않도록 환경을 단순화한다.

② 돕는 방법

방과 주변	• 치매대상자의 방은 2층보다는 1층이 좋다. [32-1, 34, 36-1, 37-1] • 치매대상자의 방은 잘 관찰할 수 있는 곳에 위치하는 것이 좋다. [37-1] • 난간, 출입구 및 난로 주변에는 밝은색 야광테이프를 붙이는 것이 좋다. [32-1, 34, 37-1] • 위험한 물건은 치매대상자가 발견할 수 없는 곳에 보관한다. [34] • 유리문이나 큰 유리창에는 눈높이에 맞춰 그림을 붙여 유리라는 것을 알게 한다. [12, 32, 36-1] • 창문이 안전하게 잠겨있는지 확인하고, 방 안에서는 잠그지 못하는 문으로 설치한다. [32, 34, 37-1] • 시간을 잘 인식하도록 낮에는 밝게 하고 밤에는 밝지 않게 한다. • 치매대상자가 침대에서 떨어지지 않도록 침대를 벽에 붙여 놓고, 두꺼운 요 등을 침대 밑에 깔아 둔다. [32-1]
화장실	• 방을 화장실 가까운 곳으로 정한다. • 화장실 전등은 밤에도 켜둔다. [32] • 치매대상자의 눈높이에 맞추어 '화장실 표시'를 한다. • 화장실 문은 밖에서도 열 수 있는 것으로 설치한다. [32-1]
욕실	• 욕실의 문턱을 없애 걸려 넘어지지 않게 한다. [32, 36-2, 37-2] • 목욕탕에 난간이나 손잡이를 설치한다. [7] • 미끄럼 방지 매트를 바닥에 설치한다. • 온수파이프는 절연체로 감싸주고, 온수의 온도를 낮추고, 빨간색으로 표시한다. [12, 36-2, 37-2] • 세제는 치매대상자의 눈에 띄지 않는 곳에 보관한다. [11, 36-2] • 놀라지 않도록 거울이나 비치는 물건은 없애거나 덮개를 씌운다. [36-2]
부엌	• 유리그릇은 보관장에 넣고 보관장을 잠가 둔다. [37-2] • 가스선은 밖에서 잠가둔다. • 냉장고에 부착하는 과일이나 채소 모양의 자석은 치매대상자가 먹을 수 있으므로 사용하지 않는다. [37-2] • 음식물 쓰레기는 치매대상자가 꺼내 먹을 수 있기 때문에 부엌 안에 두지 않는다. [37-2]
차 안	• 반드시 안전띠를 착용하게 한다. • 차가 달리는 도중에 안에서 문을 열지 못하도록 잠금장치를 한다.

※ 휠체어를 이용하는 치매대상자 침실 환경 [36-1]

휠체어에 앉아 옷을 걸 수 있게 옷걸이 높이를 조절하고, 침대에서 쉽게 닿을 수 있는 곳에 전화기 또는 비상벨을 설치한다.

③ 치매대상자의 사고 발생 원인 〔17〕

　㉠ 자신의 안전을 고려하지 않는다.

　㉡ 과거에 했던 일이라도 이제 할 수 없다는 사실을 모른다.

　㉢ 새로운 일을 배우는 능력이 부족하다.

　㉣ 금방 잊는다.

　㉤ 상황을 분석하고 평가할 수 없다.

기출 오답 바로잡기 ━━━━━━━━━━━━━━━━━━━━━━━ • CARE WORKER

■ 치매대상자의 목욕 돕기 방법
- 사생활의 보호를 위해 욕실에 혼자 둔다.
  - 📄 치매대상자를 욕실 내에 혼자 머무르게 하지 않는다.

- 욕조에 물을 가득 채운 후 들어가도록 한다.
  - 📄 욕조에 적당량의 물을 받아 둔 후 들어가게 하고, 조금씩 채운다.

- 운동실조증이 있는 대상자는 샤워를 시킨다.
  - 📄 샤워보다는 욕조에서 목욕하는 것이 안전하다.

- 욕실 바닥에 따뜻한 물을 뿌려둔다.
  - 📄 욕조 바닥에 미끄럼방지매트를 깔아준다.

- 대상자가 목욕물의 온도를 미리 확인한다.
  - 📄 요양보호사가 미리 확인한다.

■ 대상자의 잇몸관리 방법
- 치아가 없는 경우에는 구강위생관리를 하지 않는다.
  - 📄 입안 헹구기 등 구강위생관리를 한다.

- 양치한 물을 뱉지 않는 경우, 그냥 둔다.
  - 📄 입안에 칫솔이나 숟가락을 넣고 말을 건네어 물을 뱉게 한다.

- 딱딱한 칫솔모를 이용하여 닦아준다.
  - 📄 부드럽고 둥근 모로 닦아준다.

- 의치는 항상 끼워 놓는다.
  - 📄 하루에 6~7시간 정도 제거하여 잇몸에 무리를 주지 않게 한다.

■ 치매대상자의 옷 입기 돕는 방법
- 몸에 꽉 끼는 옷을 입힌다.
  - 📄 몸에 꼭 끼지 않는 옷을 입힌다.

- 시간이 오래 걸리므로 직접 입혀준다.
  - 📄 혼자 입도록 격려한다.

- 색상이 화려하고 장식이 달린 옷을 제공한다.
  - 📄 색깔이 요란하지 않고 장식이 없는 옷을 선택한다.

- 수치심을 느끼지 않도록 혼자 입게 둔다.
  - 📄 스크린을 쳐 준다.

- 지퍼가 뒤에 달린 옷을 입힌다.
  - 단추가 많은 옷을 제공한다.
  - 📄 접착용 접착 천으로 된 옷을 이용한다.

■ 치매대상자의 운동 돕기 방법

- 균형을 잡을 수 있는 치매대상자는 앉은 상태에서 운동시킨다.
  ☞ 앉은 자세보다 선 자세에서 운동시킨다.

- 체력과 상관없이 모든 종류의 운동을 선택한다.
  ☞ 현재의 운동기능을 파악하고 운동을 선택한다.

- 모든 운동은 다리 쪽에서 시작하여 머리 쪽으로 진행해야 한다.
  ☞ 머리 쪽에서 시작하여 다리 쪽으로 진행한다.

- 스스로 기억하지 못하므로 무조건 따라 하게 한다.
  ☞ 가능하면 치매대상자 스스로 운동하도록 유도한다.

 핵심 족집게 문제 ──────────── • CARE WORKER

01 치매대상자의 일상생활 지원에 관한 내용으로 옳지 <u>않은</u> 것은?

① 물에 대한 거부반응을 보일 때는 작은 그릇에 물을 받아서 장난치게 한다.
② 미끄러지지 않도록 욕조 내에 발목 정도 높이의 물을 받아 둔다.
③ 치아가 없는 대상자의 잇몸관리는 식후에 차 또는 물을 마시도록 한다.
④ 순서대로 입지 못하는 경우 속옷을 맨 위에 올려놓는다.
⑤ 몸이 불편한 치매대상자에게 적합한 옷은 단추가 많은 옷이다.

62 반복적 질문 · 음식섭취 · 수면 · 배회 문제행동 대처

1. 반복적인 질문이나 행동 표준교재 456p

기본원칙	• 좋아하는 활동을 함께하면서 주의를 환기한다. 9, 11, 13, 15, 19, 21, 25, 32, 35, 37-2 • 반복적인 행동이 해가 되지 않으면 그냥 놔두어도 된다. 15, 33 • 치매대상자가 심리적 안정과 자신감을 갖게 도와준다. • 질문에 답을 해주는 것보다 치매대상자를 다독거리며 안심시켜 주는 것이 중요하다. 3, 15, 19 • 반복되는 행동을 억지로 제지하지 않는다. 15, 33, 36-1, 37-2
돕는 방법	• 크게 손뼉을 치는 등 관심을 돌린다. 21, 30 • 치매대상자가 좋아하는 음식을 준다. • 좋아하는 노래를 함께 부른다. 8, 37-2 • 과거의 경험 또는 고향과 관련된 이야기를 나눈다. • 콩 고르기, 공놀이, 나물 다듬기, 빨래 개기 등 단순하게 할 수 있는 일거리를 제공한다. 6, 15, 21, 28, 29, 30, 33, 35

반복적인 질문이나 행동을 하는 이유

• 주변 상황을 인식할 수 없기 때문에 자신의 안전을 확인하고 싶어 한다.
• 논리적으로 생각하는 데 문제 있기 때문에, 자신이 가진 의문에 대한 답을 구하지 못했다고 생각한다.
• 관심을 얻기 위해 행동한다.

반복적 행동의 예

• 서랍 안의 물건을 꺼내어 헝클어 놓는 것을 반복한다. 33, 36-2
• 휴지를 찾아다니며 주머니에 모은다.
• 짐을 싸다가 다시 풀어 놓기를 반복한다. → 음식을 함께 만들어 보자고 말한다. 23, 36-2

2. 음식섭취 관련 문제행동 _{표준교재 457p}

① 치매대상자는 음식을 지나치게 많이 먹거나 계속 배고픔을 호소하고, 음식이 아닌 것을 먹거나 음식을 거부할 수 있어 영양관리가 필요하다.

② 기본원칙과 돕는 방법

기본원칙	• 화를 내거나 대립하지 않는다. 　예 치매대상자가 아무 때나 밥을 달라고 하는 경우, "방금 드셨는데 무슨 말씀이세요?"라며 대상자의 말을 부정하면 혼란스러워하므로 "지금 준비하고 있으니까 조금만 기다리세요."라고 친절하게 얘기한다. 1, 5, 7, 12, 15, 21, 22, 25, 32 • 서두르지 않고 천천히 먹게 한다. • 장기적인 식사거부는 시설장이나 간호사 등에게 보고한다. • 치매대상자의 음식섭취 관련 문제행동 　－계속 같은 종류의 음식만 먹는다. 　－밥을 먹고도 계속 식사를 요구한다. 　－단추, 종이, 비닐봉투, 변, 비누, 샴푸, 틀니, 세제 등을 입에 넣고 우물거린다. 32-1
돕는 방법	• 그릇의 크기를 조정하여 식사량을 조정한다. 19 • 치매대상자가 좋아하는 대체식품을 이용한다. 18 • 식사 도구를 사용하지 못할 경우 손으로 집어 먹을 수 있는 식사 제공한다. • 위험한 물건을 빼앗기지 않으려고 하는 경우, 치매대상자가 좋아하는 다른 간식과 교환한다. 　23, 24, 33, 36-1, 37-2 • 금방 식사한 것을 알 수 있도록 먹고 난 식기를 그대로 두거나 매 식사 후 달력에 표시하게 한다. 　8, 30, 32

3. 수면장애 _{표준교재 459p}

① 혈관성 치매에 걸리면, 뇌순환 장애로 인해 수면각성 리듬이 깨져 수면장애가 자주 나타난다.

　예 2~3일 잠을 자지 않고, 2~3일 뒤에 계속 잠을 잔다. 밤에 일어나 돌아다니다 낮잠을 잔다. 29

② 기본원칙과 돕는 방법

기본원칙	• 하루 일과 안에 휴식시간과 가능하면 집 밖에서의 운동을 포함시킨다. • 수면에 좋은 환경을 만든다. 36-2
돕는 방법	• 낮에 졸게 되면 밤에 수면장애가 심해지므로 산책과 야외활동 운동하도록 돕는다. 　6, 13, 15, 17, 22, 32-1, 36-1, 37-1 • 낮에 프로그램에 참여하여 낮잠을 줄인다. 15, 19, 22, 27, 33 • 낮 동안의 수면상태를 파악한다. 32-1, 37-1 • 밤낮이 바뀌어 낮에 꾸벅꾸벅 조는 경우 말을 걸어 자극을 준다. 15, 17, 35, 37-1 • 소음을 최대한 줄여주고, 적정 실내온도를 유지한다. 17, 22, 27, 32-1, 36-1 • 오후와 저녁에는 커피나 홍차, 술과 같은 음료를 주지 않는다. 15, 17, 22, 27, 32-1, 33, 36-1, 37-1 • 잠에서 깨어나 외출하려고 하면 요양보호사가 동행한다. 22

4. 배회 표준교재 460p

① 아무런 계획도 목적지도 없이 돌아다니는 행위이다. 15, 25

② 배회는 기억력 상실이나 시간과 방향 감각의 저하로 인한 문제행동 혼란, 정서적인 불안, 배고픔, 화장실을 찾지 못해 안절부절못하는 것 등이 원인이 될 수 있다. 25

③ 기본원칙과 돕는 방법

기본원칙	• 신체적 손상을 방지하기 위해 안전한 환경을 제공한다. • 규칙적으로 시간과 장소를 알려주어 현실감을 유지하게 한다. • 치매대상자가 활기차게 활동하며 바쁘게 생활하게 한다. • 안전한 환경을 조성하며 소음을 차단한다.
돕는 방법	• 낙상 방지를 위해 안전한 주변 환경을 조성한다. 8, 9, 29, 32 • 치매대상자의 신체적 욕구를 파악하고 우선적으로 해결해 준다. 19, 23, 24, 33, 34, 36-1 • 단순한 일거리를 주어 배회 증상을 줄인다. 7, 10, 19, 21, 29, 32-2, 36-2 • 집 안에서 배회하는 경우 배회코스를 만들어 둔다. 3, 12, 24, 29, 36-2, 37-1 • 치매대상자가 신분증을 소지하도록 한다. 37-2 • 배회 예방을 위해 현관이나 출입문에 벨을 달아 놓는다. 21, 28, 29, 32-1, 37-2 • 창문 등 출입이 가능한 모든 곳의 문을 잠근다. 18, 21, 23, 26, 27, 32-2, 33, 34, 35, 36-2, 37-1 • 텔레비전이나 라디오를 크게 틀어놓지 않는다. 18, 21, 23, 26, 27, 28, 32-2, 34, 35, 37-2 • 집 안을 어둡게 하지 않는다. 24, 26, 27, 28, 32, 34, 35, 36-2, 37-1 • 낮 시간에 단순한 일거리를 주어 에너지를 소모하게 한다. 18, 19, 28, 33 • 집 청소, 산책, 목욕 등 건설적인 일을 주며, 밖에 나가거나 쇼핑을 하는 것은 활력제가 되며 수면의 질도 향상한다. • 고향이나 가족에 대한 대화를 나누어 관심을 다른 곳으로 돌림으로써 정서 불안에 의한 배회를 줄여준다. 7, 14, 35, 37-1 • 가족 앨범을 같이 본다. 18, 19 • 상실감이나 욕구와 관련된 배회일 때는 주변을 친숙한 것으로 채워준다. 21, 28 • 가족과 함께 하는 시간을 갖는다. 26, 32-2

치매대상자의 신체적 욕구를 우선적으로 해결해야 하는 이유
치매대상자는 희망하는 바를 적절하게 표현하지 못하기 때문에 배고픔, 대소변을 싼 침구, 춥거나 더운 방, 위통이나 요통 같은 질병 등으로 초조감을 느끼고 배회할 수 있기 때문이다.

■ 반복적인 질문이나 행동을 돕기 위한 방법

- 질문을 할 때마다 대답해 준다.
  📋 질문에 답을 해주는 것보다 치매대상자를 다독거리며 안심시켜 주는 것이 중요하다.

- 반복행동을 제지한다.
  📋 억지로 제지하지 않는다.

- 모르는 척 그대로 둔다.
  못 들은 척한다.
  다른 방에 혼자 있게 한다.
  행동이 멈출 때까지 지켜본다.
  📋 좋아하는 활동을 함께하면서 주의를 환기한다.

- 복잡한 일거리를 제공한다.
  📋 단순하게 할 수 있는 일거리를 제공한다.

- 대상자를 거실로 옮겨 놓는다.
  📋 좋아하는 노래를 함께 부른다.

- 큰 소리로 화를 내며 멈추게 한다.
  📋 크게 손뼉을 치는 등 관심을 돌린다.

■ 치매대상자의 수면을 돕는 방법

- 밤에 라디오를 크게 틀어 놓는다.
  📋 소음을 최대한 줄여 준다.

- 밤에 침실 조명을 밝게 유지한다.
  📋 밝지 않게 밝혀 둔다.

- 실내온도를 17~19℃로 유지한다.
  실내온도를 15~18℃로 유지한다.
  실내온도를 서늘하게 유지한다.
  📋 실내온도는 보통 20~23℃로 맞춘다.

- 밤에 따뜻한 녹차를 제공하여 수면을 돕는다.
  📋 커피나 홍차, 술과 같은 음료를 주지 않는다.

- 낮잠을 충분히 자도록 한다.
  📋 낮에 졸게 되면 밤에 수면장애가 심해지므로 낮잠 대신 산책과 야외활동 운동을 하도록 돕는다.

- 잠에서 깨어나 외출하려고 하면 누워 있게 한다.
  📋 요양보호사가 함께 동행한다.

- 운동량을 크게 증가시킨다.
  📋 산책과 야외활동으로 가볍게 운동한다.

■ 치매대상자가 배회할 때 돕는 방법

- 조용한 방에 가두고 불을 꺼 놓는다.
  집안을 어둡게 하여 수면시간임을 알린다.
  🔖 집 안을 어둡게 하지 않는다.

- 밖으로 나가지 않도록 충분히 주의를 준다.
  대상자가 불안하지 않도록 출입문을 열어 둔다.
  🔖 벨을 달아 놓는다.

- 창문이나 기타 출입구를 항상 열어 놓는다.
  🔖 모든 곳의 문을 잠근다.

- 라디오나 TV 등을 크게 틀어 놓아 정서적으로 안정감을 느끼도록 해준다.
  🔖 TV나 라디오를 크게 틀어 놓지 않는다.

- 복잡한 일거리를 주어 분주하게 만든다.
  낮 시간에는 움직임을 제한한다.
  🔖 단순한 일거리를 주어 에너지를 소모하게 한다.

- 정신적 욕구를 우선적으로 해결해 준다.
  🔖 신체적 욕구를 파악하고 우선적으로 해결해 준다.

- 상실감이나 욕구와 관련된 배회일 때는 주변을 깔끔하게 정리한다.
  익숙한 물건들은 치워 놓는다.
  침대 옆에 옷가지를 걸어 정서적인 안정감을 준다.
  🔖 주변을 친숙한 것으로 채워 준다.

- 배회하지 못하도록 주의를 준다.
  🔖 배회 코스를 만들어 둔다.

01 치매대상자의 반복적인 질문이나 행동을 돕기 위한 방법으로 옳지 <u>않은</u> 것은?

① 복잡한 일거리를 제공한다.

② 좋아하는 활동을 함께하면서 주의를 환기시킨다.

③ 대상자를 다독거리며 안심시켜 준다.

④ 반복활동을 억지로 제지하지 않는다.

⑤ 자꾸 종이를 찢는 행위를 할 때는 손뼉을 크게 쳐서 관심을 돌린다.

02 밤에 일어났다 누웠다 하는 치매대상자의 수면을 돕는 방법으로 옳지 <u>않은</u> 것은?

① 낮에 산책과 운동을 하도록 돕는다.

② 수면시간에 소음을 최대한 줄여준다.

③ 낮에 꾸벅꾸벅 졸 때는 말을 걸어준다.

④ 오후에 반드시 커피나 홍차를 마시게 한다.

⑤ 낮에 프로그램에 참여하여 낮잠을 줄인다.

03 치매대상자의 음식 관련 문제행동을 돕는 방법으로 옳지 <u>않은</u> 것은?

① 금방 식사한 것을 알 수 있도록 먹고 난 식기를 그대로 둔다.

② 음식 욕심이 많아서 지나치게 많이 먹을 때는 작은 그릇에 소량씩 자주 드린다.

③ 식사를 하고 금방 밥을 달라고 할 때 "지금 준비하고 있으니 조금만 기다리세요."라고 한다.

④ 화장실에서 손에 비누를 들고 먹으려 할 때는 평소 좋아하는 간식과 교환한다.

⑤ 밥을 먹은 직후 배가 고프다며 밥을 또 달라고 할 때는 "어르신, 방금 드셨잖아요."라고 한다.

04 치매대상자가 야간에 초조한 표정으로 이리저리 배회할 때 돕는 방법이 <u>아닌</u> 것은?

① 신체적 욕구를 파악하되 우선적으로 고려하지 않는다.

② 단기보호시설에서 자꾸 집에 언제 가냐고 물을 때는 어르신이 좋아하는 일을 같이 한다.

③ 방을 밝게 하고 따뜻하게 해 준다.

④ 집에 가야 한다며 밖으로 나가려고 할 때는 방문 앞에 가족사진을 걸어 두고 가족 이야기를 나눈다.

⑤ 현관이나 출입문에 벨을 달아 대상자가 출입하는 것을 관찰한다.

정답 01 ① 02 ④ 03 ⑤ 04 ①

63 환각 · 파괴적 행동 · 석양증후군 · 성적 문제행동 대처

1. 의심, 망상, 환각 표준교재 461p

기본원칙	• 치매대상자의 감정을 이해하고 수용한다. • 보고 들은 것에 대해 아니라고 부정하거나 다투지 않는다. [21, 30, 32-2, 33, 35] • 치매대상자 앞에서 다른 사람들에게 귓속말을 하지 않도록 주의한다. • 잃어버렸다거나 훔쳐 갔다고 주장하는 물건을 찾은 경우, 비난하거나 훈계하지 않는다. • 물건을 발견했을 때도 아무 일도 아닌 것처럼 행동하는 것이 중요하다. [29] • 규칙적으로 시간과 장소를 알려주어 현실감을 유지하게 한다. • 치매대상자가 다른 것에 신경을 쓰도록 계속 관심을 돌린다. • 치매대상자에게 하는 모든 행위에 대해 간단히 설명해 준다.
돕는 방법	• 잃어버린 물건에 대한 의심을 부정하거나 설득하지 말고 함께 찾아본다. 　[1, 2, 6, 8, 9, 10, 14, 16, 19, 25, 33, 36-1, 37-1] • 동일한 물건을 자주 잃어버렸다고 하는 경우, 같은 물건을 준비해 두었다가 잃어버렸다고 주장할 때 내어 놓는다. [32, 36-2] • 치매대상자가 물건을 두는 장소를 파악해 놓는다. • 도둑망상으로 치매대상자가 방을 지킨다며 방 안에만 있기를 고집하면 위험하지 않은 범위 내에서 허용한다. • 치매대상자가 좋아하는 노래를 함께 부르거나 좋아하는 음악을 틀어놓는다. [28, 34] • 망상이 심한 경우 시설장이나 간호사 등에게 알린다. [10, 13, 14, 17, 19]

2. 파괴적 행동 표준교재 462p

① 무의미한 사건으로 보이는 것에 대해 자신뿐만 아니라 주위 사람에게 정서적으로 난폭한 반응을 보이는 것이다.

② 파괴적 행동 사례 : 울고, 분통을 터뜨리고, 욕설하고, 지나치게 안절부절못하고, 때리거나 물고, 침을 뱉고, 주먹으로 치고, 꼬집는 등의 신체적 폭력 [4, 29, 37-2]

③ 치매대상자의 파괴적 행동의 특징
　㉠ 난폭한 행동이 자주 일어나지 않는다. [37-1]
　㉡ 난폭한 행동이 오래 지속되지 않는다. [37-1]
　㉢ 초기에 분노로 시작하며 에너지가 소모되면 지쳐서 중지한다. [37-1]
　㉣ 질병 초기에 나타나서 수개월 내에 사라진다. [13, 37-1]

④ 기본원칙과 돕는 방법

기본원칙	• 규칙적인 일상생활을 하도록 하고 자신의 활동을 예측할 수 있게 한다. 15, 16, 27 • 치매대상자의 수준에 맞는 의사결정권을 준다. 16, 19 • 혼돈하지 않도록 한 번에 한 가지씩 제시하거나 단순한 말로 설명한다. • 이해하지 못한 말은 다른 형태로 설명하지 말고 같은 말로 반복한다. • 천천히 치매대상자의 관심 변화를 유도한다. 16, 27, 28, 37-2 • 행동이 진정되면 왜 그런 행동을 했는지 상기시키는 질문하지 않는다. 15, 16, 18, 19, 22, 23, 24, 25, 28, 32, 32-2, 33, 35 • 참여 중인 활동을 중지시키고 가능한 한 다른 자극을 주지 않는다. 4, 18, 19, 22 • 모든 신체 언어는 위협적으로 느끼지 않게 한다. 18, 23, 33, 34 • 불필요한 신체적 구속은 피한다. 16, 19, 22, 23, 24, 25, 27, 28, 32, 32-2, 34, 35, 36-1
돕는 방법	• 이상행동 반응을 보이면 조용한 장소에서 쉬게 한다. 2, 6, 9, 10, 11, 12, 14, 15, 19, 24, 25, 27, 28, 32-2, 33, 35 • 자극을 주지 말고 조용한 곳에서 쉬게 한다. 22, 25 • 온화하게 이야기한다. 15, 22, 23, 24, 25, 36-1 • 치매대상자가 당황하고 흥분되어 있음을 안정된 태도로 이해한다는 표현을 한다. 27, 32, 34, 36-1 • 갑자기 움직여 대상자가 놀라게 않게 한다. 15, 18, 28, 34 • 구속이 불가피한 경우 신체의 일부만 구속하며 구속한 후에는 공격적인 행동이 사라질 때까지 접촉을 줄인다.

3. 석양증후군 표준교재 464p

① 해질녘이 되면 더욱 혼란해지고 불안정하게 의심 및 우울 증상이다.

② 석양증후군의 특성 16, 20, 22, 27

  ㉠ 낮에는 유순하다가도 저녁 8~9시만 되면 갑자기 침대 밖으로 뛰쳐나온다.

  ㉡ 옷을 벗고, 방을 서성이다 문을 덜거덕거린다.

  ㉢ 바닥을 뒹굴고 침대 위로 뛰어오르는 등의 행동을 한다.

③ 기본원칙과 돕는 방법

기본원칙	• 해질녘에는 요양보호사가 충분한 시간을 가지고 치매대상자와 함께 있는다. 4, 12, 22, 23, 25, 30, 32-1, 33, 34 • 치매대상자가 좋아하는 소일거리를 준다. 7, 14, 22, 25 • 낮 시간 동안 움직이거나 활동하게 한다. 23, 25, 30, 32-1 • 신체적 제한은 하지 않는다. 5, 24, 34
돕는 방법	• 치매대상자는 인형, 애완동물, 익숙한 소리를 듣거나 좋아하는 일을 하는 것에서 위안을 받을 수 있으므로 이를 돕는다. 20, 32, 33, 36-2 • 요양보호사는 치매대상자를 관찰할 수 있는 곳에서 활동하게 하고, 친구가 되어 준다. 24, 32-1, 35, 37-1 • 대상자를 밖으로 데려가 산책을 한다. 22, 24, 34 • 따뜻한 음료수, 등 마사지, 음악듣기 등이 잠드는 데 도움이 된다. 22, 24, 30, 33 • TV를 켜놓거나 조명을 밝게 하는 것이 도움이 된다. 3, 22, 23, 24, 25, 30, 32-1, 32-2, 33

4. 부적절한 성적 행동 표준교재 465p

기본원칙	• 치매대상자는 보통 성 자체에는 관심이 없다는 것을 인식한다. • 부적절한 성적 행동관련 요인을 관찰한다. • 때때로 행동교정이 도움이 된다. • 노출증을 감소시키기 위해 벌과 보상을 적절히 사용한다. • 이상한 성행위가 복용 중인 약물 때문에 유발될 수 있음을 이해한다.
돕는 방법	• 옷을 벗거나 성기를 노출한 경우, 당황하지 말고 옷을 입혀준다. `13, 16, 21, 22, 25, 32-1, 33, 35, 36-1` • 치매대상자가 성적으로 부적절한 행동을 할 때, 즉각 멈추지 않으면 치매대상자가 좋아하는 것을 가져간다고 경고한다. `2, 4, 8, 9, 12, 29, 32-2, 32, 37-1, 37-2` • 치매대상자가 성적으로 관심을 보이면, 공공장소에 가는 것을 삼가고, 방문객을 제한한다. • 심한 경우 시설장이나 간호사 등에게 알리고 상의한다.

5. 치매대상자의 문제행동 사례 및 대처방법

[사례 01]
82세 한 씨 할머니는 자신의 물건을 장롱과 트렁크로 번갈아가며 바꾸어 넣어두었다. 트렁크로 옮긴 후 장롱에 없는 것을 발견했을 때 "내 물건이 없다. 도둑맞았다"라며 같은 방의 김 씨 할머니를 가르키며 "도둑이다"라고 소리를 질렀다. 김 씨 할머니는 한 씨 할머니보다 치매가 더 중증이고 걷는 것도 불가능하다. 요양보호사가 그런 설명을 하면 이번엔 다른 박 씨 노인을 지목한다. 박 씨 노인 또한 걸을 수 없는 노인이다.

[대처 방법]
치매대상자가 도둑 망상이 있을 요양보호사는 대상자와 함께 찾아보고 대상자가 그 물건을 발견하도록 유도한다. 요양보호사가 물건을 발견하고 대상자에게 건네주는 것은 대상자가 요양보호사를 도둑으로 오인할 수 있게 하므로 대상자 자신이 물건을 발견하도록 돕는다. `33, 37-1`

[사례 02]
치매진단을 받고 요양시설에 입소해 있는 77세 이 씨 할머니는 하루종일 허리끈을 가늘게 꼬아서 묶는 일을 하면서 보내고 있다. 저녁 무렵이 되면 할머니는 "오늘은 이 정도로 하고 돌아가겠습니다." 하면서 인사를 하고 집에 아이들이 기다린다며 나가려고 한다. 평소 할머니는 맞벌이 아들 내외를 위해 집에서 손자녀를 돌보아 왔으며 틈틈이 며느리 가게에 나가 일을 도왔었다.

[대처 방법]
요양보호사는 대상자에게 시장에 가서 반찬거리를 사오자며 같이 산책을 하였고, 다시 요양시설로 돌아왔을 때 다른 직원이 할머니를 반갑게 맞아 주었고 할머니는 안정이 되었다. `17, 20, 27, 37-2`

[사례 03]
80세 강 씨 할아버지는 조금 전에 음식을 먹고도 금방 또 먹으려고 하고 배가 부른데도 계속해서 먹으려고 한다. 또한 "우리 딸이 나를 가두어 두고 밥도 안 주고 너무 구박한다."라고 하면서 요양보호사를 난처하게 한다.

[대처 방법]
대상자는 어린아이 수준으로 기억력이 감소하여 음식을 먹었다는 사실을 기억하지 못한다. 요양보호사는 대상자를 따뜻하게 대하고 식사가 끝날 때까지 도와준다. 또한 칼로리가 적은 간식을 작은 접시에 담아 규칙적인 시간에 스스로 먹도록 도와주고, 먹은 그릇을 확인시키고 먹었다는 것을 달력에 스스로 표시하게 한다.

■ 환각 증상을 보일 때 대처 방법

- 아무도 가져간 사람이 없다고 단호하게 말한다.

  비슷한 물건을 건네준다. 나중에 찾아주겠다고 이야기한다.

  지갑이 없어졌다고 하면 다시 생각해 보라고 설득한다.

  지갑이 없어졌다고 하면 의심되는 사람을 만나게 해준다.

  지갑이 없어졌다고 하면 지갑이 없어진 것이 사실인지 물어본다.

  지갑이 없어졌다고 하면 방에 다녀간 사람이 없다고 단호하게 말한다.

  🗒 같은 물건을 준비해 두었다가 잃어버렸다고 주장할 때 내어 놓는다.

■ 파괴적 행동 대처 방법

- 권위적이고 강압적인 태도로 대한다.

  큰 소리로 대상자를 제재한다.

  🗒 모든 신체 언어는 위협적으로 느끼지 않게 한다.

- 신체를 구속한다.

  힘으로 제압한다.

  🗒 불필요한 신체적 구속은 피한다.

- 갑자기 움직여서 대상자를 놀라게 한다.

  🗒 놀라지 않게 한다.

- 다른 곳으로 이동한다.

  빠르게 관심을 다른 곳으로 유도한다.

  🗒 조용한 장소에서 쉬게 한다.

- 스스로 화가 풀릴 때까지 둔다.

  🗒 안정된 태도로 이해한다는 표현을 한다.

- 행동이 진정된 후에 이유를 꼭 물어본다.

  🗒 왜 그런 행동을 했는지 상기시키는 질문은 하지 않는다.

- 가능한 다른 자극을 준다.

  🗒 자극을 주지 말고 조용한 곳에서 쉬게 한다.

- 대상자에게 의사결정권을 주지 않는다.

  대상자의 의사를 무시한다.

  🗒 치매대상자의 수준에 맞는 의사결정권을 준다.

- 참여 중인 활동은 계속하도록 둔다.

  🗒 참여 중인 활동을 중지시키고 가능한 다른 자극을 주지 않는다.

- 행동이 멈출 때까지 자리를 피한다.

  🗒 접촉을 줄인다.

■ 석양증후군 대처 방법

- 가족들과 통화할 수 있도록 전화를 걸어준다.
  대상자 혼자 있게 한다.
  🔖 함께 있는다.

- 낮잠을 충분히 자게 한다.
  🔖 낮 시간 동안 움직이거나 활동하게 한다.

- 조명을 어둡게 하여 안정감을 준다.
  🔖 조명을 밝게 한다.

- 복잡한 소일거리를 준다.
  🔖 좋아하는 소일거리를 준다.

- 음악을 크게 틀어 놓는다.
  🔖 조용하게 한다.

- 문을 잠그고 밖으로 나가지 못하게 한다.
  🔖 대상자를 밖으로 데려가 산책을 한다.

- 대상자의 행동을 무관심하게 대한다.
  그만둘 때까지 지켜본다.
  🔖 친구가 되어준다.

- 충동적 행동을 할 때 신체적 제제를 가한다.
  야단을 쳐서 멈추게 한다.
  🔖 신체적 제한은 하지 않는다.

■ 부적절한 성적 행동 대처 방법

- 강압적인 태도로 화를 낸다.
  큰 소리로 꾸짖는다.
  🔖 즉각 멈추지 않으면 치매대상자가 좋아하는 것을 가져간다고 경고한다.

- 옷을 벗으려고 할 경우 내버려 둔다.
  🔖 당황하지 말고 옷을 입혀 준다.

01 치매대상자가 옷을 벗거나 성기를 노출할 경우 대처 방법으로 옳은 것은?

① 방에 격리시켜 안정을 취하게 한다.

② 당황하지 않고 침착하게 옷을 입힌다.

③ 목욕을 시킨다.

④ 큰 소리로 꾸짖는다.

⑤ 단추가 많은 옷을 입힌다.

02 치매대상자가 파괴적 행동을 할 때 올바른 대처방법이 <u>아닌</u> 것은?

① 이상행동 반응 시 조용한 장소에서 쉬도록 한다.

② 관심을 다른 데로 돌린다.

③ 팔을 잡아 단호하게 억제시킨다.

④ 참여 중인 활동을 중지시키거나 가능한 다른 자극을 주지 않는다.

⑤ 다른 대상자에게 욕설을 하거나 소리를 지를 때 온화하고 부드럽게 진정시킨다.

03 치매대상자가 해질녘이 되면 불안해하며 밖으로 나가려고 할 때 돕는 방법으로 옳지 <u>않은</u> 것은?

① 조용히 혼자 있도록 배려한다.

② "남편 밥을 해줘야 한다."며 집에 간다고 밖으로 나가려고 할 때, "저랑 같이 갈까요?"라며 산책을 한다.

③ "반찬을 사러 가야 한다."며 갑자기 밖으로 나가려 할 때, "제가 지금 콩자반 만들 거예요. 콩 고르는 것 도와주실래요?"라고 한다.

④ 평소에 즐겨보던 텔레비전 프로그램을 보여준다.

⑤ 말벗을 해주며 함께 있는다.

04 치매대상자가 의심, 망상, 환각에 대한 대처 방법으로 옳지 <u>않은</u> 것은?

① 귓속말로 주변에 아무도 없다고 말한다.

② 환각 증상을 보일 때, 방을 밝게 하고 따뜻하게 해준다.

③ 누군가가 자신을 죽이려고 한다며 피해망상 증상이 나타날 때, 부정하지 않고 대상자의 감정을 받아들인다.

④ 도둑 망상을 보일 때, 의심하는 것을 부정하거나 설득하지 말고 함께 찾아본다.

⑤ 망상이 심한 경우 시설장이나 간호사 등에게 알린다.

정답 01 ② 02 ③ 03 ① 04 ①

64 치매대상자와의 의사소통

1. 의사소통의 기본원칙 표준교재 468p

① 치매대상자와 의사소통 시 고려할 사항

㉠ 의사전달을 할 수 없게 되어도 감정 기능은 유지되기 때문에 요양보호사의 마음이 치매대상자에게 전달될 수 있다.

㉡ 의사전달이 불가능하게 된 경우에는 치매대상자에게 어려운 대화를 이해시키려 하기보다는 대상자가 원하는 것을 중심으로 의사소통을 하도록 노력한다.

② 치매대상자별 의사소통 전략

㉠ 치매대상자별로 인지능력 수준이나 욕구가 다르므로 의사소통 내용이나 방법도 달라야 한다.

㉡ 의사소통을 시도하고 효과가 없으면 중단했다가 나중에 다른 방법으로 시도한다.

㉢ 동일한 대상자라 해도 기분이나 상황에 따라 전에 효과적이었던 방법이 통하지 않을 수 있다.

③ 언어적인 의사소통

㉠ 대상자의 신체적 상태를 파악한다.

• 대상자의 요구를 알기 위해서는 막연하게 "어디 불편한 곳이 있으세요?"보다는 신체 부위를 짚어가며 "여기가 아프세요?"와 같이 구체적으로 질문하여야 한다. [5, 8, 10, 11, 16, 28]

• "밤새 배가 아파 잠을 못 잤다고 한다." (배를 만지면서) "여기가 아프세요?" [6, 12, 14, 19]

㉡ 대상자를 존중하는 태도와 관심 갖는다. [20, 22, 24, 25, 32 – 1, 37 – 1]

• 실수했을 때 자존심이 상하는 말이나 표현은 하지 않는다. [22]

• 비협조적인 행동이나 엉뚱한 행동을 할 경우 "부탁합니다." 등의 따뜻한 말로 존중하는 태도를 유지하면서 협조를 요청한다.

예 대상자가 협조적으로 일을 잘 수행했을 경우는 "잘 했어요.", "맞아요." 등과 같은 격려의 말을 해준다. [20]

예 요양보호사 : 오늘 목욕하기로 한 날이에요. 목욕 시작하실까요?

대상자 : (목욕하지 않은 상태임) 나 목욕 다 했어. 빨래도 다 했다고.

요양보호사 : "잘하셨어요. 그럼 이제 샤워하실래요?" [20]

예 가족 방문 후 손자와 여행 가고 싶어 하는 치매대상자와의 "어르신, 여행가고 싶으셨어요?"라고 의사소통한다. [24]

예 혼자서 요리를 할 수 없는 치매대상자가 된장국을 끓이겠다고 고집을 부릴 때 "제가 도와 드릴게요. 같이 끓일까요?"라고 대처한다. [25]

예 치매대상자가 치킨 냄새가 난다며 없는 치킨을 달라고 할 때 "치킨 드시고 싶군요. 함께 드시러 나가 봐요"라고 대처한다. [32-1]

ⓒ 대상자가 이해할 수 있도록 말한다. [2, 4]

예 대상자가 물건을 잃어버리거나 놓아둔 곳을 잊어버려 주변 사람들을 의심하면 요양보호사는 부정하거나 설득하려 하지 말고, 물건이 보이지 않는 것을 현실적으로 인정하고 받아들여서 "서랍 속은 찾아보셨어요?"라며 함께 찾아본다.

※ 치매대상자가 의사 표현을 하도록 돕는 방법

- 대상자를 편하게 한다.
- 대상자를 산만하게 하는 요인(라디오, TV 등)을 최대한 줄인다.
- 여러 사람이 있으면, 대상자와 조용한 장소로 가서 대화한다.
- 대상자의 말을 잘 이해했음을 확인시켜 준다.
- 의사소통에 도움을 주는 보조수단(게시판, 그림 등)을 사용한다. [28]

ⓓ 대상자의 속도에 맞춘다.
- 대상자의 속도에 맞추어 천천히 대하고 대상자가 반응할 때까지 기다린다. [27]
- 목소리는 낮은 음조로 천천히, 차분히, 상냥하고 예의 바르게 한다. [18]

ⓔ 어린아이 대하듯 하지 않는다. [18]
- 반드시 존칭어를 사용한다.
- 명령하는 투로 말하지 않으며 부정형 문장보다는 긍정형 문장을 사용한다.
- '이것은 해도 되고, 저것은 안 된다.'는 표현 대신 할 수 있는 것이 어떤 것인가를 정확히 이야기해 주는 것이 좋다.

※ 치매대상자와의 효과적인 대화의 예

- 요양보호사 자신을 밝힌 후, 치매대상자 이름을 부르면서 대화를 시작한다.
  예 "좋은 아침입니다. ○○○님. 저는 요양보호사인 ○○○입니다."
- 간결하고 구체적인 문장을 사용한다.
  예 "저는 ○○○입니다. 할머니 목욕을 도와드리러 왔습니다."

ⓕ 반복적으로 설명한다.
- 대상자가 이해하지 못하면 반복하여 설명한다. [3, 22, 27]
- 치매대상자가 질문에 대해 답을 할 수 없어 좌절감을 느낄 수 있으므로 '왜'라는 이유를 묻는 질문 보다는 "네", "아니요"로 간단히 답할 수 있도록 질문한다. [7, 27, 28]
- 대명사(그 사람, 저것, 거기)보다는 명사(의자, 손자, 욕실 등)를 이용하여 의사소통한다.

ⓖ 대상자를 인격적으로 대한다.
- 대상자와 함께 있으면서 마치 없는 것처럼 이야기하지 않는다.
- 대상자가 요양보호사를 믿지 않는다 하여도 요양보호사는 존중하는 태도를 유지한다.

ⓗ 간단한 단어 및 이해할 수 있는 표현을 사용한다.
- 한 번에 한 가지씩만 질문하되 간단하고 명료한 단어를 사용한다. [11, 18]
- 쉬운 단어와 짧은 문장을 사용한다.

ⓩ 대상자에게는 한 번에 한 가지씩 설명한다. 6, 8, 9, 18, 22, 23, 28, 37-1, 37-2

　　예 "식사하신 후에 양치질하시고 외출해요."보다는 "식사하세요.", "양치하세요.", "외출해요."라고 한 번에 한 가지씩 차례로 이야기한다.

ⓒ 가까운 곳에서 얼굴을 마주 보고 말한다. 10

　　• 가까이서(1m 이내) 말하는 것이 좋다.

　　• 대화에 집중하고 있다는 것을 보여주기 위해 얼굴을 마주 보고 말하는 것이 좋다.

ⓒ 항상 현실을 알려준다.

　　• 치매대상자에게 접근할 때는 주의를 끌기 위하여 이름을 부르고 자신이 누구인지 밝힌다. 28

　　• 일상생활을 할 때도 "아침 8시예요, 아침 식사하세요.", "밤 10시예요, 주무세요."라고 말하며 항상 현재 상황을 알려준다.

ⓔ 일상적인 이해하기 쉬운 어휘를 사용한다. 16

　　• 유행어나 외래어를 사용하지 말고, 일상적인 어휘를 사용한다. 37-2

　　• 때로는 고향 사투리로 말을 걸어 보는 것이 좋은 방법이 될 수도 있다.

ⓟ 과거를 회상하게 유도한다.

　　• 옛날에 즐겨 부르던 노래를 부르거나 옛일을 회상하며 대화를 이끌어 나가는 것이 인지기능 유지나 심리적 안정면에서도 도움이 된다.

④ 비언어적인 의사소통 표준교재 472p

　ㄱ 손짓, 발짓 또는 소리를 사용한다. 34

　ㄴ 언어적인 표현 방법과 적절한 비언어적인 표현 방법을 같이 사용한다.

　　예 세수했는지를 물어볼 때, 세수하는 몸동작을 하면서 질문한다.

　ㄷ 신체적인 접촉을 사용한다.

　ㄹ 치매대상자의 비언어적인 표현 방법을 관찰한다.

　　예 얼굴 표정, 신체의 움직임, 눈빛, 손과 몸의 움직임 등

　ㅁ 필요하면 글을 써서 의사소통한다.

　ㅂ 언어 이외의 다른 신호를 말과 함께 사용한다.

　ㅅ 대상자의 행동을 복잡하게 해석하지 않는다.

치매대상자에게 신체적 언어를 사용할 때 유의 사항

• 정면으로 마주보며 이야기한다. 34
• 눈높이를 맞추고 이야기한다. 29, 33, 34
　예 눈높이를 맞추기 위해 무릎을 꿇는 자세 취하기
• 치매대상자가 위협적으로 느끼는 자세를 취하지 않는다.
　예 대상자보다 높은 위치에서 팔짱을 끼거나 주먹을 쥐는 자세 34
• 치매대상자에게 관심을 보인다.
　예 미소를 짓거나 손잡기
• 치매대상자에게 뒤에서 다가가면 대상자가 놀랄 수 있으므로 접근할 때 앞에서 다가간다. 29, 34

치매대상자 행동관찰의 중요성

• 대상자의 모든 행동에는 이유가 있으므로 대상자가 보여주는 미세한 신호들을 놓치지 않도록 한다. 이런 신호들을 발견하면 반드시 의미를 확인한다.
　예 침대에 누워 있다가 자세가 바뀔 때 얼굴을 찌푸린다면, 욕창이나 근육통 때문일 수 있다.

2. 치매 단계별 의사소통 문제 표준교재 473p

초기	• 대상자는 일관성 및 연결성이 손상되어 자주 확인하고 설명을 요구한다. • 대화의 주제가 자주 바뀐다. • 사용하는 어휘의 수가 점차적으로 줄어든다. • 물건이나 사람의 이름을 부르는 것이 어렵다. [15] • 과거, 현재, 미래 시제를 올바르게 사용하는 것을 어려워한다. [15]
중기	• 애매모호한 내용을 이야기한다. • 일관성이 없어지고, 혼동이 증가한다. [15] • 대화의 주제가 제한된다. • 불특정 다수를 지칭하는 용어(이것, 그들, 그것)의 사용이 증가한다. • 사용하는 어휘의 수가 초기 치매 단계보다 줄어든다. [15] • 올바른 이름을 지칭하지 못하는 '명칭 실어증'을 보인다. [15] • 대화 중에 말이 끊기는 횟수가 증가한다. • 적절한 어구를 사용하지 못하는 경우가 늘어난다. • 부적절한 명사, 부정확한 시제를 사용하는 경우가 늘어난다.
말기	• 의사소통을 유지하는 데 어려움이 있다. [15] • 말이 없어진다(무언증). • 대화할 때 시선을 맞추는 것을 어려워한다. • 사용하는 어휘의 수가 현저하게 적다. • 올바른 이름을 사용하는 것이 더욱 어려워진다. • 자발적인 언어표현이 감소되어 말수가 크게 줄어든다. • 스스로는 말을 안하고 앵무새처럼 상대방의 말을 그대로 따라한다. [15] 　예 요양보호사 : "식사하셨어요?" 　　　대상자 : "식사하셨어요?" [20, 29] • 발음이 부정확하여 치매대상자의 말을 이해하기 어렵고, 치매대상자는 다른 사람들이 이야기한 것을 제대로 이해하지 못한다.

3. 치매 단계별 의사소통 방법 표준교재 474p

① 초기, 중기, 말기

초기	• 간단하고 직접적인 언어로 요점을 설명하고 구체적으로 표현한다. • 대상자가 집중력이 높은 시간대를 파악하여 대화한다. • 유사한 의미의 다른 언어를 이야기해 준다. • 대상자가 요청하기 전에 구체적인 방법과 정보를 제공한다. • 대상자가 응답할 시간을 충분히 준다. • 외래어나 약어로 된 단어는 사용하지 않는다. • 대화 내용을 요약정리하고, 중요한 내용은 반복한다. • 대상자가 과거의 긍정적인 기억이나 사건을 회상하도록 돕는다. • 대상자가 감정 상태를 표현할 수 있도록 돕는다. • 대상자를 돕고자 하는 마음을 표현한다.

중기	• 대상자와 눈을 마주치며 이야기를 한다. [15, 29] • 길고 복잡한 문장은 피하고, 대화 주제를 갑자기 바꾸지 않는다. [15] • 대상자에게 친숙한 물건을 활용한다. [37-2] • 의사소통의 내용을 이해하고 있다는 것을 확인시켜 준다. [15] • 대상자가 반응할 때까지 기다려준다. • 대상자가 반응하지 않으면 반복하여 질문한다. [15] • 같은 표현을 반복하기보다 같은 의미의 다른 용어와 좀 더 단순한 표현을 사용한다. • '그' 혹은 '그 사람'과 같은 불특정 인칭대명사나 명사보다는 대상자의 이름을 사용한다. • 대상자가 자주 사용하는 단어와 문구를 활용한다. • 친숙한 활동을 통해 대화를 시도한다. • 대상자의 방에 있는 물건마다 이름표를 붙인다. • 대상자의 행동을 개인적인 의미로 받아들이지 않는다. [15] • 대상자의 말을 경청하고 대상자의 말을 반복해서 이야기한다. • 이용 가능한 모든 단서를 활용한다. • 격려하고 칭찬한다.
말기	• 대상자를 마주보며 이야기한다. • 대상자의 이름을 부르면서 이야기를 시작하고 요양보호사 자신의 이름을 말한다. [7, 14] • 대상자가 좋아했던 음악을 함께 듣고 책을 읽는다. • 편안하고 부드러운 모습으로 이야기한다. • 낮은 톤으로 다정하고 차분하며 천천히 분명하게 말한다. [25] • 대상자가 응답하지 않더라도 계속해서 이야기한다. [4, 25, 37-2] • 대상자가 모든 것을 듣고 있다고 가정한다. • 방 안에 아무도 없는 것처럼 이야기하지 않는다. • 신체적 접촉을 적절히 활용하며 대상자의 비언어적 메시지를 확인한다. [25] • 대상자가 이야기하는 모든 것에 반응한다. • 대화가 끝난 뒤에는 항상 마무리 인사를 한다.

② 사례에 따른 대처 방법

㉠ 식사를 계속 달라고 하는 경우 [27]

> [문제 사례]
> 80세의 김 씨 할머니는 금방 식사를 하였는데 먹지 않았다고 몇 번이고 밥을 달라고 한다. 며느리는 할머니에게 "한 시간 전에 드셨잖아요."라고 말했지만, 할머니는 막무가내로 밥을 달라고 재촉한다. [18]
>
> [대처 방법]
> 대상자는 체험한 것을 잊어버리고 있다. 그럴 때는 대상자 입장에서 납득가는 언행이 무엇일지 생각해 본다. 위의 경우에는 "점심을 준비하고 있으니까 잠시 기다려주세요."라고 말하는 편이 훨씬 효과적이다. 매 식사 후 달력에 먹었다는 것을 표시하게 한다. 또한 대상자가 계속 납득 하지 못하는 경우 조금 시간을 두었다가 반응하거나 사람들이 교대하여 이야기하는 것이 좋다. [17, 18, 27]

㉡ 사고 위험의 경우

> [문제 사례]
> 86세의 대상자가 며느리와 산책을 하고 있었다. 반대편의 이웃 사람이 걸어오면서 "할머니, 안녕하세요?"라고 큰소리로 인사를 하자 할머니가 갑자기 길을 건너려고 해서 사고를 당할 뻔하였다.
>
> [대처 방법]
> 치매대상자와 대화를 할 경우에는 적어도 1m 이내 가까이 다가서서 대상자의 눈을 보면서 말을 걸어야 한다. 치매의 정도, 이해력, 시각, 청각, 언어의 정도와 의사소통 장애를 올바로 평가하여 가장 효과적인 위치에서 대화를 시도하는 것은 갑작스럽게 발생할 수 있는 사고위험을 줄이는 방법이다.

ⓒ 치매대상자가 자존심이 상한 경우

[문제 사례]
72세의 김 씨 할머니는 남편과 딸과 셋이서 살고 있다. 할머니는 젊을 때부터 요리를 잘하여 치매로 진단받은 후에도 간단한 요리를 해왔다. 그러나 치매가 진행되면서 국물 맛을 내는 것을 잊어버려 된장국 맛이 변하게 되었다. 어느 날 딸이 "엄마! 이제 맛이 없으니까 이제 음식하지 마세요."라고 하였고, 할아버지도 비슷한 말을 하였다. 김 씨 할머니는 그 말에 화가 나서 방문을 닫고 식사를 전혀 하지 않았다. 김 씨 할머니는 요리에 자신이 있어 치매가 진행되어도 노력해 왔는데 가족 때문에 자존심이 상하고 우울상태에 빠진 것이다.

[대처 방법]
대상자는 잘못된 행동에 대해 꾸중을 듣거나 질책을 받으면 그 원인은 잊어버려도 굴욕감은 남아 우울한 상태가 유발되고 때로는 공격적으로 변할 수 있다. 사소한 언동이 대상자의 자존심을 상하게 할 수 있으므로 유연하고 임기응변적인 태도로 대상자에게 맞춰가는 것이 바람직하다. 치매대상자의 자존심을 손상하게 하지 않으려면 잘못된 행동을 하였더라도 위험하지 않은 상황이면 수용하는 것이 좋다. 비난하거나 부정하고, 정정하려 들고, 이론적으로 설명하고, 설득하고, 강제적으로 지도하는 것은 효과가 없을 뿐 아니라 또 다른 문제를 유발할 수 있다. 32-2

ⓓ 혼자서 집을 나가 길을 잃은 경우

[문제 사례]
70세 할머니가 74세 할아버지에게 옷을 입히면서 "10시 되면 병원에 가야 하니까 양말을 벗으면 안 돼요."라고 말했다. 그러나 할머니가 아침 설거지를 하는 사이에 할아버지는 병원에 간다고 집을 나가서 길을 잃고 말았다.

[대처 방법]
치매대상자에게 한꺼번에 여러 가지 이야기를 하면 혼란이 오기 때문에 정보를 전달할 때는 단순한 내용으로 분리하여 하나씩 전달해야 한다. 당장 해야 할 일만 간결하게 전하고 앞으로의 계획은 전하지 않는 것이 좋다. 즉 치매대상자에게는 당장 해야 할 일만 간결하게 전하고 앞으로의 계획(정보)은 미리 제시하지 않는다. 18

■ **의사소통의 기본 원칙**

• 대상자가 반응하지 않으면 대화를 바꾼다.
  대화 주제를 자주 바꾼다.
  🔁 대화 주제를 갑자기 바꾸지 않는다.

• 새로운 물건을 활용하여 대화를 시도한다.
  🔁 대상자에게 친숙한 물건을 활용한다.

• 대상자의 행동을 자의적으로 해석하여 의미를 파악한다.
  🔁 자의적으로 해석하면 안 되고 객관적으로 관찰해야 한다.

• 어린아이 대하듯 한다.
  🔁 하지 않는다.

• 과정을 한꺼번에 자세히 설명한다.
  한 번에 여러 가지 일을 하도록 설명한다.
  🔁 한 번에 한 가지씩 설명한다.

• 목소리 톤을 높여서 말한다.
  🔁 목소리는 낮은 음조로 천천히 말한다.

• 길고 자세하게 설명한다.
  🔁 길고 복잡한 문장은 피한다.

• 대상자의 요구를 알기 위해서 막연한 질문을 한다.
  호기심을 유발하며 "왜"라는 질문을 많이 한다.
  분명한 답을 요구하는 질문을 한다.
  🔁 "네, 아니오."로 간단히 답할 수 있도록 질문한다.

• 반응이 없는 경우 반복 설명하지 않는다.
  🔁 반복하여 설명한다.

• 대상자의 행동을 복잡하게 해석한다.
  🔁 해석하지 않는다.

• 대상자의 이름을 부르고 자신이 누구인지는 밝히지 않는다.
  🔁 밝힌다.

■ **치매 말기 단계에서 자주 나타나는 의사소통 문제**

• 물건이나 사람의 이름을 부르는 것이 어렵다.
  과거, 현재, 미래 시제의 올바른 사용이 어렵다.
  전화통화 내용을 기억하지 못하여 반복 질문을 한다.
  물건을 둔 장소를 기억하지 못한다.
  🔁 초기 단계이다.

- 명칭 실어증이 보인다.

  일관성의 결여와 혼동이 증가한다.

  엉뚱한 답을 하거나 말수가 줄어든다.

  혼자서 집안일이나 외출을 하지 못한다.

  📖 중기 단계이다.

01 인지능력 저하로 자기 마음대로 생각하는 치매대상자와 의사소통하는 방법으로 옳지 <u>않은</u> 것은?

① "배가 많이 아프세요?"와 같이 구체적으로 질문한다.
② 대상자의 요구를 알기 위해서 막연한 질문을 한다.
③ "네, 아니오."로 간단히 답할 수 있는 질문을 한다.
④ 한 번에 한 가지씩만 질문하되 간단명료한 단어를 사용한다.
⑤ 잘 따라 하지 못할 때, 반복하며 천천히 시범을 보인다.

02 치매 말기 단계에서 자주 나타나는 의사소통 문제로 옳지 <u>않은</u> 것은?

① 물건이나 사람의 이름을 부르는 것이 어렵다.
② 대화할 때 시선을 맞추는 것을 어려워한다.
③ 사용하는 어휘의 수가 현저히 적다.
④ 앵무새처럼 상대방의 말을 그대로 따라 한다.
⑤ 의사소통이 불가능해진다.

03 치매 말기 대상자와 의사소통하는 방법으로 옳지 <u>않은</u> 것은?

① 요양보호사 자신의 이름을 말하지 않아도 된다.
② 방안에 아무것도 없는 것처럼 이야기하지 않는다.
③ 대상자가 대답하지 않아도 계속해서 이야기한다.
④ 대상자를 마주 보며 이야기 한다.
⑤ 대화가 끝난 뒤에는 항상 마무리 인사를 한다.

04 치매대상자의 병원 진료를 위해 외출 준비를 할 때 요양보호사의 의사소통 방법으로 옳은 것은?

① "어르신 왜 병원에 가지요?"
② "어르신 저랑 같이 병원에 가요."
③ "어르신 병원에 가야 되니까 여기로 오세요."
④ "어르신 병원 진료 끝나면 맛있는 것 뭐 먹을까요?"
⑤ "어르신 병원에 갈 거니까 옷 갈아입고서 의자에 앉아계세요."

65 인지자극 훈련

표준교재 478p

1. 인지자극 훈련의 개요 표준교재 478p

① 대상자의 전반적인 인지기능 개선, 우울감을 포함한 정신행동 증상 개선, 일상생활 능력 유지 및 향상, 삶의 질 향상을 기대할 수 있으며, 가족의 수발 부담을 줄이는 데도 도움이 된다.

② 이들 프로그램은 노화나 치매로 인해 쉽게 손상될 수 있는 기억력, 지남력, 판단력, 집중력, 억제력, 계산력, 시공간능력, 언어능력 등의 인지기능을 훈련하도록 만들어진 인지훈련 프로그램 및 도구이다. 37-2
예를 들어, 청각적인 자극은 집중력, 기억력을 자극하고, 소리 듣고 이야기하면 언어능력, 지남력 자극한다. 32

2. 인지기능 수준별 인지자극 훈련 표준교재 478p

① 인지기능에 문제가 없는 대상자인 경우 표준교재 480p

목적	뇌졸중 등 신체 질환으로 인지기능이 약화되는 것을 예방하고, 인지기능을 유지, 향상하도록 돕는다.
대상	• 치매는 없으나 침상에서 누워서만 생활하거나, 혼자서 움직이기 힘든 대상자 • 일상적인 대화에 문제가 없이 인지기능이 거의 정상이고, 인지기능 훈련에 관심을 보이며 참여할 수 있는 모든 대상자
준비 사항	• 인지훈련을 위한 재료(그림, 사진, 동영상, 소리, 일기장, 인쇄물 등) • 인지기능에 대한 기본적인 인식이 있는 숙련된 보호자 및 요양보호사 [예시] -뇌 건강 일기 쓰기(일기내용 대화) 30, 32-1, 36-2, 37-1 -빈칸 채우기(언어 및 단어 유창성) 37-1 -물건 값 계산하기(계산력 증대) 37-1 -특정 글자 고르기(언어적 자극과 주의력 향상) 37-1

② 경증 인지기능 장애 대상자 표준교재 485p

목적	• 인지기능 훈련은 대상자뿐 아니라 요양보호사, 보호자의 긴장을 줄이고 건강을 유지하는 데 도움이 되며 대상자와 좋은 관계를 형성하는 데도 유익하다. • 위축되고 불안한 정서를 개선하여 적극적으로 활동할 수 있도록 격려한다. • 인지 영역을 훈련할 수 있는 교재는 그림, 사진, 추억이 있는 물건, 동영상, 소리, 일기장, 인쇄물 등으로 다양하다. 19
대상	• 침상에서 누워서만 생활하거나 혼자서 움직이기 힘든 대상자로 경도의 인지장애를 가지고 있거나, 경증 치매인 대상자 • 일상적인 대화에 문제가 없거나, 경도 인지기능 장애가 있으나 프로그램에 집중하고 이해하는 데는 큰 지장은 없어 제시된 수준의 프로그램을 수행할 수 있는 대상자
준비 사항	다양한 인지 영역을 자극할 수 있는 교재(그림, 사진, 동영상, 소리, 일기장, 인쇄물 등) [예시] －여러 가지 단어 말하기 : 언어의 유창성과 자발성을 높이기 위한 프로그램 26, 29 －그림과 숫자 짝지어 기억하기 －물건보며 과거 회상하기 －똑같이 그리기 －점선으로 옮겨 그리기 18 －손 모양 똑같이 만들기 －선 따라 그리기 32-1

③ 중증 인지기능 장애 대상자 표준교재 492p

목적	중증 인지장애의 경우 인지훈련에 관심이 적거나 훈련 자체가 힘들어 소홀히 할 수 있지만, 중증 인지기능 장애로 인한 일상생활능력 장애를 개선하여 더 자립할 수 있게 돕는다.
대상	• 상당한 신체적 장애로 혼자서 움직이기가 힘들며 인지장애가 심하다고 평가되는 대상자 • 의사소통에 어느 정도 장애가 있거나, 프로그램을 이해하지 못하고, 주의 집중을 잘 못 하는 대상자
준비 사항	진행자는 대상자에 대해 잘 파악하고 있고, 훈련에 부정적이거나 인지장애로 진행이 어려워도 잘 유도하고 이끌어 갈 수 있을 정도로 숙달되어야 함 [예시] －흩어진 낱글자로 단어 만들기 : 언어 및 기억력 향상 －악기 연주하기 : 청각적 자극을 통한 주의력, 표현력 및 기억력 향상, 우울증, 불안감 해소, 사람과의 사회적 상호작용 증가 30, 32-1, 37-1 －선 따라 그리고 찢기 －똑같이 그리기 : 주의력 향상 18, 32-2 －따라 그리기 －이름 맞히기 18 －똑같은 모양 만들기 －숫자 찾아 체크하기 18 －인사말 연결하기 18 : 언어적 자극하고 소통에 도움

01 다음 중 경증 인지기능 장애 대상자에게 도움이 될 활동으로 옳은 것은?

① 언어의 유창성
② 감성적 표현능력
③ 다양한 억양 조절능력
④ 창의적 사고력
⑤ 주의력 및 기억력 향상

02 다음 중 경증 인지기능 장애 대상자에게 할 수 있는 인지자극 훈련으로 옳은 것은?

① 이름 맞추기
② 똑같은 모양 만들기
③ 점선으로 옮겨 그리기
④ 숫자 찾아 체크하기
⑤ 인사말 연결하기

정답   01 ①   02 ③

66 임종 요양보호

표준교재 500p

1. 임종 전 단계 표준교재 500p

① '사전연명의료의향서'를 작성할 수 있는 사람은 말기환자나 19세 이상인 성인 본인 스스로 작성한다.
  33, 36-1, 36-2, 37-1

② '말기환자'란 담당의사와 해당 분야의 전문의 한 명으로부터 수개월 이내에 사망할 것으로 예상되는 진단을 받은 환자를 말한다. 30

③ 반드시 사전연명의료의향서 등록기관에 등록해야만 효력을 가지며, 의향서 작성 후에도 언제든지 변경, 철회할 수 있다. 32, 33, 36-1, 36-2

④ '사전연명의료의향서'를 등록했다고 해도 의료기관에 연동되는 것은 아니므로 가족들에게 이 사실을 알려 두어야 한다.

⑤ 연명의료정보처리시스템을 통해 사전연명의료의향서 작성여부를 확인할 수 있다. 32

⑥ 연명의료는 심폐소생술, 혈액투석, 항암제 투여, 인공호흡기 착용를 중단한다 해도 임종을 앞두고 통증 완화를 위한 의료행위와 영양분 공급, 물 공급, 산소공급은 보류하거나 중단할 수 없다.
  32-1, 33, 36-1, 36-2, 37-2

2. 임종기 단계 표준교재 503p

① 임종 징후

  ㉠ 대부분 누워 있게 되며 음식 및 음료섭취에 무관심해진다.

  ㉡ 의식이 점차 흐려지고 혼수상태에 빠진다. 18, 23

  ㉢ 맥박이 약해지고 혈압이 떨어진다. 1, 18, 25, 37-1

  ㉣ 숨을 가쁘고 깊게 몰아쉬며 가래가 끓다가 점차 숨을 깊고 천천히 쉬게 된다. 4, 7, 23, 35

  ㉤ 손발이 차가워지고 식은땀을 흘린다. 18, 23, 35

  ㉥ 점차 피부색이 파랗게 변한다. 18, 23, 25, 37-1

  ㉦ 대소변을 의식하지 못하고 실금하게 되며 항문이 열린다. 5, 6, 18, 23, 25, 35, 37-1

② 임종 적응 단계 : 부정 → 분노 → 타협 → 우울 → 수용

부정	• 첫 번째 단계는 부정과 고립의 단계이다. • "아니야. 나는 믿을 수 없어" [2, 4, 21, 29] • 치명적으로 진행되는 자신의 병을 인식하면서도 이러한 사실에 충격적으로 반응하며 이를 사실로 받아들이려 하지 않고, 다시 회복될 수 있다고 믿고 싶어한다.
분노	• 두 번째 분노 단계에서 대상자는 자신의 감정을 반항과 분노로 표출한다. • "나는 아니야. 왜 하필이면 나야." 혹은 "왜 지금이야." 등으로 말하고, 목소리를 높여 불평하면서 주위로부터 관심을 끌려고 한다. [5, 8, 9, 17, 28, 21, 29, 32]
타협	• 세 번째 단계에서 대상자는 타협을 시도한다. • 피할 수 없는 상황에 처해 있음을 알고, 제3의 길을 선택한다. • 비이성적인 요구가 줄어든다. • "그래, 내게 이런 일이 벌어졌어. 그래도 우리 아이가 시집갈 때까지만 살게 해 주세요." 등으로 말하며, 이 얼마간이라도 연장되기를 바란다. [6, 7, 16, 20, 21, 22, 25, 29, 35]
우울	• 네 번째 단계에는 자신이 더 이상 회복 가능성이 없다고 느끼면서 침울해진다. • 자신의 근심과 슬픔을 더 이상 말로 표현하지 않고 조용히 있거나 울기도 한다. [21, 23, 29] • 이때에는 대상자가 자신의 감정을 표현하도록 그냥 두어야 한다. • 말보다는 손동작이나 접촉이 훨씬 더 필요하다. • 대상자는 자기와 같이 느끼고 슬퍼하고 자기 곁에 있어 줄 사람을 필요로 한다.
수용	• 다섯 번째 단계에서는 죽는다는 사실을 체념하고 받아들인다. • 머나먼 여정을 떠나기 전에 갖는 마지막 정리의 시간이 된다. • "난 이제 지쳤어. 나 때문에 가족들이 고생하는 것도 그렇고… 아이들도 시집, 장가 다 보냈으니 78세면 살만큼 살았어." [3, 21, 26, 29, 37-2]

3. 신체 · 정신적 변화에 대한 요양보호 표준교재 505p

① 호흡양상의 변화

증상	호흡양상이 체인스톡 호흡으로 변화한다. [21]
돕는 방법	• 숨 쉬는 것을 돕기 위해 상체와 머리를 높여 준다. [10, 21, 27, 36-1] • 대상자의 손을 잡아주며, 부드럽게 이야기하여 대상자를 편하게 해준다.

② 체온의 변화

증상	대상자의 손, 발부터 시작해서 팔, 다리로 점차 싸늘해지면서 피부의 색깔도 하얗게 혹은 파랗게 변하게 된다.
돕는 방법	• 체온유지를 위해 담요를 덮어준다. [8, 9, 27] • 보온을 위해서 전기기구는 사용하지 않는다. [21, 27, 36-1]

③ 수면 양상의 변화

증상	대상자는 점점 잠자는 시간이 길어지며, 의사소통이 어렵고 적절하게 반응하지 못한다.
돕는 방법	• 대상자 옆에서 손을 잡은 채 흔들거나 큰 소리로 말하지 않는다. [21, 27] • 부드럽고 자연스럽게 이야기하는 것이 바람직하다. • 대상자가 없는 것 같이 말하지 말고, 대상자가 반응하지 못한다 하더라도 정상인에게 말하는 것과 같이 이야기한다. [21, 36-1]

④ 정신기능의 변화(혼돈)

증상	대상자는 시간, 장소, 자기 주위에 있는 사람이 누구인가에 대해 혼돈을 일으키게 된다.
돕는 방법	• 대상자에게 말하기 전에 내가 누구냐고 묻기보다는 내가 누구라고 밝혀주는 것이 좋다. 32-2 • 의사소통이 필요한 때는 "지금은 약 드실 시간입니다."와 같이 부드러우면서도 분명한 어조로 말하는 것이 대상자를 편안하게 한다.

⑤ 배설기능의 변화

증상	대상자의 근육이 무력해져서 대소변을 조절하지 못하고 실금 또는 실변하게 된다. 32-1
돕는 방법	침상에는 홑이불 밑에 방수포를 깔고, 대상자에게는 기저귀를 채워준다. 36-1

⑥ 배액기능의 변화

증상	• 대상자의 가슴에서 돌 구르는 것 같은 가래 끓는 소리가 들린다. • 이는 수분섭취가 적어지고 정상적인 분비물을 기침으로 내보내는 능력이 저하되어 나타나는 정상적인 변화이다.
돕는 방법	• 대상자의 고개를 옆으로 부드럽게 돌려주어 배액이 잘 되도록 해주고, 젖은 헝겊으로 입안을 닦아준다. 2, 4, 6, 7, 14 • 분비물 배출을 위해 옆에 가습기를 켜둔다.

⑦ 정신기능의 변화(불안정)

증상	• 대상자는 불안정하기 때문에 같은 동작을 반복하게 된다. 34 • 이러한 증상은 뇌에 산소공급이 부족하고, 신진대사가 변화하여 생긴다.
돕는 방법	• 움직이지 못하게 억제하는 것은 좋지 않다. 21, 34 • 대상자의 이마를 가볍게 문질러 주거나 책을 읽어주거나, 손을 잡아준다. 34 • 혹은 진정시킬 수 있는 음악을 들려주면 차분해지기도 한다. 10

⑧ 소화기능의 변화

증상	대상자는 음식이나 수분을 잘 섭취하지 않으려고 한다. 28
돕는 방법	• 음식이나 수분섭취를 억지로 먹이려고(강요) 하지 말아야 한다. 29, 36-1 • 글리세린에 적신으로 입안을 닦아 주거나 이마에 찬 수건을 얹어 준다. 28

⑨ 신장기능의 변화

증상	수분섭취가 적어지고 신장을 통해 이루어지는 수분의 순환도 감소되므로 자연히 소변량이 줄어들게 된다.
돕는 방법	소변배출을 목적으로 소변줄 삽입 여부를 결정해야 하며, 필요시에는 의료팀과 연계한다.

4. 심리변화에 대한 요양보호 <u>표준교재 508p</u>

① 불안 및 두려움

증상	• 임종 대상자는 통증, 자신의 몸이나 배설물로 인한 악취, 주변인에게 신체적, 정신적, 경제적인 부담을 주는 것에 대한 걱정으로 불안해한다. 15 • 사랑하는 사람과 소유물 모두를 잃는 것과 죽음이라는 미지의 세계에 대해 두려움을 느낀다. 15
돕는 방법	• 임종 대상자와 함께 있으면서 대상자의 곁을 떠나지 않을 것임을 이야기한다. 1 • 손을 잡아주는 등의 접촉을 통해 편안한 마음으로 임종을 맞도록 돕는다. 34

② 정서적 고립

증상	• 자신이 누군가에게 필요한 사람이길 원한다. • 주변인에게 짐이나 부담이 되고 싶어 하지 않는다. • 정서적으로 고립되고 싶어 하지 않는다. 15
돕는 방법	• 대상자에게 항상 관심을 갖는다. 9 • 대상자가 만나고 싶어 하는 사람을 만날 수 있도록 하여 정서적으로 고립되지 않도록 돕는다. 1, 2, 11, 30, 33

③ 의사결정 참여

증상	• 가족이나 주변인에게 도움을 받아야 하는 상황에서도 대상자는 의사결정에 참여한다. • 자신의 도움이 필요한 하는 사람을 돕고 싶어 한다. 15 • 임종 대상자는 자신의 존엄성을 지키면서 원하는 곳에서 생을 마감하고, 장례식, 유언 등에 대해서도 대화하고 싶어 한다.
돕는 방법	대상자가 의사결정에 참여하고, 타인을 도울 수 있는 기회를 갖도록 하여 대상자의 자존감을 존중해 준다.

요양보호사가 임종 대상자 요양보호 시 고려할 점

• 임종이 임박한 대상자의 곁에 머무르며, 계속 함께 있을 것임을 알림으로써 편한 마음을 가지도록 돕는다.
• 고통이 없는 가운데 편안히 임종을 맞이할 수 있도록 돕는다.
• 대상자에게 관심을 가진다.
• 대상자가 만나고 싶은 사람을 만날 수 있도록 돕는다. 29
• 임종 대상자를 존중한다.
• 대상자가 임종하기를 원했던 장소를 선택하게 도와준다. 29
• 희망하는 종교의식을 알아본다. 29

5. 임종 시기 별 요양보호 표준교재 509p

① 임종이 가까운 대상자의 요양보호

㉠ 침상머리를 높이고 대상자의 머리를 옆으로 돌려 침 등의 분비물 배출을 용이하게 하여 질식을 예방한다.
14, 15

㉡ 대상자가 용변을 보는 즉시 따뜻한 물로 닦아주고 기저귀를 갈아준다. 15

㉢ 대상자가 혼수상태인 경우에도 청각은 마지막까지 남아있으므로 평상시와 같이 보고 듣는 것이 가능하다고 생각하면서 대상자에게 요양보호를 제공한다. 1, 19, 24

② 임종 후 요양보호 표준교재 510p

㉠ 사후 강직은 사망 2~4시간 후부터 시작되어 약 96시간 지속되므로 임종 직후 제일 먼저 사후 강직이 시작되기 전에 바른 자세를 취하게 한다. 9, 18, 36-2

㉡ 튜브나 장치가 부착된 경우 간호사 등 의료인에게 제거해 줄 것을 의뢰한다. 18, 27, 28, 33, 36-2

㉢ 대상자를 바로 눕히고, 베개를 이용하여 어깨와 머리를 올려준다. 5, 8, 11, 12, 13, 24, 27, 28, 33, 34

㉣ 혈액 정체로 인한 얼굴색의 변화를 방지하고 입이 벌어지는 것을 예방한다.

㉤ 대상자의 눈을 감기고, 눈이 감기지 않을 경우나 거즈를 적셔 양쪽 눈 위에 올려놓는다. 24, 33, 34, 36-2

㉥ 대상자의 의치를 그대로 둘지, 빼내어 의치 용기에 보관할 것인지를 대상자의 가족에게 확인한다.
18, 27, 34, 36-2

㉦ 필요 시 대상자 몸에 묻은 분비물 등은 닦아 준다. 24

ⓞ 대상자의 몸에서 분비물이 나오므로 엉덩이 밑에 패드를 대어 주고, 깨끗한 시트로 덮어두되 대상자의 시트가 얼굴을 덮지 않도록 어깨까지 덮는다. [7, 24, 27, 28, 34, 36-2]

ⓩ 방이 깨끗하게 정리되어 있는지 확인하고 조명을 차분하게 조절한다. [27]

ⓒ 가족들이 사적으로 대상자를 만날 수 있게 시간을 준다.

ⓚ 대상자의 소유물을 모아 두고 목록을 만든다. [3, 18, 33]

6. 가족에 대한 요양보호 표준교재 511p

① 개요

ⓐ 돕는 자로서 도움을 제공한다.

ⓛ 가족과 함께 있으면서 도움을 주려고 노력하며, 필요한 경우 도움을 요청할 수 있음을 알린다.

ⓒ 임종 시 가족이 임종 대상자를 직접 돕게 한다.

ⓡ 가족들과 관계를 형성하면서 함께 있는다. [32-2]

ⓜ 장례식이나 장지에 가는 일에는 참석하지 않는다. [26, 28, 32-2]

ⓗ 안아 주거나 손을 잡는 등 적절한 신체 접촉을 통하여 가족들에게 혼자가 아니라는 느낌을 준다.

ⓢ 가족이 대상자에게 한 일에 대해 "참 잘 했네요." "좋습니다."라고 하면서 지지한다. [26, 28]

ⓞ 격려하되 "곧 괜찮아질 거예요.", "아무 염려하지 마세요."와 같은 상투적인 말은 도움이 되지 않으므로 하지 않는다. [26, 28]

ⓩ "힘드시지요?", "수고 많으셨어요."와 같이 가족을 공감하고 위로해 준다. [4, 8]

ⓒ 가족이 자신의 감정을 숨기지 않고 슬픔을 표현하도록 돕는다.

ⓚ 가족이 눈물을 흘리거나 힘들어할 때, 외면하지 않고 휴지를 주는 등 슬픔을 충분히 표현하도록 지지한다. [1, 5, 7, 10, 26, 28, 32-2]

ⓔ 가족의 태도와 행동을 판단하지 말고 중립적 자세를 유지한다. [28, 32-2]

② 가족을 위한 사별 준비

사별 전	• 대상자 옆에 끝까지 함께 있는 것이 마지막까지 좋은 기억으로 간직된다. • 대상자가 혼자 있으면 불안해하기 때문에 가족이 교대로 대상자 곁에 함께한다. • 대상자가 가족을 위해 헌신과 사랑을 주셨고, 최선을 다한 삶이었으며 가족 모두 자랑스럽고 감사하게 기억한다는 것을 알려드린다. • 친지나 지인의 병문안을 받을 수 있고, 조용한 가운데 사랑을 표현한다. • 집 안의 행사(결혼기념일, 생일)가 있으면 간단한 이벤트를 해도 된다. • 대상자가 의사소통이 가능할 때, 영상편지나 가족사진을 촬영한다.
사별 후	• 사별 후 애도하고 슬퍼하는 과정은 정상이며 마음을 치유하는 데 필연적이고 필수적이다. • 처음에는 펑펑 울고 신경이 날카로울 수도 있고, 아무 생각하지 않고 오히려 차분해질 수도 있다. • 의료진이나 가까운 가족에게 화를 내고, 신을 원망할 수도 있다. • 마음의 아픔을 아무런 판단 없이 들어줄 사람이 있다면 도움이 되므로, 친구나 가족, 상담가를 만날 수 있다. • 이러한 감정은 자연스러운 것이므로 그대로 인정하고 표현하다 보면 시간이 갈수록 점차 감정이 잦아든다. • 가족, 친지, 친구들이 고인을 빨리 잊으라며 사진, 물건들을 치우라고 조언하기도 하지만, 이 모든 과정은 각자의 속도에 맞추어 진행한다. • 슬픔을 인정하기 어렵고 분노, 죄책감을 견디기 힘들다면, 정신건강의학과 의사나 상담가의 도움을 받을 수 있다.

■ 임종이 임박하였을 때의 징후
- 점차 피부색이 붉게 변한다.
  📋 하얗게 혹은 파랗게 변하게 된다.

- 맥박이 약해지고 혈압이 올라간다.
  📋 혈압이 떨어진다.

- 손발이 따뜻해지고 식은땀이 흐른다.
  📋 손발이 차가워진다.

- 동공이 좁아진다.
  📋 동공이 확대된다.

- 자극에 민감하게 반응한다.
  📋 둔감하게 반응하거나 없다.

■ 임종이 임박한 대상자를 돕는 방법
- 가족 외 다른 사람의 만남을 제한한다.
  📋 대상자가 만나고 싶은 사람을 만날 수 있도록 돕는다.

- 몸이 차가워지면 보온을 위해 전기기구를 사용한다.
  전기기구를 사용하여 따뜻하게 해준다.
  📋 전기기구는 사용하지 않는다.

- 낮에는 자지 않도록 말을 걸어 자극을 준다.
  잠이 들면 자주 흔들어 깨운다.
  📋 흔들거나 큰소리를 내지 않고 편안히 쉬게 한다.

- 호흡양상이 체인스톡 호흡으로 변화하면 머리를 낮추어 준다.
  머리를 낮추고 편안하게 해준다.
  📋 숨 쉬는 것을 돕기 위해 상체와 머리를 높여 준다.

- 같은 동작을 반복하면 억제시킨다.
  📋 움직이지 못하게 억제하는 것은 좋지 않다.

■ 임종 대상자들의 심리적 변화에 대한 설명
- 죽음이라는 미지의 세계에 대해 두려움을 느끼지 않는다.
  📋 두려움을 느낀다.

- 자신의 도움을 받고자 하는 사람을 멀리한다.
  📋 자신의 도움이 필요한 사람을 돕고 싶어 한다.

- 빨리 죽음을 맞이하고 싶어 한다.
  📋 두려움을 느낀다.

- 정서적으로 고립되고 싶어 한다.
  - 🔖 고립되고 싶어 하지 않는다.

■ 임종이 가까운 대상자의 돕기 방법

- 머리를 낮춘다.
  - 🔖 침상머리를 높인다.

- 똑바로 눕힌다.
  - 🔖 머리를 옆으로 돌려 침 등의 분비물 배출을 용이하게 하여 질식을 예방한다.

- 전기담요를 사용하여 보온한다.
  - 🔖 전기담요는 사용하지 않는다.

- 조용하게 혼자 있도록 내버려 둔다.
  - 🔖 함께 있으면서 대상자의 곁을 떠나지 않을 것임을 이야기한다.

■ 대상자의 임종 후 사후관리

- 부착된 튜브나 장치를 신속히 제거한다.
  - 🔖 간호사 등 의료인에게 제거해 줄 것을 의뢰한다.

- 침상머리를 높이고 대상자의 머리를 옆으로 돌려놓는다.
  몸에서 분비물이 나오므로 옆으로 돌려 눕힌다.
  베개로 다리 밑을 받쳐준다.
  - 🔖 대상자를 바로 눕히고, 베개를 이용하여 어깨와 머리를 올려준다.

- 방을 깨끗하게 정리하고 조명을 어둡게 한다.
  조명을 밝게 한다.
  - 🔖 조명을 차분하게 조절한다.

- 의치는 빼내어 의치용기에 보관한다.
  - 🔖 의치를 그대로 둘지 빼내어 의치용기에 보관할 것인지를 대상자의 가족에게 확인한다.

- 시트로 머리부터 발끝까지 덮어준다.
  대상자의 얼굴을 시트로 덮어준다.
  - 🔖 시트는 대상자의 어깨까지 덮는다.

■ 임종 대상자의 가족에 대한 요양보호

- 가족을 대신하여 대상자의 유품을 정리한다.
  - 🔖 가족이 유품을 정리하도록 한다.

- 장례식에 참석하여 가족을 돕는다.
  - 🔖 장례식이나 장지에 가는 일에는 참석하지 않는다.

- 요양보호사의 슬픈 감정을 가족에게 표현한다.
  - 🔖 가족이 자신의 감정을 숨기지 않고 슬픔을 표현하도록 돕는다.

- "곧 괜찮아질 거예요.", "아무 염려하지 마세요."라고 말하며 격려한다.
  - 🔖 상투적인 말은 도움이 되지 않으므로 하지 않는다.

- 가족의 태도와 행동에 대해 지적한다.
  - 🔖 중립적 자세를 유지한다.

01 임종이 임박하였을 때의 징후가 <u>아닌</u> 것은?

① 점차 피부색이 붉게 변한다.

② 맥박이 약해지고 혈압이 떨어진다.

③ 손발이 차가워지고 식은땀이 흐른다.

④ 숨을 가쁘고 깊게 몰아쉬며 점차 천천히 쉰다.

⑤ 항문이 열리면서 대변이 나온다.

02 임종의 적응단계에 대한 설명 중 옳지 <u>않은</u> 것은?

① 부정 : "아니야, 나는 믿을 수 없어."라고 말하며 자신의 병이 심각함을 알면서도 다시 회복될 수 있을 것이라고 믿고 싶어 한다.

② 분노 : "나는 아니야, 왜 하필이면 나야?"라고 말하고 목소리를 높여 불평하여 주위의 관심을 끌려고 한다.

③ 타협 : "우리 아이가 시집갈 때까지만 살게 해 주세요." 등으로 말하며, 삶이 얼마간이라도 연장되기를 바란다.

④ 우울 : 죽는다는 사실을 체념하고 받아들인다.

⑤ 수용 : "난 이제 지쳤어. 나 때문에 가족들이 고생하는 것도 그렇고… 아이들도 시집, 장가 다 보냈으니 78세면 살 만큼 살았어."

03 임종이 임박한 대상자를 돕는 방법으로 옳지 <u>않은</u> 것은?

① 전기기구를 사용하여 따뜻하게 해준다.

② 가족 외 다른 사람의 만남을 제한한다.

③ 음식이나 수분을 잘 먹지 않으려고 할 때, 글린세린에 적신 솜으로 입술을 닦아준다.

④ 주변인들에게 부담을 주는 것에 대한 걱정으로 불안해한다.

⑤ 반응이 없어도 정상인에게 말하는 것처럼 이야기한다.

04 대상자의 임종 후 사후관리로 옳지 <u>않은</u> 것은?

① 베개를 이용하여 어깨와 머리를 올려 준다.

② 사후 강직이 시작되기 전에 바른 자세를 취하게 해 준다.

③ 눈이 감기지 않을 경우 젖은 솜을 눈 위에 올려놓는다.

④ 엉덩이 밑에 패드를 대어 주고 깨끗한 시트로 어깨까지 덮어 둔다.

⑤ 튜브나 장치가 부착되어 있는 경우 직접 제거한다.

정답 01 ① 02 ④ 03 ① 04 ⑤

67 응급상황 대처

표준교재 514p

1. 응급처치

① 기도의 확보, 심장박동의 회복, 기타 생명의 위험이나 증상 악화 방지를 위해 긴급히 수행한다.

② 의료행위를 대신하는 것은 아니며, 의료진의 진료를 받을 때까지 돕거나 전문 의료인의 치료가 불필요한 상황인 경우에는 회복가능성이 확인될 때까지 돕는 것이다.

③ 응급처치의 목적은 인명구조, 고통 경감, 상처나 질병의 악화 방지, 심리적 안정 도모이다.

2. 응급처치 방법 표준교재 514p

① 대상자 상태를 파악하고, 119 등에 신속히 신고한다. 25

② 대상자 주위에 여러 사람이 있을 때는 응급처치 교육을 가장 많이 받은 사람의 지시에 따라 응급처치를 한다. 30

③ 긴급을 요하는 대상자 순으로 처치한다. 1, 5, 9, 25, 27, 30, 36-2, 37-1

④ 대상자를 가급적 옮기지 않는다. 4, 27

⑤ 요양보호사는 의약품을 사용할 수 없다. 다만, 외용약품 또는 대상자가 평소에 사용하는 상비약품의 경우에만 사용할 수 있다. 25

⑥ 전문 의료인에게 인계할 때까지 절대 응급처치를 중단해서는 안 된다.

⑦ 대상자에게 손상을 입힌 화학약품, 약물, 잘못 먹은 음식과 구토물도 병원으로 함께 가져간다. 20, 27, 32-1

⑧ 대상자의 증거물이나 소지품을 보존한다.

3. 질식 표준교재 515p

① 질식은 폐에 산소가 공급되지 않는 상황이며, 이로 인해 인체 조직의 손상이 발생할 수 있다.

② 관찰

ㄱ 갑작스러운 기침, 구역질, 호흡곤란, 청색증 등이 있는지 관찰한다. 17, 36-1

ㄴ 질식 시 대상자의 주요 증상

• 목을 조르는 듯한 자세를 한다. 22, 33, 36-1

• 갑자기 기침을 하며, 괴로운 얼굴표정을 한다. 22, 36-1

- 숨을 쉴 때 목에서 이상한 소리가 들린다. 36-1
- 가슴 부위의 호흡운동이 보이지만, 공기의 흐름이 적거나 없다. 36-1

③ 돕는 방법

㉠ 이물질이 육안으로 보이면 큰 기침을 하여서 이물을 뱉어내게 한다. 2, 8, 26, 28
㉡ 요양보호사의 손가락을 넣어 빼려고 시도하면 안 된다. 18, 20, 21, 26, 28
㉢ 의식의 유무에 따른 돕는 방법

의식이 있는 경우 (하임리히법)	① 가장 먼저 대상자에게 스스로 기침을 하게 한다. ② 대상자의 뒤에 서서 대상자의 배꼽과 명치 중간에 주먹 쥔 손의 엄지손가락이 배에 닿도록 놓는다. 37-1 ③ 다른 한쪽 손으로는 주먹 쥔 손을 감싼 다음 양손으로 복부의 윗부분 후상방으로 차게 밀어 올린다. 3, 6, 7, 9, 10, 11, 13, 14, 15, 17, 18, 24, 32-1, 35, 36-1 ④ 한 번으로 이물질이 빠지지 않으면 반복하여 시행한다.
의식이 없는 경우	119에 신고하고 즉시 심폐소생술을 실시하면서 입안에 이물이 있는지 확인하고 제거한다.

4. 경련 표준교재 517p

① 뇌전증(간질), 중독, 저혈당, 알코올 금단증상, 뇌졸중, 열사병 등의 상황에서 나타날 수 있다. 13
② 뇌전증 : 경련과 의식장애를 일으키는 발작 증상이 되풀이되며 나타난다.
③ 열사병 : 고온 다습한 곳에서 몸의 열을 발산하지 못하여 체온이 높아지고, 어지러움과 피로를 느끼다가 갑자기 의식을 잃고 쓰러진다.
④ 관찰과 돕는 방법

관찰	• 경련 시에는 몸이 뻣뻣해지고, 호흡곤란 및 의식변화가 나타난다. 12 • 침을 흘리거나 괄약근이 이완되어 대소변이 새어 나올 수도 있다.
돕는 방법	• 대상자의 머리 아래에 부드러운 것을 대주고 위험한 물건을 치운다. 6, 9, 12, 14, 18, 23, 24, 27, 32-2, 36-1 • 몸에 꽉 끼는 옷의 단추나 넥타이를 풀고, 편하게 호흡하게 한다. 17, 27, 32-2 • 침이나 거품 혹은 구토 등으로 숨을 쉴 수 없을 경우에는 대상자의 얼굴을 옆으로 돌리거나 돌려 눕혀 기도를 유지한다. 1, 5, 7, 10, 16, 17, 18, 21, 23, 27, 32, 32-2, 33, 36-1 • 이물질은 혀나 입 안에 상처를 내거나 호흡 곤란을 일으킬 수 있으므로 입에 손수건 등 이물질을 넣어서는 안 된다. 17, 18, 20, 23, 24, 36-1 • 경련은 1~2분 후면 끝나므로 대상자를 꽉 붙잡거나 억지로 발작을 멈추게 하려고 하지 말고 조용히 기다린다. 17, 18, 20, 23, 24, 27, 32-2, 36-1 • 경련성 질환이 없던 대상자가 경련을 일으키거나 5분 이상 발작이 지속되면, 즉시 119에 신고하고 시설장, 간호사 등에게 보고한다. 27

5. 화상 표준교재 518p

① 관찰

㉠ 관찰 내용

1차 관찰내용	• 기도확보 확인 : 열손상 이나 흡입손상 확인한다. 27, 32
	• 기도부종으로 호흡곤란이 있는 경우에는 119 등을 통하여 병원으로 바로 이송한다.
	  – 열손상 : 주로 열에 의해 생긴 손상
	    원인 : 뜨거운 액체나 물건, 화염, 일광등
	  – 흡입손상 : 밀폐된 화재 현장에서 주로 발생함
	    종류 : 일산화탄소 중독성, 열 흡입성, 연기 흡입성 등

2차 관찰내용	• 의식과 반응수준을 평가한다. • 신체 주요 부위 화상(얼굴, 손, 발, 관절, 생식기 등)을 확인한다.

㉡ 화상의 수준

1도 화상	• 표피에만 국한된 가장 가벼운 화상이다. • 화상부위는 빨갛게 변하며 약간의 부종이 있다. • 만지면 아프지만 물집은 생기지 않는다. • 며칠 내에 피부는 아물고 손상된 껍질은 벗겨진다. • 햇볕에 화상을 입었을 때가 바로 1도 화상이다.
2도 화상	• 표피가 파괴되고 표피 아래의 좀 더 민감한 진피까지 손상된다. • 피부는 빨개지고 맑은 액체가 들어 있는 커다란 물집(수포)이 많이 생긴다. 3 • 3일 정도 지나면 통증이 줄어들고 대부분 14일 내에 완전히 치유된다.
3도 화상	• 피부 깊숙이 침범 하는 화상, 조직이 깊이 괴사된다. • 표피와 진피, 그 아래 지방층도 파괴되며 때로는 근육까지 손상된다. • 화상 부위는 감각이 없어지고 두꺼워지며 색깔이 바래진다. • 매우 느리게 치유되는데, 한번 손상된 진피는 재생되지 않기 때문에 손상된 부위의 가장자리에서만 새 살이 돋는다.

② 돕는 방법

㉠ 15분 이상 찬물(5~12℃)에 담가 염증을 억제하고 통증을 줄여준다. 6, 7, 8, 11, 12, 17

㉡ 흐르는 수돗물을 환부에 직접 대면 물의 압력으로 인해 피부가 손상을 입을 수 있다. 15, 17, 24, 28, 32-2

㉢ 찬물에 담그거나 깨끗한 물수건으로 감싼다. 15, 17, 18, 21, 24, 28, 32-2

㉣ 몸에 붙어 있는 옷은 옷 위로 찬물을 부어 식히며 벗기기 힘든 의복은 벗기지 말고 잘라낸다. 1, 5, 9, 18, 21, 24, 28

㉤ 반지, 팔찌, 귀고리와 같은 장신구는 최대한 빨리 뺀다. 28, 32-2

㉥ 화상 부위에 간장, 기름, 된장, 핸드크림, 치약 등은 상처를 악화시키고, 세균감염의 위험이 있으므로 절대 바르면 안 된다. 15, 17, 18, 21, 32-2

㉦ 감염의 위험이 있기 때문에 물집을 터뜨리면 안 된다. 18, 21, 24, 28, 32-2

㉧ 얼굴이나 입술에 화상을 입었을 때는 즉시 병원 치료를 받아야 한다.

③ 화상 예방 방법

㉠ 노인 화상은 주로 뜨거운 물에 의해 발생한다.

㉡ 안전하고, 노인의 독립성을 위축시키지 않는 범위에서 도와야 한다.

㉢ 콘센트, 화재위험이 있는 물건들을 관찰하고 안전조치를 취한다.

㉣ 응급상황 미리 대비해야 한다.

6. 골절 표준교재 521p

관찰	• 손상 부위에 외형상 변형이 있는지 관찰한다. 37-2 • 골절의 증상은 신체의 양쪽이 다를 때 • 통증 부위의 부종 및 기능상실, 움직이지 못할 때 • 통증 부위의 부러진 뼈끼리 부딪치는 소리가 날 때
돕는 방법	• 절대로 스스로 움직이게 해서는 안 된다. 9, 10, 12, 16, 19, 22, 32-1, 35 • 근골격을 다친 경우 붓기 전에 장신구(반지, 팔찌 등)를 뺀다. • 담요 등을 덮어 주어 대상자를 따뜻하게 한다. • 부풀어 오르거나 염증이 생기는 것을 방지하기 위해, 상처 부위에 냉찜질 한다. 16, 19, 22, 25, 29, 32-1, 35, 37-2 • 개방된 상처가 있거나 출혈이 있는 경우 멸균거즈를 이용하여 상처를 덮어준다. • 튀어나온 뼈는 직접 압박하지 않는다. 16, 19, 22, 32-1, 35, 37-2 • 골절이 의심될 때는 부목으로 고정시킨다. 14, 16, 19, 22, 25

7. 출혈 표준교재 522p

관찰	대상자의 혈액을 접촉하면 혈액매개 감염성 질환에 감염될 위험이 있으므로 반드시 장갑을 낀 후 만진다.
돕는 방법	• 출혈이 있으면, 가장 먼저 지혈해야 한다. • 장갑을 낀 후 멸균거즈로 출혈 부위를 압박한다. 18, 26, 29, 32-2, 34 • 압박 붕대는 꽉 조이지 않게 한다. 18, 26, 32-1, 32-2 • 출혈 부위를 압박하면서 출혈 부위를 심장보다 높게 위치하도록 한다. 18, 26, 32-1, 36-2

8. 약물 오남용 및 중독 표준교재 523p

① 관찰과 돕는 방법

관찰	약물로 인한 이런 영향은 예측하기 어렵고, 개인별 생체기능에 따라 심각한 약물 이상이 오기도 하므로 약물 오남용 및 중독을 일으킬 수 있는 약물 복용에 대해 특히 주의한다.
돕는 방법	• 대상자가 의식을 잃었을 때는 119 신고하고, 응급처치를 계속한다. • 겉으로 드러난 증상이 없고 복용량이 적더라도 반드시 병원에 방문한다. • 대상자가 먹고 남은 물질과 용기를 들고 병원에 간다. • 구토를 했을 경우에는 토사물을 의료진이 분석할 수 있게 한다. • 대상자가 의식을 잃었거나 말을 안 하려고 하면 의료진에게 설명한다. • 의식이 없는 대상자에게는 마실 것을 주지 않는다. • 복용한 약물의 설명서에 구토를 유도하라는 지시사항이 없을 경우 구토시키지 않는다.

② 안전한 약 사용을 위한 3단계

1단계 단골 병·의원과 약국을 정 해서 다닌다.	• 비슷한 의약품의 중복 처방을 방지한다. • 다른 병원이나 약국을 방문할 경우 처방전을 보관하였다가 가져가 제시한다. 33 • 진료 전에 복용 중인 약물과 약물 알레르기에 대하여 알린다.
2단계 현재 복용 중인 모든 의약 품에 대해 알려 준다.	• 모든 처방약, 비 처방약, 한약 등에 대해 의사, 약사에게 알린다. • 과거에 경험했던 약 부작용이 있다면 설명한다. • 반드시 가장 최신의 처방약을 복용하고, 진료 후 이전 처방약을 이어서 복용하지 않는다. • 이전 처방약이 많이 남은 경우, 복용할 수 있는지 의사에게 확인받는다.

3단계 정해진 방법에 따라 약을 복용한다.	• 과다한 약 복용 : 간, 신장 등 장기에 독이 되기 때문에 스스로 판단하여 임의로 약을 복용하는 것은 위험하다. • 약 복용 시간은 약마다 다르므로 처방을 따른다. 모든 약을 식후에 복용하는 것은 아니다. 　－식후 : 위장 장애를 줄이고, 잊지 않고 규칙적으로 복용하기 위함이다. 　－식전 : 일부 당뇨약, 위장관 운동 조절제, 갑상선 호르몬제를 복용한다. 　－식사 중 또는 식사 직후 : 칼슘제, 철분제는 위장 장애를 줄이기 위해 이때 복용한다. 　－변경이 필요한 경우 의사 또는 약사와 상의한다. • 약은 물과 함께 복용한다. 　－녹차, 커피 등의 카페인 음료나 우유는 약의 흡수를 방해한다. 34 　－자몽주스는 고혈압, 고지혈증 약의 부작용을 증가시킨다. 34 　－철분제는 오렌지주스(Vit C)와 복용하면 흡수율이 증가되므로 추천된다. 34 • 약을 잘라서 복용할 때는 약마다 다르므로 약사와 상의해야 한다. 34 　－분할, 분쇄 불가 약제 : 장용코팅제(약효 저하 우려), 서방제(부작용 증가 우려) 　－약 삼키는 것이 힘들다고 모두 잘라 복용하면 안 된다. 　－약 삼키는 것이 힘들다고 모두 잘라주면 안 된다. 　－가운데 절단선이 있는 약만 자르거나 갈아 먹을 수 있다. • 약 복용을 잊었을 경우 　－생각난 즉시 복용한다. 　－다음 복용 시간이 더 가까울 때는 다음 복용 시간에 복용한다. 　－단, 절대로 2배 용량을 복용해서는 안 된다. • 본인이 처방받은 약만 복용해야 한다. 　－같은 질환, 같은 약물이라도 성별, 나이, 체중, 간 기능, 콩팥 기능에 따라 용량이 다르기 때문이다. 　－자신의 약을 나누어 주거나 다른 사람의 약을 복용해서는 안 된다. • 건강기능식품도 복용 전 의사, 약사와 충분히 상의한다. 　－과다한 복용을 피하고 적당량만 복용한다. 　－주의사항을 반드시 확인하고 복용한다. 　－건강기능식품이라도 많이 복용하면 좋지 않다. • 약을 보관할 때는 정해진 보관방법에 따른다. 　－냉장고는 습도가 높아 보관에 적절하지 않다. 　－겉포장 또는 설명서에 쓰인 보관방법을 확인한다. 　－일반적으로 직사광선을 피하여 실온의 서늘하고 건조한 곳에 보관한다. 　－차광보관 : 갈색 봉투나 통에 보관한다. 예 니트로글리세린, 라식스 34 　－냉장보관 : 냉장고에서 얼지 않게 보관한다. 대체로 사용기간이 짧으므로 주의한다. 　　예 일부 항생제 시럽, 인슐린 주사 등

■ 응급처치 돕는 방법

- 가족에게 알린 후 응급처치를 한다.
  🔖 119 등에 신속히 신고한다.

- 시설장에게 보고 후 지시를 기다린다.
  요양보호사 혼자서 끝까지 응급처치를 한다.
  🔖 응급처치 교육을 가장 많이 받은 사람의 지시에 따라 응급처치를 한다.

- 대상자를 발견한 순서대로 처치한다.
  나이가 많은 대상자부터 처치한다.
  🔖 긴급을 요하는 대상자 순부터 처치한다.

- 대상자를 가급적 빨리 옮긴다.
  🔖 가급적 옮기지 않는다.

- 대상자의 증상에 따라 의약품을 사용한다.
  🔖 요양보호사는 의약품을 사용할 수 없다.

- 대상자에게 손상을 입힌 화학약품은 즉시 버린다.
  🔖 화학약품, 약물, 잘못 먹은 음식과 구토물도 병원으로 함께 가져간다.

■ 질식 응급처치 방법

- 손을 넣어 빼낸다.
  🔖 손을 넣어 빼려고 시도하면 안 된다.

- 머리를 숙이게 하여 등을 세게 두드린다.
  의자에 앉히고 등을 두드린다.
  🔖 복부의 윗부분을 후상방으로 힘차게 밀어 올린다.

- 물과 함께 삼키도록 한다.
  찬물을 많이 마시게 한다.
  🔖 큰 기침을 하여서 이물을 뱉어내게 한다.

■ 경련을 일으켰을 때 올바른 응급처치 방법

- 머리 아래에 단단한 것을 대 준다.
  머리를 올려 준다.
  대상자의 머리에 차가운 물수건을 댄다.
  🔖 머리 아래에 부드러운 것을 대주고 위험한 물건을 치운다.

- 팔다리를 주물러 준다.
  담요를 덮어 체온을 유지해 준다.
  체온 유지를 위해 단추를 잠궈 준다.
  🔖 몸에 꽉 끼는 옷의 단추나 넥타이를 풀어준다.

- 혀를 깨물지 않게 수건을 말아서 입에 넣는다.

  혀를 깨물지 않도록 입에 거즈를 넣어 준다.

  입에 물을 넣어준다.

  🔒 입에 손수건 등 이물질을 넣어서는 안 된다.

- 못 본 척하며 지나가 버린다.

  경련이 있을 때 움직이지 않도록 꽉 붙잡는다.

  침대로 신속히 옮긴다.

  🔒 꽉 붙잡거나 억지로 발작을 멈추게 하려고 하지 말고 조용히 기다린다.

■ 3도 화상을 입었을 때 증상

- 수포가 형성된다.

  피부색이 붉게 된다.

  약간의 부종이 있다.

  피부의 상피세포층과 진피세포층의 일부까지 손상된다.

  🔒 2도 화상 증상에 관한 내용이다.

■ 화상을 입었을 때 대처 방법

- 흐르는 수돗물에 팔을 직접 댄다.

  미지근한 물을 부어 준다.

  차가운 얼음으로 문지른다.

  🔒 피부가 손상을 입을 수 있으므로 찬물에 담근다.

- 화상 부위의 옷을 벗기고 찬물을 부어 준다.

  🔒 옷 위로 찬물을 부어 식힌다.

- 환부에 붙어 있는 옷을 벗긴다.

  🔒 의복은 벗기지 말고 잘라낸다.

- 반지와 같은 귀중품은 빼지 않는다.

  🔒 최대한 빨리 뺀다.

- 통증이 있으면 치약을 발라 준다.

  🔒 세균감염의 위험이 있으므로 절대 바르면 안 된다.

- 물집이 생기면 터뜨린다.

  🔒 물집을 터뜨리면 안 된다.

■ 골절이 됐을 때 대처 방법

- 스스로 움직여 침대에 눕게 한다.

  일어나도록 하여 상태를 살핀다.

  마사지한다.

  🔒 절대로 스스로 움직이게 해서는 안 된다.

- 상처 부위에 온찜질을 한다.

  🔒 냉찜질을 한다.

- 손상 부위를 직접 압박한다.

  튀어나온 뼈는 똑바로 맞춘다.

  🔁 튀어나온 뼈는 직접 압박하지 않는다.

- 부러진 손목뼈를 맞춰 본다.

  손목을 돌려 본다.

  파스를 붙여 준다.

  🔁 골절이 의심될 때는 부목으로 고정시킨다.

■ 출혈이 있는 대상자의 응급처치

- 맨손으로 직접 출혈 지점을 압박한다.

  🔁 장갑을 착용한다.

- 손목을 흐르는 물에 깨끗이 씻는다.

  🔁 멸균거즈를 이용하여 직접 압박한다.

- 압박붕대로 손목을 꽉 조이게 감는다. 붕대는 혈액순환이 안 되도록 꽉 조인다.

  🔁 꽉 조이지 않게 하여 혈액순환이 유지되게 한다.

- 출혈 부위는 심장보다 낮게 둔다.

  손목을 심장 가까운 곳에 둔다.

  🔁 출혈 부위를 심장보다 높게 위치하도록 한다.

01 시설에서 응급상황이 발생하였을 때의 대처 방법으로 옳지 <u>않은</u> 것은?

① 음식을 먹는 도중에 갑자기 숨이 막힌다고 호소를 할 때 대상자 뒤에서 주먹을 쥔 손을 감싸서 명치 끝을 후상방으로 밀쳐 올린다.

② 경련을 일으키며 쓰러졌을 때 가장 먼저 해야 할 일은 대상자의 머리에 차가운 물수건을 대는 것이다.

③ 긴급을 요하는 대상자 순으로 처치한다.

④ 경련을 일으키며 쓰러졌을 때 응급처치로 가장 먼저 해야 할 일은 119에 신고하는 것이다.

⑤ 길에 쓰러져 경련을 일으키는 대상자는 고개를 옆으로 돌려준다.

02 대상자가 화상을 입었을 때 세균감염을 위한 응급처치 방법으로 옳지 <u>않은</u> 것은?

① 호흡은 있으나 의식이 없는 대상자에게 1차적으로 취해야 할 것은 기도확보이다.

② 환부에 붙은 옷은 가위로 잘라낸다.

③ 화상 부위를 깨끗한 물수건으로 감싼다.

④ 화상을 입은 즉시 흐르는 찬물에 15분 이상 씻어낸다.

⑤ 반지와 같은 귀중품은 빨리 빼고, 물집이 생기면 즉시 터트려 준다.

03 출혈과 골절이 의심될 경우 응급처치 방법으로 옳지 <u>않은</u> 것은?

① 출혈이 있는 경우 멸균거즈를 이용하여 직접압박한다.

② 골절이 의심될 때는 냉찜질을 해준다.

③ 출혈 부위는 심장보다 높게 둔다.

④ 골절이 됐을 때는 골절 부위를 부목으로 고정한다.

⑤ 출혈이 있을 때는 압박붕대로 손목을 꽉 조이게 감는다.

정답 01 ② 02 ⑤ 03 ⑤

68 심폐소생술 및 자동심장충격기 적용

1. 심폐소생술의 목적 표준교재 526p

① 심폐소생술의 목적: 심장과 뇌에 충분한 혈액을 공급하고, 주요 장기에 산소를 공급하여 생명을 구한다.
15, 17, 19, 27

② 심폐기능이 멈춘 후 약 6분 정도까지 생명을 유지할 수 있는 산소의 여분이 있으나 4~6분 이상 혈액순환이 되지 않는 경우 뇌 손상이 온다. 4, 36-1

2. 심폐소생술의 단계 표준교재 527p 21, 34, 35, 37-1

> 반응 확인 → 도움 요청 → 가슴압박 → 기도 유지 → 인공호흡 → 상태확인

① 반응 확인(의식 확인)

 ㉠ 대상자에게 접근하기 전에 현장이 안전한지 확인한다

 ㉡ 위험한 환경이 아니라면 가능한 한 대상자를 이동하지 않는다.

 ㉢ 대상자의 양쪽 어깨를 가볍게 두드리면서 "괜찮으세요?"라고 질문하면서 가장 먼저 반응을 확인한다.
 1, 6, 7, 8, 23

 ㉣ 대상자가 반응을 할 때 정상적인 호흡과 맥박이 있다면 회복자세를 취하게 하고 의료진이 도착할 때까지 호흡과 맥박을 확인한다.

 ㉤ 일반인 구조자는 119에 신고한 후, 전화로 응급의료상담원의 조언에 따라 행동해야 한다.

② 도움 요청(119 신고 및 자동심장충격기 준비)

 ㉠ 질문에 반응이 없고 정상적인 호흡이 없으면 즉시 도움을 요청한다. 10, 11

 ㉡ 구조자가 한 명일 때 다음과 같이 한다.

 • 주위에 도와줄 사람이 있다면 119에 신고하고 자동심장충격기를 가져다 달라고 요청한다.

 • 주위에 도와줄 사람이 없고 연락할 수 있는 매체(휴대폰 등)가 없다면 잠시 현장을 이탈하더라도 도움을 요청한 후 심폐소생술을 시작한다.

 ㉢ 구조자가 두 명일 때 다음과 같이 한다.

 • 한 명은 즉시 심폐소생술을 시작한다.

 • 한 명은 119에 신고한 후 주위에 있는 자동심장충격기를 가지고 온다.

 • 자동심장충격기가 없다면 119가 올 때까지 심장압박, 인공호흡으로 심폐소생술을 시행한다.

③ 가슴압박

　㉠ 대상자가 반응이 없으면서 정상적인 호흡이 없으면 곧바로 가슴압박을 시작한다. [28]

　㉡ 정확한 압박 지점을 찾기 위해 대상자 가슴의 피부가 눈에 보이도록 옷을 풀어 놓는다.

　㉢ 대상자의 가슴 중앙인 가슴뼈(흉골)의 아래쪽 절반 부위에 구조자의 한 손의 손꿈치를 놓고 그 위에 다른 한 손을 놓고 평행하게 겹친다. [17, 37-2]

　㉣ 손가락은 깍지를 끼거나 펼 수 있다. [12, 24, 32, 32-1, 36-2]

　㉤ 구조자의 체중을 이용하여 압박하기 위해, 양팔의 팔꿈치를 곧게 펴서 어깨와 일직선을 이루게 하고 구조자의 어깨와 대상자의 가슴이 수직이 되게 한다. [17, 24, 35]

　㉥ 100~120회/분의 속도로 시행한다. [10, 13, 17, 24, 28, 35, 36-1, 37-2]

　㉦ 대상자의 가슴이 약 5cm 눌릴 수 있게 체중을 실어 압박한다. [3, 7, 17, 24, 35, 36-1, 37-2]

　㉧ '깊고', '강하게' 매 압박 시 압박위치가 바뀌지 않게 한다. [36-1]

　㉨ 매번 압박한 직후 압박된 가슴은 원래 상태로 완전히 이완되게 한다. 압박 : 이완의 시간비율이 50 : 50이 되게 한다. [36-1]

　㉩ 손바닥이 가슴에서 떨어지면 안 된다.

　㉪ 가슴압박 시 장기의 손상을 방지하기 위해 흉골의 가장 하단에 위치한 칼돌기를 압박하지 않도록 주의한다. [36-1]

④ 기도 유지

　㉠ 반응이 없는 대상자에게는 기도 유지가 필요하다.

　㉡ 머리를 뒤로 젖히고, 턱을 들어올린다. [29, 33, 35]

　㉢ 턱을 들어 올리기 위해 엄지손가락을 사용하지 않는다.

　㉣ 대상자의 입이 닫히지 않게 한다.

　㉤ 기도 유지를 배운 적 없다면 기도 유지 – 인공호흡을 생략하고 가슴압박만 하는 소생술을 권장한다.

⑤ 인공호흡

　㉠ 기도를 개방하고 이마 쪽 손의 엄지손가락과 검지로 대상자의 코를 막는다.

　㉡ 1초에 한 번씩, 가슴 팽창이 관찰될 정도로 숨을 두 번 크게 불어 넣는다. [28]

　㉢ 인공호흡 시 과도한 환기가 발생하지 않도록 주의한다. 위가 팽창하지 않도록 주의한다.

　㉣ 가슴 상승이 관찰되지 않는다면 머리기울임 – 턱 들어 올리기를 다시 정확하게 시행한 다음 시행한다.

⑥ 가슴압박과 인공호흡 30 : 2 비율 유지

　㉠ 구조자가 1인일 때 다음과 같이 한다.

　　• 가슴압박 30번과 인공호흡 2번을 번갈아 가면서 실시한다. [14, 17, 37-2]

　　• 인공호흡 2번을 10초 이내로 실시한다.

　㉡ 구조자가 2인 이상일 때 다음과 같이 한다.

　　• 2분마다 또는 5주기(1주기는 30회의 가슴압박 2회의 인공호흡)의 심폐소생술 후에 가슴압박 시행자를 교대해 준다.

　　• 인공호흡을 하기 위한 가슴압박 중단은 10초 이내로 제한한다.

⑦ 회복자세

　　㉠ 혀나 구토물로 인해 기도가 막히는 것을 예방하고 흡인의 위험성을 줄이기 위한 방법이다.

　　㉡ 대상자가 반응은 없으나 정상적인 호흡과 효과적인 순환을 보이면, 대상자의 몸 앞쪽으로 한쪽 팔을 바닥
　　　에 대고 다른 쪽 팔과 다리를 구부린 채로 대상자를 옆으로 돌려 눕힌다. (표준교재 531p 그림 참조) 15

⑧ 가슴압박소생술(손으로만 하는 심폐소생술)

　　㉠ 인공호흡은 하지 않고 가슴압박만을 시행하는 심폐소생술이다.

　　㉡ 보건의료인이 아닌 일반인이 실시한다.

3. 자동심장충격기 사용의 필요성 　표준교재 533p

① 급성 심정지의 가장 흔한 원인이 급성심근경색 후 발생하는 심실세동이기 때문에 가슴압박과 빠른 제세동(자
　동심장충격)이 매우 중요하다.

② 자동심장충격기는 가슴에 붙이는 두 개의 패드에서 감지하는 심전도 신호를 분석하고, 제세동이 필요한 경우
　전달할 에너지를 충전하여 제세동(자동심장충격)을 시행하는 것이다.

4. 자동심장충격기의 사용법 　표준교재 533p

자동심장충격기의 일반적 5단계 [16, 17, 23, 26, 28, 30, 32-2, 33, 35, 37-1, 37-2]
① 전원을 켠다. ② 전국패드 붙인다. ③ 심장 리듬 분석한다. ④ 모두 물러나고 제세동 시행한다. ⑤ 즉시 심폐소생술(가슴압박) 다시 시행한다.

① 자동심장충격기 가동

　　㉠ 반응과 정상적인 호흡이 없는 심정지 대상자에게만 사용한다. [13, 17, 18, 19, 20, 25, 29]

　　㉡ 심폐소생술 시행 중 자동심장충격기가 도착하면 지체 없이 전원을 켠다. [36-2]

② 두 개의 패드 부착

　　㉠ 웃옷을 버끼고 부착한다. [16, 18]

　　㉡ 오른쪽 패드는 오른쪽 빗장뼈 밑에, 왼쪽 패드는 왼쪽 중간 겨드랑선에 붙인다.

　　　[15, 16, 19, 20, 25, 29, 34, 35, 36-2, 37-1]

③ 심장리듬 분석

　　㉠ 분석 중이니 물러나라는 음성 지시가 나오면, 심폐소생술을 멈추고 대상자에게서 손을 뗀다.

　　　[19, 20, 25, 29, 32, 33, 35, 36-2, 37-1]

　　㉡ 제세동 필요하면, "제세동이 필요합니다."라는 음성 지시와 함께 자동심장충격기 스스로 에너지 충전을 시
　　　작한다.

　　㉢ 충전은 수 초 이상 소요되므로 가능한 가슴압박을 시행한다. [17, 33]

④ 제세동 시행

  ㉠ 분석 결과 "제세동이 필요합니다."는 안내와 함께 제세동 버튼이 깜빡인다.

  ㉡ 충전이 완료되어 다시 모두 물러나라는 신호가 나오면, 모두 물러나게 하고, 쇼크 버튼을 누른다.

  16, 17, 18, 19, 25, 29

⑤ 즉시 가슴압박 다시 시행

  ㉠ 충격이 전달된 즉시 가슴압박을 시작한다. 17, 32, 33, 35, 36 - 2

  ㉡ 30 : 2의 비율로 가슴압박과 인공호흡을 반복한다. 18, 19, 20, 25, 29, 37 - 1

  ㉢ 자동심장충격기는 2분 간격으로 심장 리듬 분석을 자동 반복한다. 16, 18, 20, 22, 32, 33, 36 - 2

  ㉣ 자동심장충격기 사용 및 심폐소생술 시행은 119 구급대가 현장에 도착할 때까지 지속한다. 20, 32

■ **가슴압박 시행 방법**
- 손가락을 가슴에 대면서 압박한다.
  📋 손꿈치를 놓는다.

- 15회 가슴압박 후 2번 인공호흡을 한다.
  📋 가슴압박 30번과 인공호흡 2번이다.

- 가슴이 최대 4cm 정도 눌리도록 압박한다.
  가슴이 10cm 가량 눌릴 정도로 압박한다.
  📋 약 5cm 정도 눌리도록 한다.

- 깍지 낀 손으로 젖꼭지를 압박한다.
  📋 가슴뼈(흉골)를 압박한다.

- 양 팔을 굽힌 상태에서 압박한다.
  📋 곧게 펴서 어깨와 일직선인 상태에서 압박한다.

■ **자동심장충격기(AED)를 사용하는 방법**
- 의식이 있는 환자에게 사용한다.
  호흡은 있으나 의식이 없는 대상자에게 사용한다.
  📋 반응과 정상적인 호흡이 없는 심정지 대상자에게만 사용한다.

- 패드는 옷 위에 붙여서 감전을 방지한다.
  📋 옷을 벗기고 부착한다.

- [패드 1]은 왼쪽 쇄골 바로 아래에, [패드 2]는 오른쪽 젖꼭지 아래 중간 겨드랑이선에 부착한다.
  전극 패드를 왼쪽 빗장뼈(쇄골)와 오른쪽 젖꼭지 아래에 붙인다.
  왼쪽 빗장뼈와 오른쪽 젖꼭지 아래에 패드를 부착한다.
  📋 오른쪽 패드는 오른쪽 빗장뼈 밑에, 왼쪽 패드는 왼쪽 중간 겨드랑선에 붙인다.

- 심장 리듬 분석 후 전극패드를 붙인다.
  📋 전극패드를 붙인 후 심장 리듬 분석을 한다.

- 심장충격 버튼을 누르기 전 인공호흡을 집중적으로 한다.
  📋 심폐소생술을 멈추고 대상자에게서 손을 뗀다.

- 자동심장충격기 시행 중엔 움직이지 않도록 대상자를 잡는다.
  버튼을 누르기 전 다른 사람에게 환자를 잡게 한다.
  📋 대상자에게서 손을 뗀다.

- 자동심장충격기가 충전될 때에는 가슴압박을 하지 않는다.
  📋 충전은 수 초 이상 소요되므로 가능한 가슴압박을 시행한다.

- 심장분석 중 음성이 나오면 즉시 가슴압박과 인공호흡을 실시한다.
  📋 모두 물러나게 하고, 쇼크 버튼을 누른다.

- 심장충격 실시 후 가슴압박과 인공호흡 비율을 30:1로 한다.
  자동심장충격기 실시 후 바로 30회의 인공호흡을 실시한다.
  🔖 가슴압박과 인공호흡 비율을 30:2로 반복한다.

- 1분마다 심장 리듬 분석을 반복해서 실시한다.
  6분마다 심장 리듬을 분석해서 반복 실시한다.
  🔖 2분 간격으로 실시한다.

- 심장충격 실시 후 심폐소생술을 실시하지 않는다.
  🔖 119 구급대가 현장에 도착할 때까지 심폐소생술을 지속한다.

 핵심 족집게 문제 ━━━━━━━━━━━━━━━━━━━━━━━━━━━━ • CARE WORKER

01 심폐소생술에 대한 설명으로 옳지 않은 것은?

① 가슴압박을 하는 이유는 심장과 뇌로 충분한 혈액을 공급하기 위함이다.
② 가장 먼저 해야 할 일은 의식 확인이다.
③ 호흡이 없거나 비정상적이면 즉시 인공호흡을 시작한다.
④ 심폐소생술을 종료하는 시점은 119 구급대원에게 대상자를 인계했을 때이다.
⑤ 가슴압박은 분당 100회 속도로 시행하며, 가슴압박과 인공호흡 비율은 30:2를 유지한다.

02 자동심장충격기를 사용하는 방법으로 옳지 않은 것은?

① 자동심장충격기(AED)는 호흡과 반응이 없는 심정지 환자만 사용한다.
② 버튼을 누르기 전 다른 사람이 대상자에게서 떨어져 있는지 확인한다.
③ 분석 중이라는 음성지시가 나오면 대상자에게서 손을 뗀다.
④ 10분마다 심장 리듬 분석을 반복해서 실시한다.
⑤ [패드 1]은 왼쪽 중간 겨드랑이선에, [패드 2]는 오른쪽 빗장뼈 밑에 부착한다.

03 자동심장충격기(AED)를 사용하는 순서는?

> 가. 전원 켜기
> 나. 즉시 심폐소생술 다시 시행
> 다. 심장 리듬 분석
> 라. 심장충격(제세동) 시행
> 마. 전극 패드 부착

정답 01 ③ 02 ④ 03 가-마-다-라-나

최신기출문제

CONTENTS

CHAPTER 01

2022년도 제38회 요양보호사 자격시험

요양보호론(필기시험)

CARE WORKER

01 '노인의 날'을 지정하여 해마다 기념하는, 노인을 위한 보상 유형은?

① 지적 보상   ② 경제적 보상

③ 정치적 보상   ④ 자유적 보상

⑤ 문화유산의 전수

02 노인부양 문제의 개선 방안으로 옳은 것은?

① 세대 분리를 촉진한다.

② 시설 입소를 우선시한다.

③ 자녀가 부모의 부양을 전담한다.

④ 국가 주도의 돌봄 정책을 강화한다.

⑤ 장기요양등급판정 항목을 늘린다.

03 다음에서 설명하는 사회복지제도는?

- 목적 : 노인의 안정적인 소득 기반 제공 및 생활 안정 지원
- 대상 : 만 65세 이상 소득인정액 기준 70% 수준 이하의 노인
- 재원 : 국가와 지방자치단체에 의해 조성

① 국민연금   ② 기초연금

③ 주택연금   ④ 고용보험

⑤ 산업재해보상보험

04 등급판정위원회의 심의 결과 노인장기요양보험 급여 대상자는?

① 백내장 수술을 한 65세 남자
② 결핵으로 병원에 입원 중인 60세 남자
③ 혈관성치매로 일상생활이 어려운 50세 여자
④ 발목이 골절되어 치료를 받고 있는 60세 남자
⑤ 폐렴약을 복용 중인 50세 여자

05 노인장기요양보험 급여 중 본인 부담금에 관한 설명으로 옳은 것은?

① 비급여 항목은 본인이 50%를 부담한다.
② 복지용구 비용은 본인이 80%를 부담한다.
③ 재가급여 비용은 본인이 20%를 부담한다.
④ 국민기초생활수급권자는 본인 부담금이 없다.
⑤ 의사소견서 발급 비용은 본인이 15%를 부담한다.

06 대상자에게 제공할 수 있는 일상생활지원서비스에 해당하는 것은?

① 목욕 도움　　　　　　　　② 병원 동행
③ 구강 관리　　　　　　　　④ 의사소통 도움
⑤ 청소 및 주변정돈

07 요양보호서비스 제공 원칙에 관한 설명으로 옳은 것은?

① 대상자가 변비가 있는 경우 관장을 실시한다.
② 대상자와 직계 가족에게 서비스를 제공한다.
③ 서비스를 제공하기 전에 대상자의 특성을 확인한다.
④ 대상자의 상태가 변화하면 서비스를 임의로 조정한다.
⑤ 인지능력이 손상된 대상자에게 서비스 동의서를 받는다.

08 다음 상황에서 시설대상자가 침해받은 권리는?

- 다른 대상자에게 맞은 사실에 대해 요양보호사가 아무런 개입을 하지 않았다.
- 요양보호사가 치매대상자에게 폭언을 하였다.

① 신체 구속을 받지 않을 권리
② 개별화된 서비스를 받을 권리
③ 충분한 정보를 제공받을 권리
④ 존엄한 존재로 대우받을 권리
⑤ 사생활과 비밀 보장에 관한 권리

09 노인학대 유형(A)과 사례(B)가 올바르게 연결된 것은?

	A	B
①	방임	생활비 제공을 중단함
②	유기	이성교제를 방해함
③	신체적 학대	말을 걸지 않고 무시함
④	정서적 학대	유언장의 내용을 변조함
⑤	경제적 학대	집안의 경조사에 참여하지 못하게 함

10 언어적 성희롱에 해당하는 행위는?

① 뒤에서 껴안음　　　　　　　　② 엉덩이를 밀착시킴
③ 신체 부위를 노출함　　　　　　④ 음란한 사진을 보냄
⑤ 성적 사실관계를 물어봄

11 다음과 같은 성희롱 상황에서 요양보호사의 대처 방법은?

> 요양보호사가 방문할 때마다, 대상자가 목욕을 하겠다는 핑계로 알몸으로 기다리고 있다.

① 감기에 걸릴 수 있다고 야단친다.
② 대상자를 못 본 척하고 다른 일을 한다.
③ 대상자에게 서비스를 중단한다고 말한다.
④ 대상자의 가족에게 재발 방지를 약속받는다.
⑤ 관리책임자에게 보고하여 적절한 조치를 취하게 한다.

12 다음 사례에서 요양보호사가 준수한 직업윤리는?

> 방문요양 시 대상자가 명절 음식을 만들어 달라고 부탁하였을 때, 급여내용에 없어 서비스를 제공할 수 없다고 정중히 거절함

① 협력하려는 태도
② 자기계발을 하려는 태도
③ 인권을 옹호하려는 태도
④ 전문상담가로서의 태도
⑤ 규정에 따라 업무를 수행하려는 태도

13 요양보호사의 직업윤리 원칙에 맞는 행동은?

① 기관의 결정을 우선시한다.

② 요양보호사의 판단대로 서비스를 제공한다.

③ 대상자와 위계적 관계를 유지한다.

④ 복지용구가 필요하다고 하면 대여해 준다.

⑤ 제공된 서비스 내용은 정확히 기록한다.

14 다음 상황에서 요양보호사의 대처방법은?

> 대상자 : (밥그릇을 밀어내며) "나 밥을 못 먹겠어."
> 요양보호사 : (   )

① "너무 까다로우세요."

② "배고프실 때 말씀하세요."

③ "그러면, 음식을 치울게요."

④ "자꾸 이러시면 제가 너무 힘들어요."

⑤ "입안에 상처가 있는지 확인해 볼게요."

15 다음 상황에서 요양보호사가 직업윤리 원칙을 준수한 경우는?

> 대상자가 "방문요양서비스 급여제공 기록을 실제 시간보다 늘려 작성해서 본인 부담금을 면제해 주세요."라고 요청함

① 불법이라고 명확하게 말한다.

② 면제해 줄 수 있는 기관을 소개한다.

③ 동료 요양보호사와 상의하겠다고 말한다.

④ 등급 상향 판정을 받아오라고 한다.

⑤ 추가 서비스를 제공하여 서비스 시간을 늘린다.

16 요양보호사에게 근골격계 질환 발생 위험이 높은 상황은?

① 평평한 바닥에서 휠체어 이동을 돕는 경우

② 물건을 몸에서 멀리 놓고 들어 올리는 경우

③ 이동용 장비를 이용하여 물건을 옮기는 경우

④ 밤 근무 중 밝은 조명에서 대상자의 이동을 돕는 경우

⑤ 무릎을 굽혀 물건을 잡고 무릎을 펴면서 들어올리는 경우

17 감염 예방을 위한 요양보호사의 자가관리 방법으로 옳은 것은?

① 손으로 입을 가리고 기침을 한다.

② 독감 예방접종은 6개월마다 받아야 한다.

③ 결핵 진단검사는 3개월마다 받아야 한다.

④ 임신한 경우 풍진 감염 대상자와 접촉하지 않는다.

⑤ 노로바이러스에 감염되면 가운을 입고 업무를 계속한다.

18 노화에 따른 소화기계 변화로 옳은 것은?

① 위액 분비량 감소

② 식후 포만감 지연

③ 지방 흡수력 증가

④ 간의 약물 대사능력 향상

⑤ 항문 괄약근의 긴장도 증가

19 폐결핵에 관한 설명으로 옳은 것은?

① 바이러스성 감염 질환이다.

② 스테로이드 약물 복용으로 예방할 수 있다.

③ 약물 복용 중 주기적인 간기능 검사가 필요하다.

④ 치료 기간 중 증상이 사라지면 약물 복용을 중단한다.

⑤ 오전에 고열이 나고 오후에 열이 내리는 증상이 반복된다.

20 적혈구 부족이 원인이 되어 산소운반능력이 저하되는 질환은?

① 폐렴   ② 빈혈

③ 폐기종   ④ 뇌경색

⑤ 동맥경화증

21 고혈압대상자를 돕는 방법으로 옳은 것은?

① 저지방 유제품을 먹게 한다.

② 격렬한 유산소 운동을 하게 한다.

③ 알코올 섭취로 열량을 보충하게 한다.

④ 매일 한 개비의 흡연으로 스트레스를 줄이게 한다.

⑤ 혈압이 조절되면 약물 복용을 중단하고 운동을 하게 한다.

22 골다공증이 있는 노인이 낙상했을 때 발생할 가능성이 높은 질환은?

① 척추협착증　　　　　　　　② 척추측만증
③ 고관절골절　　　　　　　　④ 강직척추염
⑤ 류마티스관절염

23 전립선비대증의 발생 요인으로 옳은 것은?

① 요로 감염　　　　　　　　② 체중 감소
③ 소변 배설량 증가　　　　　④ 규칙적 도뇨 시행
⑤ 남성호르몬 불균형

24 대상자에게 욕창을 발생시킬 가능성이 높은 요양보호사의 행동은?

① 체위를 자주 변경해 준다.
② 침상 시트의 주름을 펴 준다.
③ 무릎 사이에 베개를 끼워 준다.
④ 천골 부위에 도넛 베개를 대어 준다.
⑤ 목욕 후에 피부를 완전히 말려 준다.

25 다음에서 설명하는 신경계 질환은?

- 도파민 분비 장애로 발생함
- 동작이 느려지고 근육 경직, 안정 시 떨림이 나타남

① 뇌졸중　　　　　　　　② 뇌막염
③ 파킨슨병　　　　　　　④ 혈관성 치매
⑤ 알츠하이머병

26 노화에 따른 눈의 변화로 옳은 것은?

① 눈이 앞으로 돌출된다.
② 눈물의 양이 증가한다.
③ 각막 반사가 증가한다.
④ 수정체 황화현상이 나타난다.
⑤ 가까운 곳에 초점을 맞추는 능력이 향상된다.

27 당뇨병의 대표적인 증상으로 옳은 것은?

① 소변 배설량 증가　　　　　② 감각 민감성 증가
③ 갈증 감소　　　　　　　　④ 음식 섭취량 감소
⑤ 수분 섭취량 감소

28 우울증 발생 가능성이 높은 대상자의 상황은?

① 가족과 함께 살고 있다.

② 경로당 프로그램에 참여한다.

③ 낮에 햇빛을 쐬며 운동을 한다.

④ 최근 갑상샘기능저하증을 진단받았다.

⑤ 식욕과 체중이 변화 없이 유지되고 있다.

29 운동능력을 저하시키는 노인의 신체적 변화로 옳은 것은?

① 말초혈관의 저항 감소 ② 폐조직의 탄력성 감소

③ 관절의 유연성 증가 ④ 자극에 대한 반응 증가

⑤ 심장근육의 수축력 증가

30 약물 복용 방법으로 옳은 것은?

① 서방제는 분쇄하여 복용한다.

② 인슐린은 구강으로 복용한다.

③ 장용코팅제는 분할하여 복용할 수 있다.

④ 분할선이 있는 약은 쪼개어 복용할 수 있다.

⑤ 항고혈압제는 자몽주스와 함께 복용하는 것이 좋다.

31 만 65세 이상 노인에게 권장되는 예방접종으로 옳은 것은?

① 수두 ② 홍역

③ 풍진 ④ 폐렴구균

⑤ 유행성 이하선염

32 요양보호사가 관찰한 내용을 올바르게 기록한 것은?

① "실금을 여러 번 함"

② "오후에 건망증이 더 심해짐"

③ "오랜만에 기분이 좋아 보임"

④ "오후 간식인 바나나 섭취를 거부함"

⑤ "이른 아침에 운동을 간단하게 함"

33 방문요양서비스 제공 시 관리책임자에게 반드시 보고해야 하는 상황은?

① 대상자가 반려동물을 돌봐 달라고 요청할 때

② 대상자가 넘어져 타박상을 입었을 때

③ 계절이 지난 대상자의 옷이 정리되어 있지 않을 때

④ 대상자가 하루 종일 텔레비전을 볼 때

⑤ 자녀의 안부 전화가 없다며 대상자가 속상해할 때

34 사전연명의료의향서에 관한 설명으로 옳은 것은?

① 본인 의사에 상관없이 대리작성이 가능하다.

② 사전연명의료의향서 등록기관에 등록해야만 효력이 있다.

③ 연명의료 중단은 의사의 도움에 의한 적극적 안락사와 같다.

④ 효력이 발생하여 연명의료가 중단되어도 심폐소생술은 실시된다.

⑤ 효력이 발생하여 연명의료가 중단되면 물과 영양분을 공급하지 않는다.

35 임종을 앞둔 대상자에게 죽음이 임박하였음을 예측할 수 있는 상태는?

① 동공이 축소된다.

② 호흡이 규칙적이다.

③ 피부가 붉고 따뜻하다.

④ 근육 긴장도가 증가한다.

⑤ 대소변 실금이 나타난다.

36 편마비대상자에게 식사를 제공할 때 사레를 예방하는 방법으로 옳은 것은?

① 국물이 많은 음식을 준다.

② 음식을 뜨겁게 하여 준다.

③ 국수는 적당한 크기로 잘라서 준다.

④ 맛이 있는지 물어보면서 음식을 입에 넣어 준다.

⑤ 입안에 음식이 남았을 때 다음 음식을 넣어 준다.

37 치매대상자의 식사를 돕는 방법으로 옳은 것은?

① 식탁에 앉아서 같이 생선가시를 제거한다.

② 사용하기 편하도록 가벼운 숟가락을 준비한다.

③ 음식을 거부할 때에는 갈아서 한꺼번에 먹인다.

④ 평소에 좋아하는 드라마를 보면서 식사하게 한다.

⑤ 의치가 느슨하면 의치를 빼고 식사하게 한다.

38 대상자의 약물 복용을 돕는 방법으로 옳은 것은?

① 색이 변한 물약은 흔들어서 복용하게 한다.

② 물을 충분히 제공하여 약을 잘 삼키게 한다.

③ 물약은 라벨이 없는 쪽을 잡고 용액을 따른다.

④ 손바닥에 덜어 낸 후 남은 알약은 약병에 다시 넣는다.

⑤ 캡슐약은 벗겨서 가루만 숟가락에 놓고 물로 녹여서 투약한다.

39 다음 그림 중에서 물약을 사용하기 위해 병뚜껑을 열어 내려놓는 방법으로 옳은 것은?

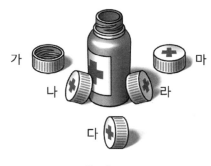

① 가 　　　　　　　　　② 나

③ 다 　　　　　　　　　④ 라

⑤ 마

40 다음 그림 중에서 중이염을 앓고 있는 대상자에게 귀약을 투여할 때 귓바퀴를 잡아당기는 방향으로 옳은 것은?

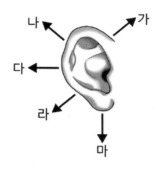

① 가   ② 나
③ 다   ④ 라
⑤ 마

41 대상자가 옷에 변을 지렸을 때 대처방법은?

① 기저귀를 채워 준다.
② 4시간마다 이동변기를 대어 준다.
③ 즉시 창문을 열어 냄새를 제거한다.
④ 자존감을 지켜 주기 위해 모르는 척한다.
⑤ 불쾌감을 느끼지 않도록 옷을 갈아입힌다.

42 요실금대상자의 배뇨를 돕는 방법으로 옳은 것은?

① 배뇨 후 아랫배를 눌러 주어 방광을 완전히 비운다.
② 주기적으로 도뇨관을 사용한다.
③ 식이섬유가 적은 음식을 제공한다.
④ 더운 물주머니를 복부에 대어 준다.
⑤ 활동을 제한하여 배뇨 횟수를 줄인다.

43 간이변기를 사용하여 배설하는 대상자를 돕는 방법으로 옳은 것은?

① 변기는 찬물로 닦은 후 대어 준다.
② 변기 놓을 자리에 젖은 수건을 깔아 준다.
③ 배설하지 못했으면 변의가 생길 때 다시 대어 준다.
④ 침대를 평평하게 하여 힘주기 쉬운 자세를 취하게 한다.
⑤ 바지를 내린 후 허리 아래쪽에 무릎덮개를 덮어 준다.

44 기저귀 사용을 도울 때 젖은 기저귀를 빨리 새 기저귀로 갈아 주어야 하는 이유는?

① 저체온증을 예방하기 위해

② 요실금 횟수를 줄이기 위해

③ 피부 손상을 예방하기 위해

④ 혈액 순환을 촉진하기 위해

⑤ 기저귀 의존성을 줄이기 위해

45 유치도뇨관을 삽입한 대상자를 돕는 방법으로 옳은 것은?

① 침상에서 절대안정을 하게 한다.

② 하루에 한 번 방광을 세척한다.

③ 소변주머니는 바닥에 닿게 고정시킨다.

④ 소변이 새면 유치도뇨관을 즉시 제거한다.

⑤ 금기사항이 없는 한 수분 섭취를 권장한다.

46 혈액응고장애가 있는 대상자의 칫솔질을 돕는 방법으로 옳은 것은?

① 칫솔모가 단단한 칫솔로 닦게 한다.

② 치아에서 잇몸 방향으로 칫솔질하게 한다.

③ 칫솔로 치아뿐 아니라 혀의 깊숙한 데까지 닦게 한다.

④ 치실로 음식물 찌꺼기를 제거한 후 칫솔질하게 한다.

⑤ 매 식사 후 30분 이내와 잠자기 전에 칫솔질하게 한다.

47 침상에서 대상자의 머리를 감기는 방법으로 옳은 것은?

① 린스를 한 후 따뜻한 물로 헹군다.

② 손톱을 이용하여 두피를 마사지한다.

③ 두피에 염증이 있으면 두피보호제를 바른다.

④ 대상자의 어깨가 침대 모서리에 오도록 한다.

⑤ 머리를 감긴 후 남은 물기는 자연건조 되게 한다.

48 발의 혈액 순환을 촉진하는 방법으로 옳은 것은?

① 보습제를 듬뿍 발라 준다.

② 산성 비누로 거품을 내어 씻긴다.

③ 낮시간 동안 자외선에 노출시킨다.

④ 따뜻한 물에 15분 동안 담가 준다.

⑤ 식초물에 적신 수건으로 감싸 준다.

49 통목욕 시 대상자를 씻기는 순서로 옳은 것은?

① 다리 → 팔 → 몸통 → 회음부

② 다리 → 회음부 → 팔 → 몸통

③ 팔 → 회음부 → 다리 → 몸통

④ 팔 → 몸통 → 회음부 → 다리

⑤ 회음부 → 다리 → 팔 → 몸통

50 중증 치매대상자의 옷을 갈아입히는 방법으로 옳은 것은?

① 선 자세에서 옷을 갈아입힌다.

② 단추가 달린 옷으로 갈아입힌다.

③ 스스로 옷을 갈아입도록 자리를 피해 준다.

④ 갈아입기를 거부하면 목욕 시간을 이용한다.

⑤ 겉옷이 맨 위로 오게 하여 옷을 정리해 둔다.

51 대상자를 옆으로 눕혔을 때 안정되고 편안한 자세는?

① 엉덩관절과 척추관절을 편 자세

② 엉덩관절과 무릎관절을 편 자세

③ 엉덩관절과 무릎관절을 굽힌 자세

④ 엉덩관절은 굽히고, 무릎관절은 편 자세

⑤ 엉덩관절은 펴고, 무릎관절은 굽힌 자세

52 다음 그림과 같이 두 다리를 편 상태로 대상자를 똑바로 앉히면 손상될 수 있는 뼈는?

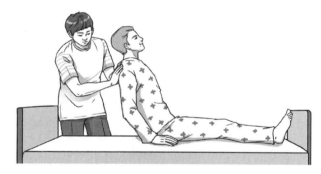

① 무릎뼈   ② 엉덩뼈

③ 허리뼈   ④ 넙다리뼈

⑤ 종아리뼈

53 편마비대상자를 바닥에서 휠체어로 옮기는 순서로 옳은 것은?

> 가. 대상자가 건강한 손으로 휠체어를 잡게 한다.
> 나. 이동 방법을 설명하고 휠체어 잠금장치를 잠근다.
> 다. 대상자가 바닥에 무릎을 꿇고 엉덩이를 들어 허리를 펴게 한다.
> 라. 대상자가 건강한 쪽 무릎을 세워 일어나게 하여 휠체어에 앉힌다.

① 가→다→라→나   ② 가→라→나→다
③ 나→가→다→라   ④ 나→라→다→가
⑤ 다→가→라→나

54 대상자의 보행을 도울 때 보행벨트를 사용하는 순서로 옳은 것은?

> 가. 벨트 끈, 패드, 손잡이의 바느질 상태를 확인한다.
> 나. 대상자 뒤에 서서 벨트 손잡이를 잡고 이동한다.
> 다. 끈이나 벨트가 풀리지 않았는지 확인한다.
> 라. 대상자의 허리 부분에 벨트를 묶는다.

① 가→나→다→라   ② 가→나→라→다
③ 가→다→나→라   ④ 가→다→라→나
⑤ 가→라→다→나

55 왼쪽 편마비대상자가 지팡이를 사용하여 계단을 내려가는 순서로 옳은 것은?

① 지팡이 → 왼쪽 다리 → 오른쪽 다리
② 지팡이 → 오른쪽 다리 → 왼쪽 다리
③ 왼쪽 다리 → 지팡이 → 오른쪽 다리
④ 왼쪽 다리 → 오른쪽 다리 → 지팡이
⑤ 오른쪽 다리 → 지팡이 → 왼쪽 다리

56 다음 그림과 같은 보행보조차를 안전하게 사용할 수 있는 대상자는?

① 하체에 힘이 없어 보행이 어려운 대상자

② 어느 정도 균형감각과 보행능력이 있는 대상자

③ 뇌졸중으로 오른쪽 편마비가 있는 대상자

④ 손잡이에 체중을 실어야 하는 대상자

⑤ 이동 중 보행보조차에 기대어 쉬어야 하는 대상자

57 시설에서 감염 예방을 위해 반드시 따로 처리해야 하는 것은?

① 대상포진 대상자의 식기

② 천식 대상자의 세면도구

③ 결핵 대상자의 가래가 묻은 휴지

④ 접촉성피부염 대상자의 젖은 의복

⑤ 전립선비대증 대상자의 얼룩진 침구

58 지진이 발생했을 때 대처방법은?

① 창문을 열고 환기한다.

② 흔들리는 동안 탁자 위에 엎드린다.

③ 운동장 같은 넓은 공간으로 대피한다.

④ 흔들림이 멈추면 바로 전기를 사용한다.

⑤ 엘리베이터를 이용하여 신속히 밖으로 나간다.

59 재가대상자의 가정에 정전이 발생했을 때 대처 방법은?

① 욕조에 물을 받아 둔다.

② 누전차단기를 즉시 교체한다.

③ 두 손으로 벽을 짚으며 밖으로 나간다.

④ 정전으로 해동된 식품은 다시 냉동한다.

⑤ 전기가 복구된 후에 가전제품 플러그를 콘센트에 하나씩 꽂는다.

60 재가대상자의 식사를 준비하는 방법으로 옳은 것은?

① 음식이 뜨거울 때 간을 맞춘다.

② 멸치와 표고버섯으로 국물을 만든다.

③ 생선은 오래 굽고 육류는 기름에 튀긴다.

④ 엿과 설탕 같은 단당류로 음식을 조리한다.

⑤ 음식은 한꺼번에 만들어 두고 조금씩 제공한다.

61 다음의 표시 방법으로 건조해야 하는 세탁물은?

옷걸이

① 이불
③ 면 티셔츠
⑤ 꽃무늬 블라우스
② 청바지
④ 니트 목도리

62 대상자가 외출할 때 동행하는 방법으로 옳은 것은?

① 보호자의 자가용을 운전하여 이동한다.
② 장기요양인정서와 주민등록등본을 준비한다.
③ 외출 중에 요양보호사의 사적인 일을 처리한다.
④ 걸을 때 보폭을 크게 하여 신속히 이동하게 한다.
⑤ 대상자의 신체 상태를 고려하여 이동보조기구를 준비한다.

63 치매대상자가 누워만 있으려고 할 때 대처방법은?

① 대상자가 원하는 대로 누워 있게 한다.
② 누워만 있으려고 하는 이유를 물어본다.
③ 게으른 습관은 건강을 해친다고 설명한다.
④ 대상자가 좋아하는 화분에 물을 주게 한다.
⑤ 주기적으로 환경을 바꾸어 기분을 전환해 준다.

64 치매대상자의 안전을 고려하여 방을 관리하는 방법으로 옳은 것은?

① 침대 밑 방바닥에 두꺼운 요를 깔아 둔다.
② 큰 유리창을 투명하게 하여 밖이 잘 보이게 한다.
③ 프라이버시를 위해 방 안에 잠금장치를 설치한다.
④ 다른 사람의 눈에 잘 띄지 않는 방으로 배정한다.
⑤ 방 안이 따뜻하도록 대상자 옆에 난로를 켜 둔다.

65 시설 치매대상자가 쓰레기를 모아 서랍에 감추는 행동을 반복할 때 대처방법은?

① 행동이 멈출 때까지 기다린다.
② 쓰레기는 비위생적이라고 설명한다.
③ 쓰레기봉투를 사러 가자며 함께 나간다.
④ 쓰레기를 모아서 어디에 쓰려는지 물어본다.
⑤ 다른 대상자 앞에서 서랍을 열어 보이며 행동을 지적한다.

66 치매대상자가 비누를 입에 넣으려고 할 때 대처 방법은?

① 비누를 쥔 손을 쳐서 뺏는다.

② 무슨 맛이 날 것 같은지 물어본다.

③ 대상자가 좋아하는 호빵을 주면서 비누와 바꾼다.

④ 비누라고 설명하며 냄새를 맡아 보게 한다.

⑤ 음식물인지 아닌지 잘 구분해 보라고 말한다.

67 시설 치매대상자가 밤낮이 바뀌어 낮 시간에 졸고 있을 때 대처방법은?

① 말을 걸어 자극을 준다.

② 따뜻한 우유를 제공한다.

③ 낮잠을 충분히 자게 한다.

④ 주위의 소음을 최대한 줄인다.

⑤ 수면에 적정한 온도를 유지한다.

68 치매대상자가 딸이 오기로 했다며 밖으로 나가려고 문 앞에서 서성거릴 때 대처방법은?

① "딸은 오늘 못 와요."라고 말한다.

② "딸이 언제 오기로 했어요?"라고 물어본다.

③ "어르신, 요즘 자주 그러시네요."라고 말한다.

④ "딸과 먹을 음식을 만들어요."라며 함께 식사를 준비한다.

⑤ "어르신, 우리 음악 들을까요?"라며 라디오를 크게 틀어 준다.

69 치매대상자가 "아들이 내 퇴직금 통장을 가져갔어."라며 반복적으로 화를 낼 때 대처방법은?

① 아들에게 연락하여 확인한다.

② 통장을 직접 찾아서 건네준다.

③ 아들은 그럴 사람이 아니라고 말한다.

④ 통장을 가져가는 것을 보았는지 물어본다.

⑤ 이야기를 들어 주며 속상하겠다고 다독인다.

70 시설 치매대상자가 휠체어에 앉아 있는 대상자에게 화를 내며 끌어내리려고 할 때 대처방법은?

① 휠체어를 타고 싶은지 물어본다.

② 다른 휠체어를 갖다주겠다며 찾으러 간다.

③ 더 좋은 휠체어를 타러 가자며 데리고 나간다.

④ 위험한 행동을 하면 집으로 돌려보낸다고 말한다.

⑤ 두 사람이 모두 다칠 수 있다며 힘으로 제압한다.

71 시설 치매대상자가 해질녘이 되면 밖으로 나가겠다며 문고리를 잡고 흔들 때 대처방법은?

① 잠잠해질 때까지 지켜본다.

② 조용한 방에 혼자 있게 한다.

③ 커튼을 쳐서 실내를 어둡게 한다.

④ 아끼는 인형을 주며 안아 주라고 한다.

⑤ 밤에는 집에 있어야 한다고 알려 준다.

72 대상자의 상태에 따라 권장할 수 있는 여가 활동에 관한 설명으로 옳은 것은?

① 섬망대상자에게 영화를 보게 한다.

② 편마비대상자에게 그림을 그리게 한다.

③ 관절염대상자에게 배드민턴을 치게 한다.

④ 심근경색증대상자에게 등산을 하게 한다.

⑤ 치매대상자에게 처음 가 보는 길을 산책하게 한다.

73 치매대상자가 요양보호사의 얼굴을 잡고 "우리 딸 일하고 왔어?"라고 할 때 요양보호사의 반응으로 옳은 것은?

① "엄마! 잘 다녀왔어요."

② "제가 누군지 자세히 보세요."

③ "어르신, 제가 딸인 것 같아요?"

④ "저는 딸이 아니라고 말씀드렸잖아요."

⑤ "저는 어르신을 돌보는 요양보호사예요."

74 다음 대화에서 요양보호사의 공감적 반응으로 옳은 것은?

> 대상자 : "나를 도와주던 요양보호사는 그만두었어요? 그 사람이 참 잘했었는데…."
> 요양보호사 : (   )

① "서로 적응될 때까지 기다리세요!"

② "그런 식으로 말하시니 제가 많이 서운하네요."

③ "제가 그 사람보다 경력이 많아 더 잘할 수 있어요."

④ "제가 맘에 들지 않으시면 다른 사람을 소개해 드릴까요?"

⑤ "그 사람이 일을 참 잘하셨나 봐요. 저도 열심히 노력할게요."

75 다음 상황에서 요양보호사가 '나 – 전달법'으로 반응한 것은?

대상자 : "오늘 아침은 먹기 싫어서 안 먹었어."
요양보호사 : "어르신이 좋아하시는 청국장찌개였는데요?"
대상자 : "…."
요양보호사 : (   )

① "배가 고프지 않으세요?"
② "청국장찌개에 싫증 나셨어요?"
③ "제가 가져온 고구마를 드릴게요."
④ "청국장찌개는 건강에 좋은 음식이에요."
⑤ "식사를 안 하셨다니 마음이 안 좋네요."

76 치매대상자와 의사소통할 때에 지켜야 하는 기본 원칙으로 옳은 것은?

① 톤이 높거나 큰 소리로 이야기한다.
② "네", "아니요"로 답할 수 있게 질문한다.
③ 긍정형 질문보다 부정형 질문을 한다.
④ 대화 시 여러 사람이 함께 참여하게 한다.
⑤ 과거 이야기는 피하여 현실을 지각할 수 있게 한다.

77 대상자가 경련을 하며 쓰러졌을 때 응급처치 방법으로 옳은 것은?

① 일으켜서 침대로 옮긴다.
② 머리 밑에 부드러운 것을 대어 준다.
③ 머리를 뒤로 젖혀 기도를 확보해 준다.
④ 경련이 끝날 때까지 팔다리를 붙잡아 준다.
⑤ 혀를 깨물지 않게 입을 벌려 손수건을 물린다.

78 산책하던 대상자가 넘어져 손목 골절이 의심될 때 대처방법은?

① 온찜질을 해 준다.
② 압박붕대로 꽉 조여 준다.
③ 반지와 시계를 제거해 준다.
④ 손을 심장 위치보다 낮게 내리게 한다.
⑤ 손목이 움직이는지 돌려 보게 한다.

79 대상자가 한꺼번에 많은 약물을 복용한 뒤 구토를 했을 때 대처방법은?

① 구토를 억제하는 약물을 제공한다.

② 남은 약을 가지고 대상자와 병원에 간다.

③ 옷을 느슨하게 하고 따뜻한 물을 먹인다.

④ 구토물을 즉시 치워 주위를 깨끗하게 한다.

⑤ 엎드려 고개를 옆으로 돌린 자세로 눕힌다.

80 대상자에게 심폐소생술을 할 때 가슴을 압박하는 방법으로 옳은 것은?

① 명치 아래 부위를 압박한다.

② 양쪽 팔을 45° 정도 굽혀 압박한다.

③ 분당 100~120회의 속도로 압박한다.

④ 등 밑에 낮은 베개를 고인 후 압박한다.

⑤ 최대 3cm 정도의 깊이로 가슴이 눌리게 압박한다.

CHAPTER 02

2022년도 제39회 요양보호사 자격시험

요양보호론(필기시험)

CARE WORKER

01 노년기에 바람직한 가족관계를 유지하는 방법으로 옳은 것은?

① 자녀에게 의존하는 생활을 한다.
② 배우자와 애정 표현을 자제한다.
③ 형제자매와 경쟁적 관계를 유지한다.
④ 고부 관계는 경직된 상태로 유지한다.
⑤ 손자·손녀가 긍정적인 자아를 형성하도록 돕는다.

02 노년기의 신체적 특성으로 옳은 것은?

① 기초대사율이 증가한다.
② 신체회복력이 향상된다.
③ 일상생활 수행능력이 향상된다.
④ 노화가 비가역적으로 진행된다.
⑤ 신체기관의 잔존능력이 향상된다.

03 요양보호사가 근로계약 종료로 실직한 경우 실업급여를 보장하는 사회보험은?

① 국민건강보험
② 국민연금보험
③ 고용보험
④ 산업재해보상보험
⑤ 노인장기요양보험

04 장기요양서비스 이용 절차 중 괄호 안에 들어갈 내용은?

> 서비스 신청 접수 및 방문상담 → 서비스 제공 계획 수립 → ( ) → 서비스 제공 → 모니터링 실시 → 서비스 종료 혹은 지속

① 서비스 방법 개발
② 서비스 기관 안내
③ 서비스 자원 사정
④ 서비스 내용 평가
⑤ 서비스 이용 계약 체결

05 '가족요양비'가 포함된 장기요양급여의 종류는?

① 시설급여   ② 재가급여
③ 간병급여   ④ 장해급여
⑤ 특별현금급여

06 다음 중에서 요양보호사의 업무에 해당하는 서비스는?

① 흡인   ② 관장
③ 도뇨   ④ 욕창 치료
⑤ 외용약 도포

07 노인장기요양보험 일반 급여 대상자가 재가급여를 이용할 때 본인일부부담금의 비율은?

① 장기요양급여비용의 10%   ② 장기요양급여비용의 15%
③ 장기요양급여비용의 20%   ④ 장기요양급여비용의 25%
⑤ 장기요양급여비용의 30%

08 다음 내용에 해당되는 시설 대상자의 권리는?

> 거동이 불편한 대상자가 시설장에게 화장실에 비상벨을 설치해 달라고 요구하였다.

① 신체구속을 받지 않을 권리
② 충분한 정보를 제공받을 권리
③ 사생활과 비밀 보장에 관한 권리
④ 스스로 입소를 결정하고 계약할 권리
⑤ 안락하고 안전한 생활환경을 제공받을 권리

09 노인학대를 발생시킬 수 있는 요인에 해당하는 것은?

① 가족부양 부담 감소   ② 가족관계 갈등 해소
③ 노인의 의존성 증가   ④ 노인부양 의식 강화
⑤ 노인의 사회적 관계망 확대

10 대상자가 음란한 농담을 하며 요양보호사를 강제로 껴안았을 때의 대처방법으로 옳은 것은?

① 껴안은 이유를 물어본다.
② 화를 내며 그 자리를 떠난다.
③ 하지 말라고 분명하게 말한다.
④ 부끄러운 줄 알라며 질책한다.
⑤ 농담을 받아 주며 대수롭지 않게 반응한다.

11 요양보호사가 보호받아야 하는 다음과 같은 권리는?

> 연령, 성별, 학력, 출신지역으로 차별받지 않는다.

① 자유권   ② 생존권
③ 평등권   ④ 청구권
⑤ 노동권

12 요양보호사가 지켜야 할 직업윤리로 옳은 것은?

① 대상자의 자기결정권을 존중한다.
② 대상자의 경제적 지위에 따라 대우한다.
③ 대상자에게 업무의 어려움을 하소연한다.
④ 가족의 요구를 위주로 서비스를 제공한다.
⑤ 친근한 대상자에게 먼저 서비스를 제공한다.

13 요양보호사가 직업윤리를 지켜 행동한 경우는?

① 자신의 건강관리를 철저히 한다.
② 업무내용을 주관적으로 기록한다.
③ 의료인이 없을 때는 역할을 대신한다.
④ 대상자의 동의 없이 개인 정보를 수집한다.
⑤ 대상자를 대신하여 서비스 계약을 체결한다.

14 다음 상황에서 요양보호사가 적절하게 반응한 것은?

> 보호자 : "요양보호사가 바뀐 후 아버지의 인지기능이 나빠진 것 같아요."
> 요양보호사 : (   )

① "이전 요양보호사와 비교하니 기분이 나쁘네요."
② "아버님의 상태를 살핀 후 시설장님께 전달할게요."
③ "아버님이 나빠진 게 제 탓이라는 말씀이신가요?"
④ "제가 볼 때는 인지기능이 이전하고 똑같아요."
⑤ "원래 좋아졌다가 나빠졌다가 그래요."

15 다음 상황에서 요양보호사의 대처방법으로 옳은 것은?

> 동료 요양보호사가 서로의 시어머니에게 교차 서비스를 제공하는 것으로 처리하여 급여를 더 받자고 제안한다.

① 일단 생각해 보겠다고 말하고 결정을 미룬다.
② 제안을 수용할 만한 다른 요양보호사를 소개한다.
③ 장기요양급여 제공 원칙에 어긋난다며 거절한다.
④ 시어머니에게 교차서비스 제공에 대해 미리 설명한다.
⑤ 교차서비스에 대해 주변 사람들에게 비밀로 해 줄 것을 부탁한다.

16 요양보호사의 근골격계 질환을 예방하기 위해 실시하는 전신 스트레칭에 관한 설명으로 옳은 것은?

① 동작을 빠르고 신속하게 한다.
② 하나의 자세를 5분 이상 유지한다.
③ 통증이 느껴질 때까지 스트레칭한다.
④ 호흡을 최대한 길게 참으며 동작을 한다.
⑤ 스트레칭을 하면 관절가동범위가 넓어진다.

17 요양보호사가 감염되면 대상자에게 전염될 수 있어 주의해야 하는 질병은?

① 요로감염　　　　　　　② 흡인성 폐렴
③ 궤양성 대장염　　　　　④ 알레르기성 비염
⑤ 노로바이러스 장염

18 만성기관지염으로 기도가 좁아져 숨 쉬기 힘든 대상자를 돕는 방법으로 옳은 것은?

① 심호흡과 기침을 하게 한다.
② 뜨거운 물을 자주 마시게 한다.
③ 실내를 차고 건조하게 유지한다.
④ 방향제를 뿌려 실내 공기를 정화한다.
⑤ 감염을 막기 위해 마스크를 쓰게 한다.

19 설사를 하는 대상자를 돕는 방법으로 옳은 것은?

① 산책을 하게 한다.
② 유제품을 제공한다.
③ 수분 섭취를 제한한다.
④ 섬유소가 많은 음식을 제한한다.
⑤ 설사가 멈춘 후에도 지사제를 먹게 한다.

20 고혈압 대상자의 혈압약 복용에 관한 설명으로 옳은 것은?

① 두통이 있을 때 혈압약을 복용한다.

② 비타민 K와 함께 복용하여 흡수를 돕는다.

③ 혈압이 조절되지 않으면 이전 약으로 바꿔 복용한다.

④ 혈압이 높아도 증상이 없으면 복용량을 줄인다.

⑤ 혈압이 조절된다고 투약을 중단하면, 혈압이 다시 올라갈 수 있다.

21 노화에 따른 근골격계 변화로 옳은 것은?

① 인대의 탄력 감소   ② 허리의 피하지방 감소

③ 뼈의 질량 증가   ④ 추간판 두께 증가

⑤ 근육의 긴장도 증가

22 노화에 따른 피부계 변화에 관한 설명으로 옳은 것은?

① 표피가 두꺼워진다.

② 손발톱이 두꺼워진다.

③ 머리카락이 굵어진다.

④ 각질층의 수분 함량이 증가한다.

⑤ 모근의 멜라닌 생성이 증가한다.

23 전립선비대증의 증상에 관한 설명으로 옳은 것은?

① 단백뇨가 있다.   ② 소변 줄기가 굵다.

③ 배뇨 후 잔뇨감이 있다.   ④ 배뇨 횟수가 감소한다.

⑤ 요의를 느끼지 못한다.

24 좌측 뇌에 혈액을 공급하는 혈관이 막힌 뇌졸중에서 나타날 수 있는 증상으로 옳은 것은?

① 오심을 동반한 위출혈

② 섬모운동 감소로 인한 기침

③ 근육 경직 및 안정 시 떨림

④ 수분 정체로 인한 전신 부종

⑤ 말을 못 하거나 이해하지 못함

25 노화에 따른 시각계 변화에 관한 설명으로 옳은 것은?

① 결막이 얇아진다.   ② 수정체가 투명해진다.

③ 눈물의 양이 증가한다.   ④ 각막 반사가 증가한다.

⑤ 동공의 지름이 커진다.

26 당뇨병 대상자를 돕는 방법으로 옳은 것은?

① 맨발로 운동화를 신게 한다.

② 발톱은 일자로 자르게 한다.

③ 뜨거운 물로 발을 자주 씻게 한다.

④ 운동량이 많은 날은 인슐린 투여량을 늘리게 한다.

⑤ 공복에 운동할 때는 혈당강하제를 갖고 다니게 한다.

27 수분 섭취를 제한해야 하는 질병은?

① 폐렴   ② 천식

③ 방광염   ④ 신부전증

⑤ 전립선염

28 노인에게 나타나는 우울증의 특성에 관한 설명으로 옳은 것은?

① 단기기억력이 향상된다.

② 물어보는 말에 적절하게 대답한다.

③ 소화불량 등 신체증상을 호소한다.

④ 무기력과 흥분이 교대로 나타난다.

⑤ 주변 사람들이 우울증임을 쉽게 알아챈다.

29 노화로 인한 수면양상의 변화에 관한 설명으로 옳은 것은?

① 아침잠이 많아진다.

② 잠들면 깨기가 힘들다.

③ 수면 시간이 늘어난다.

④ 낮 시간 동안 자주 존다.

⑤ 잠드는 데 걸리는 시간이 짧아진다.

30 대상자의 성생활에 영향을 주는 요인에 관한 설명으로 옳은 것은?

① 전립선절제술은 발기부전을 유발한다.

② 항고혈압제 복용은 성적 욕구를 높인다.

③ 유방절제술은 성기능의 변화를 초래한다.

④ 과도한 알코올 섭취는 발기지연을 유발한다.

⑤ 뇌졸중 재발을 예방하기 위해 성생활을 금한다.

31 여름철 폭염에 노출되어 현기증을 호소하는 대상자를 돕는 방법으로 옳은 것은?

① 온수로 목욕하게 한다.

② 지방이 많은 음식을 제공한다.

③ 시원한 물을 천천히 마시게 한다.

④ 따뜻한 물수건을 머리에 대어 준다.

⑤ 실외에서 가벼운 운동을 하게 한다.

32 방문요양서비스를 제공할 때 관리책임자에게 신속하게 보고해야 하는 상황은?

① 근처에 사는 딸이 방문하였다.

② 세탁실에 빨랫감이 쌓여 있다.

③ 쓰레기를 분리배출하지 않았다.

④ 새로 도착한 우편물을 발견하였다.

⑤ 베란다에서 배변 중인 대상자를 처음 발견하였다.

33 요양보호사가 관찰한 내용을 올바르게 기록한 것은?

① "등에 욕창이 심함."

② "며칠 전부터 미열이 있음."

③ "최근에 신체기능이 더 나빠짐."

④ "오후 1시부터 3시까지 낮잠을 잠."

⑤ "오후 5시 이후에 물을 많이 섭취함."

34 임종 대상자를 도울 때 마지막까지 남아 있는 감각을 고려하여 돕는 방법으로 옳은 것은?

① 손을 잡아 준다.

② 조명을 밝게 켜 둔다.

③ 가족사진을 보여 준다.

④ 좋아하는 음악을 들려준다.

⑤ 즐겨 쓰던 아로마 향을 맡게 한다.

35 임종이 임박한 시설 대상자의 편안한 임종을 돕는 방법으로 옳은 것은?

① 삽입되어 있는 튜브를 제거한다.

② 침상머리를 낮춰 반듯이 눕힌다.

③ 대상자를 조용히 혼자 있게 한다.

④ 가족에게 연락하여 병원 응급실로 옮긴다.

⑤ 대상자가 원했던 종교의 임종의식을 연결해 준다.

36 의자에 앉아 식탁에서 식사하는 대상자를 돕는 방법으로 옳은 것은?

① 팔받침이 없는 의자에 앉게 한다.

② 대상자를 의자 앞쪽 끝부분에 걸터앉게 한다.

③ 식탁의 상판이 대상자의 배꼽 높이에 오게 한다.

④ 대상자의 발가락 끝이 바닥에 닿게 의자 높이를 조절한다.

⑤ 의자를 식탁과 30~45° 각도가 되도록 하여 비스듬히 앉게 한다.

37 연하곤란이 있는 대상자에게 음식을 제공할 때 사레를 예방하는 방법으로 옳은 것은?

① 대화하면서 음식을 제공한다.

② 국물이 많은 음식을 제공한다.

③ 식사 전에 입안을 물로 축이게 한다.

④ 다양한 향신료를 넣은 음식을 제공한다.

⑤ 상체를 높이고 턱을 든 자세를 취하게 한다.

38 대상자의 약물복용을 돕는 방법으로 옳은 것은?

① 알약은 약병 안에 손가락을 넣어 꺼낸다.

② 캡슐약은 캡슐을 제거한 후 복용하게 한다.

③ 가루약은 약을 입에 먼저 넣고 물을 마시게 한다.

④ 약병 가장자리에 묻은 물약은 손가락으로 닦아낸다.

⑤ 물약은 계량컵을 눈높이로 들고, 처방된 양만큼 따른다.

39 다음 그림에서 대상자에게 안연고를 투여하는 위치와 방향이 옳은 것은?

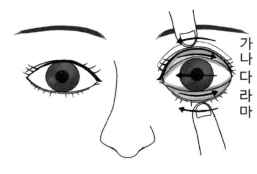

① 가　　　　　　　　　　　② 나

③ 다　　　　　　　　　　　④ 라

⑤ 마

40 대상자에게 귀약을 투여하는 방법으로 옳은 것은?

① 귓구멍 중앙에 약을 점적한다.

② 냉장 보관한 약을 꺼내어 바로 사용한다.

③ 투여 후 면봉으로 약이 묻은 귀지를 제거한다.

④ 귓바퀴를 후하방으로 잡아당겨 약을 투여한다.

⑤ 투여 직후 점적한 쪽 귀를 위로 하여 5분간 누워 있게 한다.

41 대상자의 침상 배설을 돕는 방법으로 옳은 것은?

① 배변을 돕기 위해 복부 마사지를 한다.

② 활동을 제한하여 배뇨 횟수를 조절한다.

③ 배설 후에 물수건으로 닦은 즉시 옷을 입힌다.

④ 혈뇨를 본 경우 대상자에게 확인시킨 후 버린다.

⑤ 침상발치를 올려 배변하기 쉬운 자세가 되게 한다.

42 화장실 이용을 돕기 위해 누워 있는 대상자를 일으킨 후에 잠시 앉아 있게 하는 이유는?

① 혈압이 저하되어 어지러울 수 있으므로

② 호흡수가 증가하여 숨이 찰 수 있으므로

③ 체온이 상승하여 식은땀이 날 수 있으므로

④ 맥박이 감소되어 가슴이 아플 수 있으므로

⑤ 복압이 상승하여 요실금을 유발할 수 있으므로

43 간이변기를 사용하여 배설하는 대상자를 돕는 방법으로 옳은 것은?

① 간이변기 사용 직후에 기저귀를 채워 준다.

② 간이변기 옆에 미끄럼방지 매트를 깔아 준다.

③ 둔부 밑에 방수포를 깐 후에 간이변기를 대어 준다.

④ 바지를 내린 후에 허리 아래쪽에 무릎덮개를 덮어 준다.

⑤ 간이변기를 침대 난간과 90°가 되게 놓은 후 대상자를 앉힌다.

44 유치도뇨관을 삽입하고 있는 대상자에게 요로감염이 발생할 수 있는 상황은?

① 매일 충분한 수분을 섭취하고 있다.

② 소변주머니가 방광보다 높게 위치해 있다.

③ 소변의 양과 색깔을 2시간마다 확인하고 있다.

④ 소변주머니가 침대 매트리스 아래쪽에 고정되어 있다.

⑤ 소변주머니를 비운 후 배출구를 잠그고 알코올 솜으로 닦고 있다.

45 대상자의 기저귀 사용을 돕는 방법으로 옳은 것은?

① 윗옷을 가슴까지 올리고 바지를 벗긴다.

② 꼬리뼈 부위에 피부발적이 있는지 살펴본다.

③ 기저귀를 교환할 때마다 시설장에게 보고한다.

④ 사용한 기저귀는 안쪽 면이 보이도록 말아서 버린다.

⑤ 허리를 들 수 없는 대상자는 똑바로 눕혀 교환한다.

46 대상자의 칫솔질을 돕는 방법으로 옳은 것은?

① 잇몸에서 치아 쪽으로 닦는다.

② 머리를 뒤로 젖히고 칫솔질을 한다.

③ 치약은 칫솔모 위에 두툼하게 올린다.

④ 앞니는 칫솔모와 90°가 되게 하여 닦는다.

⑤ 치약의 청량감이 유지되도록 입안을 물로 한 번만 헹군다.

47 통목욕 시 머리를 감기는 방법으로 옳은 것은?

① 낮보다는 저녁 시간에 감긴다.

② 수건으로 양쪽 귀를 덮고 감긴다.

③ 목욕 의자에 앉혀 머리를 뒤로 젖히게 한다.

④ 머리를 감긴 후 면봉으로 귀 안쪽까지 닦아 준다.

⑤ 젖은 머리를 빗질한 후에 헤어드라이어로 말려 준다.

48 대상자의 신체 부위에 따른 목욕 방법으로 옳은 것은?

① 팔은 어깨에서 손끝 방향으로 닦는다.

② 유방은 위아래로 번갈아 가며 닦는다.

③ 다리는 허벅지에서 발끝 방향으로 닦는다.

④ 둔부는 엉덩이 사이와 항문 주위를 닦는다.

⑤ 복부는 배꼽을 중심으로 시계 반대 방향으로 닦는다.

49 침상에서 세수하는 대상자를 돕는 방법으로 옳은 것은?

① 대상자를 똑바로 눕힌다.

② 목, 귀, 눈, 코 순으로 닦는다.

③ 코 밖으로 나와 있는 코털은 잘라 준다.

④ 입술과 그 주변을 알코올 솜으로 닦아 낸다.

⑤ 수건에 비누를 묻혀 눈의 안쪽에서 바깥쪽으로 닦아 준다.

50 오른쪽 편마비대상자에게 티셔츠를 입히는 순서로 옳은 것은?

① 오른쪽 팔 → 머리 → 왼쪽 팔   ② 오른쪽 팔 → 왼쪽 팔 → 머리

③ 머리 → 왼쪽 팔 → 오른쪽 팔   ④ 왼쪽 팔 → 머리 → 오른쪽 팔

⑤ 왼쪽 팔 → 오른쪽 팔 → 머리

51 다음 그림과 같이 휠체어를 자동차의 트렁크로 옮기는 방법으로 옳은 것은?

① 신속하고 빠르게 들어올린다.

② 팔을 앞으로 뻗어 들어올린다.

③ 다리를 모아 지지면을 좁혀 들어올린다.

④ 허리는 펴고 무릎을 굽혔다 펴면서 들어올린다.

⑤ 발을 움직이지 않고 허리를 회전하여 들어올린다.

52 다음 그림과 같이 앉아 있는 오른쪽 편마비대상자를 앞에서 일으킬 때 요양보호사의 지지 방법으로 옳은 것은?

①
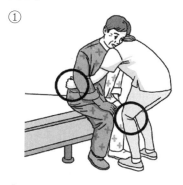

②

③

④

⑤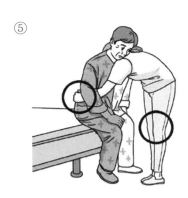

53 다음 그림과 같은 휠체어의 잠금장치가 고정이 안 될 때 점검해야 하는 것은?

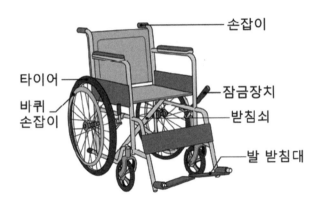

① 타이어 ② 손잡이
③ 받침쇠 ④ 발 받침대
⑤ 바퀴 손잡이

54 편마비대상자를 바닥에서 휠체어로 옮기는 순서로 옳은 것은?

가. 대상자 가까이에 휠체어를 놓고 잠금장치를 잠근다.
나. 양쪽 무릎을 꿇고 엉덩이를 들어 허리를 펴게 한다.
다. 건강한 쪽 손으로 휠체어의 팔걸이를 잡게 한다.
라. 건강한 쪽 무릎을 세워 천천히 일어나도록 지지하여 휠체어에 앉힌다.

① 가 → 라 → 나 → 다 ② 가 → 다 → 나 → 라
③ 나 → 가 → 라 → 다 ④ 나 → 라 → 가 → 다
⑤ 라 → 다 → 나 → 가

55 다음 그림과 같이 휠체어에 탄 대상자를 엘리베이터에 태우는 방법으로 옳은 것은?

①

②

③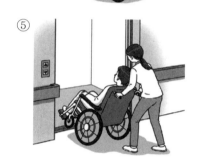

④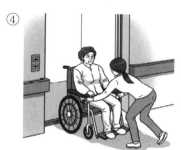

⑤

56 노인장기요양보험 급여 복지용구 중 대여 품목에 해당하는 것은?

① 지팡이
② 수동침대
③ 이동변기
④ 목욕의자
⑤ 성인용 보행기

57 대상자의 분비물을 처리하는 방법으로 옳은 것은?

① 손소독제로 손을 닦고 분비물을 처리한다.
② 가래가 묻은 오리털 이불은 햇볕에 말린다.
③ 배설물이 묻은 의류는 구분하지 않고 세탁한다.
④ 분비물에 오염된 일회용 장갑은 씻어 말려 사용한다.
⑤ 혈액이 묻은 물품은 찬물로 씻어 낸 후 더운물로 헹군다.

58 시설에서 화재로 인해 유해가스가 방출되고 있을 때 대처방법으로 옳은 것은?

① 물을 뿌려 화재를 진압한다.
② 엘리베이터를 이용해 이동한다.
③ 손수건을 이용하여 코와 입을 막는다.
④ 화재가 발생한 방의 문은 열어 놓는다.
⑤ 두 손으로 벽을 짚으며 밖으로 나간다.

59 대상자의 낙상을 예방하는 방법으로 옳은 것은?

① 통이 넓은 바지를 입힌다.
② 복도 바닥을 왁스로 닦는다.
③ 하지근력강화 운동을 시킨다.
④ 취침 시 침대 난간을 내려놓는다.
⑤ 침상을 대상자의 허리 높이로 조절한다.

60 재가대상자의 식재료를 관리할 때 식중독 발생 우려가 높은 경우는?

① 두부를 냉장 보관한다.
② 조개류를 냉동 보관한다.
③ 냉동된 육류를 전자레인지로 해동시킨다.
④ 개봉 후 남은 생선 통조림은 랩을 씌워 냉장 보관한다.
⑤ 조리된 식품을 먹기 전에 뜨겁게 데운다.

61 다음 그림의 세탁표시에 따른 세탁 방법을 옳게 설명한 것은?

① 약한 햇볕에 말림
② 다림질을 약한 온도로 함
③ 드라이클리닝을 약하게 함
④ 산소계 표백제를 적게 사용함
⑤ 세탁기에서는 단시간에 짜야 함

62 재가대상자의 관공서 방문을 대신해 주는 방법으로 옳은 것은?

① 대상자의 서류 발급비를 기관장에게 청구한다.

② 대상자의 협조가 필요한 부분은 사전에 협의한다.

③ 업무 대행 중 요양보호사의 사적 용무를 병행한다.

④ 동일한 관공서 업무가 있는 동료 요양보호사에게 부탁한다.

⑤ 업무 대행 결과에 불만족해하는 경우는 대상자가 스스로 처리하게 한다.

63 치매대상자의 식사를 돕는 방법으로 옳은 것은?

① 사발보다 접시를 사용한다.

② 식사 장소는 매일 변화를 준다.

③ 턱받이보다 앞치마를 하게 한다.

④ 물을 흘리면 뚜껑이 없는 컵을 사용한다.

⑤ 음식은 먹기 쉽도록 모두 섞어 제공한다.

64 재가 치매대상자의 주거환경을 안전하게 조성하는 방법으로 옳은 것은?

① 방 안에 큰 거울을 걸어 둔다.

② 밤에도 화장실 전등을 켜 둔다.

③ 침대는 벽에서 떨어뜨려 놓는다.

④ 난간에 어두운 색 테이프를 붙여 놓는다.

⑤ 출입이 쉽도록 둥근 모양의 문고리를 설치한다.

65 시설 치매대상자가 다른 대상자들의 칫솔을 주머니에 숨기는 행동을 반복할 때 대처방법으로 옳은 것은?

① 진행되고 있는 미술프로그램에 참여시킨다.

② 가족에게 칫솔을 사오게 하여 보상하게 한다.

③ 칫솔을 모두 수거한 후 방에 혼자 머물게 한다.

④ 다른 사람의 물건을 만지면 안 된다고 설명한다.

⑤ 일단 제지하고, 그런 행동을 하는 이유를 물어본다.

66 다음 상황에서 요양보호사가 적절하게 반응한 것은?

> 대상자 : "누가 날 재우려고 내 밥에 수면제를 넣었어! 저리 치워!"
> 요양보호사 : (   )

① "왜요? 식사만 하시면 잠이 와요?"

② "그래요? 누가 넣었는지 보셨어요?"

③ "제가 먼저 먹어 볼 테니까 같이 드세요."

④ "계속 그러시면 앞으로 밥 안 드릴 거예요."

⑤ "그럴 리가 없어요. 걱정하지 마시고 드세요."

67 프로그램이 진행되는 낮 시간에는 계속 졸고, 밤에는 거실을 서성거리는 치매대상자를 돕는 방법으로 옳은 것은?

① 자기 전에 따뜻한 녹차를 제공한다.

② 부족한 잠은 낮잠으로 보충하게 한다.

③ 낮 시간에 간단한 야외활동을 하게 한다.

④ 저녁 식사 후 고강도 근력운동을 하게 한다.

⑤ 잠이 들기 전까지 좋아하는 드라마를 보게 한다.

68 치매대상자가 군고구마 냄새가 난다며 고구마를 달라고 할 때 요양보호사의 반응으로 적절한 것은?

① "어디에서 냄새가 나는지 찾아보세요."

② "왜 갑자기 군고구마가 생각나셨어요?"

③ "무슨 말씀이세요. 저는 냄새가 안 나는데요."

④ "군고구마가 드시고 싶군요. 함께 사러 나가요."

⑤ "어제도 그 말씀을 하시더니 오늘도 그러시네요."

69 음악프로그램에 참여하던 치매대상자가 시끄럽다며 갑자기 욕을 하고 소리를 칠 때 대처방법으로 옳은 것은?

① 노래에 맞춰 춤을 추게 한다.

② 방해가 되니 조용히 하라고 한다.

③ 바람을 쐬고 오라고 밖으로 내보낸다.

④ 텃밭에 있는 채소에 물을 주자고 한다.

⑤ 프로그램 진행 규칙에 대해 자세하게 설명한다.

70 치매대상자가 해가 질 무렵만 되면 현관문을 흔들며 집에 가겠다고 할 때 대처방법으로 옳은 것은?

① 침대에 눕힌 후 조명을 꺼 준다.

② 오늘은 늦었으니 내일 가자고 한다.

③ 가족과의 추억에 대해 이야기 나눈다.

④ 시설장의 허락을 받아야 한다고 말한다.

⑤ 현관문이 부서질 수 있다고 주의를 준다.

71 경증 치매대상자의 인지자극을 위해 다음과 같은 질문을 할 때 향상될 수 있는 것은?

> • "조금 전에 누가 다녀가셨나요?"
> • "오늘 몇 시에 일어나셨어요?"
> • "아침 식사로 무엇을 드셨어요?"

① 창의력   ② 순응력

③ 계산력   ④ 공감능력

⑤ 단기기억력

72 대상자와 비언어적으로 의사소통하는 방법으로 옳은 것은?

① 팔짱을 끼고 말한다.

② 대상자보다 눈높이를 낮춘다.

③ 잦은 헛기침을 하며 반응한다.

④ 대화하는 내내 머리를 끄덕인다.

⑤ 대상자를 향해 몸을 약간 기울인다.

73 재가대상자가 식탁 위에 밥 먹은 그릇을 그대로 두어 밥풀이 말라붙어 있을 때 '나 – 전달법'으로 적절하게 반응한 것은?

① "식사를 하신 지 오래되었나 봐요."

② "밥풀이 하나도 안 남게 깨끗이 좀 드세요."

③ "그릇이 그대로 있네요. 어디가 불편하세요?"

④ "밥풀이 말라붙어 있는 것을 보니 맛있게 드셨군요."

⑤ "설거지하기가 힘들어요. 다 드신 그릇은 싱크대 물에 담가 두셨으면 좋겠어요."

74 다음 상황에서 요양보호사의 공감적 반응으로 적절한 것은?

> 대상자 : "세월이 갈수록 후회되는 일도 많고, 외롭고, 사는 것도 재미없고⋯."
> 요양보호사 : (　　　　　　)

① "우울증이신 것 같아요."

② "요즘 많이 외롭고 힘드신가 봐요."

③ "재미있는 이야기를 들려드릴게요."

④ "부정적인 생각은 정신건강에 나빠요."

⑤ "나이가 들면 대부분 다 그렇게 느껴요."

75 의사소통할 때 라포가 형성되었다고 볼 수 있는 대상자의 반응은?

① 눈 마주치기를 피한다.

② 시선을 한 곳에 고정한다.

③ 손으로 입을 가리고 말한다.

④ 무슨 일이라도 털어놓고 말한다.

⑤ 마음에 들지 않으면 슬쩍 넘어가 피한다.

76 주의력결핍장애 대상자와 효과적으로 의사소통하는 방법으로 옳은 것은?

① 다양한 환경적 자극을 준다.

② 메시지를 큰 소리로 빠르게 말한다.

③ 한 번에 여러 내용을 명확하게 말한다.

④ 익숙한 사물에 대한 내용으로 대화한다.

⑤ 목표에 맞는 복합적인 활동을 제시한다.

77 프로그램에 참여하던 대상자가 쓰러져 경련을 할 때 응급처치 방법으로 옳은 것은?

① 즉시 인공호흡을 한다.

② 안정을 위해 조용한 방으로 옮긴다.

③ 대상자의 머리 아래에 딱딱한 것을 대어 준다.

④ 경련이 멈출 때까지 양쪽 어깨를 꽉 잡아 준다.

⑤ 입에 거품이 있는 경우 고개를 옆으로 돌려 준다.

78 대상자가 뜨거운 물을 팔에 쏟아 화상을 입었을 때 응급처치 방법으로 옳은 것은?

① 물집이 생기면 터뜨려 준다.

② 화상 부위에 치약을 발라 준다.

③ 얼음 조각을 화상 부위에 대어 준다.

④ 화상 입은 쪽 팔에 착용한 장신구를 빨리 빼 준다.

⑤ 수돗물을 화상 부위에 세게 틀어 준다.

79 자동심장충격기를 사용할 때 가슴압박을 반드시 중단해야 하는 경우는?

① 자동심장충격기의 전원을 켤 때

② 자동심장충격기의 패드를 부착할 때

③ 자동심장충격기에서 심장리듬을 분석할 때

④ 자동심장충격기가 에너지를 충전하는 동안

⑤ 자동심장충격기의 쇼크 버튼을 누른 후 2분 동안

80 대상자가 한꺼번에 많은 약을 먹은 후 의식을 잃고 쓰러져 있을 때 대처방법으로 옳은 것은?

① 하임리히법을 적용한다.

② 즉시 우유를 데워 먹인다.

③ 토사물은 의료진에게 보이기 위해 병원에 가져간다.

④ 입 안에 손가락을 넣어 삼킨 약을 구토하게 한다.

⑤ 주변에 있는 먹고 남은 약과 용기를 치운다.

CHAPTER
03

2022년도 제40회 요양보호사 자격시험

요양보호론(필기시험)

CARE WORKER

01 다음에서 설명하는 가족 형태는?

> 노인 부모가 인근 아파트에 따로 거주하고 있는 성인 자녀로부터 필요할 때 돌봄을 받고 있다.

① 핵가족　　　　　　　　　② 조손가족
③ 다문화가족　　　　　　　④ 한부모가족
⑤ 수정확대가족

02 노년기의 사회적 특성으로 옳은 것은?

① 역할의 확대　　　　　　　② 생산성의 증가
③ 내향성의 감소　　　　　　④ 경직성의 감소
⑤ 유대감의 감소

03 노인장기요양보험제도의 목적으로 옳은 것은?

① 노인의 질병 치료
② 노인의 구직활동 연계
③ 노후의 건강 증진 및 생활안정 도모
④ 장애 노인을 위한 수당 지급
⑤ 노인의 사회적 기여 촉진

04 다음 상황에서 이용할 수 있는 재가급여는?

> 보호자가 뇌경색으로 장기요양등급 판정을 받은 어머니를 낮 동안 맡아서 보호할 수 있는 시설을 찾고 있다.

① 방문요양　　　　　　　　② 방문간호
③ 노인요양시설　　　　　　④ 주·야간보호
⑤ 노인요양공동생활가정

05 장기요양 비용 청구 및 재원 조달에 관한 설명으로 옳은 것은?

① 국가는 장기요양보험료 예상 수입액의 10%를 부담한다.
② 장기요양기관은 본인부담금을 보건복지부에 청구한다.
③ 국민건강보험공단은 급여비용을 지방자치단체에 지급한다.
④ 장기요양보험료와 건강보험료는 각각 독립회계로 관리한다.
⑤ 의료급여수급권자의 급여비용은 장기요양기관이 전액 부담한다.

06 다음과 같은 상황에서 요양보호사가 수행하는 역할은?

- 대상자가 성희롱을 당했을 때 기관장에게 보고함
- 학대 의심 사례가 발생했을 때 경찰서에 신고함

① 촉진자   ② 옹호자
③ 교육자   ④ 동기유발자
⑤ 숙련된 수발자

07 다음에 해당하는 노인장기요양보험 표준서비스 유형은?

- 간식을 포함한 식사 돕기
- 침대에서 휠체어로 옮겨 태우기

① 정서지원서비스   ② 신체활동지원서비스
③ 일상생활지원서비스   ④ 개인활동지원서비스
⑤ 기능회복훈련서비스

08 노인학대가 발생할 수 있는 요인은?

① 노인 공경 의식의 강화   ② 부양자의 사회적 고립
③ 노인의 자아존중감 증진   ④ 부양자의 부양 부담 완화
⑤ 노인학대 예방 서비스의 확대

09 학대받은 노인을 대상으로 사례관리를 수행하는 기관은?

① 대한법률구조공단   ② 국민권익위원회
③ 장기요양요원지원센터   ④ 국민건강보험공단
⑤ 노인보호전문기관

10 성희롱의 유형(A)과 행위(B)가 올바르게 연결된 것은?

	A	B
①	언어적 성희롱	신체 일부를 밀착함
②	육체적 성희롱	성과 관련된 농담을 함
③	육체적 성희롱	음란한 사진을 보여 줌
④	시각적 성희롱	외모에 관한 성적인 비유를 함
⑤	시각적 성희롱	성과 관련한 신체 부위를 고의적으로 노출함

11 다음에서 침해된 요양보호사의 권리는?

> 기관장 : "우리 기관은 요양보호사의 인력이 부족해서 점심시간이 따로 없습니다."
> 요양보호사 : "네… 어쩔 수 없죠."

① 노동에 관한 권리　　　　　　② 정보보호에 관한 권리

③ 교육에 관한 권리　　　　　　④ 문화에 관한 권리

⑤ 주거환경에 관한 권리

12 요양보호사가 준수해야 할 직업윤리 원칙은?

① 성별에 따라 대상자를 선택한다.

② 사이가 친밀한 대상자의 본인부담금을 할인해 준다.

③ 의사소통을 거부하는 대상자와 거리를 둔다.

④ 대상자가 지속적으로 방임된 사실을 알게 되면 신고한다.

⑤ 보호자의 개인정보를 다른 요양보호사와 공유한다.

13 요양보호사가 직업윤리 원칙을 준수한 사례는?

① 대상자의 현금을 맡아 관리하였다.

② 업무 수행을 이유로 보수교육을 미루었다.

③ 서비스는 정해진 원칙과 절차에 따라 제공하였다.

④ 대상자의 배우자가 장기요양신청을 하도록 유도하였다.

⑤ 대상자가 어지러움을 호소하여 상비약을 제공하였다.

14 다음 상황에서 요양보호사의 대처방법은?

> 대상자가 자신이 두 번 이혼한 것을 부끄럽게 여기며 기관에는 말하지 말 것을 요청하였다.

① 이혼의 원인이 무엇인지 물어본다.
② 해당 내용을 기관장에게 보고한다.
③ 가족에게 전화해서 사실인지 확인한다.
④ 개인정보는 비밀이 보장된다고 말한다.
⑤ 부끄러워할 일이 아니라고 판단하여 반응하지 않는다.

15 다음 상황에서 요양보호사의 반응으로 적절한 것은?

> 보호자 : "부모님 두 분 모두 서비스를 받고 있으니 제 빨래도 부탁드릴게요. 다른 기관은 그렇게 해 준다고 들었어요."
> 요양보호사 : (   )

① "규정을 어기는 일이라 해 드릴 수 없어요."
② "그 기관으로 연결해 드릴까요?"
③ "그럼 하는 김에 같이 해 드릴게요."
④ "다른 기관들도 그렇다면 고려해 볼게요."
⑤ "저와 개인적으로 계약하면 추가 서비스를 받으실 수 있어요."

16 요양보호사의 근골격계 질환 발생 가능성을 줄이는 작업 환경 조성 방법으로 옳은 것은?

① 복도에 물건을 쌓아 둔다.
② 문턱을 설치하여 공간을 구분한다.
③ 거실 중앙에 얇은 매트를 깐다.
④ 바닥에 물을 뿌려 습도를 유지한다.
⑤ 야간 근무 시 통로에 조명을 켜둔다.

17 인플루엔자에 관한 설명으로 옳은 것은?

① 혈액으로 감염되는 질병이다.
② 치료제로 항바이러스제를 사용한다.
③ 증상 발현 이후에는 전파 위험이 없다.
④ 감염자와 접촉한 사람은 증상이 없어도 치료해야 한다.
⑤ 감염 후 회복 중에 다시 열이 나고 누런 가래가 생기는 것은 정상이다.

18 노화에 따른 소화기계 변화로 옳은 것은?

① 위액 분비 증가
② 간의 약물대사 증가
③ 췌장의 소화효소 분비 증가
④ 구강 건조증 감소
⑤ 직장벽의 탄력성 감소

19 노인성 질병의 특성에 관한 설명으로 옳은 것은?

① 질병의 경과가 짧다.
② 치료 후 재발률이 낮다.
③ 전형적이지 않은 증상이 빈번하게 나타난다.
④ 원인이 명확하여 초기 진단이 쉽다.
⑤ 정상적인 노화 과정과 구분하기 쉽다.

20 천식 발작을 유발할 수 있는 요인은?

① 폐포 팽창
② 기관지 확장
③ 기침반사 증가
④ 흥분이나 스트레스
⑤ 가습된 따뜻한 공기

21 혈압에 관한 설명으로 옳은 것은?

① 혈압을 낮추기 위해 하루 15g 이상 염분을 섭취한다.
② 포화지방이 많은 음식을 섭취하여 혈압을 조절한다.
③ 혈압은 측정 시간과 자세에 따라 다르다.
④ 고혈압이 조절되면 약물 복용을 중단하고 운동을 시작한다.
⑤ 대부분의 고혈압은 다른 질병의 합병증으로 발생한다.

22 전립선비대증을 관리하는 방법으로 옳은 것은?

① 성생활을 금한다.
② 소변량을 증가시키기 위해 맥주를 마신다.
③ 고지방과 고콜레스테롤 음식 섭취를 피한다.
④ 소변을 참을 수 있을 때까지 참는다.
⑤ 약화된 근육을 강화하기 위해 체중을 늘린다.

23 골다공증을 예방할 수 있는 방법은?

① 매일 걷기 운동을 한다.
② 주기적으로 냉요법을 한다.
③ 혈전 예방 약물을 복용한다.
④ 자외선을 차단한다.
⑤ 저체중 상태를 유지한다.

24 대상자의 피부계 변화가 다음과 같을 때 보고해야 하는 상황은?

① 손등에 노인성 반점이 생겼다.
② 눈가에 주름이 생겼다.
③ 얼굴 피부의 탄력성이 떨어졌다.
④ 피부에 발적과 가려움증이 있다.
⑤ 머리카락이 가늘어졌다.

25 섬망 대상자의 지남력을 유지하는 방법으로 옳은 것은?

① 낮에 커튼을 쳐 어둡게 한다.
② 새 친구를 사귀게 한다.
③ 가족의 방문을 제한한다.
④ 식사할 때 시간을 알려 준다.
⑤ 밤에 창문을 열어 둔다.

26 노화에 따른 시각계의 변화로 옳은 것은?

① 눈물의 양이 많아진다.
② 각막반사가 저하된다.
③ 동공의 지름이 증가한다.
④ 빛에 순응하는 속도가 빨라진다.
⑤ 가까이에 있는 물체에 초점을 맞추기가 쉬워진다.

27 방광염 대상자에게 수분 섭취를 권장하는 이유로 옳은 것은?

① 혈액의 점도를 높이기 위해
② 전신 부종을 예방하기 위해
③ 말초 저항을 증가시키기 위해
④ 혈당이 올라가는 것을 예방하기 위해
⑤ 염증 유발물질을 소변으로 배출하기 위해

28 당뇨병의 대표적인 증상으로 옳은 것은?

① 갈증 감소   ② 식사량 감소
③ 소변 배출량 감소   ④ 말초 부종 증가
⑤ 수분 섭취량 증가

29 노인이 운동을 기피하게 되는 요인으로 옳은 것은?

① 관절의 뻣뻣함 감소

② 균형 및 조정 능력 감소

③ 폐조직의 탄력성 증가

④ 심장 근육의 수축력 증가

⑤ 주변 자극에 대한 반응 증가

30 약물 복용과 관련된 노인의 특성으로 옳은 것은?

① 약물의 효과가 즉시 나타난다.

② 위산 분비의 변화로 약물 흡수가 빠르다.

③ 여러 가지 만성질병으로 많은 약물을 복용한다.

④ 약물이 순환 혈류 내에 남지 않고 빠르게 배출된다.

⑤ 약물을 복용하지 않고 증상을 견디려는 성향이 강하다.

31 65세 이상 노인에게 권장되는 예방접종에 대해 대상자에게 바르게 설명한 것은?

① "폐렴구균은 1회 접종해야 합니다."

② "파상풍은 3년마다 접종해야 합니다."

③ "백일해는 10년마다 접종해야 합니다."

④ "대상포진은 매년 1회 접종해야 합니다."

⑤ "인플루엔자는 1년에 2회 접종해야 합니다."

최신
기출문제

32 다음 중에서 요양보호사가 기관장에게 신속하게 보고해야 하는 대상자의 상황은?

① 영화를 보고 싶다고 말한다.

② 치약을 숨겨 놓고 먹는다.

③ 유년 시절의 추억을 수시로 이야기한다.

④ 아들에게 전화를 걸어 달라고 부탁한다.

⑤ 자신을 이전 요양보호사와 비교한다.

33 요양보호사가 장기요양급여 제공기록지에 작성하는 내용으로 옳은 것은?

① 장기요양이용계획 ② 대상자의 욕구평가

③ 인수인계 업무 내용 ④ 서비스 제공 내용 및 시간

⑤ 사례회의 검토 내용 및 결과

34 다음 중에서 사전연명의료의향서의 효력이 발생하는 경우는?

① 17세 청소년이 자발적 의사로 직접 작성한 경우

② 20세 위암 환자의 부탁으로 가족이 작성한 경우

③ 65세 간암 환자가 자발적 의사로 직접 작성한 경우

④ 70세 노인이 담당 의사에게 의뢰하여 의사가 작성한 경우

⑤ 80세 뇌졸중 환자의 요양보호사가 대리로 작성한 경우

35 임종이 임박한 대상자의 신체적 변화로 옳은 것은?

① 동공이 축소된다.

② 소변량이 증가한다.

③ 잠자는 시간이 짧아진다.

④ 손과 발에서 열감이 느껴진다.

⑤ 무호흡과 깊고 빠른 호흡이 교대로 나타난다.

36 치매대상자의 식사를 돕는 방법으로 옳은 것은?

① 음식의 온도를 직접 확인하게 한다.

② 그릇의 크기를 달리하여 식사량을 조절한다.

③ 식탁에 먼저 앉힌 다음에 음식물을 차려 준다.

④ 식사 중에 좋아하는 가요 프로그램을 보여 준다.

⑤ 여러 종류의 음식을 내어놓아 선택해서 먹게 한다.

37 대상자의 식사를 도울 때 사레를 예방하는 방법으로 옳은 것은?

① 마른 음식을 먼저 준 후에 국을 먹인다.

② 식전에 레몬탄산수를 먹여 식욕을 돋운다.

③ 턱을 들어 음식물이 식도로 잘 넘어가게 한다.

④ 숟가락 끝에 음식을 올려 입안 깊숙이 넣어 준다.

⑤ 등받이가 있는 의자 안쪽으로 깊숙하게 등을 펴고 앉게 한다.

38 대상자의 가루약 복용을 돕는 방법으로 옳은 것은?

① 물기가 있는 숟가락을 사용한다.

② 여러 번 나누어 입안에 털어 넣어 준다.

③ 가루약 복용을 꺼리면 주스에 섞어 준다.

④ 양이 적을 때는 무침 주사기를 이용한다.

⑤ 먹다 남은 가루약은 종이에 싸서 보관한다.

39 대상자의 물약 복용을 돕는 방법으로 옳은 것은?

① 뚜껑 안쪽이 아래로 향하도록 놓는다.

② 색이 변한 약물은 흔들어 섞어 사용한다.

③ 라벨이 붙은 쪽으로 용액이 흘러내리게 따른다.

④ 손으로 병 입구를 깨끗이 닦은 후에 뚜껑을 닫는다.

⑤ 계량컵에 처방 용량보다 많이 따른 약의 분량은 병에 다시 넣지 않고 버린다.

40 대상자의 귀에 약을 점적하는 방법으로 옳은 것은?

① 귓구멍 중앙에 약물을 점적한다.

② 약물은 햇볕이 잘 드는 곳에 보관한다.

③ 점적 후에 귀에 작은 솜을 하루 동안 끼워 놓는다.

④ 점적 전에 면봉으로 귓바퀴와 외이도를 닦는다.

⑤ 귓바퀴를 후하방으로 잡아당겨 약물을 점적한다.

41 보행이 불가능한 대상자의 침상 배설을 돕는 방법으로 옳은 것은?

① 무릎 아래에 방수포를 깐다.

② 항문이 변기 중앙에 오게 한다.

③ 스크린을 치운 후에 옷을 입혀 준다.

④ 배변이 끝나면 침대 머리를 높인다.

⑤ 바지를 내린 후에 홑이불로 덮어 준다.

42 대상자의 화장실 배설을 돕는 방법으로 옳은 것은?

① 잠금장치는 문 안쪽에 설치한다.

② 이동 시에 신고 벗기 쉬운 슬리퍼를 신긴다.

③ 대상자 눈높이 아래에 화장실 표시를 한다.

④ 배설 후에 어지러우면 변기 옆에 설치된 응급벨을 누르라고 한다.

⑤ 배설을 마칠 때까지 옆에 있으면서 손을 잡아준다.

43 왼쪽 편마비대상자의 이동변기 사용을 돕는 방법으로 옳은 것은?

① 등받이가 없는 변기에 앉힌다.

② 변기의 높이를 침대보다 높게 한다.

③ 변기 손잡이를 왼손으로 잡게 한다.

④ 변기를 대상자의 오른쪽 침대 난간에 붙인다.

⑤ 배설 중에는 몸이 기울어지지 않도록 대상자의 오른쪽을 지지해 준다.

44 대상자가 몇 번 실금을 했어도 기저귀를 바로 사용하지 않는 이유는?

① 욕창이 발생하기 때문에

② 움직임이 제한되기 때문에

③ 기저귀 사용 비용이 부담되기 때문에

④ 비뇨기계 감염이 발생할 수 있기 때문에

⑤ 스스로 배설하는 습관이 약화될 수 있기 때문에

45 유치도뇨관을 삽입하고 있는 대상자가 "아랫배가 불편하고 불룩해요."라고 말할 때 대처방법은?

① 움직이지 않게 한다.

② 소변주머니를 비워 준다.

③ 도뇨관이 꼬였는지 확인한다.

④ 따뜻한 물주머니를 복부에 대어 준다.

⑤ 침대 머리를 올려 반좌위를 취하게 한다.

46 대상자의 칫솔질을 돕는 방법으로 옳은 것은?

① 잇몸에서 치아 쪽으로 닦는다.

② 치약의 청량감이 유지되도록 입안을 물로 한 번만 헹군다.

③ 머리를 뒤로 젖히게 하고 칫솔질을 한다.

④ 치약을 칫솔모 위에 두툼하게 올려서 짠다.

⑤ 혈액응고장애가 있으면 칫솔 대신 치실을 사용한다.

47 대상자의 머리를 감기는 방법으로 옳은 것은?

① 두피를 손톱으로 마사지한다.

② 공복과 식후를 피하여 감긴다.

③ 모발 끝에서 두피 쪽으로 빗질한다.

④ 감긴 후에 남은 물기는 자연 건조 한다.

⑤ 두피에 상처가 있으면 연고를 바른다.

48 대상자가 부끄럽다며 회음부 씻는 것을 거부할 때 대처방법은?

① 대상자가 요청할 때까지 기다린다.

② 보호자에게 연락하여 도움을 요청한다.

③ 대상자를 존중하여 거부 의사를 받아들인다.

④ 전용 물수건을 제공하여 스스로 씻을 수 있게 한다.

⑤ 청결을 위해 본인 의사와 관계없이 씻긴다.

49 두발전용세정제를 사용하는 방법으로 옳은 것은?

① 모발에 물을 적신 후에 사용한다.

② 세정제 사용 후에 린스로 헹군다.

③ 세정제를 젖은 수건에 묻혀 사용한다.

④ 거품이 나지 않게 주의하며 두피를 마사지한다.

⑤ 모발이 많이 더러우면 세정제를 반복하여 사용한다.

50 거동이 불편한 대상자의 통목욕을 돕는 방법으로 옳은 것은?

① 팔 → 몸통 → 회음부 → 다리 순으로 닦는다.

② 식사 직전에 목욕을 시켜 식욕을 돋운다.

③ 불편한 쪽 손으로 안전 손잡이를 잡게 한다.

④ 대상자의 등을 욕조 안쪽 벽에 대고 앉게 한다.

⑤ 요양보호사의 발끝으로 물의 온도를 확인한다.

51 다음 그림과 같은 방법으로 휠체어를 이동해야 하는 상황은?

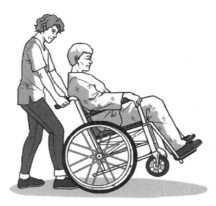

① 편평한 길을 갈 때, 오르막길을 갈 때
② 경사로를 올라갈 때, 내리막길을 갈 때
③ 엘리베이터를 탈 때, 문턱을 지나갈 때
④ 울퉁불퉁한 길을 갈 때, 도로턱을 오를 때
⑤ 미끄러운 길을 갈 때, 엘리베이터에서 내릴 때

52 침상에 누워 있는 편마비대상자를 일으켜 앉히는 순서는?

가. 대상자의 건강한 쪽에 선다.
나. 마비된 쪽 손을 가슴 위에 올려놓는다.
다. 대상자의 양쪽 무릎을 굽혀 세운다.
라. 대상자의 등과 어깨, 넙다리를 지지하여 앉힌다.
마. 마비된 쪽이 위로 오도록 돌려 눕힌다.

① 가→나→다→라→마　　② 가→나→다→마→라
③ 가→다→나→라→마　　④ 가→라→다→마→나
⑤ 가→마→나→다→라

53 다음에서 오른쪽 편마비대상자의 보행을 도울 때 보행벨트 착용 부위(A)와 요양보호사의 위치(B)는?

	A	B
①	허리	대상자의 왼쪽 뒤
②	허리	대상자의 오른쪽 뒤
③	가슴	대상자의 왼쪽 뒤
④	가슴	대상자의 오른쪽 뒤
⑤	엉덩이	대상자의 왼쪽 뒤

54 다음 그림과 같이 자동차에 앉아 있는 편마비 대상자를 휠체어로 옮기는 순서는?

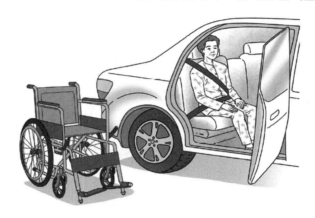

> 가. 자동차 안전벨트를 풀어 준다.
> 나. 휠체어를 자동차에 가깝게 놓고 잠금장치를 잠근 후에 발받침대를 접는다.
> 다. 대상자의 양쪽 발이 바닥을 충분히 지지하게 한다.
> 라. 대상자 다리를 한쪽씩 차례로 자동차 밖으로 내린다.
> 마. 마비된 쪽 무릎을 지지하면서 몸을 돌려 휠체어에 앉는다.

① 가→나→다→라→마
② 가→나→라→다→마
③ 나→가→다→라→마
④ 나→가→라→다→마
⑤ 나→라→다→가→마

55 다음 그림과 같은 척추고정판을 이용하여 외상이 의심되는 대상자를 이송하는 방법으로 옳은 것은?

① 척추고정판을 대상자의 머리 쪽에 놓는다.
② 대상자를 들어서 척추고정판 위에 올린다.
③ 척추고정판 가장자리에 대상자를 눕힌다.
④ 척추고정판을 끌어서 대상자를 이송한다.
⑤ 무릎→손목 ·엉덩이→위팔 순으로 척추고정판에 고정한다.

56 노인장기요양보험 복지용구 급여로 대여할 수 있는 품목은?

①

②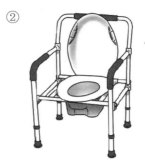

③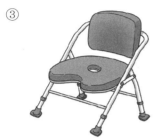

④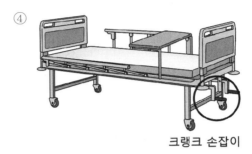

크랭크 손잡이

⑤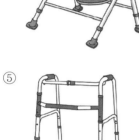

57 대상자가 유치도뇨관을 삽입하고 있을 때 요로감염을 의심할 수 있는 증상은?

① 옆구리 부위 통증   ② 요도 분비물 감소

③ 1일 소변량 증가   ④ 둔부 욕창

⑤ 느린 맥박

58 태풍 예보를 듣고 대비하는 방법으로 옳은 것은?

① 주유되어 있는 자동차의 연료를 비운다.

② 배수구에 쌓인 쓰레기를 치운다.

③ 현관문과 창문을 열어 둔다.

④ 전기 차단기를 내린다.

⑤ 통신 기기는 꺼놓는다.

59 혼자서 걸을 수 있는 대상자가 화장실을 이용할 때 낙상을 예방하는 방법으로 옳은 것은?

① 화장실 입구에 화분을 둔다.

② 취침 시에는 화장실 표시등을 끈다.

③ 변기에 면 커버를 씌운다.

④ 화장실 바닥에 작은 깔개를 깔아 둔다.

⑤ 자세를 바꿀 때는 천천히 움직이게 한다.

60 변비로 고생하는 대상자의 식사 원칙으로 옳은 것은?

① 보리, 검정콩, 미역을 섭취한다.

② 생과일 대신 과일 통조림을 섭취한다.

③ 비타민 D와 칼슘보충제를 함께 복용한다.

④ 가급적 도정을 많이 한 곡류를 섭취한다.

⑤ 식이섬유의 흡수를 위해 수분 섭취를 제한한다.

61 다음과 같은 표시가 있는 대상자의 의복을 관리하는 방법으로 옳은 것은?

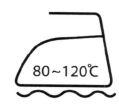

① 물을 뿌리고 80~120℃로 다림질한다.

② 산소계 표백제로 표백한 후 다림질한다.

③ 원단 위에 천을 덮고 80~120℃로 다림질한다.

④ 80~120℃로 드라이클리닝한다.

⑤ 염소계 표백제로 표백한 후 드라이클리닝한다.

62 재가대상자의 외출에 동행하는 방법으로 옳은 것은?

① 큰 보폭으로 빠르게 걷게 한다.

② 외출에 필요한 물품은 센터에서 챙기게 한다.

③ 계단을 오를 때 몇 걸음에 한 번씩 쉬게 한다.

④ 택시로 이동할 때는 운전자 옆자리에 앉게 한다.

⑤ 외출 장소와 시간을 요양보호사가 정해서 알려준다.

63 치매대상자의 일상생활이 안전하도록 돕는 방법으로 옳은 것은?

① 침대는 벽에 붙여 놓는다.

② 방을 화려하고 다양하게 꾸민다.

③ 1층보다는 2층에 방을 배정한다.

④ 냉장고에 과일 모양의 자석을 붙여 놓는다.

⑤ 현관 앞에 이동이 가능한 매트를 깔아 놓는다.

64 시설 치매대상자가 요양보호사를 따라다니며 다음과 같이 반복적으로 질문할 때 반응으로 적절한 것은?

대상 : "내가 집에 갈 날이 얼마나 남았어?" 요양보호사 : (   )

① "어르신은 며칠 남은 것 같으세요?"

② "저와 달력을 보면서 확인해 봐요."

③ "어제도 알려 드렸는데… 아무튼 한참 멀었어요."

④ "집에는 아무도 없어요. 여기에 계속 계실 거예요."

⑤ "저는 어르신과 같이 있고 싶은데 집에 가고 싶으시군요."

65 방금 식사를 마친 치매대상자가 또 밥을 달라고 할 때 반응으로 적절한 것은?

① "과식하면 건강에 해로워요."

② "방금 드셨잖아요. 무슨 말씀이세요?"

③ "요즘 들어 더 자주 깜박깜박하시네요."

④ "식사를 준비하고 있으니 조금만 기다리세요."

⑤ "밥 대신 바나나, 뻥튀기, 떡 중에서 무엇을 드릴까요?"

66 프로그램에 참여하던 치매대상자가 갑자기 일어나서 안절부절 못하며 배회할 때 대처방법은?

① 신체적 욕구가 있는지 확인한다.

② 커튼을 쳐서 실내를 어둡게 한다.

③ 그대로 놔둔 채 프로그램을 진행한다.

④ 조용한 방으로 데려가 혼자 있게 한다.

⑤ 프로그램에 집중하라고 권유한다.

67 치매대상자가 밤에 누웠다 일어났다 하며 잠을 못 이룰 때 돕는 방법으로 옳은 것은?

① 침실의 온도를 적절하게 조절해 준다.

② 따뜻한 녹차를 제공한다.

③ 조명을 밝게 해 준다.

④ 산책을 원하면 다녀오게 한다.

⑤ 고강도의 유산소 운동을 하게 한다.

68 다음과 같은 상황에서 요양보호사의 대처방법은?

> 시설 치매대상자가 갑자기 방에서 뛰어나오며 "엄마, 어디에 있어?"라며 허공에 손짓을 한다.

① 엄마가 무슨 옷을 입었는지 물어본다.
② 엄마는 오래전에 돌아가셨다고 말해 준다.
③ 지금은 저녁이니 내일 찾으러 가라고 말한다.
④ 낮에 사 온 사과가 맛있는지 먹어 보자고 한다.
⑤ 병세가 심해서 헛것이 보이는 것이라고 설명한다.

69 시설 치매대상자가 텔레비전 소리만 나면 큰 소리로 욕을 할 때 반응으로 적절한 것은?

① "이러시면 모두가 어르신을 싫어해요."
② "귀마개가 필요하시군요. 별도로 사다 드릴게요."
③ "많은 사람들이 있는 곳이니 예의를 지켜 주세요."
④ "어르신이 좋아하는 화분에 꽃이 말랐네요. 물 주러 가요."
⑤ "모두들 신나 하는 트로트가 나오고 있으니 어르신께서 참으세요."

70 시설 치매대상자가 거실에 나와 자위행위를 할 때 대처방법은?

① 거실에 있는 대상자들을 다른 곳으로 이동시킨다.
② 멈추지 않으면 좋아하는 물건을 가져간다고 한다.
③ 수치심을 주어 행동을 멈추게 한다.
④ 자위행위가 끝날 때까지 기다린다.
⑤ 상하의가 붙은 옷으로 갈아입힌다.

71 치매대상자가 개구리 울음소리를 들으면서 어린 시절 이야기를 할 때 향상될 수 있는 인지능력은?

① 순발력   ② 계산력
③ 지남력   ④ 통제력
⑤ 지구력

72 다음과 같은 상황에서 요양보호사의 공감 반응으로 적절한 것은?

> 대상자 : "맨날 밥 먹어라, 양치질해라, 옷 갈아입어라… 정말 귀찮아 죽겠네."
> 요양보호사 : (   )

① "일일이 간섭하는 것 같아 기분이 상하셨군요."
② "귀찮다고 하시니 제가 다 해 드릴게요."
③ "깨끗하게 지내시라고 챙겨 드리는 거예요."
④ "사실은 저도 이렇게까지 챙기기 힘들어요."
⑤ "그렇게 말씀하시니 제가 서운하네요."

73 재가대상자가 업무 시간 이외의 시간에 자주 전화를 하여 푸념을 할 때, '나 – 전달법'으로 반응한 것은?

① "저한테 자꾸 전화하시는 것을 보니 많이 외로우신가 보군요."
② "저보다 자녀분들과 이야기를 하시는 게 좋을 것 같아요."
③ "자꾸 전화하시니 제가 찾아봬도 되는지 센터장님에게 물어보고 갈게요."
④ "요새 스트레스가 많으신가 봐요. 제가 해결해드릴 수 있는 일이라면 좋을 텐데…."
⑤ "업무 시간 외에 전화하시니 제 일을 못 해서 힘이 드네요. 업무 시간에 말씀해 주시면 좋겠어요."

74 다음과 같은 방법으로 의사소통해야 하는 대상자는?

> • 실물, 그림판, 문자판을 이용한다.
> • 눈을 깜빡이거나 고개를 끄덕여 의사를 표현하게 한다.
> • 말로 잘 표현했을 때 칭찬해 준다.

① 시각장애 대상자   ② 언어장애 대상자
③ 보행장애 대상자   ④ 지남력장애 대상자
⑤ 주의력결핍장애 대상자

75 노인성 난청 대상자와 의사소통하는 방법으로 옳은 것은?

① 대상자 옆에서 크게 말한다.
② 입을 작게 벌려 조용하게 말한다.
③ 말을 알아듣지 못하면 주제를 바꾸어 말한다.
④ 보청기에 입을 가까이 대고 또박또박 말한다.
⑤ 몸짓, 얼굴 표정까지 사용하여 의미를 전달한다.

76 치매대상자가 김치전을 부치겠다고 고집을 부릴 때 요양보호사의 반응으로 적절한 것은?

① "왜 갑자기 김치전이 생각나셨나요?"
② "부침가루를 사러 함께 가게에 가요."
③ "그러시면 제가 센터장님한테 혼나요."
④ "요리하는 것을 좋아하시는군요. 한번 해 보세요."
⑤ "김치전이 생각나시는 것을 보니 오늘 비가 오려나 봐요."

77 식사를 하던 대상자가 갑자기 목을 움켜잡으며 비정상적인 숨소리를 낼 때 대처방법은?

① 가슴압박과 인공호흡을 한다.
② 손가락을 입에 넣어 구토시킨다.
③ 편평한 바닥에 눕히고 머리를 뒤로 젖힌다.
④ 옷의 단추를 풀어 주고 심호흡을 하게 한다.
⑤ 대상자를 뒤에서 안아 배꼽과 명치 사이 중간 부위를 후상방으로 밀어 올린다.

78 정수기를 사용하던 대상자가 뜨거운 물에 손을 데었을 때 대처방법은?

① 손이 붓기 전에 반지를 빼 준다.

② 물집을 터뜨려 준다.

③ 화상 부위를 깨끗한 마른 휴지로 덮어 준다.

④ 화상 부위를 세게 흐르는 수돗물에 대고 있게 한다.

⑤ 치약을 화상 부위에 얇게 발라 열기를 빼 준다.

79 심폐소생술을 할 때 자동심장충격기를 사용하는 순서는?

① 패드부착 → 제세동시행 → 전원켜기 → 심장리듬분석 → 가슴압박

② 패드부착 → 심장리듬분석 → 전원켜기 → 제세동시행 → 가슴압박

③ 전원켜기 → 패드부착 → 심장리듬분석 → 제세동시행 → 가슴압박

④ 전원켜기 → 패드부착 → 제세동시행 → 심장리듬분석 → 가슴압박

⑤ 제세동시행 → 전원켜기 → 패드부착 → 심장리듬분석 → 가슴압박

80 심정지대상자에게 심폐소생술을 할 때 가슴을 압박하는 방법으로 옳은 것은?

① 칼돌기를 압박한다.

② 요양보호사의 체중을 이용하여 가슴을 압박한다.

③ 가슴압박은 분당 70~90회 속도로 압박한다.

④ 가슴이 최대 3cm 눌릴 정도의 강도로 압박한다.

⑤ 압박 대 이완의 시간 비율이 70:30이 되게 한다.

CHAPTER
04

2022년도 제41회
요양보호사 자격시험

요양보호론(필기시험)

CARE WORKER

01 노년기의 신체적 특성으로 옳은 것은?

① 순발력이 향상된다.

② 면역능력이 향상된다.

③ 질병 회복 속도가 빠르다.

④ 일상생활수행능력이 향상된다.

⑤ 노화가 비가역적으로 진행된다.

02 노년기를 건강하게 보내는 방법으로 적절한 것은?

① 영양보조제에 의존한다.

② 혼자 보내는 시간을 늘린다.

③ 정기적으로 건강검진을 받는다.

④ 가공식품 위주로 식단을 구성한다.

⑤ 매시간 고강도 운동으로 체력을 증진한다.

03 대상자가 부양의무자로부터 부양을 받지 못하고 최저생활을 유지하기 어려울 때, 도움을 받을 수 있는 공적
부조제도는?

① 국민연금제도　　　　　　　　　② 고용보험제도

③ 국민건강보험제도　　　　　　　④ 국민기초생활보장제도

⑤ 산업재해보상보험제도

04 노인장기요양보험제도에 관한 설명으로 옳은 것은?

① 주·야간보호는 시설급여에 해당한다.

② 장기요양등급은 1등급에서 3등급까지이다.

③ 안정적 노후를 위한 소득보장을 목적으로 한다.

④ 장기요양보험의 보험자는 국민건강보험공단이다.

⑤ 장기요양보험사업은 건강보험심사평가원이 관장한다.

05 노인장기요양보험제도의 재원 조달 및 비용 청구에 관한 설명으로 옳은 것은?

① 장기요양보험료와 건강보험료는 통합회계로 관리한다.
② 재원은 보험료, 국가지원금, 본인부담금으로 구성된다.
③ 장기요양기관은 급여비용을 근로복지공단에 청구한다.
④ 국민건강보험공단은 급여비용을 등급판정위원회에 지급한다.
⑤ 의료급여수급권자의 급여비용은 장기요양기관이 부담한다.

06 요양보호서비스를 제공할 때 대상자의 상태 변화와 약 복용 여부를 파악하는 요양보호사의 역할은?

① 옹호자
② 관찰자
③ 중개자
④ 정보전달자
⑤ 동기유발자

07 노인장기요양보험 표준서비스 중 일상생활지원서비스 내용에 해당하는 것은?

① 세탁
② 체위 변경
③ 편지 대필
④ 병원 동행
⑤ 의사소통 도움

08 다음 상황에서 시설대상자가 침해받은 권리는?

> • 대상자의 휴대전화 사용을 제한함
> • 시설 방문을 왔다며 외부인이 대상자의 방에 불쑥 들어와 사진을 찍고 나감

① 차별받지 않을 권리
② 신체구속을 받지 않을 권리
③ 사생활과 비밀 보장에 관한 권리
④ 종교적 신념의 자유에 대한 권리
⑤ 시설 정보에 대한 접근성을 보장받을 권리

09 가족이 일방적으로 전기와 수도를 끊어 대상자의 생존을 위협하는 노인학대 유형은?

① 자기방임
② 경제적 학대
③ 정서적 학대
④ 신체적 학대
⑤ 언어적 학대

10 다음에 해당하는 성희롱 유형은?

> • 외모에 대한 성적 비유
> • 성적 관계 회유

① 시각적 성희롱   ② 언어적 성희롱
③ 육체적 성희롱   ④ 사회적 성희롱
⑤ 위계적 성희롱

11 요양보호사가 고용 기관으로부터 업무상 부당한 대우를 받았을 때 대처방법은?

① 고용 상태를 유지하기 위해 묵인한다.
② 장기요양요원지원센터에 상담을 신청한다.
③ 대상자의 가족에게 해결해 달라고 요청한다.
④ 「국민건강보험법」에 따른 구제 방법을 알아본다.
⑤ 노인보호전문기관에 법적 처리 방안을 알아본다.

12 요양보호사가 지켜야 할 직업윤리로 옳은 것은?

① 대상자와 상호 대등한 관계임을 인식한다.
② 계획된 것보다 시간을 늘려 서비스를 제공한다.
③ 대상자의 경제적 지위에 따라 서비스 내용을 달리한다.
④ 대상자 부재 시에 서비스를 제공하고 메모를 남긴다.
⑤ 타 직종과의 협력보다 업무의 신속성을 중요시한다.

13 요양보호사가 직업윤리 원칙을 준수한 사례는?

① 업무 수행을 위한 지식과 기술을 습득하였다.
② 자신의 건강관리보다 업무 성과를 우선하였다.
③ 장기 이용 대상자에게 본인부담금을 할인해 주었다.
④ 근무시간을 변경하여 제공한 후 시설장에게 보고하였다.
⑤ 의사소통이 어려운 대상자에게 임의로 서비스를 제공하였다.

14 다음 상황에서 요양보호사의 대처방법은?

> 동료 요양보호사가 개인적인 용무가 있을 때마다 서비스를 대신 제공해 줄 것을 요청한다.

① 고민해 보겠다고 하며 대답을 피한다.
② 직업윤리에 위배된다며 거절한다.
③ 다른 동료 요양보호사를 연결해 준다.
④ 동료 요양보호사에게 별도의 수고비를 요구한다.
⑤ 개인 용무가 있을 때마다 서로의 부탁을 들어주자고 한다.

15 다음 상황에서 요양보호사의 대처방법은?

> 대상자가 낡은 휠체어를 바꾸고 싶은데 형편이 어렵다고 호소한다.

① 직접 구입해 가져다준다.
② 휠체어를 대여해 주고 사례금을 받는다.
③ 이용할 수 있는 서비스를 안내한다.
④ 다른 대상자가 사용 중인 휠체어를 가져다준다.
⑤ 평소 알고 있는 업체에서 구매하도록 권유한다.

16 대상자의 체위를 변경하다가 손목을 삐어 통증이 있을 때 초기 관리방법으로 옳은 것은?

① 손목을 강하게 털어 준다.
② 손목을 심장보다 낮게 한다.
③ 손목 부위에 압박붕대를 감아 준다.
④ 손상 직후 손목 부위에 온찜질을 한다.
⑤ 손목을 굽혔다 폈다 하면서 스트레칭한다.

17 요양보호사의 결핵 감염 예방을 위한 방법으로 옳은 것은?

① 잠복결핵 대상자와 접촉하지 않는다.
② 3개월마다 결핵 진단검사를 받는다.
③ 결핵 대상자가 입었던 옷은 소각한다.
④ 결핵 대상자를 돌보기 전 항바이러스제를 복용한다.
⑤ 결핵이 의심되는 대상자를 돌볼 때는 마스크와 장갑을 착용한다.

18 설사를 하는 대상자를 돕는 방법으로 옳은 것은?

① 복근강화운동을 하게 한다.
② 카페인 음료를 마시게 한다.
③ 우유 섭취량을 늘리게 한다.
④ 고섬유질 음식 섭취를 제한한다.
⑤ 설사 초기부터 지사제를 복용하게 한다.

19 노화로 간기능이 변화되어 나타날 수 있는 것은?

① 약물 대사 능력 감소
② 위산 분비 감소
③ 지방 흡수 증가
④ 타액 분비 증가
⑤ 칼슘 흡수 증가

20 노화에 따른 호흡기계 변화로 옳은 것은?

① 폐활량 증가

② 섬모운동 증가

③ 폐포의 탄력성 증가

④ 기침반사 감소

⑤ 코 점막의 건조함 감소

21 적혈구 부족으로 몸에 필요한 산소를 충분히 공급하지 못하여 발생하는 질병은?

① 빈혈

② 정맥류

③ 폐기종

④ 혈전색전증

⑤ 동맥경화증

22 전립선비대증 대상자의 방광염 예방을 돕는 방법으로 옳은 것은?

① 유치도뇨관을 삽입한다.

② 골반근육강화운동을 하게 한다.

③ 맥주를 마시게 하여 소변량을 증가시킨다.

④ 낮에는 시간을 정해 규칙적으로 배뇨하게 한다.

⑤ 식이섬유가 풍부한 음식을 섭취하게 한다.

23 노화에 따른 근골격계 변화로 옳은 것은?

① 골반이 좁아진다.

② 추간판이 얇아진다.

③ 근긴장도가 증가한다.

④ 인대의 탄력성이 증가한다.

⑤ 허리의 피하지방이 감소한다.

24 옴에 감염된 대상자를 돕는 방법으로 옳은 것은?

① 사용한 침구는 찬물로 세탁한다.

② 가려운 부위에만 연고를 도포한다.

③ 아침에 약을 바르고 잠자기 전에 씻어 낸다.

④ 감염 부위를 만져서 열감이 있는지 확인한다.

⑤ 대상자의 동거 가족은 증상이 없어도 함께 치료받게 한다.

25 다음에서 설명하는 질병은?

> • 주의력 저하와 인지기능 장애가 수 시간 내지 수일에 걸쳐 급격히 발생함
> • 증상의 호전과 악화가 반복됨
> • 대체로 회복됨

① 섬망
② 파킨슨병
③ 척수손상
④ 추간판탈출
⑤ 알츠하이머병

26 노화에 따른 시각계 변화로 옳은 것은?

① 눈부심이 증가한다.
② 결막이 두꺼워진다.
③ 각막반사가 증가한다.
④ 눈물의 양이 많아진다.
⑤ 동공의 크기가 커진다.

27 우울증 대상자를 돕는 방법으로 옳은 것은?

① 사회적 활동을 줄이게 한다.
② 햇볕을 쬐며 걷기운동을 하게 한다.
③ 곧 괜찮아질 것이라고 위로한다.
④ 대상자의 감정 표현을 자제하게 한다.
⑤ 항우울제 용량을 늘려야 한다고 말한다.

28 당뇨병 대상자의 발관리 방법으로 옳은 것은?

① 발톱 양끝을 둥글게 자른다.
② 티눈은 손톱깎이로 잘라 낸다.
③ 뜨거운 물로 자주 족욕을 한다.
④ 발가락이 노출되지 않게 양말을 신는다.
⑤ 발을 씻은 후 발가락 사이에 물기를 남겨 습기를 유지한다.

29 노인에게 권장되는 영양관리 방법으로 옳은 것은?

① 수분섭취를 제한한다.
② 간헐적으로 단식을 한다.
③ 단순당이 많은 음식을 선택하여 섭취한다.
④ 1일 에너지 필요량 이상의 칼로리를 섭취한다.
⑤ 고기, 생선, 달걀, 콩 중에 하나 이상을 매일 섭취한다.

30 노인의 운동관리 방법으로 옳은 것은?

① 준비운동을 생략하고 본운동을 시작한다.

② 방향을 빠르게 전환하는 운동을 한다.

③ 개인의 능력보다 높은 수준의 운동을 한다.

④ 최대 운동능력으로 끌어올리기 위해 휴식을 취하지 않는다.

⑤ 낮은 강도로 운동을 시작하고 상태를 보면서 점차 강도를 높인다.

31 65세 이상 노인에게 권장되는 예방접종에 관한 설명으로 옳은 것은?

① 폐렴구균은 매년 1회 접종한다.

② 인플루엔자는 매년 2회 접종한다.

③ 백일해는 10년마다 접종한다.

④ 파상풍은 1회 접종했다면 10년마다 추가로 접종한다.

⑤ 대상포진은 과거에 홍역을 앓았다면 접종할 필요가 없다.

32 요양보호사의 업무보고가 중요한 이유는?

① 미납된 장기요양보험료를 청구하기 위해

② 대상자 가족의 부양 책임을 강화하기 위해

③ 요양보호사 중심의 서비스를 제공하기 위해

④ 기관의 이윤 증대를 위한 방안을 제시하기 위해

⑤ 사고에 대한 신속한 대응으로 피해를 최소화하기 위해

33 요양보호사가 제공한 서비스 과정과 결과를 기록하는 목적으로 옳은 것은?

① 기관의 수익 구조 분석

② 업무 성과에 따른 보수 책정

③ 요양보호사의 업무 부담 경감

④ 기관 중심의 서비스 계획 수립

⑤ 요양보호서비스의 연속성 유지

34 사전연명의료의향서에 관한 설명으로 옳은 것은?

① 65세가 되어야 작성할 수 있다.

② 사전연명의료의향서를 등록하면 의료기관에 연동된다.

③ 연명의료 중단 의향을 명시해도 심폐소생술은 시행한다.

④ 사전연명의료의향서를 등록한 이후에는 내용을 변경할 수 없다.

⑤ 연명의료 중단 이후에도 물과 영양분은 공급된다.

35 다음에 해당하는 임종적응 단계는?

> • 자신의 병을 인식하면서도 이를 사실로 받아들이려 하지 않음
> • 진단이 틀렸다는 생각으로 여러 병원을 다니며 진료를 받음

① 부정   ② 분노

③ 타협   ④ 우울

⑤ 수용

36 치매대상자의 식사를 돕는 방법으로 옳은 것은?

① 대상자와 함께 생선 가시를 바른다.

② 투명한 유리 접시에 음식을 담아 준다.

③ 의치가 느슨하면 의치를 빼고 식사하게 한다.

④ 평소 좋아하는 드라마를 보면서 식사하게 한다.

⑤ 식탁 위에 소금을 놔두고 간을 스스로 맞추게 한다.

37 입맛이 없는 대상자의 식사를 돕는 방법으로 옳은 것은?

① 혼자서 조용히 식사하게 한다.

② 가벼운 운동을 한 후 식사하게 한다.

③ 감칠맛 나는 단 음식 위주로 제공한다.

④ 비슷한 색깔의 여러 가지 반찬을 제공한다.

⑤ 반찬을 모두 잘게 썰어 먹기 좋게 제공한다.

38 가루약을 복용하는 대상자를 돕는 방법으로 옳은 것은?

① 복용 중인 물약에 섞어 준다.

② 혀 밑에 넣어 녹여 먹게 한다.

③ 가루약을 나누어 여러 번 먹인다.

④ 숟가락에 약을 담아 물로 녹여 먹인다.

⑤ 입에 물을 머금게 한 후 약을 털어 넣어 준다.

39 물약을 복용하는 대상자를 돕는 방법으로 옳은 것은?

① 약병 뚜껑의 안쪽이 위를 향하도록 바닥에 놓는다.

② 색이 변한 물약은 흔들어 섞어 먹인다.

③ 계량컵을 바닥에 내려놓고 물약을 따른다.

④ 물약을 따른 후 손으로 약병 입구를 닦는다.

⑤ 약병 라벨이 붙은 쪽으로 물약을 따른다.

40 대상자의 귀에 물약을 투여하는 방법으로 옳은 것은?

① 냉장고에서 꺼내어 바로 사용한다.

② 약을 넣은 쪽 귀를 아래로 향하게 한다.

③ 귓바퀴를 후하방으로 잡아당긴 후 약을 넣는다.

④ 약을 넣기 전에 면봉으로 귓속을 깨끗이 닦아 준다.

⑤ 귓구멍 측면을 따라 약이 흘러 들어가게 점적한다.

41 침대에 누워 지내는 대상자의 침상 배설을 돕는 방법으로 옳은 것은?

① 복부를 시계 방향으로 마사지한다.

② 배변 후 물휴지로 닦고 바로 옷을 입힌다.

③ 침상발치를 올려 배변하기 쉬운 자세가 되게 한다.

④ 찬 수건으로 항문 주위를 닦아 주어 변의를 자극한다.

⑤ 변의를 호소하면 한두 번 참게 한 후 변기를 대어 준다.

42 휠체어를 사용하는 왼쪽 편마비대상자의 화장실 이용을 돕는 방법으로 옳은 것은?

① 화장실 밖에 응급벨을 설치한다.

② 휠체어에 걸터앉게 한 후 이동시킨다.

③ 배뇨 후 도움이 필요한 부분을 도와준다.

④ 화장실 앞에 화분을 놓아 화장실 위치를 표시한다.

⑤ 침대에서 휠체어로 옮길 때 대상자의 왼쪽에 휠체어를 놓는다.

43 이동변기를 사용하여 배설하는 대상자를 돕는 방법으로 옳은 것은?

① 등받이가 없는 변기를 준비한다.

② 변기 앞에 작은 매트를 깔아 준다.

③ 움직이기 힘들어하면 안아서 변기에 앉힌다.

④ 양쪽 발의 발가락 끝이 바닥에 닿게 변기에 앉힌다.

⑤ 배설 시 소리가 나지 않게 주변 환경을 조용하게 한다.

44 기저귀를 사용하는 대상자를 돕는 방법으로 옳은 것은?

① 하루에 세 번 기저귀를 갈아 준다.

② 둔부의 피부색과 상처 유무를 살핀다.

③ 둔부에 발적이 있으면 연고를 발라 준다.

④ 냄새가 새지 않게 기저귀를 단단히 조여 준다.

⑤ 바지를 내린 후 면 덮개를 덮고 기저귀를 갈아 준다.

45 유치도뇨관을 삽입하고 있는 대상자를 돕는 방법으로 옳은 것은?

① 소변이 새면 유치도뇨관을 제거한다.

② 산책하는 동안에는 연결관을 잠가 둔다.

③ 수분섭취를 제한하여 배뇨량을 조절한다.

④ 연결관이 빠지지 않도록 침상에 누워 있게 한다.

⑤ 소변주머니를 비운 후 배출구를 알코올 솜으로 닦는다.

46 대상자의 머리를 감기는 방법으로 옳은 것은?

① 저녁 식사 후에 감긴다.

② 두피를 손가락 끝으로 마사지한다.

③ 모발 끝에서 두피 쪽으로 빗질한다.

④ 10℃ 정도의 물로 감긴다.

⑤ 두피에 염증이 있으면 두피보호제를 바른다.

47 대상자의 두발 청결을 위해 두발전용세정제를 사용하는 방법으로 옳은 것은?

① 세정제를 사용한 후에 린스로 헹군다.

② 세정제를 젖은 수건에 묻혀 사용한다.

③ 물과 세정제를 2:1로 섞어서 사용한다.

④ 모발을 물로 적신 후에 세정제를 발라 준다.

⑤ 세정제를 사용한 후에 마른 수건으로 모발을 닦아 말려 준다.

48 여성대상자의 회음부 청결을 돕는 방법으로 옳은 것은?

① 다리를 쭉 펴고 눕게 한다.

② 목욕담요를 마름모꼴로 펴서 아랫단 가운데 부분으로 회음부를 덮어 준다.

③ 둔부 밑에 변기를 밀어 넣은 후 방수포를 깔아 준다.

④ 회음부에 남은 비눗물은 물휴지로 닦아 준다.

⑤ 회음부 분비물에서 악취가 나면 소독제로 닦아 낸다.

49 대상자의 발을 청결하게 관리하는 방법으로 옳은 것은?

① 두꺼워진 발톱은 식초물에 오래 담갔다가 자른다.

② 오일이나 로션을 주기적으로 발라 준다.

③ 무좀을 예방하기 위해 모직 양말을 신긴다.

④ 발톱 주위에 염증이 있으면 소독한 후에 씻긴다.

⑤ 각질이 생기지 않도록 피부를 건조하게 유지한다.

50 오른쪽 편마비대상자의 하의를 벗기는 순서로 옳은 것은?

> 가. 두 다리를 모아 무릎을 세워 준다.
> 나. 왼쪽 다리의 하의를 벗긴다.
> 다. 엉덩이를 들어 올리게 한다.
> 라. 오른쪽 다리의 하의를 벗긴다.

① 가→나→라→다   ② 가→다→나→라

③ 가→다→라→나   ④ 가→라→나→다

⑤ 가→라→다→나

51 다음 그림에서 등과 넙다리 근육의 휴식을 위해 타월이나 베개를 받쳐 주는 위치로 옳은 것은?

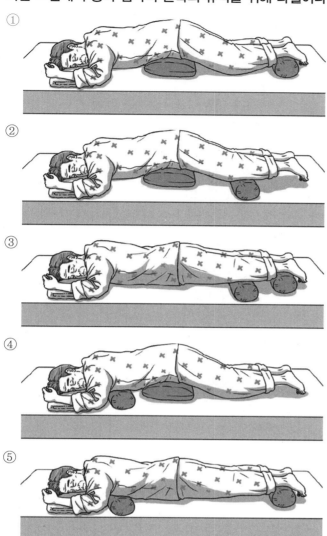

①
②
③
④
⑤

52 휠체어에 앉아 있는 대상자를 침대 위로 이동시킬 때 요양보호사의 신체 손상을 예방하는 방법으로 옳은 것은?

① 반동을 이용하여 빠르게 이동시킨다.
② 두 발을 모아 지지면을 좁혀 들어올린다.
③ 방향 전환 시 다리는 고정하고 몸통을 돌린다.
④ 대상자와 일정한 거리를 두고 들어서 이동시킨다.
⑤ 무릎을 굽히고 몸의 무게 중심을 낮추어 이동시킨다.

53 다음 그림과 같이 오른쪽 발목을 접질린 대상자를 부축할 때 요양보호사의 위치와 잡아 주어야 하는 대상자의 신체부위로 옳은 것은?

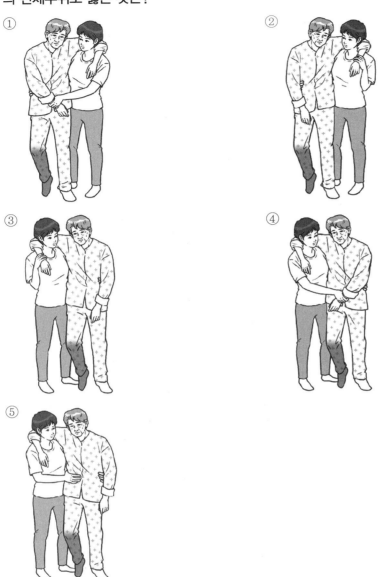

① ② ③ ④ ⑤

54 다음 그림과 같이 가파른 내리막길에서 휠체어를 타고 있는 대상자를 이동시키는 방법으로 옳은 것은?

① 휠체어를 뒤로 돌려 지그재그로 내려간다.

② 휠체어를 뒤로 돌려 앞바퀴를 들고 내려간다.

③ 휠체어를 앞으로 하여 뒷걸음으로 내려간다.

④ 휠체어를 앞으로 하여 지그재그로 내려간다.

⑤ 휠체어를 앞으로 하여 앞바퀴를 들고 내려간다.

55 오른쪽 편마비대상자에게 서서 균형 잡는 연습을 시키는 방법으로 옳은 것은?

① 대상자의 왼쪽에 서서 지지해 준다.

② 가슴에 보행벨트를 착용하고 서 있게 한다.

③ 오른손으로 안전손잡이를 잡고 서 있게 한다.

④ 허리를 15° 앞으로 숙인 상태를 유지하게 한다.

⑤ 제자리에서 좌우로 체중 이동을 하며 준비운동을 하게 한다.

56 복지용구 중에서 다음 그림과 같은 목욕리프트를 선정할 때 적절한 것은?

① 등받이가 고정된 것

② 충전용 배터리를 사용하는 것

③ 높낮이가 수동으로 조절되는 것

④ 철재로 만들어진 것

⑤ 콘센트에 전원을 연결하여 사용하는 것

57 감염 예방을 위한 위생 관리 방법으로 옳은 것은?

① 흡인병은 2~3일에 1회 씻는다.

② 가래가 묻은 시트는 소각 처리한다.

③ 고무 재질의 카테터는 햇볕에 말린다.

④ 배설물이 묻은 의류는 따로 세탁한다.

⑤ 혈액이 묻은 옷은 더운물로 빨고 찬물로 헹군다.

58 시설에서 화재가 발생했을 때 대처방법은?

① 승강기를 이용하여 대피한다.

② 숨을 깊이 들이마시며 대피한다.

③ 방을 빠져나간 뒤에는 문을 열어 둔다.

④ 불길에서 대피할 때는 젖은 수건으로 코와 입을 감싼다.

⑤ 방향을 알기 힘들 때에는 양쪽 손으로 벽을 번갈아 짚으며 나간다.

59 재가대상자의 가정에서 전기사고를 예방하는 방법으로 옳은 것은?

① 플러그를 뺄 때는 전선을 잡고 뺀다.

② 화장실 콘센트의 보호용 커버는 열어 둔다.

③ 하나의 콘센트에 여러 개의 전기코드를 꽂는다.

④ 겉면이 벗겨진 전선은 청테이프로 감아서 사용한다.

⑤ 전기기구는 세척하기 전에 콘센트에서 플러그를 뺀다.

60 재가대상자의 주방을 위생적으로 관리하는 방법으로 옳은 것은?

① 기름기가 많은 그릇부터 설거지한다.

② 뜨거운 유리그릇은 찬물에 담가 식힌다.

③ 씻은 식기는 젖은 행주로 물기를 닦는다.

④ 그물형 수세미보다 스펀지형 수세미를 사용한다.

⑤ 밀폐용기의 냄새는 뜨거운 물을 붓고 녹차 티백을 넣어 탈취한다.

61 다음 그림의 세탁표시에 따른 세탁 방법을 옳게 설명한 것은?

① 손으로 약하게 짬   ② 약한 햇볕에 말림

③ 다림질을 약한 온도로 함   ④ 드라이클리닝을 약하게 함

⑤ 염소계 표백제를 적게 사용함

62 당뇨병 대상자와 함께 외출하는 방법으로 옳은 것은?

① 당뇨약과 사탕을 챙겨 나간다.

② 주치의에게 외출 목적을 알린다.

③ 대상자의 주민등록등본을 준비한다.

④ 걸을 때 보폭을 크게 하여 신속히 이동한다.

⑤ 함께 외출해서 요양보호사의 사적인 일을 처리한다.

63 시설 치매대상자의 일상생활을 지원하는 기본 원칙으로 옳은 것은?

① 주변 환경을 수시로 바꾸어 활력을 준다.

② 습관적으로 해 오던 일은 스스로 하게 한다.

③ 치매 증상이 호전되면 약물 용량을 줄여 준다.

④ 사소한 것이라도 요양보호사가 전적으로 돕는다.

⑤ 치매로 인해 일상생활을 할 수 없는 것이라고 설명한다.

64 치매대상자가 방금 식사한 것을 잊어버리고 계속 음식을 달라고 할 때 대처방법은?

① 과식을 하면 건강에 해롭다고 설명한다.

② 배가 고픈지, 먹고 싶은 간식이 있는지 물어본다.

③ 함께 식사한 다른 대상자로부터 확인을 받게 한다.

④ 식사 준비를 위해 상추를 따러 함께 나가자고 한다.

⑤ 계속 음식을 달라고 하면 식사 제공을 중단한다고 단호하게 말한다.

65 재가 치매대상자가 신발장 안에 있는 신발을 모두 꺼내어 거실로 던지는 행동을 반복할 때 요양보호사의 적절한 반응은?

① "어떤 신발을 찾으시는 거예요?"

② "신발을 거실에 던지시니 제가 힘이 드네요!"

③ "신발을 꺼낸 김에 안 신는 신발은 버릴게요."

④ "다 꺼내신 다음에는 다시 신발장에 넣어 주세요."

⑤ "이 신발이 가장 예쁘네요. 이거 신고 함께 산책 가요."

66 초저녁에 잠이 들었다 깬 치매대상자가 다시 잠을 이루지 못하고 힘들어할 때 대처방법은?

① 텔레비전을 보게 한다.

② 콩고르기를 하게 한다.

③ 근력운동을 하게 한다.

④ 적정 실내 온도로 조절해 준다.

⑤ 내일 낮잠을 자면 된다고 말해 준다.

67 낮 동안에 거실에서 배회하는 치매대상자를 돕는 방법으로 옳은 것은?

① 배변할 때까지 변기에 앉혀 둔다.

② 실과 바늘을 주고 옷에 단추를 달게 한다.

③ 현관문을 열어 신선한 공기를 마시게 한다.

④ 포만감을 느낄 수 있도록 간식을 제공한다.

⑤ 소파에 앉아 어린 시절 고향에 대한 이야기를 나눈다.

68 다음과 같은 상황에서 요양보호사의 적절한 반응은?

> 치매대상자 : "나 빼고 너희들끼리 소고기 구워 먹었지? 나도 얼른 구워 줘!"
> 요양보호사 : (   )

① "어디서 소고기 굽는 냄새가 나요?"
② "조금 전에 돼지고기를 함께 먹었잖아요."
③ "소고기가 드시고 싶군요. 같이 사러 가요."
④ "어르신은 치아가 안 좋아서 고기를 못 드시잖아요."
⑤ "무슨 말씀이세요? 아무도 소고기를 먹지 않았어요."

69 시설 치매대상자가 해 질 무렵이 되면 손가방을 들고 아들 집으로 가겠다고 할 때 대처방법은?

① 들고 있는 손가방을 보이지 않는 곳으로 치운다.
② 침실 조명을 어둡게 하여 잠을 청하게 한다.
③ 좋아하는 따뜻한 음료를 마시러 가자고 한다.
④ 아들이 출장을 가서 집에 아무도 없다고 말한다.
⑤ 지금은 늦었으니 내일 아들을 만나러 가자고 한다.

70 치매대상자가 갑자기 흥분하며 요양보호사에게 욕설을 할 때 대처방법은?

① 흥분한 이유가 무엇인지 물어본다.
② 입을 손으로 막아 욕설을 멈추게 한다.
③ 행동이 멈출 때까지 그 자리를 피한다.
④ 큰 소리로 그런 행동을 그만두라고 한다.
⑤ 화가 난 것을 이해한다고 말하며 진정시킨다.

71 시설 치매대상자가 담당 요양보호사를 애인이라고 하면서 다음과 같은 행동을 할 때 대처방법은?

> • 담당 요양보호사가 다른 대상자를 돌볼 때마다 방해한다.
> • 담당 요양보호사가 지나갈 때 신체 접촉을 한다.

① 가족에게 알려 계약을 종료하겠다고 말한다.
② 성희롱으로 노인보호전문기관에 신고한다고 말한다.
③ 멈추지 않으면 담당 요양보호사의 변경을 요청하겠다고 경고한다.
④ 애인이 아니라 어르신을 돌보는 전문가라고 권위적으로 말한다.
⑤ 치매대상자에게 나타나는 증상이라고 이해하고 모르는 척한다.

72 다음과 같은 상황에서 요양보호사의 공감반응으로 적절한 것은?

> 대상자 : "우리 영감 기일도 다가오고… 요 며칠 잠을 설치고 있어. 영감이 늘 내 잠자리를 살펴 주었는데…."
> 요양보호사 : (   )

① "시간이 지나면 저절로 괜찮아져요."
② "아버지 기일은 가족 중에 누가 챙기나요?"
③ "걱정하지 마세요. 제가 대신 잠자리를 봐 드릴까요?"
④ "할아버지가 자상한 분이셔서 더 그리우신가 봐요."
⑤ "할아버지는 어르신이 식사를 잘 하셔야 좋아하세요."

73 대상자와 의사소통하는 방법으로 옳은 것은?

① 대상자보다 눈높이를 낮추고 이야기한다.
② 팔짱을 끼고 머리를 끄덕이며 이야기한다.
③ 대상자보다 반걸음 뒤에서 이야기한다.
④ 시선을 한곳에 고정하지 않고 적절하게 움직여 가며 이야기한다.
⑤ 요양보호사를 중심으로 좌우 방향을 손가락으로 가리키며 이야기한다.

74 이해력장애가 있는 대상자와 의사소통하는 방법으로 옳은 것은?

① 짧은 문장으로 천천히 이야기한다.
② 화제를 자주 바꾸어 가며 이야기한다.
③ 친근감을 주기 위해 별명을 사용한다.
④ 부정적인 감정을 직설적으로 전달한다.
⑤ 말의 의미를 깊이 생각해야 하는 단어를 사용한다.

75 다음과 같은 방법으로 의사소통해야 하는 대상자는?

> • 어깨를 두드려 신호를 주어 이야기가 시작됨을 알린다.
> • 밝은 방에서 입 모양을 보며 이야기한다.
> • 몸짓, 얼굴 표정으로 의미 전달을 돕는다.

① 시각장애 대상자   ② 지남력장애 대상자
③ 판단력장애 대상자   ④ 노인성난청 대상자
⑤ 언어장애 대상자

76 주의력결핍장애가 있는 대상자와 의사소통하는 방법으로 옳은 것은?

① 다양한 환경적 자극을 준다.

② 요양보호사의 입을 계속 보게 한다.

③ 대화의 주제를 단계적으로 간단히 이야기한다.

④ 새로운 사물에 대해 추상적으로 이야기한다.

⑤ 목표에 맞는 복합적인 활동을 제시한다.

77 장구 연주를 하던 대상자가 쓰러지면서 몸이 뻣뻣해지고 침을 흘릴 때 대처방법은?

① 얼굴을 옆으로 돌려 눕히고 장구를 치운다.

② 장구채를 손수건으로 싸서 입에 물려 준다.

③ 안전한 곳으로 옮겨 항경련제를 복용하게 한다.

④ 제자리에 앉혀 머리를 뒤로 젖히게 한 후 꽉 붙잡아 준다.

⑤ 똑바로 눕히고 목 아래에 베개를 받쳐 기도를 유지시킨다.

78 뜨거운 물을 발에 쏟아 화상을 입은 대상자의 응급처치 방법으로 옳은 것은?

① 화상 부위에 얼음 조각을 대어 준다.

② 발에 부종이 생기기 전에 양말을 벗긴다.

③ 물집이 생기지 않도록 압박붕대를 감아 준다.

④ 화상 부위에 수돗물을 세게 틀어 준다.

⑤ 손으로 화상 부위를 만져서 감각이 있는지 확인한다.

79 다음 중 자동심장충격기의 쇼크 버튼을 눌러야 하는 시점으로 옳은 것은?

① 인공호흡을 한 후

② 심장리듬을 분석하기 직전

③ 전원을 켜자마자

④ 패드를 부착한 직후

⑤ 에너지 충전이 완료된 후

80 심폐소생술을 할 때 가슴을 압박하는 방법으로 옳은 것은?

① 복장뼈 하단의 칼돌기를 압박한다.

② 가슴이 3cm 눌릴 정도로 압박한다.

③ 분당 60회 속도로 가슴을 압박한다.

④ 매 압박 시마다 압박 위치가 바뀌지 않게 한다.

⑤ 가슴압박과 인공호흡의 비율은 15 : 1로 한다.

memo

요양보호사 핵심요약정리노트 **필기·실기**

요양보호사 핵심요약정리노트 필기 · 실기

초 판 발 행	2020년 4월 10일
개정3판1쇄	2023년 5월 25일

저 자	김창현, 김맹룡
발 행 인	정용수
발 행 처	(주)예문아카이브
주 소	서울시 마포구 동교로 18길 10 2층
T E L	02) 2038 – 7597
F A X	031) 955 – 0660

등 록 번 호	제2016 – 000240호

정 가	22,000원

 홈페이지 http://www.yeamoonedu.com

ISBN   979-11-6386-189-8   [13330]